HISTOIRE

DE LA

LITTÉRATURE

DRAMATIQUE

— PARIS —

IMPRIMERIE DE J. CLAYE ET Ce

RUE SAINT-BENOIT, 7

HISTOIRE

DE LA

LITTÉRATURE

DRAMATIQUE

PAR

M. JULES JANIN

Universus mundus histrioniam agit.
Sénèque, *de irâ*.

TOME QUATRIÈME.

PARIS

MICHEL LÉVY FRÈRES, ÉDITEURS

RUE VIVIENNE, 2 BIS

1854

HISTOIRE
DE LA
LITTÉRATURE DRAMATIQUE

CHAPITRE PREMIER

Cependant, croyez-moi (ici je reprends la dissertation commencée, allant par les détours connus, à la complète éclosion du drame moderne), nous aurons beau chercher le maître absolu de cette révolution qui poussait l'art dramatique; en vain nous irons de M. Dubelloy à M. de La Harpe, de M. Ducis à Shakspeare, de Shakspeare à Corneille, et de Corneille aux tragiques grecs; le véritable et puissant révolutionnaire, en même temps que Sedaine, après Voltaire, après le vieux Crébillon, avant Beaumarchais, c'est notre ami Diderot! Dans le premier tome de cette *histoire*, vous avez vu l'opinion de Diderot à propos du comédien, nous allons le voir à l'œuvre dans le *Père de Famille*, un drame de sa prédilection, et dans une fantaisie inédite où se joue en riant ce bel esprit improvisateur qui d'une main prodigue, inépuisable, jette à qui les veut ramasser, les trésors de sa verve et de son esprit.

Il était né prodigue, et la France lettrée a été bien longtemps à savoir ce qu'elle devait de reconnaissance et de sympathie à ce libre penseur.

Parmi les bustes du foyer public, au Théâtre-Français, une place était vide, et restait vide, entre Molière et Voltaire... un piédestal, un trône, et souvent je me disais : Celui-là sera bien sot ou bien hardi qui osera se placer entre ces géants de l'esprit, du doute et de l'ironie... Un seul homme, un seul, puisque aussi bien on ne pouvait le choisir que parmi les auteurs dramatiques de cette nation, pouvait aspirer à tant d'honneur, et cet homme était Diderot, Denis Diderot !

Mais pour qu'il vînt enfin à sa place méritée, et pour qu'il fût mis en possession de ce piédestal à ses armes, entre deux compagnons de ce génie, il fallait que l'auteur du *Père de Famille* et l'éditeur de l'*Encyclopédie* emportât la place d'assaut, ou qu'il y entrât par surprise. Il y avait si longtemps que nous l'attendions, sur ce piédestal que lui seul il pouvait occuper, ce maître excellent parmi les maîtres ! Un poëte, un rêveur, un philosophe ; l'esprit le plus ferme et le cœur le plus tendre, la gaieté et la folie en personne ! Il était, de son vivant, tout ce que peut être un homme d'honneur, éloquent, intrépide, hardi, sans reproche et sans peur, qui s'abandonnait librement à l'inspiration de l'heure présente, entre le positif et l'idéal, de l'abîme au ciel ! Ame forte dans une forte machine, avare aux petites choses, prodigue aux grandes, doux quoique vif, ingénieux et passionné, et pour peu qu'un enthousiasme, une indignation, une douleur vînt soudain à toucher sa corde favorite, aussitôt le voilà parti ; tout d'une haleine, à travers toutes sortes d'obstacles et de dangers, il allait frappant à grands coups de sa massue, et frappant comme un sourd à droite, à gauche, et sur les têtes les plus hautes. En somme, imaginez un *sauve-qui-peut* général !

Non, certes, ce n'étaient pas des paroles qui sortaient de cette bouche éloquente, c'étaient des idées et des mœurs ; ce n'étaient pas des regards que lançaient ces yeux en courroux, c'étaient des éclairs ! Si bien que pour faire de cet homme une image un peu ressemblante lorsqu'il descendait de son Sinaï, il eût fallu chercher, dans l'antiquité, le sculpteur de l'Hercule ou du Gladiateur !

Rien qu'à le voir, on voyait en effet que cet homme était né pour combattre et que la bataille était sa vie ! Il était toujours armé de toutes pièces, cherchant quelque haine à satisfaire et quelque préjugé à dévorer. Comme il était chargé de l'Encyclopédie et qu'il avait tous ces démons à ses ordres, il avait acquis par l'exercice du grand art de la philosophie et par l'obéissance des esprits les plus indociles, l'*art de faire accoucher les esprits*, comme on disait de Socrate, et il en tirait, à sa volonté, tout ce qui se pouvait tirer de ce siècle éclatant de lumières ! S'il était fou à ses heures, il aimait le bon sens chez les autres ; si parfois il s'emportait au delà de toutes les limites, il aimait surtout à s'adresser à des gens calmes, et par conséquent tout disposés à l'entendre.

Il imposait sa volonté, et il ne comprenait pas, tant il était convaincu, que l'on pût trouver quelque chose à lui répondre ! Infatigable, ingénu, violent, et ne doutant de rien, tel il était. Il est mort sous un entassement de montagnes, à la façon d'Encelade ; il est mort vingt-quatre heures trop tôt... Il allait découvrir, pour le moins, la quadrature du cercle quand il est mort !

Il a entrepris toutes choses, il a réussi dans toutes ses entreprises ; à qui voulait une part de son esprit et de sa gloire, il la donnait volontiers : au baron d'Holbach, au baron de Grimm, à l'abbé Raynal, à l'abbé Morellet, à Helvétius, au jeune abbé de Pradt, pour cette thèse fameuse qui pensa faire crouler la Sorbonne ! Il était le fleuve inépuisable où l'on puise à pleines mains ! Il était la montagne ardente au milieu ; ses sommets sont chargés de neiges, elle a des pâquerettes à ses pieds ! Dans ce temps de puissance absolue, il était une puissance ; on le voyait, on l'entendait, on le lisait, on l'écoutait ; il avait la parole au milieu du silence universel ; il portait avec lui une chaire, une tribune ; il était le temple, il était le dieu ; il était la satire, il était le sermon ; il était l'épigramme et la chanson ; si la volonté d'un plus fort voulait lui imposer silence, il traitait cette volonté insolente à peu près comme Tarquin a traité Lucrèce !

Ah ! le terrible homme, et l'homme charmant ! Quelle santé tenace et quelle voix d'airain ! En vain tentiez-vous de fermer la porte à ses passions, soudain ces terribles passions forçaient la porte de leur prison et se mettaient violemment en liberté. *Quâ data porta, ruunt.* C'était l'outre d'Éole, l'âme de cet homme ;

il portait sa force dans sa poitrine, et son âme dans un coin de son cerveau !

Il y avait dans cet homme, et tout ensemble, Voltaire, Rousseau et Mirabeau ! Quand il parlait, les moindres rugissements de l'animal rugissant s'en allaient d'un bout de la ville à l'autre bout, et d'écho en écho la libre parole allait à travers le monde étonné de ces étranges accents ! Tout tremblait à cette voix puissante : Versailles, la Bastille et les tours de Notre-Dame ! Et lui, semblable à l'enfant qui met le feu à un canon chargé à mitraille, il s'étonnait, jusqu'à l'épouvante, de ce qu'il avait dit, et des résultats de sa parole aussitôt qu'il avait parlé.

C'était un conte et c'était un drame en action, ce philosophe Diderot ! Il avait l'art de tout apprendre aujourd'hui, pour être prêt demain à toutes les questions ; soit qu'il épouvantât le café Procope de ses hardiesses, soit qu'il ameutât à sa parole incisive les messieurs de la rue Royale et de la cour de Marsan, soit qu'il arrêtât, dans le carrefour Buci, le père Canaye et son cheval. Il avait des admirations jusqu'à l'apothéose et des violences jusqu'à l'injure ! Demandez à Marmontel, à Naigeon, à Cogé, à Ribaillier, à Palissot, à cet aréopage de cabaret et de carrefour, comme il traitait les coqs d'Inde qui veulent dépouiller l'aigle de ses plumes !

En ses moments de représailles, il n'y avait pas d'homme plus insolent, plus railleur et plus dédaigneux ! Il disait comme le roi de Prusse : « Mon éloge, messieurs, c'est la terreur de mes voisins ! » et sa devise était : *Sans quartier!* L'instant d'après, fallait-il sourire au talent naissant et saluer, le premier, un chef-d'œuvre inconnu, aussitôt la joie et le plaisir, la sérénité et l'honneur éclataient sur ce noble visage ; il célébrait dans sa prose ardente, toutes ses admirations, tous ses amours : Pigale et Bouchardon, madame Greuse et madame Boucher. Madame de Pompadour elle-même, il ne l'oubliait pas dans sa louange ; il n'aimait pas l'amant, il aimait la maîtresse ; il la trouvait volontiers la plus belle du monde, et qu'elle avait bien bâti le château de Choisy ; ainsi il la plaçait, sans façon, entre madame de La Chaux et mademoiselle de la Calière ! Quoi d'étonnant ? Il n'avait pas de fausse honte ; il aimait qui l'aimait, il avait son franc-parler, parlant toujours sans apprêt, non pas sans art, avec le véritable accent de la chose, et si bien, avec tant de génie et de feu, que plus d'une fois, comme fit Sedaine un jour, ses amis le prirent par le collet en s'écriant : « Ah! monsieur Diderot, que vous êtes beau ! » Il était beau comme l'éloquence ! Il était beau, parce qu'il était sincère et convaincu !

Son œil était vif, il riait à merveille ; il avait les jambes trapues et les reins vastes ; il aimait à se montrer autant qu'à se faire entendre : — Il faut, disait-il, que le sage soit en évidence, comme l'athlète en l'arène ! Aussi chacun l'approchait et l'écoutait ! Ah ! grand frère ! Il disait de lui-même : « Je suis un homme naturel ! » — Et plus loin, naïvement, il ajoutait : « La nature est si belle qu'il ne faut pas y toucher. »

Entre la Bastille et le château de Vincennes, il était semblable à cet esclave de Sparte qui voulait bien obéir en toutes les choses honorables, et qui se brisa la tête contre un mur, plutôt que de porter un vase d'ordures ! C'est pourquoi il disait souvent que le stoïcisme est un traité de liberté dans toute son étendue, et qu'après tout il n'y avait qu'une vertu dans ce monde : la justice ! Ces belles choses qu'il disait là, il les avait apprises dans les livres de Sénèque, dont il se fit le défenseur.

Il aimait tout ce qui était beau, il était sympathique à tout ce qui était bien ; il appelait les beaux-arts le vernis des bonnes mœurs ; il reconnaissait, pour un homme de goût, quiconque avait le sentiment du vrai ; il regardait comme une grande condition très-acceptable : souffrir à condition de produire de grandes choses ! C'était vraiment un inspiré, et la sibylle sur son trépied n'a jamais respiré de plus violentes et ravissantes vapeurs. — Le dieu ! voici le dieu ! Vous vous rappelez Pythagore et ses diverses métamorphoses ! Il avait été tour à tour jeune garçon et jeune fille, oiseau qui chante et plante qui fleurit, Euphorbe à Troie, Empédocle à la bouche du volcan !...... Eh bien ! Diderot, c'était Pythagore ; il avait le chant de l'oiseau, le feu du volcan, le courage du soldat, le parfum de la fleur, l'âme sensible de la fillette et les ardeurs de l'adolescent !

Par un jeu imprévu de son âme et de son esprit en tourbillon, il aimait, il piquait, il pleurait, il rougissait, il se battait; il était du pays où les enfants jettent des pierres à leurs maîtres, où les amoureux font des bouquets à leurs maîtresses, où les poëtes parlent en prose, où l'amour, en fin de compte, accomplit les plus grands prodiges. « Alexandre a renversé les murailles de Thèbes, Phryné les a rebâties ! »

Jamais, dans la classe bipède des hommes, un homme n'a prodigué, autant que celui-là, l'idée et le paradoxe, le vice et la vertu, le mensonge et la vérité ! Jamais homme n'a confondu, comme celui-là, ce qui est permis et ce qui est défendu, la ciguë et le persil ! Tâchez cependant de refuser votre âme à cette éloquence, et votre esprit à cet esprit ! Et comme il est amusant à voir quand il passe, au galop de quatre paradoxes, sous l'arc de triomphe qu'il s'est bâti, en dépit du roi Louis XV, avec toutes sortes de fragments de quelques vieilles libertés qu'il avait ramassées dans un coin de sa prison !

Qui voudrait raconter la vie et le travail de Diderot entreprendrait un grand livre, et, ce livre achevé, il se trouverait que l'œuvre est incomplète ! Où prendre, en effet, le Diderot qui causait au lieu d'écrire, où retrouver la vie et l'accent de cette parole brillante et fille de tous les genres d'éloquence et de passion ? Demandez donc à la cendre le feu que contenait le bois pétillant de la vigne, au nuage l'éclat de l'étoile, à l'écho les mélodies errantes du poëte qui chantait dans ce carrefour ! Il est mort, injustement, c'est-à-dire presque tout entier, et cependant ce peu qui reste... autant de chefs-d'œuvre.

Soyez le bienvenu au théâtre français maître, et permettez à vos fidèles de vous donner les bonnes paroles de retour ! Vous voilà, c'est bien vous ! C'est bien ce regard passionné, c'est bien cette *tête fumante*, pleine de feu et de courage ! O maître ! il y a longtemps que ces honneurs suprêmes étaient dus à votre génie ! Il y a longtemps que vos frères, vos serviteurs, vos disciples attendaient le moment des publiques louanges ; et maintenant qu'il nous est donné de contempler cette image ardente entre la tête dont *Tartufe* est sorti, et la tête dont le *Dictionnaire philosophique* est sorti, laissez-nous goûter ce moment de joie et de triomphe ! O jour trois fois heureux qui nous rend, publiquement honoré, le philosophe, le poëte et le conteur ! O grand espace, ces trois pieds de parquet à la Comédie où sont contenus ces trois champions : Molière, Voltaire et Diderot ! Le triple faisceau, *funiculus triplex*, que nulle force humaine ne saurait briser !

« Pardon Messieurs! disait Lamothe-Houdard à son auditoire, je m'aperçois que j'imite un peu trop Pindare! » — Il me semble, à moi, que j'imite un peu trop Diderot, parlons plus simplement, et revenons au *Père de Famille*, puisque enfin c'est au *Père de Famille* que commence le drame moderne ; puisque le premier qui a eu l'idée de jeter dans la tragédie les passions bourgeoises et les héros bourgeois, c'est Diderot. Idée féconde que son auteur a soutenue de toutes ses forces, par ses préceptes et par son exemple, par ses théories aussi bien que par ses œuvres.

Mais pour avoir été féconde, pour avoir fait verser plus de larmes que toutes les tragédies de Racine et de Corneille, est-ce à dire que l'invention de Diderot, le drame, ou si vous aimez mieux la tragédie bourgeoise, soit un progrès dans l'art dramatique? Oui, en effet, c'est un progrès, s'il est vrai que déjà du temps de Diderot la tragédie antique fût impossible, tout comme c'est un progrès aussi, la comédie larmoyante de Lachaussée ; s'il est vrai que Molière, en mourant, ait emporté toute la comédie et tout le rire au fond de son tombeau. Vous avez beau vous récrier à cette idée : — Des bourgeois, héros d'une tragédie ! Des bourgeois qui pleurent ! — Eh ! pourquoi pas, je vous prie? Croyez-vous donc que le bourgeois ait été tout exprès créé et mis au monde pour rire et pour faire rire? Les larmes, les passions, les douleurs, les tragédies sanglantes, tous les mouvements sérieux du cœur sont-ils donc le partage exclusif de quelques familles royales, et ne pensez-vous pas que sous le plus humble toit domestique, à la lueur de la lampe mal éclairée, entre les quatre murailles nues et froides, autour de cette mère qui se meurt pour ses enfants qui se perdent, il se soit passé plus d'une tragédie?

Il est vrai ! cela aussi est facile à comprendre, qu'on ait fait autrefois, des larmes et des douleurs, le partage exclusif des maîtres du monde ; c'était une légère vengeance que prenait le peuple, du bonheur et de la toute-puissance de ses maîtres.

Mais aujourd'hui que les plus grandes têtes se sont courbées sous le joug de l'adversité ; aujourd'hui que les plus beaux yeux se sont en effet remplis de larmes ; aujourd'hui que tous les hommes, rois et ministres, sont égaux devant la ruine, devant l'exil, devant la pauvreté, devant la mort, de quel droit maintenir les grands et les puissants ici-bas, dans le privilége exclusif des douleurs et du désespoir au théâtre? Donc c'était déjà un commencement de l'égalité rêvée par l'école philosophique du xviii⁰ siècle, lorsque Diderot eut enseigné au bourgeois qu'il n'était pas seulement fait pour le ridicule et pour l'éclat de rire, qu'il était fait encore pour les douleurs, et qu'il avait droit tout d'abord, à cette égalité de la douleur honorée par les poëtes, en attendant les souffrances à venir.

Eh! quel temps fut jamais plus favorable à cette révolution dans les mœurs dramatiques? L'égalité entrait partout et dans toutes les âmes; la révolte était partout contre les anciens usages; les puissances étaient placées par l'opinion révoltée, à un degré pour le moins, au-dessous de leur réelle valeur; les privilèges étaient passés en revue, à commencer par l'inégalité des conditions, à finir par les inégalités de l'esprit. L'esprit français marchait d'un pas sûr aux conquêtes de 1789, et il allait à son but par l'éloquence, par le poëme, par les livres, par le discours, par le théâtre; en un mot, tout ce qui tenait, de près ou de loin, à ce grand système de l'égalité parmi les hommes qui devait tout renverser avant de s'établir, était reçu avec passion, avec enthousiasme. Ainsi vous jugez du grand succès de Diderot, quand il vint dire à ses commettants, semblable à quelque député anticipé de *l'Assemblée constituante :*

« Mes concitoyens, préparez-vous, je vous annonce une bonne nouvelle! Jusqu'à présent vous n'avez vu sur la scène que des rois malheureux comme des sujets, des princesses plus infortunées que des bourgeoises; eh bien! grâce à moi, vous aurez maintenant des sujets plus malheureux que des rois, de simples petites filles plus à plaindre que des reines; vous allez pleurer, trembler, frémir, vous agiter comme autant de majestés royales; aujourd'hui je ne vous donne que les larmes et le désespoir des rois, mais prenez patience, car demain, moi ou tout autre, nous vous donnerons encore le poison et le poignard.» — Et en effet, vous le savez, les émules et les élèves de Diderot, ont tenu beaucoup plus que n'avait promis Diderot.

Voilà donc, grâce à Diderot, le bourgeois entré dans la tragédie, jusqu'à ce que lui-même, le bourgeois, devenu un aristocrate, fasse place au peuple à son tour dans la tragédie; jusqu'à ce qu'enfin, le peuple, cet aristocrate de la rue, fasse place dans la tragédie aux aristocrates du bagne. Ainsi, tragédies pour les rois, tragédies pour les grands seigneurs, tragédies pour le bourgeois, tragédies pour le peuple, tragédies pour les assassins et les forçats; Agamemnon et Robert Macaire, Iphigénie et Vidocq, chacun dans ce monde a eu sa tragédie à son tour. Certes, ce n'était pas ainsi que l'entendaient les grands maîtres de l'art.

Les maîtres de l'art s'étaient divisé leur domaine en deux parts : le rire et les larmes, la douleur et la joie, l'héroïsme et le ridicule. Les poëtes tragiques avaient dit aux poëtes comiques : « Livrez-nous les grands de la terre, nous les montrerons couverts de gloire, entourés de puissance et de majesté; ils auront la couronne et l'épée, ils auront le glaive et le sceptre; nous leur donnerons les armées, les empires, les chefs-d'œuvre, les beaux-arts, la beauté même pour leur couche, et les dieux pour famille; en revanche, et par le droit même de notre poésie et de notre justice, nous les accablerons, ces majestés inviolables, sous le poids implacable de la nécessité, de la vengeance, de la douleur, du crime et du remords. Nous autres les poëtes de la tragédie et les vengeurs de l'innocence, nous serons les distributeurs de tant de châtiments par lesquels ces hommes, au delà de l'espèce humaine, appartiennent à l'humanité; nous leur prouverons qu'ils ne sont pas tout à fait des dieux, ici-bas, et que nous ne sommes pas absolument leurs esclaves. L'inceste, le meurtre, le poison, les désastres, voilà à quel prix nous nous prosternerons devant ces grandeurs si enviées. »

A quoi les poëtes comiques ont répondu : « Prenez les rois et leurs misères, mais laissez-nous le peuple; nous le couvrirons de ridicules, mais aussi nous le couvrirons de joie; il sera en proie au puissant, mais aux plus puissants, il fera sentir son mépris et son ironie; il remplacera l'héroïsme par l'esprit, la puissance par le sarcasme, le poison et le poignard par ces innocents coups de pied qui font rire aux éclats, depuis le commencement du monde. C'est ainsi que chacun de nous, poëtes, aura son lot, comme chacun des humains aura le sien. »

En effet, telle fut longtemps la grande division dramatique : ici la joie et plus loin la terreur, ici Corneille et là-haut Molière. Plus tard, quand toutes ces choses vinrent à se confondre dans le monde, il fallut bien les réunir au théâtre; et voilà ce que Didérot entreprit, le premier.

A propos de ce mot : le drame, remarquez d'abord que cette révolution dans les mœurs du théâtre entraîne avec elle une révolution dans les costumes et dans les meubles. Déjà disparaît le vieux palais des Atrides ou le salon de Georges Dandin, les deux seules toiles nécessaires au Théâtre-Français, en 1764, pour faire place à ce que nous appelons aujourd'hui l'*accessoire*. « Le « théâtre représente une salle de *compagnie*, décorée de tapis- « series, glaces, tableaux, pendules, etc.; le commandeur et sa « nièce font une partie de tric-trac; derrière le commandeur, un « peu plus près du feu, Germeuil est assis *négligemment* dans « un fauteuil, un livre à la main, etc. » Que d'imitations ces quelques lignes ont produites! Que dis-je? que de drames ont été faits depuis celui-là, uniquement pour nous montrer glaces, sophas et pendules, et des gens *négligemment* assis dans un fauteuil?

J'avoue cependant que l'effet dut être grand au XVIIIe siècle, quand pour la première fois on se sentit ému et intéressé dans une *salle de compagnie*. *Tartufe*, il est vrai, est un drame terrible et plein d'intérêt, qui se passe aussi dans une *salle de compagnie*; mais *Tartufe*, chose incroyable, est une « tragédie bourgeoise » *où l'on rit;* Molière aurait eu bien peur de lui-même s'il avait découvert le drame moderne, s'il avait *inventé* un genre. *Le Père de Famille*, encore une fois, c'est « une tragédie bourgeoise » *où l'on pleure*.

Cette partie de tric-trac s'engage vivement entre Cécile et son oncle le commandeur. Le père de famille attend son fils. Toute cette famille est inquiète, malheureuse, et pourquoi? Le fils aîné de la maison a passé la nuit on ne sait où !

Il me semble que voilà le digne commencement d'un bon drame, et que si le drame eût été fidèle à ces premières *indications* que lui donnait un grand esprit, s'il se fût contenté des malheurs de chaque jour aussi bien que des petits bonheurs de la famille, s'il ne s'était pas couvert de sang et de vices, sang plus affreux que le sang versé par la tragédie, parce que nous le voyons couler de plus près, vices plus hideux que les vices tragiques, parce que nous les voyons de moins haut, avouez, messieurs les gens difficiles, que vous n'en voudriez pas tant au drame? Déjà, en effet, ce père de famille vous intéresse, uniquement parce que vous le voyez en proie à mille petites misères sans nom et de tous les jours. Vous vous demandez avec ce bon homme *où est son fils?* Arrive Saint-Albin. Il tremble devant son père. En ce temps-là, l'autorité paternelle était dans toute sa vigueur. Le fils respectait son père à l'égal du roi. Qui disait un père de famille, disait un maître souverain dans sa maison. Diderot le savait bien, lui ce fougueux révolutionnaire, qui a obéi toute sa vie à son père, le coutelier de Langres, avec tant de soumission et de respect.

Pourtant, comme il faut que l'esprit d'opposition se retrouve toujours, ce drame est déjà une protestation contre l'autorité paternelle. Saint-Albin, il est vrai, se jette aux pieds de son père, mais en déclarant que rien ne peut le séparer de Sophie. Je sais bien que vous avez à m'opposer le peu de respect des fils pour les pères, dans la comédie-Molière; mais je vous répondrai que dans la comédie de Molière, les enfants qui ne respectent pas leurs parents, sont justement les fils de pères ridicules ou vicieux. « Je n'ai que faire de vos dons! » répond le fils de l'avare à son père qui lui donne sa malédiction; en revanche, M. Orgon, qui n'est que faible, est respecté et obéi dans sa famille. Ici au contraire, le Père de Famille est toujours prêt à obéir à ses enfants. Le voilà qui s'intéresse *à Sophie.* « Et que font ces femmes? et quelles sont leurs ressources? » Or en ce temps-là il n'y avait pas un père qui s'inquiétât de la Sophie de son fils.

Mais ce premier acte est écrit avec tant de verve, Diderot raconte la misère et les beautés de cette belle fille avec tant de chaleur et de naturel, cette pauvreté est si vraie et si entière, que je crois déjà entrevoir le beau monde de Louis XV s'entre-regardant dans les loges et de sourire. — De quoi s'agit-il en effet dans tout ce drame? Il s'agit d'un petit jeune homme qui rentre un peu tard? et d'une petite ouvrière sans ressources? « Nous allons bien nous divertir de ces ingénus, » se seront dit messieurs les petits marquis de la cour.

Au second acte on se trouve encore (en langage de coulisse) en plein *accessoire.* Au premier acte on jouait au tric-trac; au second acte on déjeûne. Il y a là un paysan, un pauvre honteux, un domestique renvoyé ; c'est un acheminement vers la tragédie du troisième et du quatrième degré. Ce pauvre honteux, ce paysan, ce domestique, seront un jour les héros d'une tragédie à leur tour, laissez faire les imitateurs. Ici se déclament plusieurs déclamations contre le couvent, avec lesquelles M. de La Harpe fera *Mélanie ;* plusieurs déclamations contre le mariage, avec lesquelles Beaumarchais écrira *la Mère coupable.* Dans ces déclamations, le père de famille se montre un homme bon et faible.

Tout à l'heure, à force de générosité, il n'avait pas d'argent pour payer ses ouvriers, et voici qu'au lieu d'aller voir Sophie chez elle, il la fait venir chez lui. Quand Sophie est chez le père de famille, il ne lui demande ni son nom, ni son pays ; Sophie lui parle « d'un oncle vieux et barbare, » il ne s'informe pas qui est cet oncle ? Tout à l'heure il a donné sa bourse à un pauvre honteux, et il n'a pas un secours pour cette fille jeune, belle et pauvre ! Sophie arrive accompagnée d'une vieille peu respectable en apparence, puisqu'elle a souffert les assiduités de Saint-Albin, et le père de famille n'a pas un mot d'explication avec la duègne qui *tire son ouvrage et travaille !*

Certes, par son imprévoyance, aussi bien que par sa bonté, le père de famille n'est pas un père de famille du temps de Diderot. En ce temps-là, il y avait à Paris, dans un hôtel à son nom, à son marbre, un certain père de famille qui était un tyran, comparable à Tibère lui-même, et dans son monde ce Tibère était un père modèle ! Cet homme avait un fils passionné comme Saint-Albin, un *penseur* comme Saint-Albin. Pour tout dire, ce père de famille s'appelait M. le marquis de Mirabeau, et il fit dévorer par les cachots des prisons d'État, la jeunesse de son terrible fils ! Le fort de Joux, et Vincennes, telles étaient ces bontés *paternelles.* J'aurais voulu voir Mirabeau au sortir du donjon de Vincennes, écoutant le *Père de Famille* de Diderot.

Le Père de Famille de Diderot, au lieu de faire mettre à la Bastille monsieur son fils, selon son droit et selon l'usage, s'amuse à discuter sa passion, comme si une passion se discutait mathématiquement ! — « Mon fils, » dit-il à Saint-Albin, en homme qui a lu ou deviné l'*Émile* de Jean-Jacques Rousseau, « je ne vous ai point abandonné auprès d'un mercenaire ; je vous ai appris moi-même à parler, à *penser,* à sentir. » Grâce à Dieu, tous ces raisonnements font bientôt place à une scène pathétique. Le père maudit son fils en lui pardonnant. Quelle touchante malédiction !

J'aime assez le commandeur. Le commandeur est un personnage de son époque. Il comprend la famille autrement que son frère. Il consent à ce que son neveu ait une maîtresse, pourvu qu'il ne l'épouse pas. Il est très-indulgent pour tout ce qui est la morale, il est très-sévère sur les convenances. Il sait fort bien ce que le monde tolère et ce que le monde désapprouve. Il est tout à fait l'homme de cette société indifférente au bien et au mal, sceptique, railleuse, sans passion et très-indulgente à tous les excès, à tous les paradoxes qui ne la touchent pas immédiatement ; cet homme-là sacrifierait plutôt sa croyance que sa politesse, plutôt sa vie que sa noblesse, plutôt sa fortune que son esprit, plutôt son bien que son roi, plutôt son roi que son doute, le grand roi de cette époque.

Le commandeur, dans cette famille, entre ce père qui aime ses enfants jusqu'à leur sacrifier son autorité, entre ces enfants qui aiment leur père jusqu'à lui sacrifier leurs passions, est un personnage neuf, vrai, bien posé et digne de la comédie. La scène dans laquelle Saint-Albin, transporté de joie, s'écrie : — *J'ai quinze cents livres de rentes*, est célèbre, et célèbre à juste titre ; quinze cents livres de rentes ! c'était la liberté, c'était l'indépendance ! En ce temps-là c'était le rêve heureux et bien aimé de cette jeunesse soumise encore au joug paternel, mais rebelle à tout autre joug. Quinze cents livres de rentes ! Diderot n'en demandait pas tant pour soulever le monde, Mirabeau pour renverser la monarchie ! Que de sympathies furibondes furent soulevées, dans toutes ces âmes à demi révoltées, par ce grand cri de révolte : *Quinze cents livres de rentes !* De nos jours l'exclamation de Saint-Albin soulève moins d'enthousiasme. — Hélas ! on n'est pas libre à si bon marché, de nos jours.

L'acte qui suit est tout à fait digne des deux premiers. Rien n'est plus touchant que la rencontre de Cécile et de Sophie. Elle est hardie et très-nouvelle, cette rencontre d'une noble jeune fille qui tend la main à la *maîtresse* de son frère... Il faisait tout accepter, ce Diderot, puis, comme s'il se fût repenti d'avoir trop négligé les vieux usages, il introduisait dans son drame la *lettre de cachet*, afin sans doute que les spectateurs fussent bien assurés que la scène se passait sous l'abominable administration de monsieur le comte de Saint-Florentin. La lettre de cachet, le duel entre les deux jeunes gens, toute une maison troublée à propos d'une grisette... Où allons-nous, s'écriait mademoiselle de Lespinasse, où allons-nous, mon cher D'Alembert, et que va penser M. de Mora?

Vous alliez, messieurs et mesdames, à une espèce d'art inconnu, populaire et fatal qui devait absorber le théâtre et que pressentaient, dans la foule des penseurs, les plus habiles gens du monde, jaloux de parler à la multitude, et de soulever ses passions à leur gré, avant d'invoquer sa justice et sa raison.

A ces tumultes du troisième acte s'arrête le drame, et avec un peu de bonne volonté, il n'est pas difficile d'en prévoir le dénoûment. Oui, mais ce diable d'homme avait en lui-même tant de ressources ingénieuses, il savait si bien suspendre au bon moment l'intérêt, et le reprendre où il l'avait laissé, enfin il était un si habile et chaleureux écrivain, non pas de cette chaleur factice et fatigante qui ne laisse après soi qu'une épaisse fumée et des bruits de trompette, mais de cette chaleur humaine et bienfaisante où l'accent de la joie et de la douleur se fait sentir à chaque trace, que vous écoutez, avec un grand charme, le reste de ce beau conte où se retrouve, en traits de flamme, l'empreinte du plus mobile et du plus éloquent génie du siècle passé.

D'ailleurs à quoi bon démontrer que Diderot savait faire ou ne savait pas faire un drame? A peine s'il se doute à quel labeur il s'est condamné quand il entreprend cette œuvre énorme; il se servait du théâtre comme il se fût servi de la chaire ou de la tribune. — En chaire il se fût appelé l'abbé de Lamennais; à la tribune on l'eût appelé Mirabeau! Ce n'était pas un théâtre qu'il fallait à ce grand homme, il lui fallait le Jeu de Paume, et certainement il s'y fût montré le rival, sinon le maître de Mirabeau, à qui il ressemble; inspiré comme lui, hardi comme lui, ampoulé comme lui, plus honnête homme et plus convaincu!

A ces deux hommes l'art a manqué, le goût aussi. C'est que l'art et le goût sont deux choses déplacées dans les révolutions; les révolutions les laissent de côté comme un trop lourd bagage, et qu'importe d'ailleurs? Il y a des passions, il y a des époques, il y a des révolutions qui usent leurs hommes, sans qu'il reste de ces hommes autre chose qu'un souvenir. Diderot est le Mirabeau du théâtre, Mirabeau est le Diderot de la tribune. Rois du présent, victimes de l'avenir, de pareils hommes laissent après eux des révolutions comme témoignage de leur toute-puissance et de leur grandeur. Diderot a laissé sa révolution au théâtre, Mirabeau a laissé la sienne à la tribune... Que les orateurs, que les poëtes dramatiques qui ont fait de plus grandes œuvres, lèvent la main !

La dernière fois que nous avons vu jouer, à Paris, le *Père de Famille*, Joanny, un comédien qui est mort et qui était un maître comédien, remplissait le rôle du Père de Famille.

Joanny était un vrai Romain, le dernier Romain de ce peuple-roi, *latè rex*, qui n'a plus guère de représentants parmi nous. Cet excellent comédien, une des gloires disparues du Théâtre-Français, était né pour la tragédie ; il avait en lui-même le profond sentiment des grandes choses ; il avait cet héroïsme d'instinct qui est tout l'héroïsme du comédien et qui lui suffit pour comprendre tous les genres de grandeur ; son geste était court et véhément, il avait ce parler nerveux et serré : « Non pas tant délicat et peigné comme véhément et brusque » qui plaisait tant à Montaigne ; il n'était pas ce qu'on appelle beau, mais il avait bonne mine, l'œil très-fier, le front très-haut, la voix très-sonore, un peu emphatique peut-être, mais de cette emphase héroïque qui ne déplaît pas toujours — *ampullatur in arte*, comme dit l'*Art poétique*.

Le nom de Joanny se rattache à tous les grands rôles de la tragédie ; personne mieux que lui n'a joué et ne jouera le grand rôle d'Auguste et le rôle du vieil Horace ; il a créé le Tyrrell de Casimir Delavigne, et l'on se souvient de la physionomie et de l'accent qu'il avait prêtés à cet étouffeur de jeunes gens rêvé par Shakspeare : création terrible, pêle-mêlée de crimes et de remords, de pitié et de terreur, d'abomination et de repentir ! Au moins quelque chose de grand se rencontre dans ces bourreaux que nous montrent les poëtes, on voit que la poésie a traversé ces âmes bouleversées ; on supporte leur aspect au grand jour ; on les approche, sinon sans terreur, du moins sans dégoût ; le meurtrier lui-même, grâce au poëte, conserve encore quelque chose d'humain ; il a le sentiment de son crime, il recule devant son abjection, il retrouve au fond de son cœur dépravé je ne sais quoi de formidable et de triste qui ressemble au repentir! Cette race d'assassins s'est perdue, et nous n'avons plus de nos jours, quand il s'agit d'un crime, qu'un pistolet ou un couteau, — la griffe du tigre et le cœur du loup-cervier!

Il y avait longtemps que Joanny était au théâtre; il avait été d'abord un soldat et il était resté un soldat; il en avait gardé la démarche un peu brusque, le geste hardi, le langage incisif; il commençait toujours par quelque peu de gêne et d'embarras dans son discours, mais aussi, une fois qu'il était entré dans l'action dramatique, il s'éclairait de lueurs soudaines, il rencontrait des inspirations inespérées, il était vraiment très-beau, de cette beauté presque vulgaire qui fait tant de joie aux multitudes. Artiste habile, laborieux et modeste, qui n'a jamais rien entendu au grand art de courir les rues, de se trompetter soi-même et de payer d'audace plus que de talent; il était simple et superbe, il était bien, « le glorieux, » et sur sa tête nue on voyait toujours quelque brin de la couronne d'Auguste, empereur.

Il y avait cinq ou six ans que Joanny avait disparu de la scène; son abdication s'était faite sans bruit et sans orgueil, et depuis on n'avait plus entendu parler de cet homme modeste et laborieux. La représentation à son bénéfice avait attiré assez peu de monde; quelques vrais amis de son talent et de sa personne étaient venus pour le saluer, et pour lui dire adieu! Comme il était vieux, austère et triste, c'est à peine si tous ces gens qui le voyaient pour la dernière fois, sortirent de leur torpeur pour applaudir le doyen et le dernier des tragédiens. Le triste métier, ce métier des beaux-arts, dans lequel il n'est pas permis de vieillir, et qu'on a bien raison de dire (en parlant des femmes et des comédiens!) la plus triste des morts, c'est la mort de la jeunesse!

Cet homme qui avait instruit toute une génération de tragédiens, c'est à peine si on lui accordait un adieu bienveillant! Ces fleurs que l'on prodigue à tort et à travers pour un rond de jambe, pour un sourire, pour un regard, pour une robe bien faite; ces applaudissements furieux sous lesquels on écrase les plus médiocres intelligences, on les refusait à l'artiste habile, intelligent, dévoué, honnête, laborieux, qui venait, une dernière fois, saluer cet ingrat public qu'il avait si bien servi!

Ce galant homme avait pourtant mérité des regrets mieux sentis. Véritablement il appartenait à cette race de comédiens disparue, ou peu s'en faut, dont la vie entière se passait dans l'étude et dans l'exercice d'un art qui avait commencé par être une vocation. N'oublions pas, parmi les rôles qu'il jouait le mieux, un rôle qu'il jouait à merveille, le rôle de Venceslas ; il l'a emporté dans sa tombe, et même on peut le dire, il a emporté tous ses rôles. C'était, en un mot, un talent sérieux et sévère, que rien ne pouvait troubler ou déranger de sa voie.

A ces grandes qualités d'intelligence, d'énergie et d'éloquence, il réunissait plusieurs défauts qui le rendaient très-propre à bien dire la prose, et la prose de Diderot. — Comme Diderot, il allait souvent jusqu'à l'emphase, et plus d'une fois, voulant être simple, il était trivial ; jamais il n'était vulgaire. Il est mort tout d'un coup, vingt-quatre heures après avoir pris sa retraite, et déjà très-malheureux d'avoir été si vite oublié.

Mais qui donc, aujourd'hui surtout, n'est pas oublié au bout de vingt-quatre heures, et quel homme peut se vanter, sinon quelque scélérat, de n'être pas oublié au bout de huit jours? Car le vice et le crime ont cette grande avance sur le talent et sur la vertu qu'ils frappent davantage la multitude. Madame Malibran, la divine... comparez l'impression qu'elle a laissée, aux traces de madame Lafarge ! Mademoiselle Mars... elle a fait moins de bruit dans cette vie excellente, au milieu des chefs-d'œuvre sauvés par son génie et par sa beauté, que la fameuse Lola Montès! Duparray, le meilleur comédien de ce temps-ci, à peine si l'on sait son nom ! Joanny, ce brave et digne Joanny, dont la verve sauvage et l'âpre vérité inquiétaient Talma lui-même... il y a plus d'un homme à me lire (si je suis lu) qui se dira : mais au fait qui donc était ce Joanny ?

Il est fâcheux (nous revenons à Diderot) que les peines et les fatigues attachées au métier de l'auteur dramatique, à savoir la lecture au comité, la flatterie aux comédiens, la lâche déférence aux moindres caprices de ces poupées qu'on appelle des comédiennes, enfin les mille et un détails de cette intrigue à petit bruit et dans l'ombre des coulisses, qui vont si peu aux hommes indifférents pour l'argent et la renommée, aient empêché Diderot d'obéir au penchant qui le poussait au théâtre.

Avec plus d'habitude et plus d'abandon à toutes ces petites misères de la profession qui ne s'apprennent qu'au feu de la rampe, il eût occupé, sans nul doute, une grande place dans ce fameux théâtre où se débattaient, à la lueur des libertés naissantes, les derniers paradoxes, les derniers sophismes et les premières vérités qui devaient si vite et si cruellement, par tant de génie et tant d'éloquence, par tant de confiscations et tant de meurtres abominables, de la tribune de Mirabeau à l'échafaud... à l'autel du roi de France, du roi martyr, se manifester d'une si coupable, si terrible et si criminelle façon.

Encore une fois, c'est dommage, le théâtre animait Diderot. Il y contentait la passion qui le poussait à parler aux multitudes ; il y trouvait les plaisirs de la lutte ; il y jetait à pleines mains les tumultes et les grâces dont sa tête était remplie ; il lui semblait, à voir tout ce monde assemblé pour l'entendre, qu'en vingt-quatre heures, lui Denis Diderot, il était devenu un Athénien du temps de Démosthène et de Socrate, et que sous prétexte de raconter l'histoire de Cybèle ou d'Atalante, il allait parler, dans sa péroraison incendiaire, des menaces du temps présent, et des espérances de l'avenir. Bref, il eût aimé le théâtre, si le théâtre eût été plus libre, le censeur moins timoré, le comédien plus docile ; si la comédienne eût été intelligente, si le parterre, habile et prudent, au lieu d'éclater en sombres murmures, inquiétants pour l'autorité qui veille, eût mieux caché sa joie et sa haine ; sa joie à entendre parler de liberté, sa haine à entendre parler de tyrannie ! Oui ! mais faites donc une libre comédie entre la Bastille et le château de Vincennes ? — Il en fit une ou deux, et il s'arrêta.

Ce grand esprit n'était pas fait pour la gêne, encore moins pour l'intrigue. A quoi bon d'ailleurs ce théâtre où Lesage lui-même, un si grand artiste, était abreuvé de dégoûts et d'amertume ? A quoi bon ces comédiens que Lesage a traînés dans son heureuse gémonie, en plein *Gil-Blas* ? Denis Diderot joue avec un zèle incroyable la comédie et le drame qu'il invente ; il n'a pas besoin de théâtre, ou plutôt son théâtre est partout, dans la rue, au café Procope, chez madame d'Epinay, chez le baron d'Holbach, dans le château de Vincennes, chez mademoiselle de Lespinasse et chez madame Voland ! Voilà son théâtre, entre la rue et le ciel ; s'il a besoin de décorations, Vernet lui fournira sa toile, et de costumes, Greuze dessinera les costumes. Dans ce front olympien qui contient toute chose en germe, la comédie agit à la façon du vin de Champagne, elle brille, elle éclate, elle chante, elle se lamente, elle se désole, elle part ! Ah ! le sublime comédien qui se faisait pleurer lui-même, et qui, sous l'impression formidable de sa propre douleur, versait des larmes de sang. — « Vous le voyez, disait-il à d'Alembert qui l'avait surpris sanglotant et tout courbé sur un feuillet taché de ses larmes, — vous le voyez, je pleure d'un conte que je me fais à moi-même. » Or, ce conte, ce drame, ce sujet des pleurs les plus éloquentes qu'un homme ait versées ici-bas, c'était la *Religieuse*... et je crois bien que vous deviez être tout en larmes, ami Diderot.

Hélas ! que de drames sans fin, que de charmantes comédies se sont perdues qui étaient sorties tout armées de cette tête-là ! Voici cependant une comédie inédite, ou peu s'en faut. Elle avait échappé aux ignorants, aux infidèles, aux maladroits éditeurs de Diderot. C'est un livre à faire, une édition complète des œuvres de ce grand philosophe.

Cette comédie oubliée, et perdue, et retrouvée, a pour titre : « *Est-il bon ? est-il méchant ?* ou *L'Officieux persécuteur*, ou « *Celui qui les sert tous et n'en contente aucun*, comédie en « quatre actes, par Diderot. »

Cette fois (voilà le charme et l'intérêt de cette comédie) Diderot s'est mis lui-même en scène ; il se connaissait, et il était sûr que le portrait serait fidèle... « Un homme, dit-il, qui aime la retraite et le bruit, la causerie et le silence. » Ajoutons, nous autres, car il ne se rend pas toute justice, un homme heureux qui jamais dans sa vie n'a rencontré un méchant livre, car en lisant l'ouvrage le plus misérable, sa tête également féconde sur tous les objets, rencontre sans effort les plus belles, les plus heureuses idées, qu'il croit ensuite, et de la meilleure foi du monde, avoir trouvées dans le livre qu'il a tenu ; ni un méchant homme, parce que la candeur et la droiture de son âme ne lui permettent pas de supposer que l'âme d'un fripon puisse se cacher sous des apparences honnêtes.

Voici comme il s'est peint encore dans sa comédie. Il est né pauvre et sans aucun de ces talents qui mènent à la fortune. Mais qu'importe la richesse, à celui qui se porte bien et qui est en paix avec soi-même? Il était à son sens le plus riche des hommes; il avait la paix de l'âme; ses deux grandes passions, c'étaient les ouvrages de génie et le vent du Nord. Ses amis disent de lui qu'il est comme l'Éternel, devant qui tous les hommes sont égaux. Toujours content de lui et des autres, il n'a aucune idée de la durée, et le seul chagrin qu'il donne aux siens, c'est de le voir si peu avare d'un temps précieux pour lui et pour son siècle. Prodigue de son temps et de ses loisirs, d'un accès facile, toujours à la disposition du premier venu, voilà comme il s'est peint dans sa comédie! Acceptons-le tout simplement, comme il se présente à son peuple, et ne le gênons pas pour si peu.

La pièce commence. Au premier acte, nous sommes chez madame de Chépy. Vous savez que l'auteur ne ménage pas la noblesse. C'est une espèce plébéien révolté qui parle pour le peuple, contre les grands seigneurs, pour les domestiques contre les maîtres. Aussi, dès la première scène, entendez parler madame de Chépy.

« Picard, je vous défends, d'ici à huit jours, d'aller chez votre femme!

PICARD.

Huit jours, c'est bien long.

MADAME DE CHÉPY.

En effet, c'est fort pressé de faire un gueux de plus; comme si l'on en manquait!

PICARD, *à part*.

Si l'on nous empêche d'aimer nos femmes, qui est-ce qui nous consolera de la dureté de nos maîtres? »

Ainsi fait notre auteur; vous vous intéressez déjà à Picard, et déjà madame de Chépy vous paraît insupportable. Deux mots ont suffi. Or, voulez-vous savoir pourquoi madame de Chépy a si fort besoin de son domestique Picard? C'est que le jour de sa fête approche! Elle veut un proverbe pour célébrer sa fête, et elle envoie Picard chez M. Hardouin, homme de lettres, pour lui commander un proverbe. — « Il est midi, dit-elle, courez chez lui, il n'est pas encore levé! » Madame de Chépy connaît si bien les habitudes de M. Hardouin!

Or, M. Hardouin, il faut le dire tout de suite, c'est notre

homme. Diderot a pris ce nom de Hardouin pour se déguiser quelque peu. Il a bien voulu mettre en scène toute sa personne, mais il a pris la liberté de se donner un autre nom. Va donc pour Hardouin! D'ailleurs, vous allez le reconnaître tout de suite à ce récit de Picard, qui revient de chez lui.

PICARD.

« Madame, je viens... c'est je crois, de chez M. Hardouin... Oui, Hardouin... là, au coin de la rue... Il demeure diablement haut, et son escalier était diablement difficile à grimper ; un petit escalier étroit... (*en se dandinant comme un homme ivre*) à chaque marche on touche ou la muraille ou la rampe... J'ai cru que je n'arriverais jamais... J'arrive pourtant... « Parlez donc, mademoiselle, cette porte n'est-elle pas celle de monsieur... de « monsieur?... — « Qui, monsieur? me répond une petite voi-« sine... jolie, pardieu, très-jolie... un monsieur qui fait des vers. « — Oui, des vers. — Frappez, mais frappez fort, il est rentré tard, et je crois qu'il dort... »

MADAME DE CHÉPY.

Maudite brute, archibrute, finiras-tu ton bavardage? Viendra-t-il, ne viendra-t-il pas?

PICARD.

Mais, madame, il n'est pas encore éveillé, il faut d'abord que je l'éveille... Je me dispose à donner un grand coup de pied dans sa porte... et voilà la tête qui part la première, la porte jetée en dedans; moi, Picard, étendu à la renverse; le faiseur de vers s'élançant de son lit en chemise, écumant de rage, sacrant, jurant, et jurant avec une grâce ! au demeurant bon homme; il me relève. « Mon ami, ne t'es-tu point blessé? Voyons ta tête. »

N'est-ce pas que c'est bien Diderot? Et qu'en effet c'est là-haut, tout là-haut, dans cette longue et étroite maison qu'il habite? N'est-ce pas que vous reconnaissez sa voisine? On ne sait par quel bonheur, mais notre homme est toujours entouré de jolies voisines qui se prennent à l'aimer en tout bien et tout honneur, qui reçoivent ses cartes de visites quand il est absent, qui dépistent les créanciers quand il est chez lui, et qui, dans le jour, à l'heure de midi, quand il dort, posent doucement leur doigt effilé sur leur lèvre en disant... — *Chut!*

Des bonheurs qui le suivent partout, et qui n'arrivent qu'à lui seul!

L'instant d'après, M. Hardouin arrive en personne chez madame de Chépy. Il est calme, il est tranquille, il n'est ému de rien, pas même d'avoir été réveillé en sursaut par M. Picard, à midi. « Que me veut madame de Chépy ? — Moins que rien, monsieur Hardouin, un divertissement, un proverbe, une petite comédie! » Vous voyez que madame de Chépy n'y met pas plus de façon avec M. Hardouin qu'avec ses gens.

M. Hardouin (il est volontaire, entêté, quinteux, et *paresseux avec délices*) refuse de faire une comédie. Madame de Chépy est fort troublée et fort étonnée; un homme de lettres lui résister! Aussi elle sort irritée, en laissant M. Hardouin tête à tête avec *Beaulieu*, sa demoiselle de compagnie.

Vous savez que M. Hardouin est un drôle de corps, qui trouve belle et aimable la première venue qui est aimable et belle, sans s'informer de sa condition et de sa qualité. Aussi, à peine est-il avec mademoiselle Beaulieu, qu'il redevient le plus simple et le plus affable des hommes. Autant il a été insolent avec la maîtresse, autant il est soumis avec la suivante. En un mot, ce qu'il a refusé tout net à madame de Chépy, M. Hardouin l'accorde tout de suite à l'aimable Beaulieu. Il fera la comédie en question pour lui faire plaisir. Le premier acte finit là.

Acte II. — Nous sommes chez M. Hardouin. M. Hardouin est en train de faire la conversation avec son domestique. Il est bien quelque peu étonnant que M. Hardouin ait un domestique; mais une fois cette invraisemblance acceptée, rien n'est plus naturel que cette conversation. Tout à coup on annonce à M. Hardouin madame Bertrand, une femme enveloppée de vingt aunes de crêpe, une veuve *bonne à consoler* comme dit ingénument le laquais de M. Hardouin.

Aussitôt M. Hardouin s'écrie : — « Faites entrer la veuve! faites entrer la veuve! » Entre la veuve.

Alors se passe entre M. Hardouin et cette femme une scène pleine de grâce et d'intérêt.

MADAME BERTRAND.

Permettez, monsieur, que je m'asseye. Je suis excédée de fatigue : j'ai fait aujourd'hui les quatre coins de Paris, et j'ai vu, je crois, toute la terre.

M. HARDOUIN.

Reposez-vous, madame... (*A part.*) Elle est fort bien... Madame, je n'ai pas l'honneur de vous connaître, mais faites-moi la grâce de m'apprendre ce qui vous a conduite ici. Ne vous trompez-vous pas? Je m'appelle Hardouin !

MADAME BERTRAND.

C'est vous-même que je cherche.

M. HARDOUIN.

Je m'en réjouis... (*A part.*) Le pied petit, et des mains ! Madame, vous seriez mieux dans ce grand fauteuil.

MADAME BERTRAND.

Je suis fort bien. Avez-vous le temps, monsieur, et aurez-vous la patience de m'entendre?

M. HARDOUIN.

Parlez, madame, parlez.

MADAME BERTRAND.

Vous voyez la créature la plus malheureuse.

M. HARDOUIN.

Vous méritez un autre sort, et avec les avantages que vous possédez, il n'y a point d'infortune qu'on ne fasse cesser.

MADAME BERTRAND.

C'est ce que vous allez m'apprendre. Vous aurez sans doute entendu parler du capitaine Bertrand?

M. HARDOUIN.

Qui commandait *Le Dragon*, qui mit tout son équipage dans la chaloupe, et qui se laissa couler à fond avec son vaisseau ?

MADAME BERTRAND.

C'était mon époux. Il avait vingt-trois ans de service.

M. HARDOUIN.

C'était un brave homme, et je n'ai jamais rien vu de plus intéressant que sa veuve. Que puis-je pour elle?

MADAME BERTRAND.

Beaucoup. »

Et voilà l'estimable veuve qui raconte à M. Hardouin comment la mort de son mari l'a laissée sans fortune, comment elle est mère d'un tout petit enfant pour qui elle implore vainement une pension. « Tout ce qu'il est possible de mettre de protection à mon affaire, je l'ai vainement employé : des princes, des ducs, des évêques, des prêtres, des archevêques, d'honnêtes femmes.

M. HARDOUIN.

Les autres vous auraient mieux servie. »

En un mot, madame Bertrand n'a plus d'espoir qu'en M. Hardouin, car Hardouin est l'ami de Poultier, le commis de la marine. Hardouin vaincu promet de s'intéresser à cette affaire, à condition que madame Bertrand lui permettra de se rendre cette affaire personnelle. « On est à peine écouté même de son ami quand on ne parle pas pour soi. » — « Vous êtes un galant homme, lui dit madame Bertrand ; il n'y a là-dessus qu'une voix. Faites comme il vous plaira. »

Cela dit, elle sort. Voilà donc notre ami Hardouin occupé à la fois à composer une comédie pour mademoiselle Beaulieu, et à faire obtenir une pension à madame Bertrand.

Comme il est à réfléchir à sa comédie et à la pension, entre M. Desrenardeaux, avocat de Gisors.

M. Desrenardeaux est venu, lui aussi, mettre à profit l'obligeance de M. Hardouin. L'avocat de Gisors a un procès avec une amie de M. Hardouin. Ce procès dure depuis dix ans ; M. Desrenardeaux veut l'arranger. Il a choisi M. Hardouin pour arbitre, et il vient lui apporter sa procuration. M. Hardouin accepte la procuration de M. Desrenardeaux. Le voilà donc chargé d'une comédie à écrire, d'une pension à obtenir, et d'une affaire à arranger. Pauvre M. Hardouin !

A peine l'avocat de Gisors est-il sorti, entre chez Diderot-Hardouin, M. de Crancey. Celui-là est un amoureux, un amoureux du bon temps et de la bonne époque. Il aime mademoiselle de Vertillac, *que sa mère enlève à ses feux*. Il a suivi sa maîtresse à cheval, déguisé en postillon.

M. HARDOUIN.

Vous êtes parti le premier et leur avez servi de postillon !

M. DE CRANCEY.

C'est cela.

M. HARDOUIN.

Et sa fille vous a-t-elle reconnu?

M. DE CRANCEY.

Sans doute, mais sa surprise a pensé tout gâter. Elle pousse un cri; sa mère se retourne brusquement : Qu'avez-vous, ma fille? est-ce que vous vous êtes blessée?—Non, maman, ce n'est rien... — Ah! mon ami, avec quelle attention je leur évitais les mauvais pas! Comme j'allongeais le chemin, en dépit des impatiences de la mère! Combien de baisers nous nous sommes envoyés, renvoyés, elle du fond de la voiture, et moi du dehors, tandis que sa mère dormait! Combien de fois nos yeux et nos bras se sont élevés vers le ciel! C'était autant de serments, de nous aimer toujours. Quel plaisir à lui donner la main en descendant de voiture, en y remontant! Combien nous nous sommes affligés! Que de larmes nous avons versées! »

Mais à l'instant où M. de Crancey raconte son amour et son stratagème à M. Hardouin, entre chez M. Hardouin madame de Vertillac elle-même. Jugez de l'embarras de l'amant! Jugez de la colère de la mère! Vertillac s'enfuit, laissant M. Hardouin avec une comédie à faire, une pension à obtenir, un procès à arranger et un mariage à conclure. Comment donc fera ce pauvre M. Hardouin-Diderot? Ceci est le sujet de l'acte troisième.

Acte III. — M. Hardouin n'est pas si fort un oisif et un grand flâneur, qu'il ne mette un peu d'ordre en son désordre. Nous l'avons laissé ayant sur les bras une pièce qui n'est pas faite, une pension qui n'est pas obtenue, un procès qui n'est pas arrangé, et un mariage qui n'est rien moins qu'arrêté. Il faut qu'il vienne à bout de ces quatre grandes difficultés; mais par laquelle commencer?

Il commencera par la première, par la pièce. Il fait venir M. de Surmont, un jeune auteur.

M. DE SURMONT.

On m'a appelé vite, vite, et j'accours.

M. HARDOUIN.

Dieu soit loué! voilà ma pièce faite. Vous ignorez ce qu'on vous veut? moi je vais vous l'apprendre. C'est sous quelques jours la fête d'une amie : on se propose de la célébrer, et l'on va vous demander une petite pièce de société que vous ferez, n'est-ce pas?

M. DE SURMONT.

Et pourquoi pas vous?

M. HARDOUIN.

Pourquoi? pour mille raisons dont voici la meilleure. Il m'a semblé que madame de Chépy, la maîtresse de la maison, ne vous était pas indifférente, et j'ai pensé qu'il y aurait bien peu de délicatesse à vous ravir une si belle occasion de lui faire la cour.

M. DE SURMONT.

Et c'est pour m'obliger...

M. HARDOUIN.

Sans doute. Ainsi voilà la chose arrangée. Vous ferez la parade, le proverbe, la pièce, ce qu'il vous plaira, à charge de revanche.

M. DE SURMONT.

Je ne m'entends guère à cela.

M. HARDOUIN.

Tant mieux! ce que je ferais ressemblerait à tout; ce que vous ferez ne ressemblera à rien.

M. DE SURMONT.

Il y a là de beaux-esprits, des gens du monde. Je voudrais bien garder l'incognito.

M. HARDOUIN.

Je vais vous mettre à l'aise. Si vous réussissez, le succès sera pour votre compte; si vous tombez, la chute sera pour le mien. »
Et voilà M. de Surmont qui s'en va sur-le-champ composer sa comédie; première épine arrachée à l'esprit de M. Hardouin.

Cela fait, Hardouin, ce bon Hardouin, pense à la pauvre veuve, qui n'espère plus qu'en lui; il se met à la fenêtre, et il voit passer son ami Poultier. — « Holà, Poultier! » Poultier accourt. Poultier est un homme en place, mais il aime ses amis; il est puissant, mais il est intelligent et bon; il accourt tout joyeux et tout heureux de se voir appelé par son ami Hardouin, qu'il n'a pas vu depuis longtemps.

M. HARDOUIN.
« Avez-vous de l'amitié pour moi, Poultier?

M. POULTIER.
Oui, traître, malgré tous vos travers, est-ce qu'on peut s'en empêcher?

M. HARDOUIN.
Si je me jetais à vos pieds et que j'implorasse votre secours dans la circonstance la plus importante de ma vie, me l'accorderiez-vous? »

Alors voilà notre ami Hardouin qui fait à Poultier la plus incroyable histoire! Il va jusqu'à lui dire que cet enfant de madame Bertrand, ce petit enfant pour qui il demande une pension à genoux...

M. HARDOUIN.
« Je ne suis pas riche, vous connaissez ma façon de penser et de sentir. Dites-moi, si cette femme venait à mourir, croyez-vous que je pusse supporter les dépenses de l'éducation d'un enfant, ou me résoudre à l'oublier, à l'abandonner? Le feriez-vous?

M. POULTIER.
Non, mais est-ce à l'État à réparer les sottises des particuliers?

M. HARDOUIN.
Ah! si l'État n'avait pas fait et ne faisait pas d'autres injustices que celle que je vous propose! Si l'on n'eût accordé et si l'on n'accordait de pensions qu'aux veuves dont les maris se sont noyés pour satisfaire aux lois de l'honneur et de la marine, croyez-vous que le fisc en fût épuisé? Permettez-moi de vous le dire, mon ami, vous êtes d'une probité trop rigoureuse, vous craignez d'ajouter une goutte d'eau à l'Océan. Si cette grâce était la première de cette nature, je ne la demanderais pas.

M. POULTIER.
Et vous feriez bien.

M. HARDOUIN.
Mais des prostituées, des proxénètes, des chanteuses, des danseuses, des histrions, une foule de lâches, de coquins, d'infâmes, de vicieux de toute espèce épuiseront le trésor, pilleront la cassette, et la femme d'un brave homme...

M. POULTIER.

C'est qu'il y en a tant d'autres qui ont aussi bien mérité de nous que le capitaine Bertrand, et laissé des veuves indigentes avec des enfants.

M. HARDOUIN.

Et que m'importent ces enfants que je n'ai pas faits, et ces veuves en faveur desquelles ce n'est pas un ami qui vous sollicite?

M. POULTIER.

Il faudra voir.

M. HARDOUIN.

Je crois que tout est vu, et vous ne sortirez pas d'ici que je n'aie votre parole... »

A ces excellentes raisons, Poultier n'hésite plus; il est convaincu, il accorde à son ami Hardouin une pension pour madame Bertrand, reversible sur la tête de son fils. Voilà donc notre ami Hardouin tiré une seconde fois d'embarras.

Reste à présent le procès de M. Desrenardeaux et le mariage de M. de Crancey. Vous avez vu tout à l'heure que madame de Vertillac ne voulait pas entendre parler du mariage de M. de Crancey avec sa fille. Les deux amants sont séparés l'un de l'autre, ils sont bien tristes; de son côté aussi, madame de Vertillac est bien entêtée! Comment ce cher Hardouin se tirera-t-il de cette difficulté?

Vous savez déjà que rien ne l'embarrasse. Aussi, après un instant de conversation, voilà la pauvre mère qui jette des hauts cris. — « Qui l'aurait cru? Une enfant aussi timide et aussi innocente?

« Mères, pauvres mères, veillez bien sur vos enfants!... Mais Crancey veut que je signe un dédit; est-il fou? Ce n'est plus à lui à redouter mon refus; il me tient pieds et poings liés, et c'est à moi à trembler du refroidissement qui suit presque toujours les passions satisfaites. »

M. HARDOUIN.

Vous voyez mal, souffrez que je vous le dise : de Crancey connaît toute l'impétuosité de votre caractère, et il craint de perdre celle qu'il aime, même après un événement qui doit lui en assurer la possession. Cela est tout à fait honnête et délicat.

MADAME DE VERTILLAC.

Où est ce dédit? vite, vite que je le signe, et qu'on me les mène à l'église... Il était donc écrit que je vivrais avec les Crancey! »

Vous voyez d'ici la joie des deux amants qui se trouvent tout à coup réunis, l'étonnement du jeune homme qui voit sa belle-mère elle-même, tout à l'heure si acariâtre, s'engager à un dédit considérable! Vous voyez ensuite la reconnaissance de cette pauvre veuve à qui Hardouin remet sa pension! De leur côté, Desrenardeaux est tout heureux de la fin de son procès, et mademoiselle Beaulieu est toute fière de voir que sa comédie est achevée. Hardouin triomphe de toutes parts; Hardouin est comblé de bénédictions; Hardouin est proclamé le plus habile et le plus honnête homme de la terre. Resté seul, Hardouin se croise les bras, et se dit à lui-même :

« Moi, un bon homme! comme on le dit. Je ne le suis point. Je suis né foncièrement dur, méchant, pervers. Je suis touché presque jusqu'aux larmes de la tendresse de cette mère pour son enfant, de sa sensibilité, de sa reconnaissance; j'aurais même du goût pour elle; et malgré moi je persiste dans le projet peut-être de la désoler... Hardouin, tu t'amuses de tout, il n'y a rien de sacré pour toi; tu es un fieffé monstre... Cela est mal, très-mal... Il faut absolument que tu te défasses de ce mauvais tour d'esprit... et que je renonce à la malice que j'ai projetée... Oh! non... ce sera la dernière de ma vie. »

Acte IV. — Le dernier acte n'est pas moins amusant et moins bien intrigué que les deux autres. Au moment du plus grand triomphe de notre ami, toutes ses ruses viennent à se découvrir. Le jeune poëte de Surmont qui a fait sa pièce pour madame de Chépy, apprend que la pièce a été faite à la prière de la suivante Beaulieu. Madame Bertrand est instruite, à n'en pas douter, du mensonge qu'Hardouin a fait à son client, madame de Vertillac est instruite, de son côté, de l'innocence de sa fille; quant à Desrenardeaux il trouve à présent qu'il a été sacrifié par Hardouin dans sa transaction avec sa partie adverse. Là-dessus des clameurs, des rumeurs, des reproches, des colères, des emportements à n'en pas finir! Le poëte veut déchirer sa pièce, mademoiselle Beaulieu ne veut plus la jouer, la veuve indignée veut refuser la pension, madame de Vertillac veut rompre le mariage de sa fille, Desrenardeaux veut commencer à plaider de plus belle. On s'écrie, on se récrie, on s'emporte, on ne s'entend plus. Ce pauvre Hardouin-Diderot si honnête tout à l'heure n'est plus qu'un homme abominable. Autant il était aimé, adoré, embrassé, cajolé, autant il est détesté et injurié. Ce quatrième acte est à lui seul toute une comédie. A la fin tout s'arrange, tout le monde s'entend, le poëte ne déchire pas sa pièce, mademoiselle Beaulieu la jouera, la jolie veuve garde sa pension pour l'amour de son fils, madame de Vertillac consent au mariage de sa fille, M. Desrenardeaux ne songe plus à plaider; quant à M. Hardouin, qui a tenu dans sa main tous les fils de cette intrigue, il arrive avec une troupe d'enfants pour offrir son bouquet à madame de Chépy :

M. HARDOUIN.

« Allons, petits, présentez vos bouquets à madame.
(*On commence à danser un ballet et à chanter des couplets à la louange de madame de Chépy.*)

M. POULTIER.

Le scélérat! l'insigne scélérat! Je croyais m'amuser de lui, et c'est lui qui me persiflait!

MADAME DE CHÉPY.

« Est-il bon? est-il méchant? »

MADEMOISELLE DE BEAULIEU.

L'un après l'autre.

MADAME DE VERTILLAC.

Comme vous, comme moi, comme tout le monde. »

A coup sûr l'homme qui faisait ces jolies choses-là, en se jouant, avait un grand penchant pour le théâtre, et cette comédie, à mon sens, est un témoignage de l'instinct dramatique de Diderot, tout autant que les admirables entretiens qui servent de préface au *Fils naturel!* Ah! si Molé avait été aussi hardi que Préville à accepter les nouveautés des hommes de génie, ou tout au moins si le Sage et Diderot avaient été aussi patients que Sedaine, aussi persévérants que Beaumarchais, Diderot accomplissait la révolution qu'il avait rêvée, et notre art dramatique comptait un poëte de plus!

CHAPITRE II

Dans toutes vos tragédies et dans tous vos « drames modernes, » savez-vous, par hasard, un drame plus terrible, une tragédie à la fois plus complète et plus triste que *le Neveu de Rameau*, un des rêves de ce même Diderot qui tout à l'heure, plaisantait de lui-même avec tant de bonne grâce? O le rêve terrible! et comme on y retrouve à fond, la vérité de ce mot de Tacite quand il parle de l'audace de Sylla : « Sa misère était la base principale de son audace » disait-il : *Sylla inops, unde precipua audacia.*

Certes, de nos jours, nous avons vu bien des tentatives dignes de risée, et plus d'une grenouille envieuse du bœuf, mais jamais que je sache, en toutes ces comédies, on n'a rien vu de comparable à l'action récente de ces deux faiseurs de vaudevilles qui se mettent à détrôner Denis Diderot; donc je vous les dénonce et je vous les nomme, les voici, nos deux conspirateurs, MM. Duvert et Lauzanne. Il fait nuit; ils quittent furtivement la tente d'Arnal et s'en vont, une lanterne sourde à la main, dans le camp des philosophes du siècle passé, à travers ces retranchements fameux : l'*Encyclopédie* et le *Contrat social*, le *Dictionnaire philosophique* et les *Promenades du Sceptique*. Et tant de soins, et tant de peines, et tant de pas furtifs, pour arriver armés de cette lanterne sourde, et sans que personne y prenne garde, à ce terrible et cruel morceau, à cet exorcisme tout d'une pièce, à cette bacchanale immense, à cette furie, à ce délire, à cette déclamation, à cette chanson, à ce catéchisme immonde, à ce morceau plein d'éloquence et de nerf, d'atticisme et d'impudeur, de barbarie et d'élégance : *le Neveu de Rameau !*

O maraudeurs trop hardis, qu'allez-vous faire? et comment, diable! avez-vous pu croire que vous pouviez entamer, de vos petites griffes innocentes, ce monument antédiluvien du mépris que l'homme peut avoir pour un autre homme? La belle idée, en effet, d'assister à l'accouplement de ces vérités et de ces mensonges! « Un ver, un dieu ! » C'est le mot de Bossuet.

Ce fut donc, pour tous ceux qui connaissaient à fond, l'œuvre attaquée, un véritable moment d'angoisse lorsqu'ils eurent appris l'audace des deux auteurs du *Gant jaune* et de *Riche d'amour*. Même peu s'en fallait qu'on ne leur dît à l'avance, ce que disait Diderot à un peintre de genre qui avait représenté *le Jugement de Salomon* : « Certes, Monsieur, votre tableau représente un grand jugement ; mais il ne me paraît pas que vous en ayez beaucoup. »

Pour MM. Duvert et Lauzanne leur nouveau drame représentait une grande machine bâtie un peu sur des nuages. Les imprudents! Ils jouaient si bien de la flûte traversière, ils ont voulu souffler dans la trompette d'airain qui doit réveiller les vivants et les morts. Insensés! semblables à ces enfants armés de la baguette des sorcières qui vont s'enfuir devant l'ombre qu'ils auront imprudemment évoquée, ils ont appelé *le Neveu de Rameau*, et le Neveu de Rameau, du fond de l'abîme, obéissant à cette invocation enfantine :

— Enfants, me voilà, disait-il de sa propre voix, la voix même du poëte Robbé, ou du citoyen Rétif de la Bretonne, enfants, que voulez-vous du Neveu de Rameau? Alors éperdus, épouvantés, ivres de leur audace, à peine ont-ils balbutié, les imprudents, quelques paroles de regret et de repentir ; si bien que l'ombre indignée et méprisante est rentrée dans la profonde nuit !

Quoi d'étrange ? Est-ce que le lion obéit à Némorin ? Est-ce que l'auteur de la *Religieuse* est fait pour tailler les plumes de *Pécherel l'empailleur ?* Pour MM. Duvert et Lauzanne, l'obstacle était, tout d'abord, de lire avec soin, et de façon à le bien comprendre, ce terrible pamphlet intitulé *le Neveu de Rameau*, afin de s'assurer, dans quel coin de cet abîme, se tenait le drame et quel drame on en pouvait tirer ? Par malheur ces choses-là ne se devinent pas en un jour. Après *Candide*, on peut dire que *le Neveu de Rameau* est la production la plus étonnante du siècle passé. Dans ces pages, écrites avec tout son génie et d'un ton plus net que le ton accoutumé, on dirait que Diderot a voulu réunir, dans les conjonctures les plus désespérantes, tous les appétits désordonnés de l'espèce humaine, ses penchants dénaturés, ses préjugés extravagants, tout ce qu'au fond de nous-mêmes on peut trouver de difforme, de honteux, de dégradé.

« Je veux faire de toi un monstre énorme, » disait Shakspeare de Richard III. Ce que Shakspeare disait de Richard III, Diderot l'a accompli pour *le Neveu de Rameau :* il en a fait un assemblage hideux d'idées monstrueuses et charmantes, une créature à part, complétement insensible à la honte de ses crimes, et poussant, aussi loin qu'ils peuvent aller, l'oubli de l'offense et le pardon des injures ; car il a quelque chose du cuistre et du sacristain, ce neveu de Rameau. Un bandit qui obéit au cours effréné des plus terribles désirs, un instrument gigantesque dont les passions sont les cordes, une créature dépravée, et si naturellement dépravée, qu'il n'y a rien à espérer, rien à attendre, rien à changer. Cette créature est faite ainsi.

Figurez-vous une suite infinie de sensations ardentes, d'affections déréglées et de luxures d'un ordre supérieur inconnues en morale, avant l'apparition de ce monstre. Oui, mais figurez-vous en même temps, sous ces crasses, sous ces ordures, dans cet immondice, un pêle-mêle charmant et varié de grâces, d'esprit, d'ironie et de bon goût. Sous ces rages, on entend des voix qui chantent bien ; — sous ces malédictions, se montrent des sourires ingénus. Ce même gredin qui mène chez une comédienne sifflée, entre l'amant payé et l'amant qui paie, une existence de goinfre et de filou, soudain, quand il s'échappe de l'allée des épines, léger comme un sylphe, et son violon à la main, le voilà qui remplit, des plus ravissantes mélodies, l'écho enchanté de ces jardins dessinés par Watteau. Oui, l'homme-Rameau est abominable; chacune de ses pustules peut donner la peste à un monde. Il a retrouvé l'éléphantiasis et la pituite vitrée des anciens; mais entre les excoriations de ce bandit, s'épanouissent, de temps à autre, les grandeurs et les inspirations de l'artiste.

Alors voilà Diderot qui, pour se faire pardonner cette histoire de charnier, place son artiste sur un piédestal à côté de la statue de Memnon, et l'on ne sait plus qui donc chante si bien, ou l'artiste ou la statue, ou « l'homme ou le dieu, » ou l'ombre ou le soleil. Dans ce mélange abominable et charmant des fanges et des mélodies consiste justement la beauté, ou si vous aimez mieux, la curiosité infinie du dernier paradoxe de Diderot. Il a voulu prouver, j'en suis sûr, qu'au fond même de sa dégradation la plus complète, sous l'infamie et dans l'abîme, un homme aussi naturellement corrompu que Rameau, s'il a conservé par bonheur quelques parcelles du feu sacré qui fait les poëtes, peut encore échapper à l'exécration et au mépris du genre humain :

Nam veræ voces tum demum pectore ab imo...

Ne vous y trompez pas, voilà l'œuvre entière, et malgré tous ses crimes, ce n'est pas une œuvre sans excuse, puisqu'il y est démontré qu'en fin de compte il n'y a pas de dégradation si complète dont un malheureux ne puisse se relever, pour peu que de temps à autre un cri de douleur, un cri de pitié s'exhale de cette âme en peine. Ajoutez ceci (et là justement se trouvait le drame) que, dans cette infinie et incroyable dégradation d'un pareil drôle, si rempli de sagacité et de ressources, dans l'assouvissement quotidien de cette rage perpétuellement excitée et renouvelée, un moment arrive où le philosophe, relevant le parasite prosterné à ses pieds, se retourne gravement du côté de cette société insultée, et la regardant face à face :

Voilà pourtant, lui dit-il, une de vos grandes victimes; voilà la victime de vos oisivetés, de vos injustices et de vos licences! Voilà un homme qui était né un grand artiste, et dont vous avez fait un vil bouffon! Il ne demandait qu'un peu de loisir et son pain de chaque jour pour produire un chef-d'œuvre... et vous l'avez forcé, au prix d'un morceau de pain souillé, à corrompre, ô misère! pour votre compte, les filles d'alentour! Cet infortuné, dont la pauvreté et la jeunesse méritaient vos sympathies et vos respects, est devenu, dans la compagnie de vos valets, un instrument servile à vos moindres caprices. Il était, ce talent, un des plats de votre table, un des meubles de votre antichambre, un animal vautré dans la paille de vos chevaux!

Il était pis que cela, il était le valet de votre comédienne; et quand cette fille sans visage et sans esprit, sur ces planches que souillait sa présence, s'en allait déclamer, à la façon d'une portière, ces chefs-d'œuvre vaincus, vous forciez ce malheureux, pour un dîner, à applaudir cette femme de plâtre, au milieu du parterre étonné du cynisme de Rameau. Eh! le pauvre homme, il n'avait pas trouvé d'autre moyen pour faire comprendre les cruelles nécessités de sa honte et pour sauver l'honneur de son goût, que de dire tout bas, en applaudissant tout haut : « Ah! la mauvaise comédienne! Ah! que c'est bête ce qu'elle fait là! Ah! la poitrine décharnée! ah! la hanche déjetée! ah! les faux cheveux et les fausses dents! » Et les voisins de ce mendiant le voyant protester, autant qu'il était en lui, contre ce suprême abaissement, le prenaient en pitié autant qu'ils le prenaient en mépris!

Ils venaient de comprendre, hélas! que cet homme était en quête de quelque morceau de viande tombé de cette bouche infecte! Infortuné! Ce triste battement de tes deux mains, c'est le prix de ton souper de ce soir! Et quand cette divinité fardée, son rôle joué, s'en reviendra chez elle, dans la voiture de son fermier général, elle y retrouvera son parasite, et elle lui fera une scène de mégère, parce qu'elle n'aura pas été rappelée et couronnée de fleurs! Des fleurs à cette drôlesse, parbleu! des lis sur ce crâne pelé, la belle affaire! des roses à ces pieds plats, la bonne justice!

Et vous voulez, — s'écrie alors Diderot, de ce regard enflammé et de cette voix enthousiaste qui lui donnaient toutes les apparences d'un prophète, — et vous voulez posséder de grands artistes qui vous feront des chefs-d'œuvre, quand vous-mêmes vous les forcez à ces humiliations malséantes, pour un os que vous leur jetez à ronger!

Non! non! puisque vous déshonorez à ce point les enfants

d'Apollon, et puisque vous leur faites payer à ce prix barbare, l'aumône que vous jetez à leur misère, puisque vous traitez la muse comme Tarquin a traité Lucrèce, puisque vous forcez le lion à jouer le rôle de la fouine, et puisque vous avez démontré à tous ceux qui vous entourent, que le vice est plus profitable que la vertu... eh bien ! Messieurs et Mesdames, soyez châtiés comme il convient; traversez, de compagnie, poëtes et Mécènes, ce zodiaque d'infamies et de hontes; Mécènes déshonorés, poëtes déshonorés, lâches et vils des deux parts; mais le plus lâche et le plus vil, c'est le cœur velu qui fait attendre le malheureux qui l'implore, et qui le frappe au visage en lui faisant l'aumône d'un relief dont sa maîtresse et son chien ne veulent plus !

Ainsi il parle; il y a en effet de cette indignation et de cette fièvre dans le pamphlet de Diderot; à chaque page on est sur le point de s'écrier, comme fait Jacques le Fataliste : « Vivent les chiens ! il n'y a rien de plus parfait sous le soleil ! »

Celui-là donc qui aurait « les reins assez forts » pour, sérieusement, mettre en scène *le Neveu de Rameau*, devrait s'inquiéter du côté poétique de la question, et retracer, d'une façon nette et vive, les qualités immenses de cette immense canaille, afin que tout au moins il fût supportable, et qu'on n'eût pas, pendant trois actes de ces miscellanées fatales, le spectacle unique d'un malheureux qui ne songe qu'à boire, à manger, à insulter la considération publique, à s'abandonner à sa perversité naturelle, à se vanter de tout ce qui l'accable : l'insulte, l'outrage, l'avanie.

On a fait, de nos jours, du *Neveu de Rameau :* « le roi des drôles, » et c'est bien vite dit : *le roi des drôles !* mais prenez garde, s'il ne s'agit en effet dans votre drame, que de nous montrer l'image obscène de la dégradation humaine sans contre-poids, sans aucune chance de salut, vous allez faire un portrait qui a été fait, depuis des siècles, à commencer par le *coquin* de Théophraste, à finir par ce Chodruc-Duclos que nous avons vu, nous autres, traînant en plein jour, sur les dalles du Palais-Royal, entre les filles et les romans nouveaux, ces fanatiques haillons dont ce malheureux était plus fier que d'une vertu. Avant le roi des drôles, d'ailleurs, il y a Mascarille, « l'empereur des fourbes, » il y a Scapin qui se vante « d'avoir reçu du ciel un génie assez beau pour toutes les fabriques de ces gentillesses d'esprit, de ces galanteries ingénieuses, à qui le vulgaire ignorant donne le nom de fourberies. »

Ce portrait du *coquin*, dans Théophraste, vous représente tout à fait le roi des drôles, et personne ne l'a encore détrôné : « Un coquin, dit-il, est celui à qui les choses les plus honteuses ne coûtent rien à dire ou à faire ; il jure tant qu'on veut, et même en justice ; il est perdu de réputation ; on l'outrage impunément ; un délateur, un effronté, un homme de toutes sortes de mauvais commerces. Il n'a pas besoin d'avoir bu pour danser une danse obscène ; il fait tous les métiers ; il est bon à tout, prêt à tout ; aujourd'hui il tient un tripot, le lendemain un mauvais lieu ; il est crieur public, gargotier, brelandier ; il exerce tous les sales commerces. Si par hasard il a une mère, il la laisse mourir de faim. On accable un pareil homme de coups de pied, d'insultes, de procès ; après avoir parcouru un instant ce cercle d'infamies, ça pourrit en prison. »

Cela dit, le moraliste passe à une autre peinture. Il aurait honte de s'arrêter plus longtemps à un pareil drôle. En un mot, il traite *le coquin* selon ses mérites. Ainsi font les poëtes comiques dans la comédie athénienne et dans la comédie romaine, où l'on rencontre à chaque pas, ces sortes de coquins complets, tachés de sauce et couverts de coups de bâton. « Va-t'en, *prison!* » dit un bourgeois de Plaute, à un drôle qui l'obsède. Despréaux, lui aussi, parlant d'un musicien, de Lulli, vous traite en quatre vers ce *coquin ténébreux* :

Son visage essuyé n'a plus rien que d'affreux.

Composer un drame avec de pareils drôles, écrire même une satire, et quand on y devrait employer l'accompagnement obligé de prostituées, de proxénètes, de pamphlétaires, de chanteuses, de danseuses et d'histrions des deux sexes, on n'arriverait qu'au dégoût. Encore une fois, pour rendre supportable la peinture extrême de tant de choses avilissantes, il y faut mettre un grain de génie. Ainsi a fait Diderot ; il compose son monstre avec les plus formidables couleurs, puis tout d'un coup il le place habilement sous je ne sais quelle lueur favorable.

Certes, dit-il, il est bien vil ; mais que dites-vous de Palissot?

que dites-vous de Poinsinet, et de Fréron père, et de Fréron fils, et de l'abbé de La Porte? Certes il est bien abandonné de toute espèce d'honneur, de probité et de vertu, mon terrible *neveu*; encore vaudrait-il mieux être le cousin de Rameau que le cousin de Cogé ou de Ribailler. Il est très-lâche et très-mendiant, mais enfin il vient de faire un sacrifice énorme, non pas, certes, à la probité, mais à ses instincts de grand artiste.

Il avait, vous le savez, chez ce fermier général qui est l'amant de la petite Hus, toutes sortes de douceurs : un lit sous les toits, une place à l'office, quelquefois une assiette à la table du maître, souvent même un petit écu quand il avait attrapé pour la dame, un nouveau rôle. Tous les ans, à la fête du patron, on lui donnait une veste, une culotte, un habit; madame lui abandonnait ses vieux jupons de flanelle pour s'en faire des gilets en hiver; il était le confident de messieurs les domestiques, et il leur faisait des vers pour mesdames leurs maîtresses; il était l'ami intime des femmes de chambre, et il les conseillait dans leurs amours. On ne se gênait pas devant lui, et il ne se gênait pour personne; et des petites tapes par-ci, sur la joue, et de petits coups de pied par-là, et des friandises pour son goûter, des rubans fanés pour ses jarretières, des pots de rouge à peine entamés, des flacons à odeur dont le bouchon était perdu, l'amitié du chien de la maison dont il frottait le ventre quand il avait ses coliques, l'estime du perroquet, qui lui mordait le nez jusqu'au sang... ce qui faisait rire monsieur et madame jusqu'aux larmes; et des bombances infinies dans cette maison de fermier général et de fille entretenue, où l'or des misérables ruisselait à faire peur; et du feu en hiver, de la glace en tout temps, une porte dérobée qui menait au jardin, en traversant la cuisine...

Que vous dirai-je? la fétide éclaboussure de ces eaux grasses, la lie impure de ces bouteilles, le marc de ces cafés, l'écume restée au fond de tous ces verres que toutes les filles de Paris avaient portés à leurs lèvres souillées de carmin, quelle histoire abominable! Certes, Rameau le neveu passait une vie heureuse au frôlement de ces robes lascives, à l'enivrement de ces âcres parfums, au froissement de ces billets, à cette friperie ardente de tous les vices qui venaient, dans cette maison, tendre leurs gorges en guise de tablier.

Il avait des tapis pour s'y vautrer, et des guitares en nacre de perle dont il tirait une espèce de grésillement aviné qui ne s'est jamais rencontré que sous les dentelles déchirées de cette main chargée de diamants faux et de perles douteuses ; et ça l'amusait de chanter la chanson de Piron, en se dandinant comme un chinois ivre d'opium. Enfin, cette maison de fermier général, c'était son secret, sa passion, sa volupté, sa misère, sa lâcheté. Il se plaisait sous le toit de ce Crésus, comme le chien dans son chenil ; il aimait ce ruisseau, ce taudis, cette écuelle et cette caverne, cette réunion de pieds plats dont il était le bel esprit, à tout prendre, et la fête, et la joie, et le charme. Il était en joie et en ivresse au milieu de ce fumier de musc et d'ambre, et cela lui plaisait (songeant qu'il n'avait aucune chance que cette créature lui jetât quelque jour son sale mouchoir!) de voir la petite Hus à sa toilette, redressant son sourcil droit, abaissant son sourcil gauche, se regardant en plein dans un miroir d'argent que lui présente un président à mortier, pendant qu'un cordon bleu passe ses mules aux pieds engorgés de cette infante, heureux d'avoir assisté à cette toilette effrontée... Quant à lui, Rameau, il était fier de sentir que cette fille lui donnait la nausée.

Ah ! disait-il, je suis moins esclave de mes sens qu'on ne pourrait croire ! A l'aspect de ces hommes prosternés devant cette vile idole. — Ces hommes-là, disait-il, sont encore plus dégradés que moi, ils sont plus lâches ; ils usurpent mes fonctions, et pourtant ils ont de quoi dîner chez eux ! Enfin cela le réjouissait, tout un jour, d'avoir rencontré une infante dont il n'eût pas voulu, et des coquins qui ne le valaient pas.

Eh bien ! tous ces bonheurs, ces goinfreries, ces négations, ces gens qui mendient à mains ouvertes, le spectacle mauvais de ces vices à l'unisson, cette vie où le jour qui passe crache, dans son exhalaison fétide, son mot d'ordre au jour du lendemain et son infamie à la nuit à venir (*dies diei eructat verbum*), ces odeurs, ces licences, ces vernis, ces pamoisons, ces eaux virginales, ces bains mystérieux, ces fards et ces chances du vice au vice, et tous ces poëmes chers à Rameau, Rameau a quitté tout cela, non pas (fi donc !) pour une question d'honneur, de probité, de vertu, de décence, de respect pour soi-même, mais pour une question de goût, pour une question suprême.

Un jour qu'il était poussé à bout par cette coquine, Rameau, oui... Rameau! n'a pas voulu convenir que la petite Hus était une meilleure comédienne que mademoiselle Dangeville; et le voilà, sur une pareille question, chassé de son paradis terrestre, seul, pauvre et nu, mendiant et vagabond à outrance, abandonné des hommes autant qu'il est abandonné de Dieu... La cause innocente de son malheur, mademoiselle Dangeville, ce matin même l'a couvert de boue en passant, et son cocher lui a donné un coup de fouet.

O conscience! Où diable va-t-elle donc se nicher, cette conscience, que cet homme se ruine à plaisir pour une question d'art et de goût, et qu'il joue sa vie à croix ou pile en l'honneur de mademoiselle Dangeville, qui ne lui donnerait pas un petit écu? Là était encore le drame, convenez-en; là se trouvait nécessairement un peu de pitié, de sympathie et d'intérêt. Cet homme errant par les chemins, par les sentiers, dans les carrefours, à la porte des églises, parce qu'il n'a pas voulu porter absolument le froc de la petite Hus, prend tout d'un coup, aux yeux des hommes les plus corrects, une apparence de martyre qui lui va d'autant mieux qu'elle est plus inattendue. Il mourra de faim, c'est sûr, mais il ne sera pas humilié plus longtemps aux pieds de cette gredine que les sifflets du parterre ne cessent de poursuivre. Tant il est vrai qu'en fin de compte, et en supposant tout ce que vous voudrez supposer, il y a quelque chose de l'homme, au fond de l'homme le plus dégradé, une voix qu'on ne peut étouffer, un je ne sais quoi qui ressemble à la conscience. O triomphe de l'âme! Écrasée, elle se montre encore ; et de ses ruines, et de ses hontes, et de ses souillures, — écoutez bien ! — vous entendez sortir des cris, des spasmes, des plaintes. Tu croyais que tu n'avais plus de cœur, infortuné! en voici un petit morceau qui t'est resté par hasard, et qui souffre, et qui s'agite, et qui s'indigne, « à propos de bottes! »

Le drame du *Neveu de Rameau* devait donc démontrer, pour être un drame, qu'il n'existe pas dans la nature un seul homme qu'on puisse appeler le « roi des drôles ; » qu'il n'y a pas de coquin absolu, parfait, complet, sans ratures. Le roi des drôles, y pensez-vous? Parmi ce tas de coquins qui se présentent à nos yeux dans nos sociétés corrompues, hé quoi! vous êtes un assez grand moraliste pour nous dire : Voilà le chef de toute souillure, et l'exemple de toute trahison ; voilà l'autocrate du mensonge ; voilà le dieu excellemment pervers ; voilà celui que j'ai nommé l'arbitre souverain du pandémonium qui précède la révolution de 1789...

Vous êtes bien hardi et bien osé, mon cher philosophe, de donner ainsi, à chacun, la place qui lui revient dans votre enfer ! Virgile était moins hardi que vous ; il ne donnait pas de grade aux serpents de la furie ; il ne savait pas quel était le premier chien du Ténare :

> Serpentes, atque videres
> Infernos errare canes.

Même c'est l'un des caractères du vice : la confusion ; les ténèbres, l'abîme, tels sont les éléments du vice ; il est le vice en bloc... au contraire, c'est un des priviléges de l'honneur et de la vertu : l'ordre et la douce clarté du jour.

Non, ce n'est pas, au hasard et au pied levé, que l'on s'attaque à ces terribles compositions qui signalent la fin ou le commencement des empires. La satire Ménippée et le festin de Trimalcion, le *Discours sur l'inégalité*, *Candide* et *le Neveu de Rameau*, — à ces œuvres terribles qui brisent, qui châtient ou qui renversent, le premier venu n'a pas le droit de toucher. Comment donc, vous voudriez prendre une baleine avec l'hameçon qui vous sert à prendre une ablette ! *Piscis non hic est omnium*. Il n'appartient pas à tous les esprits de se mêler à ces joutes sombres, de descendre en ces abîmes, de parcourir l'égout de Rome ou de Paris et de combattre ces fantômes.

A coup sûr, plus d'un grand esprit, depuis cinquante ans, aura pensé à mettre en œuvre le pamphlet de Diderot, par l'explication, par le commentaire, par la comédie ou par le drame ; et comme pas un jusqu'à ce jour n'a réalisé cette illustre envie, il s'ensuit (la modestie, hélas! n'est pas un des attributs de notre siècle) que la chose est bien près d'être impossible. Qui la voudra tenter sérieusement, je dis sérieusement, c'est-à-dire avec un talent sincère et dans la grande façon du maître, en pourra tirer quelque renommée et quelque gloire.

Pareille tentative pour réussir, exige une grande audace mêlée à beaucoup de sang-froid ; d'abord qui voudra séparer Rameau de Diderot fera une maladresse insigne.

Ils sont inséparables, autant qu'Alceste est inséparable de Philinte, et Don Quichotte de Sancho. Ils se complètent, et s'expliquent, et s'excusent l'un par l'autre; celui-là fait valoir celui-ci.

Vraiment, il n'y avait que vous au monde, ô mon grand Diderot! vous, l'improvisateur hardi de ces grands drames qui s'agitent au fond de la conscience humaine, pour donner publiquement la main à ce paria du xviiie siècle français, et pour le retirer publiquement de ses immondices, afin de montrer à tous, sur ce front couvert de pustules, la dernière trace du rayon divin. Vous seul, ô maître! dont le vagabondage admirable a fait marcher si vivement l'esprit humain dans la trace ardente où il se débat sans lumière et sans guide depuis que vous êtes mort, vous seul, vous vous sentiez assez entouré de respect, de louanges et d'estime pour tendre la main à cet enfant bâtard de la corruption et de la fange, et pour lui persuader à lui-même qu'il n'était pas tombé si bas, l'infortuné, qu'on ne pût lui montrer encore un peu de sympathie et de tendresse.

Comme il est beau et superbe, ce Diderot, quand il marche en pleine lumière avec ce cynique fameux qu'il nous a révélé! Et comme on comprend qu'il faut en effet que ce grand homme soit bien sûr de l'admiration qu'il inspire, et du respect qui l'entoure, pour présenter à la France, à l'Europe, ce phénomène du cynisme et de la souillure que protége un certain reste d'inspiration, de poésie et de talent.

Aussi bien quand on vous dira que dans une comédie, ou dans un drame, ou dans un roman, le neveu de Rameau se montre seul, sans Diderot son compère et son maître, aussitôt tirez hardiment cette conclusion que vous allez voir un faux *neveu de Rameau*, un faux cynique, un faux bouffon, une œuvre sans portée, un héros sans nom, un Dave, un Crispin, un Sganarelle, un échappé des festins de Nasidienus, un descendant du Grec Rupilius-Roy, un Tigellius, — ce même Tigellius dont la mort a fait hurler tout le collége des joueurs de flûte, des mimes, des baladins et des rufians de la ville éternelle!

Ambubajarum collegia, pharmacopolæ,
Mendici, mimæ, balatrones.

Même vous feriez du *Neveu de Rameau*, et c'est une concession dont il me faut tenir compte, — vous en feriez *le pauvre diable* de Voltaire, le camarade et l'ami de l'abbé Trublet, que si vous privez votre personnage dramatique de son ami Diderot, vous ôtez au personnage sa force, sa grâce, sa valeur, son accent. Le neveu de Rameau ne va pas sans son compère; cette faiblesse ne va pas sans cette force. Je repousse le bandit, si vous m'ôtez le philosophe. Le saint de la légende avait pour compagnon un pourceau, quel est le peintre d'église qui voudrait peindre le pourceau sans son maître? Ainsi toutes les fois que vous nous montrerez le neveu de Rameau, c'est une loi expresse que vous nous montriez en même temps, le maître absolu de cette bête brute.

O le plaisant projet, d'ôter à ce pamphlet merveilleux tout ce qu'il a d'honorable, et de nous laisser en présence d'un coquin qui ne sait plus que répondre, maintenant que vous avez supprimé la seule voix qui sût encore se faire entendre à ce cœur endurci, le seul regard qui fît encore baisser ces yeux rebelles, la seule volonté qui fût plus forte que l'endurcissement de ce géant dont la voix renversait les murailles, de cet Ajax du violon qui, de sa main de fer, faisait gémir la corde la plus rebelle, cet homme dont l'ongle même est une puissance! — Des pieds, des mains, des tendons et des muscles; à force de génie, à force de volonté, il était devenu l'artiste qu'il voulait être; il tenait son violon à la façon de Paganini lui-même; entre ces quatre morceaux de bois son âme était renfermée, et de temps à autre il l'invoquait, l'appelant à son aide dans ses misères, et lui demandant son pain de chaque jour! Ce violon dompté représentait le seul empire que le malheureux ait jamais eu sur lui-même, le Dieu unique auquel il ait jamais cru!

Non-seulement ils ont fait du *Neveu de Rameau* une comédie, ils ont fait de *Candide*, oui, de Voltaire entier, ils ont fait un *vaudeville*! Hé quoi! ce rare esprit qui égratigne en souriant, qui mord en caressant, si triste quand il rit, si gai dans ses larmes; bouffon orné de philosophie et de sagesse, railleur d'un si bon conseil, poëte quand il dit vrai, poëte quand il ment, inventeur qui puise à pleines mains aux meilleures sources du génie gaulois, la fantaisie en personne et le bon sens en personne, — qui ose tout, tout, excepté une faute contre le goût et contre cette langue merveilleuse dont il est le Protée à l'infini, tant que l'esprit français peut jaser; quoi! les mille qualités de cette improvisation qui se moque de tout, qui voit tout, qui sait tout...

Le roman de Voltaire, une fête aux mille accidents inépuisables, danse et chansons, causerie et discours, amourette et passion, satire et malédiction! La jambe nue et la gorge aussi, avec de beaux falbalas ornés de rubans couleur de feu; et des yeux, et des gestes, et des sourires, et les dents les plus blanches, les lèvres les plus vermeilles, le chignon le mieux relevé, la main haute, la robe à retroussis, la mouche à la joue, et la neige au sein, la poudre aux cheveux! Madame de Pompadour elle-même *en laisse-tout-faire*, quand elle voulait distraire le roi Louis XV de ses gros ennuis, elle n'était pas plus agaçante, provocante et parée à ravir en son négligé de Vénus Astarté. Dans ces pages restées vivantes, entre tout ce qui vit, rit et respire parmi les œuvres de celui qui a fait l'histoire de Charles XII et de *l'Ingénu*, l'esprit de l'ange et l'esprit du démon s'en vont côte à côte au même but, le démon l'emportant toujours sur le bon ange en fausseté galante, en finesse exquise, en merveilles profondes, en perfidie à tout le monde, en louange à personne, en orgueil sans mesure, en artifice sans nombre, en arguments si pressés, si pressants, ironie et malice, adoration, blasphème, esprit, orgueil, violence, avec l'art exquis d'amuser, de divertir, de flatter, de charmer, de plaire; mille souplesses, mille tendresses, mille ironies, et de temps à autre une larme à côté d'un blasphème, et du vice, et des passions des sens à l'esprit, de la tête au cœur!

Les joies d'un dieu en belle humeur et les grimaces d'un singe contre une noix verte; et des sourires, et des folies pleines d'enfantillages charmants mêlés à des crimes abominables. Enfin les plus terribles extrémités dans le faux, dans le vrai, dans le paradoxe, dans la licence, dans la vertu; c'est à ne plus s'entendre, à ne plus se reconnaître, à ne jamais savoir où il vous mène, en quel abîme il vous jette, où donc il va?

Notez bien qu'entre ces merveilles de contes de toutes les plaisances et de toutes les couleurs, le plus merveilleux de tous, le plus fou et le plus grave, le plus terrible et le plus charmant, le plus incroyable des contes, des poèmes, la plus sanglante et la plus vive des satires, le fouet à pleines verges et le sel à pleines poignées, *Candide* enfin, c'est ce même Candide dont on a fait un vaudeville pour son excellence le théâtre du Vaudeville !

Vous croyez que ça me fâche, une pareille invention, une si triste profanation, une tentative à ce point odieuse, absurde, antifrançaise, au delà de tout ce qui est la raison, le bon sens et le plaisir public ? — Ça ne me fâche pas le moins du monde ; au contraire, c'est une bonne occasion de me souvenir. — Ça sera mauvais, tant mieux ; vouliez-vous autre chose ? Espériez-vous autre chose ? Si c'était bon, là serait le crime ; mais gâter, rapetasser, chantonner, rapiécer, couper et découper... *Candide*, voilà l'amusant, voilà le *hic*, je m'y attendais, je ne me suis pas trompé ; et cependant cela me plaît de la retrouver en chair et en os, tant bien que mal, peinte en buste, pendant que Voltaire nous la montre en statue équestre, Cunégonde, la belle Cunégonde, la belle créature charmante, fraîche, grasse, haute en couleur, et dix-sept ans ! Certes, elle est fort jolie et fort grande princesse, et Candide avait bien raison de ne pas oser lui dire qu'il l'aimait, justement parce qu'il l'aimait ! L'amour, en effet, ce n'est amusant que lorsqu'on n'est pas obligé de dire : *Je t'aime !* mais Candide et Cunégonde n'en savaient pas si long.

Le premier chapitre de *Candide* et le premier acte de ce vaudeville qui est mort avec le théâtre qui l'engendra s'accordaient à merveille ; tout est rire et de bonne humeur dans le plus beau des châteaux possibles ; — pour ma part j'aurais voulu que Voltaire les laissât quelque peu en repos, ce beau jeune homme et sa jeune maîtresse, sans les disséquer du haut en bas, sans leur ôter leurs plumes brillantes à ce colibri, à cette tourterelle, oiseaux bleus de son génie ; et je m'accommodais fort de ces grâces et de ce printemps à l'ombre des feuillages discrets. Mais quoi ! à peine sorti de son paradis terrestre, il faut que Candide passe trente-six fois par les baguettes ; il y laisse sa peau, il sauve tout le reste, et voilà que nous le suivons à la trace de son sang, au bruit de ses sanglots ; c'est triste, mais c'est comme cela dans le roman et dans la vie !

Le vaudeville avait respecté quelque peu la peau de Candide et les belles joues de mademoiselle Cunégonde ; il n'a pas le droit d'être féroce, le vaudeville ! C'est bon pour le roman. Le roman tue et pille, pille et tue, le vaudeville chante et caresse; ici des grincements de dents, et là-bas le bruit des chansons; ici on s'égorge, et là-bas on s'enivre; mais, là et là, c'est toujours Candide, et c'est toujours Pangloss; car en dépit de tous déguisements et ménagements du vaudeville, je reconnais Paquette et je reconnais mademoiselle Cunégonde. A quoi servirait l'imagination, si elle ne servait pas à recomposer les êtres poétiques défigurés par le théâtre, à l'intention de ses bénévoles auditeurs? Tant pis pour vous si vous faites le pédant, moi je prends mon plaisir où je le trouve. O mademoiselle Cunégonde, la perle des filles! Il n'est pas nécessaire que l'on vous ait *fendu le ventre* pour que cela me plaise de vous suivre, de vous sourire et de répéter le refrain de vos chansons!

Et puis le conte est un conte, le vaudeville est un vaudeville, deux propositions que personne ne peut contester. Ah! si Voltaire, au lieu de faire un conte de son drame, eût fait de son conte un drame... il eût fait tout simplement le *Mariage de Figaro!* Il eût fait, à lui seul, tous les drames qui ont été faits depuis *Candide!* Il eût été le vrai bâtisseur de la cité nouvelle: *Proudhon-Greppo-polis*, la vraie hôtellerie où sont invités à leur dernier festin et à leur dernière heure, non-seulement tous les rois, mais encore tous les magistrats, tous les artistes, tous les poëtes, et les belles personnes et les dernières passions de l'univers anéanti.— Ce chapitre xxvi *d'un souper que Candide et Martin firent avec six étrangers*, à proprement parler, c'est la fin du monde, ce chapitre xxvi, et la trompette du dernier jugement ne sera pas plus terrible à nos oreilles épouvantées que la cloche funèbre qui a sonné, à la porte de cette ignoble auberge, le dernier banquet des rois.

Savez-vous, en effet, dans tout le xixe siècle, un plus étrange et plus hardi événement, ce chapitre xxvi de *Candide*, et jamais avez-vous été frappé de plus d'étonnement et d'épouvante? En pleine fête, en pleine récréation, en pleine philosophie, en pleine raillerie, dans ce tumulte incroyable de peuples qui tombent, de villes qui s'écroulent, de tempêtes sur la mer, de ruines sur ce globe, de capucins et de saltimbanques; parmi les fièvres, les pestes et les philosophies; entre cet inquisiteur, fils de rien, et cette vieille, fille d'un pape, dans ce pêle-mêle de Bulgares, de

Turcs, d'Américains, de Russes, — au milieu de ces cabarets, de ces palais, de ces églises, de ces petites maisons, de ces jésuites au Paraguay, de ces pirates dans Alger, car Alger nous apparaît dans ce conte, comme la caverne : *Sésame, ouvre-toi!*

— Quoi encore?... par ces bruits d'épées et de guitares, ces cris de joie et ces meurtres, ces auto-da-fé et ces rendez-vous d'amour, entre le bûcher de saint Dominique et le sopha jonquille du petit Crébillon, entre le monde d'ici, le monde de là-haut, et le monde souterrain de là-bas, quand nous avons quitté cet Eldorado de la bombance, de la sagesse et de la fortune, où les bonnes lois se mêlent aux diamants, où l'on peut ramasser à chaque pas les perles, les topazes et les meilleurs conseils de probité et de vertu, sauf à visiter plus tard, la tête avinée et conduit par Saint-Preux lui-même, les demoiselles du monde de la rue Saint-Honoré, arrive enfin ce fameux chapitre XXVI, la digne conclusion de ce funeste exorde : — *D'un souper que Candide et Martin firent avec six étrangers, et qui ils étaient.*

Ce souper, c'est une magie, une invocation, un rêve, une révélation faite par les sorcières de Macbeth ; ces rois détrônés mangent sur la table qui, plus tard, entre les mains des imbéciles et des cafards, est devenue une *table parlante ;* ce souper de Candide au milieu de ces majestés sans feu ni lieu, c'est tout simplement l'histoire de France depuis 1789 ; c'est l'histoire de l'Europe moderne, ce chapitre XXVI ; et quoi d'étonnant, en fin de compte, que l'esprit poussé à cette puissance arrive, pour ainsi dire, à la divination? Vous vous rappelez ce passage d'une autre prophétie, dans un poëte d'un autre ordre : — « L'Océan étonné de se voir « traverser si souvent, dans des appareils si divers, et pour des causes si différentes. » Eh bien ! cette merveilleuse inspiration de Bossuet est le point de départ du chapitre XXVI de *Candide ;* mais cette fois ce n'est plus seulement l'Océan *qui s'étonne ;* chose bien plus triste, hélas ! ce sont les hommes qui regardent ces étonnements sans même songer à s'étonner ! Cette fois, la mer et le ciel n'ont plus rien à voir à ces coups de la fortune ; ces coups de fortune sont devenus si communs, que même les tables d'hôte de Venise, l'immense hôtellerie, ont cessé d'en faire un événement !

— Miracle, et voyez les progrès que fait la philosophie en naissant. Bossuet, dans son oraison funèbre d'Henriette d'Angleterre, n'ose pas nommer Cromwell à Louis XIV, et il s'en tire avec une périphrase éclatante comme le soleil; Voltaire, au contraire, dans ce chapitre XXVI, qui est la véritable oraison funèbre des anciennes monarchies, nomme, par leurs noms, et en riant aux éclats de leurs petites misères, tous ces rois détrônés; il les traite (ô château de Saint-Germain, asile royal des derniers Stuarts, qui vous eût prédit ces choses, dans le royaume du fils aîné de l'Église, vous eût fait crouler du faîte à la base!) avec aussi peu de respect et de sans-gêne que s'il s'agissait de Cocambo. — Voici, dit-il avec sa baguette (la baguette de la fée Guignonnante), le grand sultan Achmet III, détrôné par son oncle Mahmoud; voici l'empereur Ivan, qui sera étranglé dans sa prison; voici Charles-Édouard d'Angleterre promenant sa destinée viagère de Paris à Rome, et du trône au cabaret; puis, ironie étrange, absurde, impie et qui retombe de nos joues sur nos têtes innocentes, ce railleur sans pitié se moque de la Pologne indignement partagée, et deux fois privée, à la honte de la France, des rois que lui a donnés l'élection!

Cependant (c'est la fête et c'est la volonté du ricaneur immortel) tout ce fatras de têtes couronnées soupe incognito dans un cabaret borgne de Venise, attendant, ces rois détrônés, que commence le carnaval, et qu'ils puissent, leur masque à la main, suivre dans ses rondes nocturnes Casanova le joueur! Rien de plus, rien de moins; pas une larme sur toutes ces royautés qui tombent, pas une consolation à ces monarchies en ruines! Cela plaisait à Voltaire de raconter, non pas le dernier Festin de ce roi de l'Orient, entre l'eau qui monte et la flamme qui tombe du ciel, non pas Cléopâtre avalant sa dernière perle dans sa dernière coupe d'or, non pas l'orgie romaine dans sa funèbre majesté, mais la maigre pitance de ces rois d'hôtel garni. Singulier *de Profundis* de cette puissance des rois, fils des dieux, qui s'en allait à l'abîme béant de 1793; mais le chemin était semé de fleurs.

Parmi les rois exilés qui soupent à Venise, Voltaire nomme et cite Théodore, roi de Corse... à ce mot de *roi de Corse*, sa gaieté est au comble; il rit et éclate de rire... un roi de Corse!

« On m'a appelé Votre Majesté, à présent à peine m'appelle-« t-on *monsieur!* J'ai fait frapper de la monnaie, et je ne possède

« pas un denier ; j'ai eu des secrétaires d'État, et j'ai à peine un
« valet ; je me suis vu sur le trône, et j'ai longtemps été à Londres
« en prison sur la paille..... Ainsi parla le roi Théodore. Chacun
« des cinq rois lui donna vingt sequins pour avoir des habits et
« des chemises. Candide lui fit présent d'un diamant de deux
« mille sequins. Quel est donc, disaient les cinq rois, cet homme
« qui est en état de donner cinq fois autant que chacun de nous,
« et qui le donne? Êtes-vous roi aussi, Monsieur? — Non, *Mes-*
« *sieurs*, et je n'en ai nulle envie ! »

A ces folies madame de Pompadour riait aux éclats, et le roi
Louis XV : — « Vous trouvez donc cela bien plaisant, marquise? »

Non, non, je le répète, rien de plus étrange que ce banquet à
Venise, et rien de plus terrible, pas même le souper de Macbeth,
quand l'ombre de Banco vient s'asseoir au festin des funérailles
des rois exilés.

Regardez ce qui est arrivé depuis la prédiction de Voltaire, et
comptez le nombre des rois qui se sont assis à la table de l'exil !
A l'heure où Voltaire raillait le *roi de Corse*, « qui n'a pas de
chemise, » un Corse naissait ; ce Corse commençait par écraser
d'un pied dédaigneux le carnaval, les plombs, la politique et les
courtisanes de Venise ; lui aussi, ce grand homme, après avoir
été appelé *majesté*, son vil geôlier l'appelait à peine *monsieur* ;
il avait porté la couronne de fer et la couronne d'or, l'Italie et la
France... il devait languir *sur la paille* de l'Angleterre : hélas !
et plus malheureux que le roi Théodore, il ne trouva pas un roi
pour lui donner les *vingt sequins* du conte ; pas un sujet pour
lui faire accepter le diamant de Candide ; sa dernière étape, sa
longue étape d'agonie se passe, non pas à Venise, au milieu de
l'Italie où il était né, mais au bout du monde, sur un roc stérile,
où il fallut qu'un jeune prince du sang royal, poussé par la France,
allât chercher ces glorieux ossements !

Hôtelier de Venise, hôtelier à qui revient la dernière obole des
royautés anéanties, mettez une *rallonge* à votre table d'hôte,
qui finira, si l'on n'y prend garde, par devenir la table des *cent
couverts !*

CHAPITRE III

Un charmant inventeur, que l'on pourrait appeler le *Révolutionnaire sans le savoir*, Sedaine, arrête ici nos mépris et nos colères pour les fantaisistes sans fantaisie, et pour les inventeurs sans invention. Sedaine appartient véritablement à la grande famille des esprits naïfs et prime-sautiers. Il a trouvé, sans les chercher... comme on trouve, une comédie, un drame, auxquels il a imprimé la grâce et le charme de son paisible et facile génie.

Il a démontré le premier, par son exemple, que même dans un opéra-comique, il fallait du bon sens et de l'art. Cet ouvrier que la nature avait mis au monde à l'image des plus délicats et des plus ingénieux artistes, cet heureux inventeur qui a planté sur notre théâtre le bosquet, la houlette, la rose et les blancs moutons, le père ingénu de Rose et Colas et de leur blonde postérité, avait commencé par être un tailleur de pierres, avant d'être un poëte dramatique. — Je me souviens que j'ai lu dans les biographies de Sedaine, qu'un jour où il taillait ses pierres dans la cour de l'Académie, il fut remarqué, pour son habileté, par un savant de l'Académie. Je me suis toujours figuré que c'était là une histoire inventée à plaisir, et que si Michel-Jean Sedaine, le tailleur de pierres, se fit remarquer parmi ses confrères ce fut plutôt par sa maladresse à tenir le ciseau et par sa passion, déjà violente, pour la lecture et pour l'écriture, sa cousine germaine. Quoi qu'il en soit, par un de ces heureux hasards qui arrivent toujours et à coup sûr aux gens de talent, Sedaine prenant au rebours le précepte de Boileau pour les mauvais poëtes : *Soyez plutôt maçon!* se dit un beau jour : *Soyons plutôt poëte!* Il fut poëte, et si bien qu'il finit par franchir comme membre de l'Académie Française, ce même seuil qu'il avait taillé dans la pierre.

En ce temps là (1756), le théâtre moderne était en proie à toutes sortes de découvertes. Le vaudeville de la Foire, cette comédie de tréteaux, honorée de la collaboration de Lesage et de Piron, deux hommes qui ont laissé trois chefs-d'œuvre, tournait visiblement à l'opéra-comique. A proprement dire, Polichinelle est le père du vaudeville et de l'opéra-comique, bien dignes de cette illustre origine. Au XVIIe siècle, aux foires de Saint-Laurent et de Saint-Germain, Polichinelle, le comédien en plein vent, fut remplacé par Arlequin, son fils aîné, d'autres disent son bâtard, qui, lui-même, engendra tant bien que mal Pierrot, Colombine, Léandre, Lélio, espèces de farceurs, moitié italiens, moitié français ; gourmands, cyniques et poltrons à bouche que veux-tu ! Les contemporains de Molière, les beaux messieurs, les nobles dames, les sages bourgeois, ne dédaignaient pas les tréteaux de la foire, et ils s'en donnaient à cœur joie, sauf à expier le lendemain, ce rire insensé et ce plaisir brutal, au *Tartufe*, au *Misanthrope*, à *Cinna*.

Au reste, pour ne pas trop irriter le vaudeville et l'opéra-comique modernes de cette généalogie (en ceci l'opéra-comique aurait grand tort de se mettre en colère, Thespis, ce barbouillé de lie, est bien le père de Sophocle et d'Euripide), je peux citer, pour ma garantie, Sedaine lui-même, qui a écrit le prologue d'inauguration pour la salle Favart. Or, voici un passage de ce prologue qui me semble assez curieux :

Un machiniste ouvre la scène : « J'ai oublié, dit-il, mon sifflet

« à l'ancienne salle ; pourvu que quelqu'un ne l'ait pas trouvé et
« ne s'en serve ! — Arlequin arrive avec sa valise, le machiniste
ne le reconnaît pas, et le veut chasser du théâtre ; mais après
quelques explications et quelques coups de latte : — « Ah ! vous
« êtes Arlequin ! dit le machiniste. — Oui. — C'est vous qui
« avez déridé le front de nos grands-pères ? — Cela peut être. —
« Fait rire nos pères ? — Cela peut être. — Et dont la gaieté et
« les grâces plaisent encore ? — Cela peut être. — Et c'est vous
« qui ferez encore rire nos petits-enfans ! — Eh ! cela ne peut
« pas être ! — Eh ! pourquoi ? — Le pourquoi ? c'est du sérieux
« noir, et je n'aime que le sérieux couleur de rose....... »

Après ces agréables compliments, le machiniste répète à Arlequin qu'il ne peut rester, et que Thalie va venir. — « Thalie !
« ah ! j'en suis bien aise ! il y a longtemps que je ne l'ai vue. —
« Vous la connaissez ? — Si je la connais ! c'est par elle que je
« vaux, si je vaux quelque chose ; c'est elle-même qui étant en
« goguettes (les neuf pucelles ont des moments de récréation) a
« inventé cet habit que je porte, et qui m'a noirci le visage. » Dans
un autre prologue d'installation, et cette fois le prologue est de
Lesage, le vaudeville et l'opéra-comique sont encore plus maltraités. Arlequin demande des pièces à la Folie, et la Folie répond à
Arlequin : — « Je sais ce qu'il te faut ; en te donnant sur la tête
« trois coups de ma vessie, je vais remplir ta cervelle d'*idées*
« *polissonnes*, de fadaises et de *balivernes*..... Te voilà maintenant en état d'attirer tout Paris. »

Sedaine arriva au beau moment, quand la route qu'il devait
frayer était toute tracée. Il était, de sa nature, un de ces talents
simples et modestes, venus au monde tout exprès pour observer
la nature en petit et pour la peindre comme il l'avait observée. Les
mœurs faciles, les amours naïves, les simples événements de la vie
commune, les vieilles mères bonnes et grondeuses, les petites
filles amoureuses et ingénues, les bergers vaniteux et coquets, une
action intéressante et facile à comprendre, un dialogue net, vif et
naturel, que fallait-il de plus pour réussir ?

Plus d'une fois, il arriva que Sedaine rencontra des idées et des
scènes véritablement dramatiques ; — le public de ce temps-là fut
tout étonné, et très-heureux de verser des larmes aux belles scènes
du *Déserteur*, et de s'intéresser à *Richard Cœur-de-Lion* comme

il s'intéressait à *Tancrède*, le dernier héros de la tragédie.

Le *Philosophe sans le savoir* est un chef-d'œuvre. Certes, le sujet était bien choisi ; ce sujet, c'est le *Duel ;* c'était aussi le titre de la pièce, mais la censure n'en voulut pas. Pourtant quel est véritablement le sujet de ce drame, et de quoi s'agit-il ? Est-il donc question, cette fois encore comme dans l'*Héloïse*, de démontrer la nécessité du duel, de déclamer pour ou contre le duel ? Bien au contraire ! Le grand art de ce drame, et ce qui est bien rare à toutes les époques, c'est l'absence complète de toute déclamation ! Cette fois la philosophie a fait place uniquement au drame, et le drame est tellement préparé, qu'il faut absolument que ce fils se batte en duel et que le père y pousse son fils.

Le duel, comme une fatalité inévitable, plane pendant ces cinq actes sur toute cette famille, et il domine toutes les autres passions : amour filial, amour paternel, chaste et charmant amour de cette jeune fille qui s'ignore elle-même ! — C'est un drame qui s'écoute en frémissant, parce qu'à chaque instant vous croyez entendre le cliquetis de deux épées. C'est un drame sérieux et triste, où il est démontré que dans certaines positions de la vie, le duel ce n'est pas seulement une nécessité, c'est un devoir. Comme on dut être étonné au XVIIIe siècle de cette action si calme, à propos d'un événement tragique ; de ce dialogue si simple, à propos d'un préjugé fatal, si fécond en développements de tout genre, et qui devait fournir à Jean-Jacques Rousseau ses plus véhémentes pages pour et contre le duel !

L'étonnement fut si grand, et le parterre de ce temps-là était déjà si fort accoutumé aux exclamations véhémentes, aux déclamations furibondes, à toute la kyrielle sans fin et exagérée des plus violentes figures de rhétorique, que d'abord le parterre resta froid ; il ne comprit pas tout ce qu'il y avait de résignation et de vérité dans l'œuvre de ce père qui ne sait pas transiger avec l'exagération de l'honneur, même pour son fils ; cependant on finit par comprendre tout ce qu'il y avait de candeur et d'intérêt dans cette aimable Victorine, la douce passion de Sedaine, et le beau monde vaincu par tant de grâce et de charme, pleura à entendre les mots touchants dont ce drame est parsemé, à suivre en leur détour ces merveilleux petits détails d'une finesse pleine de grâces.

Ils furent honteux d'eux-mêmes, ces auditeurs blasés de tant de choses charmantes qui avaient échappé, le premier jour, à leurs oreilles endurcies par l'emphase. — Et ce mot si simple : *la lampe de mademoiselle Victorine !* Et cette fête troublée par ce grand péril ! Et cet Antoine si dévoué ! Et, je vous le répète par-dessus tout et avant tout, cette grande simplicité, qui pourrait être sinon plus exquise, du moins écrite avec plus d'élégance, tout cela ne fut guère compris le premier jour.

L'histoire de cette représentation du *Philosophe sans le savoir* est curieuse et vaut la peine qu'on la raconte. Le 1er novembre 1765, on devait jouer à la cour la comédie de Sedaine, *et pour que la représentation devant LL. MM. pût être mieux exécutée*, la pièce devait être jouée, à Paris, la veille même de ce jour solennel. La pièce fut arrêtée par la police.

Le censeur avait raconté qu'il y avait dans cette comédie un père, un gentilhomme, qui lui-même envoyait son fils au duel, et naturellement la police aurait mieux aimé une belle tirade paternelle contre le duel, cela eût été plus moral... peut-être, et bien certainement moins dramatique. Le censeur eût approuvé la scène ainsi corrigée, sauf au public français à la siffler. Car ce même spectateur, debout au parterre, qui ne demandait pas mieux que de tout renverser, autel et trône... une monarchie de treize siècles et une croyance de dix-huit cents ans, ce *premier-venu* dans la foule qui eût brisé tout cela en se jouant, pour faire plaisir à Diderot et à Voltaire... son roi et son dieu, ce même homme au parterre qui permettait avec tant de joie, sur le théâtre et dans les livres, tant de déclamations contre les prêtres, contre les rois, contre toutes les puissances établies, il n'eût pas souffert que, lui présent, on eût insulté au duel ; — la main à l'épée, il eût défendu son préjugé avec autant de rage que si quelque obstiné catholique eût osé défendre, en sa présence, Notre-Seigneur Jésus-Christ. Vraiment ce lieu de tumulte où messieurs les gardes-françaises avaient tant de peine à mettre le *holà !* c'était encore le vieux parterre instruit par le vieux Corneille, et qui s'était réveillé frappé lui-même du soufflet que donne le comte de Gormas au père du Cid !

Louis XIV lui-même, en ces questions de rencontres pour l'honneur, n'y avait rien fait, non plus que le terrible cardinal.

Malgré le supplice du chevalier de Bouteville, le duel était resté dans les mœurs de la nation; il s'était ralenti sous Louis XV justement parce qu'on avait cessé de le persécuter et de le punir. Le duel c'est la loi française, c'est la seule Charte inviolable parmi nous, la seule loi sans cesse respectée. Moins vous ferez de lois pour le défendre, moins vous ferez de procès pour le punir, et moins cet incorrigible préjugé sera funeste; c'est un préjugé qui tient à l'honneur. Il y a de certains vices tellement enchâssés dans de certaines vertus, qu'il est impossible de tuer l'un sans tuer l'autre.

Ce bon Sedaine fut donc bien étonné quand il se vit décrété pour attentat aux bonnes mœurs et pour excitation au désordre. En vain il éleva la voix pour défendre sa comédie attaquée; en ce temps-là, comme de nos jours, la police était trop morale pour se rendre sans combat. Tout ce que Sedaine put obtenir, à force de protections, ce fut de faire entendre une répétition du *Philosophe sans le savoir* à M. de Sartines, lieutenant général de police, à M. du Lys, lieutenant criminel, à M. le procureur du roi au Châtelet. — Et je demande encore, disait Sedaine, que madame de Sartines assiste à cette répétition. — *Mais*, répondait M. de Sartines, *les femmes n'entendent rien à cette partie de la législation!* — *Elles jugeront le reste*, répondait Sedaine. En effet madame de Sartines assista à cette répétition, et comme l'avait pensé Sedaine, elle ne jugea pas, elle pleura. Ses larmes fléchirent les magistrats, et la pièce proscrite nous fut rendue. C'est donc à madame de Sartines que nous devons la représentation de cette touchante comédie.

Cependant la pièce de Sedaine, accueillie avec un étonnement qui tenait de la froideur, fut ensuite écoutée avec admiration, applaudie à outrance. On eut bientôt senti le prix de ces émotions calmes et simples, de ce style honnête et sans détour. On admira beaucoup, en ce temps-là, cette phrase qui paraît bien naïve : « Je me suis couché le plus tranquille, le plus heureux des pères, et me voilà! » Cette admiration même, à propos de ces lignes plus que simples, que signifie-t-elle autre chose, sinon la fatigue et le dégoût où l'on était déjà de l'emphase et de la période? Diderot lui-même, que ce drame devait contrarier, se passionne pour *ce naturel sans aucun apprêt*, pour *cette élo-*

quence vigoureuse, sans l'ombre d'effort ni de rhétorique.

Il ajoute, avec ce bon sens emphatique qui est souvent de l'éloquence : « Il faut que je sois un honnête homme, car je sens « vivement tout le mérite de cet ouvrage. J'ai applaudi de la manière la plus forte et la plus vraie, et pourtant il n'y a personne « au monde à qui cette comédie dût faire plus de mal qu'à moi ; « *car cet homme me coupe l'herbe sous le pied !* » Et Diderot avait raison.

Le chef-d'œuvre de Sedaine enfanta, chez nous, de nombreuses *suites* et imitations ; madame George Sand a fait une suite au *Philosophe sans le savoir ;* on trouvera cette *suite* au chapitre qui sera consacré aux drames de cette *virtuose* (un mot de Sedaine lui-même). Un digne homme qui fut célèbre un instant, pour avoir fait une comédie attribuée au roi Louis XVIII, M. Merville, a laissé une comédie intitulée la *Première affaire.*

Autant l'ouvrage de Sedaine est fin, délié, habile, autant la comédie de M. Merville est grossière et brutale. Le duel de Sedaine est un duel de gentilhomme et de bonne compagnie, le duel de M. Merville est un duel d'estaminet et d'hôtel garni, il sent la pipe et l'eau-de-vie. La fable de M. Merville est atroce sans être intéressante. M. Merville suppose qu'un jeune élève de l'École polytechnique, à peine sorti de l'École, voyageant avec sa mère qui est infirme, avec sa jeune cousine qu'il aime et dont il est aimé, rencontre, dans un hôtel garni, un de ces mauvais sujets de province, désœuvrés et joueurs, que pas un honnête homme ne voudrait saluer. Ce bravo de café a déjà tué cinq ou six jeunes gens, l'espoir de leurs familles, et il s'en vante. Il égorge, il tue, il assassine autour de lui, impunément. C'est une bête fauve qui devrait mourir sous le bâton. Voilà sur quel homme tombe d'abord notre enfant de l'École polytechnique. Où est la leçon ? où est l'intérêt de ce drame ? Et comment voulez-vous que je me plaise à ce duel de l'agneau contre le boucher ?

C'est bien assez, juste ciel ! que le duel soit une nécessité entre les honnêtes gens, sans que en nous fassions une nécessité, entre un honnête jeune homme, savant et bien élevé ; il a une mère, une famille, un avenir, et, que dis-je ? une cousine ; et le premier brigand qui voudra se donner ce sanglant divertissement va percer ce jeune cœur, et le percer à coup sûr !

Sedaine gémissait, sans doute, en se voyant, malgré lui et par la force de son drame, forcé et contraint de se laisser aller au duel sur lequel repose son drame; mais comment M. Merville a-t-il pu se plaire à traîner si bas le duel, que d'en faire le caprice d'un oisif sans ressources, sans crédit, sans famille, et qui a été honteusement chassé de son corps? C'était là, le cas ou jamais, de s'élever contre ce duel à armes inégales, qui n'est qu'un assassinat. C'était le cas de dire au spadassin par métier : — *Tu ne tueras point.* — A l'enfant courageux et sans expérience de la vie : — Si tu te bats, tu ne te battras qu'avec d'honnêtes gens comme toi; si tu te bats, tu te battras pour ta mère, pour ta fiancée, pour ton propre honneur; crois-moi, jeune homme, il n'y a rien de commun entre ta fiancée, ton honneur, ta mère, et cet affreux égorgeur qui a soif de ton sang, à présent qu'il est soûl de bière et d'eau-de-vie?

Voilà comme on aurait pu faire un drame, à côté de Sedaine, et comme on aurait pu flétrir certains lâches duellistes qui ne sont que des meurtriers! Par malheur il est bien plus facile de refaire un beau drame que de l'inventer, de suivre une route tracée que de se frayer une route nouvelle. Cette comédie, *la Première affaire*, est misérable. Pas un de ceux qui agissent là-dedans ne dit ce qu'il faut dire et ne fait ce qu'il faut faire. Il fallait à tout prix empêcher ce duel, et ne pas exposer ce jeune homme à une mort imminente; il fallait arrêter l'assassin en le menaçant du procureur du roi, en le faisant tuer à coups de bâton, ou même en lui donnant de l'argent.

Bref il fallait dégrader ce misérable, à ce point que l'épée fût tombée de dégoût des mains qui allaient le corriger. Eh! la belle occasion de distinguer le duel sérieux du duel sans cause, le duel nécessaire du duel inutile, le duel à armes égales de l'assassinat; il y avait une belle comédie dans ce sujet-là ; on nous a montré un mélodrame, sans portée et sans résultat.

Dans le drame de Sedaine (pardon, Sedaine!) comme la douleur de cette famille est grave et profonde! Comme la menace de ce terrible événement gronde et résonne dans tous les cœurs! Comme vous êtes à chaque instant en présence de cette pointe acharnée qui menace le cœur du jeune Vanderck! Comme la leçon est terrible et complète, en admettant la nécessité de ce combat!

Dans le duel du spadassin de profession, vous n'éprouvez rien qui ressemble à cette intime douleur. Le duel est là sous vos yeux, qui se démène, qui se prépare, qui agit, qui tient une épée d'une main, un pistolet de l'autre main. Vous voyez tous les préparatifs, j'ai presque dit toute *la toilette* de ce meurtre. Le spadassin arrive, aussi sûr de son fait que le bourreau, et moins ému. Il prépare son arme et son coup d'œil; il attend son condamné; en effet, le condamné arrive. Ils se battent... et personne ne suspend cette boucherie! Et pas un de ces tristes témoins ne s'oppose à cet assassinat! Et pour comble d'horreur, la mère de cet enfant qui va mourir, la fiancée de ce jeune homme qui va mourir, elles arrivent, elles sont là sur le lieu du meurtre! C'est horrible, et le dégoût est bien près de l'horreur. Vraiment si c'est là de l'honneur, tant pis pour l'honneur! Si le devoir exige que ces vingt ans honnêtes, bien portants, heureux, intelligents, amoureux, se fassent tuer par ces quarante ans équivoques, malades, grisonnants, hébétés, sans esprit et sans cœur; s'il peut jamais être convenu, par l'honneur du monde, que celui qui joue un cuivre oxydé contre de l'or, un billet faux contre un billet de la Banque, et que dis-je? un morceau de peau velue et malhonnête, contre une poitrine pure et sans tache, n'est pas un filou, un voleur et un coupe-jarret, je déclare qu'il faut refaire un autre mot (et quel dommage de le refaire!) que ce mot-là : l'honneur!

Je sais bien que vous allez me répondre : Le jeune homme n'est pas tué! Le spadassin est blessé! La vertu triomphe! Oui, mais c'est un pur hasard, c'est une simple combinaison dramatique, c'est un moyen de racheter l'odieux et l'atroce de ce duel. L'innocent n'est pas tué par l'assassin, grand merci pour votre comédie! Il ne manquait plus que de faire égorger, devant nous, ce jeune homme par ce duelliste de profession! Encore aurais-je mieux aimé ce dénoûment-là que ce dénoûment-ci, au moins cette catastrophe disait quelque chose.

Ce jeune homme mort, le parterre avait le droit de se retourner vers la justice des hommes, et de lui demander : *Que ferez-vous des duellistes de profession?* L'auteur de *la Première Affaire* au contraire, lave ce vil spadassin dans son propre sang, quand il devrait le couvrir de haine, de mépris et d'outrages, et les honnêtes gens qu'il a voulu couvrir de deuil, le font assurer de *leur estime;* leur estime! c'est de leur exécration qu'il fallait dire.

Revenons à Sedaine ; après cette heureuse excursion au Théâtre-Français, il retourna tranquillement à l'Opéra-Comique, ses faciles amours. Il fut longtemps l'homme qui amusa le plus la jeunesse de cette nation. Chaque époque possède ainsi un homme heureux qui l'amuse, en travaillant à sa propre fortune ! Sedaine en 1730, M. Scribe en 1830, esprits rivaux, esprits charmants, placés par leur grâce et leur belle humeur au premier rang des inventeurs qu'on envie et qu'on aime. Ils ont fait, l'un et l'autre, heureusement, de quoi survivre à leur esprit de tous les jours, et de grandes œuvres pour abriter les petites. Si Sedaine n'avait pas écrit *le Philosophe sans le savoir* et *la Gageure imprévue*, il serait tout à fait au nombre de ces grands génies de l'heure présente, que l'heure emporte avec elle, gens d'esprit à coup sûr, mais d'un esprit qui passe vite. Ceux-là ne demandent aux lettres que leurs faveurs les plus légères, la réputation, non la renommée, la fortune, non pas la gloire. Pourtant, quand Sedaine fut arrivé à soixante-dix ans, après quarante ans de succès au théâtre, et quand il se présenta à l'Académie Française dont il avait été le maçon, appuyé sur *le Philosophe sans le savoir* et sur *la Gageure imprévue*, précédé et suivi de *Rose et Colas*, du *Roi et le Fermier*, du *Déserteur* et de *Richard Cœur-de-Lion*, l'Académie Française ne voulut pas se montrer sévère pour cet aimable et spirituel vieillard qui avait passé sa vie loin du monde, tout entier à ses petites créations bocagères, et entouré de cette aimable famille de Babets et de Colins, de Mathurins et de Mathurines qui lui avaient prodigué tant de sourires, tant de chansons et tant de fleurs.

Il est vrai que même, dans l'Académie Française, quelques voix s'élevèrent pour dire que M. Sedaine était un méchant écrivain qui avait fait, dans sa vie, bien des solécismes et bien des fautes contre la grammaire ; mais à ces esprits difficiles il fut répondu, ce qui était vrai, que M. le duc de Richelieu, *membre de l'Académie Française*, un des plus beaux esprits de ce siècle de l'esprit et des élégances, n'était pas, comme on dit, « très-ferré sur l'orthographe ! » A soixante et dix ans, le bon Sedaine fut reçu, et prononça, d'un accent net et franc, son discours académique, au milieu d'un auditoire attentif, et d'un public enchanté que sa voix eût été comptée, et que cette justice fût rendue à son poëte le plus charmant et le plus populaire. Sedaine fut donc reçu, à l'âge où l'on meurt, membre de l'Académie Française.

« On était curieux, dit la *Correspondance de Grimm*, de savoir comment s'y prendrait M. Sedaine *pour se réconcilier avec le style académique.* Le discours de M. Sedaine *n'est pas mieux écrit que ses autres ouvrages.* Le seul endroit qu'on ait distingué par des applaudissements, qui ont dû embarrasser l'amour-propre de l'orateur, est celui où il fait *une espèce d'amende honorable pour tous les défauts reprochés à sa manière d'écrire.* » « J'avoue, « dit-il avec son élégance accoutumée, que les reproches qui « m'ont été faits ont été justes, eussé-je dans ma conscience des « raisons à leur opposer. »

Et voilà comme ils traitaient, ces seigneurs de la critique et du drame, un poëte ingénieux, ingénu, écouté, populaire, accablé par l'âge et par le travail, et qui devait laisser des œuvres impérissables. Ils préfèrent à Sedaine M. Lemière ou M. La Harpe, à peu près, comme à Molière, les beaux esprits de la cour avaient opposé Benserade et Scarron !

Il me semble pourtant que M. le baron de Grimm, quand il parle ainsi, n'est pas tout à fait dans *la* vérité *vraie*. Il est impossible, en effet, que cet auditoire choisi et bienveillant, qui venait en ce lieu de récompense et de triomphe, se soit amusé à chercher, dans ce sage et modeste discours de réception, les fautes académiques du vieux et bon Sedaine. — Un tailleur de pierres ! se sera dit le baron Grimm, qu'est-ce, après tout ? et c'est pourquoi il lui aura jeté la pierre. Ainsi fit M. Lemierre un académicien de ce temps-là, qui ne fut guère plus indulgent que M. le baron de Grimm.

« On s'attendait bien à trouver, ajoute la *Correspondance*, dans la réponse de M. Lemierre, de l'esprit et de l'originalité ; mais on y a encore trouvé infiniment de goût, de la grâce, peut-être même plus de douceur et d'harmonie qu'il n'en eut jamais dans ses vers. Il a eu l'art de rappeler si ingénieusement *tous les ouvrages* du récipiendaire, *qu'on a cru* les voir rassemblés autour de lui *comme autant de trophées de ses ingénieux succès.* « L'aveu, « lui dit-il, que vous venez de faire, — *vous excuse* et vous ho-

« nore. — Il est aisé d'appercevoir que par une sorte de défiance
« de vous-même, *vous vous êtes abstenu de dire tout ce que
« vous pouviez faire sous-entendre*, et que par *d'adroites réti-
« cences*, par le jeu *de la pantomime*, par l'action, *vous avez su
« éviter une partie des difficultés de l'art d'écrire*. — Aussi
« cette compagnie, *dépositaire de la langue*, s'est-elle souvenue
« que si elle s'est fait une loi de *couronner des talents qui ont
« contribué à la perfection du langage*, elle devait aussi ses
« palmes *à l'imagination*, au naturel, à L'ENTENTE RAISONNÉE DU
« THÉATRE ! »

Pauvre Sedaine ! Et quel patois parle M. Grimm, quand il n'écrit
pas avec la plume de son ami Diderot ! M. Grimm oubliait,
en parlant ainsi, que lui aussi, Socrate, on l'appelait, de son
temps, le tailleur de pierres : « De ces grâces est venu ce tailleur
de pierres ! » dit l'anthologie, et Sedaine en vient aussi. Pour en
finir avec Diderot, les malheureux ! ils ont fait un malingre vaudeville de la très-charmante comédie, où Jacques *le fataliste* s'a-
bandonne avec tant de grâce et de gaieté aux volontés, que dis-je ?
aux caprices de la Providence. Avons-nous aimé ce bon Jacques, à l'heure où, nous aussi, nous avions pour camarade et
pour ami le hasard, le hasard et l'amour son svelte et émerveillé compagnon ! Quant à moi, ce pauvre diable de Jacques,
si confiant à son étoile, m'a toujours charmé jusqu'aux larmes, et
fait pleurer jusqu'au sourire. Un jour au cabaret il s'enivre ; alors
il oublie de panser les chevaux de son père ; son père le bat, il
s'enrôle ; enrôlé, il va à Fontenoy, cette noble bataille, la dernière où il y eut des gardes françaises ; à Fontenoy une balle lui
brise le genou, et du même coup il devient boiteux et amoureux.

Il était en chemin dans une voiture de blessés, quand une jeune
femme, à la porte d'une maison, lui donne à boire et un peu de
vinaigre au coin de son mouchoir ; même il était si malade... on
le fit descendre de ce chariot, on le fit entrer dans cette maison ;
il guérit. A peine guéri, il se met au service d'un maître ; au service de ce maître il voyage ; ils vont ensemble au hasard le valet
et le maître ; pour charmer la longueur de la route, ils causent, et
alors s'entremêlent admirablement les uns aux autres, les accidents
de leur vie aux accidents du voyage.

Bref, une causerie universelle, active, bonne enfant, charmante !

Jacques est le plus aimable des valets-maîtres. Il est bien autrement philosophe que Figaro, bien autrement vrai que Figaro. Jacques est humain, compatissant, patient à toute épreuve, spirituel quelquefois; Figaro est railleur, égoïste, spirituel toujours; Jacques, en défendant son opinion, comme c'est le droit d'un homme libre, s'attache à son maître et gagne ses gages; Figaro, en cédant quelquefois, n'est guère qu'un embarras pour le grand seigneur dont il porte la livrée, et s'il lui rend quelque service, il le sert, à peu près comme Méphistophélès sert le docteur Faust, en lui causant mille dommages. Méphistophélès, Figaro, deux voisins, sortis du même œuf. Ah! si j'avais le temps, quel parallèle à écrire!... A force de patience et de conversation, on prévoit que Jacques finira par être l'ami de son maître; qui oserait en dire autant de Figaro?

Quant à ce grand système de la fatalité, préconisé par Jacques-Hardouin-Diderot, le théâtre contemporain, qui a touché bêtement à tous ces vieux chefs-d'œuvre, en a fait une bêtise; au contraire, ce *fatum* en raccourci, c'est une chose fort aimable et fort amusante dans le roman de Diderot. Car ce n'est pas, notez-le bien, la fatalité orientale qu'a voulu nous montrer le philosophe, en son labyrinthe éloquent, ce n'est pas une fatalité accroupie au soleil qui attend, qui regarde, et qui ne se donne ni peine ni souci. Au contraire. La fatalité de Jacques est une fatalité qui agit et qui raisonne, « une fatalité agissante. » Jacques dit à son maître qui veut le frapper : — « Tout doux, Monsieur, je recevrai le premier coup, mais au second je pique des deux et vous laisse là! » Jacques dit à son cheval : — « Marche à ton pas! »

Et il le laisse aller à sa fantaisie. Or Jacques a raison avec son cheval. Nous croyons conduire le destin, c'est lui qui nous mène, et le destin, pour Jacques, c'est tout ce qui l'approche ou le touche, son cheval, son maître, un moine, un chien, une femme, un mulet, une corneille. Voilà pourquoi le voyage du maître et du valet est si profondément amusant. Ce sont deux hommes qui croient au hasard sans trop s'y abandonner; deux sceptiques qui croient à la fortune; deux fatalistes qui raisonnent, qui s'emportent, qui aiment, qui détestent, qui ont toutes les passions des hommes croyants; c'était donc une nuance à bien saisir, du moment où l'on faisait une pièce de théâtre avec ce

sujet et avec ce titre-là. Mais le vaudeville ne sait rien comprendre, il ne sait rien observer. Il prend de ses grosses mains les pensées les plus délicates, il les enlumine à sa manière, il les jette contre le mur de son théâtre comme du plâtre mal gâché.
— Tiens-toi là comme tu pourras !

Ainsi le héros charmant de Diderot, défiguré à plaisir, arrive sur ces planches malsaines, en butant à outrance et ne sachant que répéter à tout propos : *C'était écrit là haut !... C'était écrit !* Ils en parlent bien à leur aise, ces jeunes messieurs.

Après en avoir fini avec Diderot, ils ont voulu en finir (et de la même façon) avec Sedaine. M. de Grimm s'est moqué de Sedaine en le voyant à l'Académie, et nous autres nous avons pris à Sedaine ses meilleures comédies, dont nous avons fait, sans façon, des opéras, des ballets et des vaudevilles. Ah ! mon pauvre Sedaine en proie autant que Diderot, aux copistes sans génie, aux imitateurs sans esprit ! Comme ils ont fait de cette tête calme et pensive un grotesque visage, et quel portrait moins ressemblant ! Ce galant homme d'un si heureux et si facile génie portait un ample vêtement, chaud en hiver, frais en été, bien étoffé de galons et de velours ; ils ont remplacé ce beau vêtement par un habit étriqué et de toutes pièces, acheté chez le plus proche parent du diable... chez un fripier ! Une honorable perruque à trois marteaux, bien poudrée et bien solennelle, encadrait à merveille la tête intelligente qui a produit tant de charmantes comédies... ils ont jeté à l'eau cette honorable coiffure, et sur cette noble tête que le travail a rendue chauve avant l'âge, on vous a collé un faux toupet à la colle de poisson, toupet frileux comme l'habit !

Le tricorne brodé d'or a fait place au chapeau Gibus ; le beau jonc qui sentait d'une lieue son financier, est remplacé par une badine ; à le voir entrer, à le voir sortir, ce n'est plus là notre vieux Sedaine, notre naïf rêveur, un peu amoureux, un peu égrillard, un peu énergique, un peu de tout ce qui est éternellement bon et beau sous le soleil : la beauté, la jeunesse, les fleurs du jardin, le soleil du grand chemin, l'ombre des bosquets, le petit vin qui pétille sous le bouchon.

Bonne et franche nature, ignorante de toute vanité ; abondante poésie dont s'était avisé ce digne homme, après le rude labeur de la vie active; douces chansons improvisées aux premières clartés, aux premiers chants du mois de mai! Cet homme était né heureux; il avait fait, en se jouant, ses plus aimables chefs-d'œuvre; il avait vécu au milieu de l'assentiment unanime, il était mort à une heure favorable, une heure avant les tempêtes civiles, pourquoi faut-il qu'à tant de distance, et quand il devait se croire à l'abri de sa propre gloire, nos beaux esprits aient imaginé d'arranger, de déranger et de corriger Sedaine !

Mais, disait-il, Sedaine est mort, aussi bien que Diderot, on peut tout lui prendre; cela ne regarde lui ni personne; — mort, il devient la proie des arrangeurs; il est leur bien, ils le peuvent fouler aux pieds tout à l'aise ! Hélas ! ils ne sont pas contents de ses couplets, ils lui taillent des couplets tout neufs ! Son dialogue leur déplaît et les afflige, ils lui fabriquent un dialogue de leur façon; ils badigeonnent sans pitié cet élégant monument d'un autre âge; ils placent un concierge mal peigné, « monsieur le concierge, » disaient les faiseurs de l'*Époque* (un journal de portiers) ; à cette porte où veillait le suisse, la hallebarde au poing. Laissez faire les arrangeurs : ils refont Marivaux, ils refont Diderot, ils refont Sedaine; ils mettent une chemise aux sofas à pieds de biche; le lustre éclairé de cette lueur qui se glisse à travers le cristal scintillant, s'efface aux clartés prodigieuses d'une lampe à trois becs; dans la cour, le boule-dogue hurle en secouant sa chaîne, et le chien du berger s'enfuit épouvanté.

Grâce aux arrangeurs ! le buis taillé en mille façons a disparu des jardins ; les bosquets mystérieux ont été éventrés; la rose, ce vieux chef-d'œuvre du printemps éternel, ce souffle coloré et animé de la nature dans ses joies ravissantes, la rose a péri, remplacée par le dahlia. Voilà ce qu'ils ont fait de ce joli petit Trianon de la poésie dramatique dont Sedaine était à la fois le chansonnier, le jardinier et l'architecte — O Daphnis ! tu ne seras plus désormais qu'un fermier normand qui fait du cidre, un homme de la Beauce qui sème du blé, un vigneron qui place un échalas dans les vignes, fragile appui de la prochaine vendange !

« Ici repose Orphée écrasé par la foudre, les Muses l'ensevelirent avec sa lyre dorée ! »

Dans une des pièces de Sedaine, le *Diable à quatre*, arrangée à la dernière mode du vaudeville, messieurs les arrangeurs ont ajouté des beautés sans nul doute inattendues, il ne s'est pas trouvé un seul passage qui ressemblât à ceci :

« LE SORCIER : Je vais vous dire votre bonne aventure : je sais l'avenir, je vais vous dire le vôtre.

« MARGOT : Ah! monsieur, s'il y a du mal, ne me le dites pas!

« LE SORCIER : Je lis déjà dans votre main que Jacques vous a battue.

« MARGOT : C'est vrai, Jacques me bat, mais pas toujours. »

Ne me le dites pas! — Il me bat, mais *pas toujours!* — Charmantes choses ; mais nous autres gens d'esprit du vaudeville, nous les effaçons bien vite. Que nous importe, en effet, ce tout petit brin de sentiment et d'ingénuité où l'esprit s'amuse tendrement, mais sans pouvoir se rendre compte du plaisir qu'il en éprouve? Comme aussi les couplets de Sedaine ont déplu à messieurs les arrangeurs. Fi! de vieux couplets qui ignorent le grand art de la pointe, du calembourg, du petit mot à double sens, des couplets de vile prose! Sedaine nous la donne belle avec son :

> Je suis bonne, je suis bonne,
> Au point que cela m'étonne.

Nous avons entendu, il est vrai, d'assez honnêtes gens qui citaient comme un joli passage :

> Le plaisir vaut son prix
> Pris
> En dépit des maris!

Mais l'air est vieillot autant que les paroles. Laissez-nous faire, nous vous mettrons, à la place de cette musique de bois flotté, une chose très à la mode, l'air de *Robin des Bois*, ou l'air de la *Fiancée*, et quant au plan de la comédie, une fois que les couplets et le dialogue auront été retapés et rapetassés, nous consentirons peut-être à ne pas trop changer le plan primitif de ce digne Sedaine, nous réservant le soin d'ajouter, de retrancher, de corriger, d'embellir.

Ainsi Sedaine, dans le *Diable à quatre*, a fait du Floridor le mari de la méchante femme, un galant homme, plein de bon sens... le Sedaine des Variétés a fait de cet honnête jeune homme un affreux pitre appelé *Groslichard*. — Ils n'ont pas vu, ces habiles gens, que si vous mariez cette jeune femme à un pareil magot, cette malheureuse est tout à fait dans son droit de s'emporter en mille fureurs. Voilà de ces nuances qui n'échappaient guère à Sedaine ; il savait mieux que personne que même les bagatelles, et surtout les bagatelles, ont besoin d'art et de naturel. Du temps de Sedaine, les horloges qui marquent midi à quatorze heures étaient déjà inventées, j'imagine ; mais le digne homme, il ne réglait jamais à ces tours de force, ni sa montre, ni son esprit, ni sa gaieté.

Une autre réforme, des plus importantes, que messieurs les arrangeurs avaient apportée dans le nouveau *Diable à quatre*, c'est l'apparition d'un affreux gourdin qui a obtenu un succès de la plus franche gaieté. Le savetier de Sedaine, pour corriger Margot ou madame Floridor, ne sait rien de mieux que d'administrer à ces dames une innocente volée à coups de tire-pied, le tire-pied étant jusqu'ici l'arme du savetier, comme la carabine est l'arme du carabinier. Mais quoi de moins nouveau et de plus connu ? Au contraire, le gourdin en question est d'une nouveauté d'autant plus piquante, et ça fera rire, un bâton d'épines avec lequel il serait facile d'assommer un bœuf.

J'en conviens, Sedaine n'aurait pas inventé cela... Il a trouvé, en revanche, un mot plus terrible et plus comique à la fois que vingt bâtons comme votre gourdin. — « Je suis la douceur même (dit maître Jacques, qui vient de battre sa femme)... Ah ! *si j'étais gris !* » Le *si j'étais gris* n'a-t-il pas quelque chose de formidable, et n'est-ce pas un mot plein de terreur ? Mais bah ? on efface ce mot à la Shakspeare, on achète un bâton épineux et l'on est quitte avec le poëte primitif ; que dis-je ? c'est encore Sedaine qui nous doit du retour !

La scène de raccommodement est charmante dans le Sedaine n° 1. — « Faisons la paix, dit Jacques (nous l'appelons *Jacquot*, c'est plus poétique) ; d'ailleurs je t'ai un peu trop battue avant-hier, cela ira pour aujourd'hui ! » Et ce petit mouvement si vrai d'un homme qui découvre à sa femme une grâce nouvelle, inattendue, qu'en dites-vous ? — « Tu viens de prendre vraiment un air de dame, *et tu m'en plais davantage* ; je ne veux pas te cacher ton triomphe, *tu me plais infiniment.* » C'est là, en effet, un moment dangereux et d'une inquiétude charmante, quand ce brutal finit par se jeter aux pieds de cette Margot qui lui donne le vertige : — « Non-seulement je te pardonne, mais, si tu veux, je te demande pardon ! »

Aussi quand elle voit ce manant à ses genoux, madame Floridor ne s'y trompe pas, et sa terreur s'en augmente. — « Dieu ! s'écrie-t-elle, cet homme à mes pieds ! — Margot, *âme de ma vie !*... s'écrie Jacques qui devient entreprenant. Mais enfin, quand il comprend qu'on le repousse pour tout de bon, monsieur prend son parti en brave : « Je t'ai vue quelquefois mieux disposée, Margot ! » Tout cela est rayé, impitoyablement rayé dans le nouveau *Diable à quatre*, c'était pourtant bien joli autrefois !

Et ce trait charmant qu'ils ont effacé :

Quand Jacques revient pour redemander sa femme : « Madame, faites un signe, dit le cuisinier à Margot, et nous allons rosser Jacques d'importance.

— « MARGOT (*vivement*) : Je ne veux pas qu'on le rosse ! »

Ainsi, bonsoir à Sedaine et bonsoir à Diderot ! Ils sont morts, le vaudeville les a tués et les remplace. — Ce que nos inventeurs ont dégradé, effacé, perdu, ruiné, restauré, repris, entrepris, sophistiqué, fait et refait, anéanti et confisqué, ne saurait se croire, en vérité. Vous avez vu souvent, chez les marchands de meubles à l'usage des parvenus de la Bourse, des filles entretenues et autres imbéciles, de faux meubles de Boule et de prétendues armures de François Ier. Ça joue un certain rôle ces meubles-là, dans les élégances malsaines, et dans ces fortunes d'un jour sur lesquelles l'huissier veille et compte, pour payer sa charge et nourrir sa petite famille. Eh bien, les plus charmants, les plus rares et les plus délicats chefs-d'œuvre de l'esprit humain ont passé, de nos jours, à l'état de ce *bric-à-brac* impie, et pas une de ces merveilles élégantes n'a échappé à l'abominable contrefaçon des faiseurs de nouveautés.

Messieurs les poëtes du XIXe siècle ont fait du Sedaine et du Diderot comme les fabricants du faubourg Saint-Antoine ont fait du Boule et du Riesener, aussi contents ceux-ci, que ceux-là, d'avoir attrapé quelques idiots également incapables de retrouver, dans un poëme et dans un meuble, les grâces, les souvenirs, le charme et les parfums d'autrefois.

CHAPITRE IV

Heureusement que dans la foule, et juste au bon moment, au moment où s'achèvent les grandes œuvres, se rencontrent parfois de grands esprits pour les comprendre, et pour les traduire à la façon du génie. Un homme, en effet, un Allemand, un nommé Gœthe, se rencontrait, à l'heure même de Diderot, qui, en pleine jeunesse, en plein exercice de son intelligence et de sa liberté, comprenait à merveille, et beaucoup mieux que le tribunal d'alentour, la révolution que cet éloquent philosophe, et ce grand poète en prose de la nature humaine, commençait dans le drame et dans le roman de son pays et de son siècle !

Il arrivait, ce nouveau venu, dans tout l'enthousiasme et la clairvoyance de ses vingt ans, au milieu des suprêmes efforts de cette littérature en travail d'enfant qui allait produire la révolution française (enfantement de la souris qui accouche de la montagne), et Diderot fut le premier homme, et le *Neveu de Rameau* fut la première œuvre dont cet Allemand se préoccupa.

Il en fut occupé à ce point qu'avant de quitter la France (un volcan de flamme et de fumée), il traduisit dans son idiome, ou plutôt dans cette langue allemande qu'il devait régénérer, ce même *Neveu de Rameau* qui plus tard, reparut chez nous (il avait disparu dans les tempêtes civiles) traduit de l'allemand de Gœthe et du docteur Faust. — Quel triomphe pour *le germanisme!* Heureusement que l'œuvre originale, au moment où la France y pensait le moins, fut retrouvée, et que les fanatiques de Diderot purent revenir au texte même du maître! Ainsi parmi les victoires et les conquêtes « du germanisme, » il faut compter l'œuvre même de Diderot, comme aussi parmi les victoires et les conquêtes de la France au delà du Rhin, et en deçà de la coalition, il faut compter le triomphe définitif de la langue française sur les victorieux de 1815! Vaincue un instant par la coalition, la France se releva par les œuvres de son esprit; de la défaite de ses armes, elle en appela aux produits de son génie. Au milieu de tant de ruines que la victoire brutale entasse autour de ses lauriers sanglants, l'esprit français, j'ai presque dit l'esprit humain, l'honnête et sincère esprit des intelligences d'élite, reparut dans le pays de Voltaire et de Bossuet, sans violence et sans secousse, uniquement parce que cette langue ancienne et sacrée exprimait, mieux que toute autre, les sentiments plus que les calculs, les vertus plus que les ambitions, le pardon plus que la vengeance, et l'expérience enfin, avec son cortége impérissable d'honneur, de conscience, de force et de vertu!

O langue illustre à jamais que nos pères ont parlée avec tant d'éloquence; ô langage divin que nos aïeux ont créé avec tant de génie et de politesse, lorsqu'ils l'arrachaient inspiré et vivant, aux émotions victorieuses du xvie siècle, de ses grands poëtes, et de ses fameux prosateurs. — Voyez comme elle agit; admirez comme elle marche, et sachez donc enfin l'entourer de vos déférences et de vos respects, en songeant à la gloire qu'elle nous a donnée, aux honneurs qui lui sont rendus. Elle a résolu les plus terribles problèmes; elle a touché aux plus fameux paradoxes; elle a abordé sans peur les plus redoutables questions; elle a trouvé des formules suffisantes à la croyance, au doute, à la philosophie, à la liberté; réglant les institutions, corrigeant les mœurs, jugeant les aventuriers, et pressentant les aventures! Elle a découvert un nouveau monde, la tribune; elle a marché, elle marche encore à des destinées étranges et inconnues, à des miracles. Aussi l'on peut juger de l'étonnement et de l'épouvante du jeune Goethe arrivant au milieu des plus solennels efforts de la prose et de l'éloquence française, et marchant, ébloui, de Voltaire à Buffon, de Rousseau à Montesquieu, de l'*Encyclopédie* au livre de l'*Esprit*, du *Père de Famille* au *Mariage de Figaro*, du bourreau qui brûle les livres condamnés, à ce peuple qui les dévore et qui les chante à toutes les étoiles du firmament! O prose de Pascal, de Bossuet et de Montaigne! Et songer que tu allais être avant peu, la parole même de Mirabeau!

C'est pourquoi, un des grands esprits de ce temps-ci, et peut-être son plus grand écrivain, si M. Villemain n'existait pas, M. Victor Cousin pensa tomber de son haut, lorsque rencontrant Goethe à Weimar, Goethe ingrat, vieilli, bonhomme enfin, il entendit ce vieillard, ébloui sans doute des clartés qui venaient, irrésistibles, de ce côté-ci du Rhin français, lui dire, en hochant la tête, et d'une voix qui n'était plus de ce monde :

« Monsieur Cousin, votre langue est malade... elle est morte, si elle ne remonte pas jusqu'à maître Clément Marot ! » Que j'aurais voulu, pour ma part assister à cette déclaration de guerre, et comme en dépit de sa gloire, j'aurais répondu à ce vieillard:

« Monsieur Goethe, il faudrait respecter le siècle qui fut votre maître, et dans ce siècle, votre maître et le nôtre, il faudrait ne pas oublier le premier et l'unique objet, peut-être, de votre sincère enthousiasme et de votre plus vive admiration! Remonter jusqu'à maître Clément, monsieur Goethe c'est effacer de l'œuvre française, Corneille et Racine, Molière et Voltaire, M. de Lamartine et M. de Chateaubriand; parler ainsi monsieur Goethe, c'est manquer à cette sagesse, à cette réserve, à cette prudence qui ont été votre force, votre bonheur et une grande part de votre gloire et de vos mérites.

Voilà pourtant comme il était fait; ce bel esprit, qui mentait si évidemment à son origine, et qui au souvenir de la terreur passée et de la bataille de Leipsick, rayait, de son autorité privée, un si vaste espace de notre gloire littéraire! Il était né sage et prudent, à ce point qu'il avait déjà soixante ans lorsqu'il se révéla au beau milieu du xviiie siècle français; — il avait peur du bruit autour de sa tête tranquille ; il ne voulait de bruit que tout au loin, pour lui-même et pour lui seul ! Il était de ces hommes sûrs d'eux-mêmes, et très-dangereux pour les autres hommes, qui jouent avec toutes les passions sans en ressentir aucune, qui portent le feu et la flamme chez le voisin parce qu'ils savent que leur maison est assurée. Égoïstes esprits qui sèment autour d'eux le désenchantement, le malaise et l'inquiétude en toute chose pour recueillir leur contentement et leur bien-être personnel, y compris la paix au dedans, la renommée au dehors ! Tristesse calculée ! Malaise d'emprunt ! Inspirations de fantaisie !

Il faut se méfier, comme on se méfierait d'un meurtrier, de ces sortes de poëtes qui se mettent à l'abri pour chanter l'orage, qui ferment leur porte à toute autre émotion qu'à l'émotion factice d'où sortent les drames et les livres, qui n'ont jamais rien éprouvé de tout ce qu'ils racontent, ni l'amitié, ni la pitié, ni la tendresse, ni la charité, ni même l'amour :

« Pour t'élever de terre, homme, il te faut deux ailes,
La pureté du cœur et la simplicité :
Elles te porteront avec facilité
Jusqu'à l'abîme heureux des clartés éternelles.
Celle-ci doit régner sur tes intentions,
Celle-là présider à tes affections,
Si tu veux de tes sens dompter la tyrannie.
L'humble simplicité vole droit jusqu'à Dieu :
La pureté l'embrasse, et l'une à l'autre unie
S'attache à ses bontés, et les goûte en tous lieux.
. . . .
Il faut donc s'entr'aimer, il faut donc s'entr'instruire,
   Il faut donc s'entre-secourir,
Il faut s'entre-prêter des yeux à se conduire,
Il faut s'entre-donner une aide à se guérir

Souffre sans murmurer tous les défauts des autres
   Pour grands qu'ils se puissent offrir ;
Et songe qu'en effet nous avons tous les nôtres,
   Dont ils ont, à leur tour, encor plus à souffrir. »

Lisez ces vers avec piété, lisez-les avec respect, poëtes *humanitaires*, ils sont de Pierre Corneille, et vous y trouverez l'entière accusation de Gœthe le poëte ! Il manquait de sympathie, et pour ainsi dire il manquait de piété filiale envers le genre humain. Il n'aimait que lui, il n'a jamais secouru que lui-même, il n'a jamais su ce que cela voulait dire : *s'entr'aimer* et *s'entresecourir !* Il s'est plaint toute sa vie ; il était dévoré, à l'en croire, de la maladie de Childe-Harold ; mais, en réalité, il n'a pas souffert un seul instant ; sa maladie était une comédie, et sa souffrance était un jeu ! Lâche et brillante nature ! Ingénieux et mensonger caractère ! Egoïste et éloquent inventeur de toutes sortes de passions qu'il n'a jamais ressenties, qu'à l'épiderme !

Un cerveau brûlant peut-être, un cœur de glace ! Il n'a rien vu de ce qui pouvait le troubler, un seul instant ! Il n'a rien voulu voir de ce qui eût gêné son lâche repos, non pas même la révolution française, et quand le volcan déchiré jetait au loin ses vengeances, ses libertés et ses fureurs, notre homme était sous le hêtre allemand, dans sa maison fortifiée, à l'ombre de ses chansons, s'amusant à écrire ses symphonies et ses pastorales.

« Il avait peur, disait un de ses historiens, des grandes scènes
« du monde politique ; il se retira dans le monde paisible de ses
« idées et de ses travaux ; au milieu des tempêtes de la société,
« il étudiait la nature, et pendant que les institutions périssaient
« il composait avec une sérénité parfaite, semblable à ce paysan
« du siége de Mayence, qu'il avait vu, derrière un faible retran-
« chement, à la portée du canon, continuer tranquillement ses
« travaux champêtres. »

Brave et digne paysan, fidèle à ta charrue et confiant dans la divine bonté qui fera pousser l'épi dans tes sillons, si tu as assez de confiance en Dieu pour ensemencer même le champ de bataille ! On te salue, et l'on t'aime, honoré laboureur que rien ne détourne !... Au contraire, il semble que ce poète insensible à tant de grands spectacles autour de lui, et fermant les yeux pour ne pas voir, devient une espèce de profanateur ! Si le devoir du paysan est d'ensemencer même la terre où passent les nations armées, le devoir et le droit du poëte est de célébrer les grandes actions et les grands courages ! Dans ces luttes furieuses où la liberté du monde est en jeu, mieux vaut Kœrner le pandour improvisant, l'épée à la main, une chanson de bataille, que le sage et prudent écrivain, M. de Gœthe, conseiller aulique de Son Altesse, racontant les amours et aventures du docteur Faust ! La vie active, après tout, est un devoir, et même un devoir poétique ! Il faut vivre, et vivre de la vie universelle du genre humain, si l'on veut être un poëte, c'est-à-dire il faut être participant des joies et des douleurs, des espérances, du désespoir, et des moindres émotions de son peuple! — En ce sens, « le poëte a charge d'âmes! » (C'est une belle parole de M. Victor Hugo.) Il tient du prêtre, il tient du soldat! Il est le père de famille, il est le médecin qui panse la plaie, il est la voix universelle! Il est la louange, il est la récompense! Il est l'oraison funèbre! Il est tout, il est la justice, il est la vengeance, il est l'élégie, il est le cantique, il est le *Te Deum*, il est le poëme des vivants et des morts.

Lui-même (ô Ciel! où vais-je en ce moment chercher mes exemples?) l'homme déshonoré, plus déshonoré peut-être que l'Arétin (Arétin déshonoré par lui-même, Machiavel déshonoré par ses disciples), ce terrible et fameux Machiavel, il raconte que dans son exil il passait tout le jour à boire et à se battre avec les premiers qui se rencontraient sur son chemin; le vin, la rixe, la causerie et le cabaret, l'insulte et le haillon, telle était sa vie... Oui, mais la nuit venue, et quand autour de cet homme arrivait le silence inspirateur, aussitôt il se lavait les mains et le visage, il brisait son orgie, et, vêtu de la toge romaine, l'épée à sa droite et le sceptre à sa gauche, le laurier à sa tête et l'inspiration à son front, il écrivait, d'un geste solennel, ses admirables *Décades!*

Ainsi la nuit du philosophe-historien rachetait la journée et les jeux de l'exilé sans ordre et sans frein; ainsi la sévère leçon de l'histoire remplaçait les dés, les bâtons et les bouteilles! — De ces veilles héroïques, dignes du palais même et de la retraite de l'empereur Auguste, sont sorties ces invocations que l'on dirait dictées par Tite-Live ou par Tacite! Or, celui-là seul fera une œuvre sympathique au monde, qui sentira au fond de son âme, une grande pitié pour sa nation, un immense intérêt pour le malheur de son siècle! Ayez d'abord le respect de votre œuvre, et puis comptez sur le respect de l'avenir! A quoi bon vous bercer de ces chimères, quand la patrie est en sang; à quoi bon vos codes quand la patrie appelle à son aide?

« Donnez-moi une seule vertu privée, disait M. Cousin (en ce moment il répondait à M. de Gœthe), et j'en veux tirer vingt vertus publiques! » Honte à ces insensibles qui ferment les yeux pour ne rien voir, et des oreilles pour ne rien entendre! Ils ne voient pas, les insensés, qu'ils mettent leur renommée et leur conscience à la remorque des événements! O misère! un pareil esprit qui joue à pile ou face? sa gloire et sa vertu! [1]

Comme il était semblable à ce rat de la fable que La Fontaine nous a montré retiré dans ce fromage de Hollande dont il s'était fait un ermitage, on comprend que ce bon M. Gœthe ait eu le temps de composer toutes sortes de poëmes, et véritablement il a fait des élégies, des chansons, des madrigaux, des comédies, des drames, des romans, en un mot toutes sortes de compositions, très-admirées chez lui, très-copiées chez nous! Rien que sa petite comédie où l'on voit un frère et une sœur qui ne sont plus, à la fin de la pièce, ni le frère de celle-ci, ni la sœur de celui-là, a rencontré sur nos théâtres de drames et d'opéras-comiques plus de vingt imitations! Le *Premier Faust*, et même le *Second Faust*, ont rencontré chez nous, dans l'espace de trente ans, un grand nombre de fanatiques. — En vain j'ai voulu compter le nombre des imitations et des imitateurs du grand homme, on ne les compte plus!

Ce poëte devant qui s'est prosternée l'Europe moderne, cet homme « grand comme le monde; » cet enfant gâté de la louange, devant qui on ne pouvait pas dire : *Dieu soit loué!* sans qu'il se figurât qu'on lui faisait un vol, Gœthe, a écrit une tragédie du *Comte d'Egmont*. La mort de Lamoral, comte d'Egmont, est une des fantaisies sanglantes du duc d'Albe. Les historiens les plus hardis sont fort embarrassés à expliquer comment et pourquoi le duc d'Albe fit monter sur l'échafaud un gentilhomme qui avait rendu de grands services à la cour d'Espagne, père de onze enfants qui ne vivaient que des bienfaits du roi Philippe II, ami du roi, à qui il écrivait, a veille de sa mort, en lui recommandant sa famille!

D'Egmont, sur l'échafaud, demanda si le roi lui faisait grâce!

1. « Vous n'avez plus aucune foi, disait saint Antoine, puisque vous avez recours aux arguments. Nous, ce n'est point des paroles persuasives de la sagesse des Grecs dont nous nous servons; c'est par la foi que nous persuadons, la foi qui précède et qui surpasse toutes les paroles. » *La foi* en ses propres paroles, la foi en son œuvre a manqué à M. Gœthe, et voilà pourquoi il faut le placer bien au-dessous de son rival, contemporain et compatriote Schiller.

On lui répondit qu'il fallait mourir; il mourut très-calme, trop calme pour le héros d'une si violente tragédie. Il était un des mieux faisant à la bataille de Saint-Quentin et de Gravelines; l'ambassadeur de France écrivait à sa cour : — « Je viens de voir tomber la tête qui deux fois fit trembler la France ! »

De ce digne père de famille, Gœthe a fait un jeune fanfaron tout couvert de colifichets et de babioles. Le comte d'Egmont, au milieu du peuple vif et fermenté de la Flandre, mène la vie d'un *gant-jaune* du xvie siècle. Le peuple boit à la santé du comte d'Egmont; on ne parle, dans tout Bruxelles, que de la beauté, de la jeunesse, des chevaux et des amours du comte d'Egmont. Nul ne sait ce que veut d'Egmont, et il n'en sait rien lui-même. Figurez-vous le Fiesque de Schiller, mais Fiesque moins l'ambition et la conspiration. Gœthe ne s'est pas même donné la peine de nous expliquer les vagabondages de son héros ; à peine si, en passant, le poëte allemand nous explique que l'archiduchesse Marguerite de Parme gouverne le Pays-Bas pour le compte de Philippe II, et que Guillaume d'Orange pousse à la république. Ceci dit, Marguerite de Parme disparaît au premier acte, tout comme Guillaume d'Orange s'en va au second acte, et pour ne plus revenir, l'un ni l'autre.

D'Egmont reste seul, et il se met à *flâner* (c'est le mot) dans les carrefours de Bruxelles. Quand il a bien muguetté à travers la ville, d'Egmont s'en va chez sa maîtresse Claire, une petite *artisane* qu'il a séduite en faisant le beau sous ses fenêtres. — « Être gai, prendre les choses légèrement et vivre sans souci, voilà ma vie ! dit Egmont. Prendre la vie au sérieux, cela vaut-il la peine de s'habiller et de se déshabiller ? » — Et notez bien qu'il dit cela sérieusement, à ce point qu'il nous est impossible de comprendre comment le duc d'Albe peut faire trancher cette tête frivole. Donc M. D'Egmont arrive chez la petite Claire au moment où la jeune fille chante une chanson : *en se promenant de long en large dans la chambre* (c'est plus dramatique, c'est plus *nature*). — *Pensive, gaie et vive*, voilà Claire ; et quand elle voit arriver Egmont, elle s'écrie : — *Oh! mon cher, doux ami, est-ce toi? Elle l'embrasse et se pend à son cou.*

A quoi Egmont répond en demandant *à souper*. A ce mot *souper*, la mère de Claire, très-empêchée, répond : — *Si nous avions quelque chose!* — Mais toute cette affaire de cuisine n'est pas du goût de mademoiselle Claire.

— Comme *vous êtes froid* aujourd'hui, dit-elle au comte. « Pourquoi avez-vous les bras *emmaillottés* dans un manteau « comme un enfant de deux jours? Il ne sied ni *à un soldat ni* « *à un amant* d'avoir les bras emmaillottés. » Bonne petite Claire, elle a raison, elle voudrait, elle aussi, que d'Egmont *se pendît à son cou*. A la fin, Egmont se désemmaillotte de son manteau, *et paraît dans un costume magnifique!* C'est la scène du *Château de Kenilworth* empruntée par Walter Scott à Goethe; mais l'Ecossais, qui a encore plus de bon sens que de génie, se garde bien de faire dire à la femme de Leicester : *Je vais vous salir!* comme fait M. Goethe. *Je vais vous salir* est naïf, sans doute, mais c'est la naïveté d'une laveuse de vaisselle. Lui aussi Egmont, comme un décoré tout battant neuf, il joue avec ses décorations; il les explique, il dit d'où elles viennent et quels droits sont attachés à ces cordons. — C'est joli à voir, cette scène-là, mais il est impossible de croire qu'un pareil homme soit si dangereux. Si pourtant vous faites de ce d'Egmont un beau fils, plus ou moins flamand, encore une fois ne le jetez pas sur l'échafaud. Faire un mauvais souper avec sa maîtresse, et pour récompense lui exhiber ses décorations, ne fut jamais un crime capital.

Pourtant le duc d'Albe arrive avec ses vieilles bandes espagnoles; le ciel est noir : « et il pend *si bas, si bas,* que pour ne « pas *donner contre, on est obligé de se courber en deux.* » D'Egmont, cependant, tombe comme un innocent dans les griffes du duc d'Albe, et aussitôt que la jeune Claire apprend l'arrestation de celui dont elle lit *le nom en toutes lettres dans les étoiles,* Claire prend du poison et se tue, sans même se conserver pour dire adieu à son amant, à la dernière scène du dernier acte. A l'instant même où Claire prend le poison, « on entend une *musique exprimant la mort de Claire!* » Après quoi c'est au tour d'Egmont. Egmont s'ennuie dans sa prison : il a rêvé qu'il montait à cheval, qu'il s'enivrait de sa liberté et, pour se consoler, Egmont déclame un long couplet en prose sur le bonheur champêtre, *vapeurs bienfaisantes, astres tout-puissants,* etc.

Quand il a tout dit, il s'endort... il y a de quoi dormir. Alors

la musique *exprime* qu'Egmont est endormi. « Le mur contre
« lequel son lit est adossé s'entr'ouvre, et l'on voit la Liberté *en
« habits célestes* qui se pose sur le nuage. La Liberté *a les
« traits de Claire;* elle se pose sur le héros endormi ; *elle pa-
« rait gémir avec lui.* Puis bientôt son visage s'éclaircit, et *elle
« semble l'inviter à reprendre sa gaieté accoutumée.* »

La Liberté fait bien d'autres grimaces, puis l'*apparition s'éva-
nouit.* D'Egmont se réveille, on l'entraîne au supplice ; « la musique reprend *et termine par une fanfare!* » Si ce n'est pas là
un mélodrame « pur sang » (j'emploie aussi l'argot de la critique) et des mieux confectionnés, il faut renverser la Gaîté sur
l'Ambigu, l'Ambigu sur le Théâtre-Français, le Théâtre-Français
sur la Porte-Saint-Martin.

Telle est cette œuvre, où c'est à peine si l'on peut découvrir
l'intérêt dramatique ! A chaque instant se montre le romancier,
le bel esprit, le faiseur de poëmes, mais non pas l'homme à part
que le Ciel a créé et mis au monde, tout exprès pour parler du
haut d'un théâtre, à la conscience, à la passion, aux instincts des
hommes réunis dans un but de fête et de plaisir. Œuvre avortée,
cette tragédie du *Comte d'Egmont,* et c'est heureusement pour
démontrer cet avortement que Gœthe a donné, au monde épouvanté, son fameux docteur *Faust,* en deux parties, et précédées
d'un double prologue.

« Le fil des Parques indifférentes se roule au hasard sur leurs
« fuseaux; des événements confus, des êtres discordants se ren-
« contrent et s'entre-choquent sur le fuseau du destin ; et confu-
« sion, et désordre, et chaos! j'en conviens. Avouez cependant
« qu'il y a quelque mérite à mettre en ordre cette confusion, à
« composer de ces cris aigus, des accords sonores, à donner un
« sens à ces passions échevelées? » Ainsi parle, ou peu s'en faut,
cet étrange prologue. Jeter un peu de lumière dans les ténèbres,
un peu d'ordre dans le désordre, faire quelque chose... de rien !
en un mot, composer son poëme *comme on fait l'amour dans ce
bas monde...* voilà la chose !

« On se rencontre par hasard, le cœur est ému, on s'arrête malgré soi, on s'engage sans le savoir ; vient la joie, et après la joie
arrive la querelle, après le bonheur la peine, et l'on arrive à la fin
du roman de la vie. » *Voilà la vie!*

« Et voilà mon poëme! » reprend M. Gœthe. « A mon compte, il n'est besoin ni d'étude, ni de prudence, à peine y faut-il un certain goût d'art et de poésie, à l'abandon! Les livres vivent, comme vivent tant d'hommes bien portants qui ne se sont jamais inquiétés du phénomène de leur existence. » Il parle ainsi en enfant gâté qui ne sait pas toujours tout ce qu'il dit. Voici cependant une chose vraie en ce double prologue : « Poëte, adresse-toi à la jeunesse, il n'y a que l'espérance qui soit reconnaissante! »

Oui, adresse-toi à la jeunesse! Évidemment, c'est le plus sûr pour le poëte qui veut réussir. La jeunesse est confiante, elle est ignorante; elle croit à tout ce qui est incroyable, c'est elle qui l'a dit, la première, ce grand mot de la foi véritable : « Je crois, parce que c'est absurde, et justement et seulement parce que c'est absurde! » Ainsi c'est dit, c'est convenu, poëtes, romanciers, utopistes, socialistes, adressons-nous à la jeunesse; elle est nôtre, elle est notre domaine, elle fera comme nous, elle dira comme nous! C'est l'avis de Gœthe, et c'est l'avis du docteur Faust. Il dit encore, le docteur Faust (écoutez, c'est le secret de bien des succès funestes) : « On nous demande des liqueurs fortes, brassez
« des liqueurs fortes! Ce que vous ne ferez pas aujourd'hui ne
« sera pas fait demain! N'épargnez ni décorations, ni machines,
« faites paraître tout ensemble la lune et le soleil! Semez les
« étoiles à pleines mains! Usez à discrétion des eaux, des feux et
« des rochers, des bêtes féroces et des oiseaux de proie! En-
« tassez, entre les quatre planches d'un théâtre, toutes les mer-
« veilles de la création ; à cheval sur un balai, parcourez d'un vol
« rapide les cieux, la terre et les enfers. »

Ces quatre lignes sont encore empruntées au prologue de *Faust*, et certes l'on dirait, à les lire, que le poëte a voulu lui-même faire la charge et la satire de son œuvre! Évidemment il se moque de lui-même, en cette entrée de jeu, et le voilà, après cette bouffonnerie dont le sens nous échappe, et dont plus d'un poëte moderne a fait son art poétique, qui nous montre dans un second prologue, *le prologue dans le ciel*, le Seigneur et les milices célestes! L'ange Gabriel et le diable se disputent en ce moment un pauvre fou *qui ne sait ni boire ni manger*. « Sa folie (eh! c'est un peu la folie du poëte allemand) consiste à vouloir réunir les extases de là-haut à l'ivresse d'ici-bas ; » il lui faut une couronne d'étoiles mêlées au lierre des buveurs... On lui fera manger *de beaux fruits pleins de cendre* pour son châtiment. — Tope là ! dit le Seigneur.

Le ciel se ferme, et nous revoilà sur la terre, en présence du docteur Faust, *créé par Gœthe, à la façon du Dieu de la Genèse!* s'écrie un commentateur. « Que Faust soit, et il fut ! » Même la création de Faust est d'autant plus belle, qu'elle a commencé par une bouffonnerie. Le docteur Faust, on le sait, ne fut qu'un emprunt que fit Gœthe au théâtre des marionnettes ; Faust, du moins, a ceci de commun avec don Juan, ils ont la même origine. Juste ciel ! que de héros, en effet, que de héros populaires, enfantés par les *marionnettes!*

Oui, mais don Juan se montre à nous tout brillant des grâces sincères et du luxe oriental de la verdoyante jeunesse ; au contraire, le docteur Faust est un vieillard cacochyme écrasé sous le poids des vieux livres devenus la proie des vers ! Chaque parole de don Juan est un couplet de chanson amoureuse ; chaque sentence du docteur Faust est le râle d'un cacochyme. Le premier obéit à ses vingt ans, à la fée heureuse des violentes amours ; celui-là appelle à son aide, et d'une voix tremblante, le vieux démon du XVe siècle, et son élève se figure qu'il déclame une *tragédie grecque*. Avant que le vieux Faust ait déclamé sa longue tirade : « à la tête de mort, » hideux morceau emprunté à la petite pièce de *Hamlet*, don Juan a déjà séduit une demi-douzaine de jolies filles amoureuses qui courent « après le serpent, » à demi fâchées et bien contentes !

Ah ! vieux Faust, tu déclames trop : cela tient à ce que tu as été jeune ! En vain tu veux te donner une seconde jeunesse ; on verra toujours tes cheveux blancs et tes rides à travers cette *ivresse mystérieuse*. On n'est pas jeune deux fois, docteur Faust ! Tu sens la tombe et la myrrhe amie des cadavres ! Ta jeunesse nouvelle n'est qu'une impuissance prolongée ! Va ! va ! c'est en vain que tu veux suivre la trace des *grisettes en grande toilette* et des *lurons de la première qualité*... ils vont plus vite que toi, ils sont vraiment jeunes ! Mieux que toi ils savourent la *bière forte*, et le *tabac mordant*.

Pauvre homme ! composer un poëme sur le printemps, et le

déclamer! Ces enfants font mieux que toi : ils montent en croupe avec le mois de mai, et galopent avec lui dans les campagnes éclairées! Pour toi seul « l'air est gris, le nuage tombe! » Ces enfants, d'un pas léger, bondissent sur les fleurs, et saluent leurs ombres rieuses ; toi, tu ne vois sur tes traces, qu'un chien noir qui forme des cercles ; ils ont l'amour, tu as le vertige. Va te coucher, docteur Faust, et prends garde que ton cerveau fatigué ne te plonge en ces extases, en ces rêveries, filles de l'insomnie et du jeûne !... Ainsi tout d'abord, cette image du vieux docteur me gêne et me fatigue, et, rajeuni, il me semble toujours que je vois la pommade, le blanc, le noir et les faux cheveux du rajeunissement.

Les fanatiques de *Faust* (et quel est le goût bizarre et la chose impossible qui n'aient pas leur fanatique?) prétendent que la critique n'a pas le droit de déranger le Jupiter de Weymar lorsqu'il laisse « son cerveau seul régner sur le lac immobile et silencieux de la conscience ; » ils regardent la tragédie de Faust comme un *triple miroir* où se reflétait la grande figure de Gœthe aux trois époques solennelles de sa vie ; ils disent que Faust est le mythe *qui était l'intermède de la tragédie*, et mille explications plus allemandes que françaises, si c'est vrai ce que disait un homme d'État en parlant de certains documents diplomatiques :

« Tout ce qui est clair est français... ce qui est obscur est allemand. » A toutes ces belles choses nous n'avons rien à répondre, et nous les acceptons comme on nous les donne. Dites-nous seulement quel est l'agent principal de ce grand drame, Méphistophélès? A quel ordre de trônes et de dominations il peut appartenir? à quel dogme? à quelle religion? — Est-ce un fantôme comme la statue de Pierre? Est-ce un être réel comme Sganarelle? A quoi l'on vous répond, si l'on daigne vous répondre, c'est une *idée*... une *monade!* Que ceci vous suffise, et si vous en voulez savoir davantage, interrogez Platon, Jamblique, Épicure, Hégel et Novalis! Ils vous répondront les uns et les autres que Méphistophélès « est la méchanceté sublime. » Et *voilà pourquoi votre fille est muette !*

Voyez pourtant comme il est heureux que Platon et Novalis se soient donné la peine de nous expliquer ce diable de docteur Faust! J'allais le traiter, comme un Frontin de comédie! Un petit-fils de Figaro, un arrière-petit-fils de Sganarelle!

— Il en a l'ironie et la malice; il se sert à outrance de cette bêtise affectée du valet de l'ancienne comédie, qui prend, à la lettre, l'ordre de son maître et qui le fait tomber dans tous les piéges! Mascarille ressemble, comme deux gouttes d'eau se ressemblent, à ce terrible valet de Méphistophélès, si on voulait ne l'étudier « qu'avec l'œil de son esprit. » Méphistophélès et Mascarille promettent à leur maître argent et maîtresse; ils prennent l'un et l'autre la couronne qui couvre mieux leur fourberie; ils se plaisent à tromper pour le plaisir de tromper, à mentir pour le bonheur du mensonge; ils emploient de grands moyens pour arriver à de petits résultats; ils déclament, ils font les mystérieux, ils cachent leur jeu, chacun d'eux est une façon d'*enfant terrible* qui dérange, sans le vouloir, les combinaisons les plus savantes: — « Je veux des fruits toujours mûrs sur des arbres toujours verts! » s'écrie le docteur Faust. — « Je veux plus de beurre que de pain » dirait Mascarille; ils disent, en d'autres termes, la même chose tous les deux.

Et puis votre docteur Faust qui a étudié la jurisprudence et qui la sait comme un vieux procureur, est un niais de souscrire, avant de l'avoir lue et méditée, une promesse de l'autre monde! Il a même le grand tort de ne pas lire et relire cette pièce authentique où le diable a mis sa griffe! Il se vend, c'est-à-dire qu'il se donne au diable, *sans condition!* Lui, donc un si savant homme! Un si illustre docteur! En vérité, on ne comprend pas que le diable ne l'emporte pas tout de suite, comme c'est son droit.

Il est vrai que le diable s'amuse! Il s'est enveloppé dans la robe du docteur, et le voilà qui pervertit, de son mieux, un jeune écolier qui ne voit pas *le pied fourchu*. Avec quelle grâce Satan se moque des pédants, des théologiens, des philosophes, de ce travail de la poésie « semblable à l'ouvrage d'un tisserand formé par le croisement de tant de fils imperceptibles! » Il en dit tant et si long que l'écolier n'y comprend rien. « Je me sens une roue de moulin dans la tête! » dit-il à Satan; Satan lui répond en lui enseignant l'art de tâter le pouls des femmes. « Pressez doucement le bras potelé, que votre regard soit vif et hardi, promenez la main sur leur taille pour sentir la palpitation lutine. »

— « O nourrice! disait Sganarelle, heureux qui peut teter le lait de vos bonnes grâces! » Gœthe, on le voit, savait Molière et Voltaire et il les mettait à profit : *sérieusement.*

Quand ils ont bien disserté, Faust et le diable s'en vont au cabaret, où ils rencontrent, je suis fâché de le dire, la plus mauvaise société d'étudiants qui aient jamais fait leur tapage dans les rues de Leipsick. Pour s'amuser, ces messieurs se jettent leurs verres à la tête, et ils crient : « Vive Leipsick! c'est un petit Paris! » C'est en ce moment que Satan vient s'asseoir à la table de ces messieurs, et qu'il leur chante la chanson de *la Puce* :

> Avint que chez un prince
> Une puce logeait.

Et les voilà, dans une suite piquante d'interjections, qui dissertent de la puce et des pucerons. Bonne chanson, et qui altère ces messieurs! En ce moment le diable leur sert un plat de son métier. Le vin coule à flots de la table changée en tonneau, et voilà ces jeunes messieurs *qui se tirent le nez et qui tirent leurs couteaux.*

Tumulte général. La scène change, nous voilà chez Marguerite : Marguerite, le rêve, la poésie et l'adoption des plus grands artistes de notre âge! Cornélius, Overbeck, Eugène Delacroix, ont célébré dans leurs œuvres l'éclatante et douce image de Marguerite... le plus grand de tous ces pères adoptifs, quels chefs-d'œuvre il a composés avec Marguerite, ce merveilleux esprit, ce touchant rêveur, Ary Scheffer, le second père, après Gœthe, de cette vierge « aux tresses blondes! », comme disait le vieil Homère.

Certes je ne veux pas toucher à Marguerite, je ne veux pas toucher au chef-d'œuvre; il faut avouer cependant qu'entre Marguerite et le docteur Faust, le diable est de trop; on n'a que faire « de sa présence réelle, » on le devine quand on ne le voit pas, et de là justement vient sa grande autorité sur les âmes. Comment! le démon, ce clairvoyant génie a besoin de se *glisser dans le confessionnal* pour savoir que Marguerite est une pure et innocente créature? Comment! le docteur Faust, à peine a-t-il aperçu cette beauté, s'écrie en menaçant son Mascarille : « Je vous le dis clair et net, si cette belle enfant ne passe pas la nuit dans mes bras, vous aurez votre congé? »

Est-ce bien dit, cela? Est-ce d'un homme qui naguère était un vieillard... un philosophe? Dame, ces Allemands, une fois lancés, n'y vont pas de main morte. — *Cette enfant dans ses bras*, dit Gœthe, et que dit son camarade Schiller en pareille occasion, dans sa tragédie de *Marie Stuart?* « Laisse-moi expirer sur ton sein ardent, » s'écrie le jeune Mortimer ; et notez qu'il voit la reine Marie pour la première fois !

« Patience donc, s'écrie Satan, plus sage et plus réservé que le docteur ; aujourd'hui même je vous conduirai dans sa chambre. » Et le docteur ne paraît pas content... insatiable docteur Faust !

On ne comprend même pas que le docteur Faust puisse traiter ainsi le diable, *parlant à sa personne !* Que diable ! une intelligence de cette valeur, une puissance de cette étendue ne devraient pas être traitées comme on traiterait à peine un domestique à ses gages. « Rien de si difficile et de si obscur que ce qui regarde la nature des dieux. » Voilà ce que le docteur Faust a pu lire dans l'admirable traité de Cicéron. » La nature des dieux ! » Voilà un mystère préférable aux mystères du docteur Faust. Le philosophe latin aborde la question avec révérence, avec respect, avec toute la solennité que comporte ce grand livre. Il s'agit de savoir si les dieux gouvernent en effet l'homme et l'univers, s'ils ont la volonté et le pouvoir de nous venir en aide et protection, et si véritablement la croyance en Dieu est le fondement sacré de la bonne foi, de la société civile et de la première des vertus, la justice.

Parlez-moi d'une question bien posée et d'une façon sérieuse, et non pas avec l'ironie et la causticité d'un démon qui s'obstine à mêler le vrai et le faux, de façon qu'il soit impossible de ne pas les confondre. « Tâche monstrueuse, que l'on pourrait à peine pardonner à des sauvages, impardonnable à des philosophes : » Écoutez en même temps tous ces philosophes divers : « Dieu, c'est le monde ! Dieu c'est l'intelligence !... » C'est l'intelligence, dit Gœthe, et il le prouve en déchaînant le méchant esprit à travers une fable atroce et toutes sortes de crimes sans excuse, jusqu'à ce qu'enfin, arrivé au bout de ce drame compliqué où les gens les plus chatouilleux ont été choisis comme les messagers les plus certains de la vérité, vous vous écriez à votre tour : « Plus j'y songe, et plus mon doute augmente ! »

Traiter ainsi l'intelligence surhumaine, c'est se moquer à la fois des hommes et des dieux!

Non; et quel que soit le traité conclu entre l'homme qui se vend et le diable qui l'achète, on ne peut pas admettre que l'homme, en présence du maître-esclave qu'il s'est donné, s'abandonne à des caprices d'enfant. « *Au moins* donne-moi quelque chose qui ait touché à sa personne, *procure-moi* le mouchoir qui a couvert son sein, la ceinture qui a serré sa taille! » Ces petits trésors, pour un amoureux, ce n'est pas la mer à boire, et Chérubin n'a pas besoin de Satan pour emporter le ruban qui a touché les beaux cheveux de madame la comtesse. Un ruban, un mouchoir, et se donner au diable! Y pensez-vous, docteur Faust? On *vole* ces choses-là tout seul. Plus on est seul et mieux vaut l'entreprise. Et puis, quel maladroit, quel pataud, quel animal mal dressé, ce Méphistophélès! Il va de balourdise en balourdise : il apporte un tas de diamants à une jeune fille qui se laisserait prendre avec des fleurs; il traite la simple et douce Marguerite comme une courtisane, et encore, au dire même d'un poëte latin qui en savait plus long qu'un diable allemand, a-t-on vu plus d'une courtisane :

..... En ce siècle indigent,
D'un amant qui lui plaît refuser de l'argent!

Il y a ici une *charge* des amours épiques, le chevalier et la princesse, l'écuyer et la suivante :

Que Marinette est sotte avec son Gros-René.

Satan joue en ce moment le rôle de Gros-René; et il écoute le dépit amoureux avec dame Marthe. C'est très-sérieusement qu'il donne le bras à cette vieille pendant que le docteur Faust, qui avait tant de hâte de *serrer* Marguerite *entre ses bras*, file à cette heure le parfait amour, et veut lui baiser la main. « Comment pouvez-vous baiser ma main? s'écrie Marguerite, elle est si dure et si vilaine; si vous saviez tout l'ouvrage que j'ai à faire. »

Exactement répondu comme Charlotte à don Juan.

« DON JUAN : Regarde un peu ses mains, Sganarelle!

« CHARLOTTE : Fi ! Monsieur, elles sont noires comme je ne sais
« quoi.

« DON JUAN : Hé ! que dites-vous là ? Elles sont les plus belles
« du monde, souffrez que je les baise, je vous prie.

« CHARLOTTE : Monsieur, c'est trop d'honneur que vous me
« faites ; si j'avais su ça tantôt, je n'aurais pas manqué de les laver
« avec du son ! »

Mais ces mains-là sont bien mieux en situation que les mains
de Marguerite ; autant Charlotte me plaît, les mains un peu rudes,
autant Marguerite m'afflige à la main douteuse. « Puis au marché !
puis à la cuisine ! « Ah fi ! Il me semble aussi que la douce enfant
ne devrait pas dire : « A présent j'aurai plus de repos qu'autrefois, mon frère est soldat, *ma petite sœur est morte !* » Au demeurant, ces scènes d'amour sont très-jolies, l'art et la jeunesse y
circulent à plaisir, même c'est un trait de génie que ce soit maintenant le docteur qui hésite, pendant que le diable le pousse au mal !
—Vous avez donc : *Marguerite au rouet,* comme on dit : *la Vierge
à la chaise.* Toute cette partie est charmante, on se repose enfin
du diable et de ses sarcasmes ; on se repose de ce ricanement qui
devient insupportable à la longue, « cet homme qui est avec toi, je
le hais du fond de mon âme ! » dit Marguerite, la sensitive, et nous
sommes tout à fait de l'avis de Marguerite. « Un air mauvais, un
air fâché, un front d'airain, un ricaneur. »

Lui-même, Gœthe le poëte, il finit par se lasser de cette raillerie sans fin ; après avoir langui autour de sa propre métaphysique, il hâte et précipite, autant qu'il le peut faire avec de pareils héros, la catastrophe finale. Ici nous retrouvons le vrai
poëte. A peine a succombé Marguerite que son frère Valentin
revient de la guerre ! Il revient tout joyeux de sa sœur retrouvée,
et cependant, à son premier pas dans la ville il se sent pris d'une
ineffable tristesse. Les lavandières murmurent tout bas des paroles de menace ! L'écho du carrefour est empreint de malédiction ! — « Je suis déshonoré et je suis mort, » s'écrie le jeune
homme, en effet il est tué par l'épée infernale ! Il tombe ! et dans
sa mort il trouve assez de force pour maudire à la face de tous,
cette sœur qui s'est déshonorée ! De nouveau, le poëte s'abandonne
à des violences, à des colères, à des paroles qui n'ont rien d'épique
ou de tragique.

« Rêve, crime et cantharides! » s'écriait Byron empruntant à Shakspeare ces expressions qui étaient les bien venues à une époque où le mot cru était le mot vrai! — Naturellement cette scène-là, pour être trop violente manque son effet... Heureusement que *la tentation* à l'église et le mauvais esprit que nous a montré Eugène Delacroix, soufflant en cette âme malheureuse le doute et son cortége abominable, s'emparent de cette conscience bouleversée; voilà une belle chose à coup sûr, et ce n'était pas la peine, non, d'ajouter à ces angoisses de l'âme les inquiétudes vulgaires : la pauvreté, le froid et la faim, tortures infimes comparées aux tortures de l'âme, et la folie, et l'infanticide après tant de sang déjà répandu; en un mot, cet amoncèlement de choses funestes, si cruelles que l'on dirait l'Allemagne jalouse de la famille des Atrides. Ah! ciel! Et puis rien qui nous dise s'il y a un Dieu là-haut! s'il est une justice ici-bas!

« Méfiez-vous des poëtes, disait Cicéron dans un passage cité par saint Augustin; méfiez-vous des poëtes, surtout quand ils ambitionnent la faveur populaire et les applaudissemets de la foule. Que de passions ils enflamment! quelles terreurs ils soulèvent dans les âmes, quelles ténèbres ils répandent sur les esprits! »

Notez bien qu'il ne s'agit ici que du premier Faust, car Faust devait avoir une *suite* comme *Don Quichotte*, comme *Robinson Crusoé*, et malheureusement pour sa gloire, c'était Gœthe lui-même qui devait faire cette *suite!*

« A la fin de la première partie, nous avons laissé Faust dans les angoisses d'une lutte qui ne pouvait se prolonger, et voici que nous le retrouvons au sein de la plus féconde nature, étendu sur l'herbe nouvelle, entouré de sylphes qui chantent, de ruisseaux qui murmurent! » Les génies de l'air, les cascades, l'arc-en-ciel, la lumière, le parfum et l'amour entourent le docteur Faust, et vraiment on ne comprend guère de quel droit le docteur se voit si heureux. — C'est là, dit-on, un *carnaval poétique*. Carnaval tant que vous voudrez, mais je ne te reconnais pas, beau masque, au milieu des faunes, des gnomes, des satyres; Marguerite est morte de misère et de folie, et il me semble que tu es le malvenu à tomber amoureux « de la belle Hélène; » enfin comme dit « l'empereur » au second Faust: « A quoi bon l'obscurité? toutes les vaches sont noires, comme tous les chats sont gris. »

Dans cette seconde partie, on n'entend que le son des lyres, des téorbes, des mandolines ; « Polichinelle et le satyre, Ariel et le bûcheron grossier, les trois Grâces et les trois Parques, Aglaé et Mégère, Euphrosine et Tisiphone, » chantent leurs chansons entre les *murmures*, les *cris*, les *confusions* et les tumultes. Les *nymphes* et les *chambellans* ne sont pas étonnés de se rencontrer dans la même sarabande ; Méphistophélès, toujours railleur, se moque d'Hahnemann, le médecin homœopathe : *similia similibus curantur*, c'est son excuse, et il donne un coup de pied à une *brune*, que la danse a fait boiter. Laissez faire le poëte, il distille en ce moment l'*essence d'un venin fatal* ; il fait pis que cela, il fait un homme à lui tout seul, un enfant sans mère, comme dit Montesquieu en tête de l'*Esprit des Lois : Prolem sine matre creatam*. « L'ancienne mode d'engendrer, nous l'avons reconnue pour une véritable plaisanterie ! » A la bonne heure ! mais l'homme qui sort des alambics et des fourneaux est un sphinx sans pudeur, un griffon sans vergogne, « un stymphalide, » un *vilain mufle*, et, pour l'éviter autant que pour courir après la belle Hélène, Faust monte sur le centaure Chiron, qui le porte au sommet du Pénéios, entre les sirènes et Seismos, c'est-à-dire « le tremblement de terre. »

« Sans mon secours et mes ébranlements, comment le monde serait-il fait ? s'écrie Seismos aux fourmis et aux pygmées qui lui répondent, concurremment avec les ismes, les dactyles et les grues d'Ibicus. « *Une fièvre monstrueuse*, » s'écrient les grues ; et je les atteste à mon tour, elles disent le mot de la situation.

Les sorcières viennent ensuite, *sèches comme des manches à balai*, avec leurs bras de lézard et leur visage d'*ampoule crevée* ; arrivent au même instant Anaxagore et Thalès, qui enseignent leur doctrine aux dryades et aux *phorkyades*. L'instant d'après nous passons dans la *lune immobile au zénith*, royaume éclatant des sirènes et des kabyres, des néréides et *des tritons de Samotrace*. Sur des *hippocantes* et des dragons marins arrivent les *telcaines* de Rhodes, et Galatée sur son char de nues ! S'il vous plaît, nous irons de là à Sparte, dans la maison de Ménélas, où la belle Hélène nous démontre « que la pudeur et la beauté vont rarement ensemble par les verts sentiers de la terre. » A ce propos, Hélène et Faust dissertent à perdre haleine, pendant que les jeunes filles se font enlever par Euphoryon, qui, pour *ses délices et sa joie*, entraîne la *sauvage petite*. Hélène, excitée sans doute par l'exemple de la *sauvage petite* et du camarade Euphoryon, embrasse Faust ; alors l'élément *terrestre disparaît* (c'est dommage!), *les vêtements et les voiles d'Hélène restent dans les bras de son époux!*

C'est ainsi que le docteur Faust succède au beau Pâris, à peu près comme le roi Louis XV a succédé à Pharamond.

Plus loin vous voyez ceci : *une botte de sept lieues piétine ;* — puis une *vivandière* « cajolant Ellabente dans la tente de l'anti-empereur. » — Entre alors dans la tente de l'*anti-empereur* l'archevêque ; de là *au pays découvert*, il n'y a qu'un pas, allons-y ! Nous trouvons Baucis, *petite mère fort vieille*, avec son petit vieux nommé Philémon, et pour conclusion le vieux Faust dans une vieille tour, à côté de son vieux Méphistophélès, à minuit, insulté par quatre femmes *vêtues de gris* : la Détresse, la Dette, le Souci, la Nécessité ; *hideuses vieilles de la nuit*, comme dit Macbeth. — Bien plus, le Souci *souffle au visage* de Faust, et Faust *devient aveugle*. Silence ! les *lémures* et les saintes femmes Marie-Égyptienne et Marie-Madeleine chantent des hymnes en langue mystique ! Satan a beau dire *que le plus long s'étende de tout son long*, tout ceci est trop long. « A mesure que l'on avance vers le nord, on trouve plus de suie et de sorcières, » répond le docteur Faust.

M. le président Morisset était un des hommes les plus savants de Paris. Il savait le grec aussi bien que M. Villemain, et parmi les poètes grecs il avait adopté Pindare. Un jour qu'il était avec un sien ami, M. le président Morisset se mit à réciter triomphalement deux ou trois strophes sonores, éclatantes, de son poète favori ; madame la présidente, voyant les deux amis remplis de ce bel enthousiasme, ne put s'empêcher de leur en demander l'explication. « Eh ! Monsieur, dit-elle à son mari, mettez-moi en français ces belles choses, afin que je les admire à mon tour. » Voilà tout de suite M. le président qui se met à déclamer : « L'eau est bonne, « à la vérité ; et l'or, qui brille comme le feu durant la nuit, « éclate merveilleusement parmi les richesses qui rendent l'homme « superbe ; mais, mon esprit, si tu désires chanter les combats, « ne contemple point d'autre astre plus lumineux que le soleil

« pendant le jour dans le vague de l'air, car nous ne saurions
« chanter de combats plus illustres que les combats olympi-
« ques !... »

Le président, une fois lancé, ne s'arrêtait plus, cependant madame la présidente l'arrêta ! — « Fi ! Monsieur, lui dit-elle, est-ce bien à vous de nous conter de pareils galimatias ! Croyez-vous donc que je m'accommode, de cette eau claire, de cet or luisant, de ce soleil en plein midi, et que ce soit un motif » de chanter les jeux olympiens, parce que l'or brille comme le feu pendant la nuit ? « Quelque folle, ma foi ! Cependant, si ma demande est importune, et si en effet ce passage de Pindare ne pouvait se traduire aux oreilles d'une honnête femme, il eût été bien plus simple de me le dire, et non pas de vous jouer de moi ! » A ces mots, madame la présidente sortit de la salle où se tenait son mari, et le président Morisset ne put jamais lui persuader qu'il avait traduit, mot pour mot, toutes ces belles choses-là.

Heureusement pour son honneur, dans le plaisant pays de France, ami des choses claires et des passions vraies, que Gœthe a fait mieux que le *Second Faust*, et mieux que le *Premier Faust*, il a fait un livre... un drame... Gœthe a donné *Werther* à la France, et par là seulement il l'a dominée ! Il est vrai que l'esprit français, le bon esprit français résista longtemps au poëte allemand et à son œuvre, mais il était écrit que tôt ou tard nous subirions le joug du poëte allemand.

En vain ce drame des « *souffrances* du jeune Werther » a été abandonné, pendant un quart de siècle, aux lazzis du grand comédien Potier ; en vain messieurs les beaux sous l'empereur Napoléon et mesdames les merveilleuses, ont fait des gorges-chaudes de cet imbécile qui se tue, uniquement parce qu'il est amoureux, peu à peu, à mesure que montait la génération nouvelle, et que s'en allaient les vieilles épées, les souffrances du jeune Werther paraissaient moins risibles ; plus d'une larme était versée en secret sur cette intime misère, et soudain des voix émues se firent entendre qui plaçaient l'œuvre de Gœthe à côté (pour le moins) de *Paul et Virginie*, d'*Atala* et de *René*, les trois amours du XIXe siècle naissant.

Quant à nous qui ne comprenons pas le *second Faust*, et qui laissons volontiers la belle Hélène, au troisième livre de l'*Iliade*, où les vieillards proclament, par leurs respects, cette beauté suprême, nous avouons franchement notre admiration pour ce drame intime, plus dramatique et plus douloureux mille fois que l'histoire et le suicide de *Chatterton*.

Quel grand livre, ce *Werther* quand nous avions vingt ans, et que notre esprit enivré s'abandonnait à ces passions, à ces rêveries, à cette analyse savante d'un poëte qui savait garder son merveilleux sang-froid, même dans les excès les plus cruels de son imagination et de sa pensée !

Dangereux et cruel génie, il vous enveloppait dans sa passion, pendant que sa tête était froide et que son cœur restait calme ; il allait à l'abîme par toutes sortes de sentiers qu'il s'était tracés à l'avance, et cela lui plaisait de voir la traînée des âmes enthousiastes qui le suivait à travers les ronces, sans se douter que leur poëte marchait sur un frais et solide sentier de sable, de mousse et de gazon ! On allait ainsi jusqu'au bord du précipice, et pendant que les fanatiques se précipitaient dans l'abîme, le poëte revenait sur ses pas, il grimpait à son observatoire caché dans le roc, et de là, semblable à l'homme de Lucrèce, qui contemple au loin les vaisseaux, jouets de la mer et de l'orage, Goethe comptait le nombre de ses enthousiastes, ou, pour mieux dire, de ses victimes.

Bon ! se disait-il, en voilà encore une vingtaine qui prennent au sérieux tous mes rêves ! Les pauvres gens ! ils m'ont suivi à perdre haleine, ils ont laissé, à tous les obstacles du chemin, un lambeau de leur vie et de leur cœur, et maintenant que les voilà dans mon abîme, ils m'appellent, ils me cherchent dans cette nuit profonde. O mes amis ! disciples fervents de mon génie, admirateurs naïfs de mes rêves, en voilà bien assez pour un jour ; il se fait tard, le vent de bise commence à souffler, ma maison cachée dans la douce vallée s'éclaire d'une clarté tranquille ; ma vieille gouvernante a rempli de feu le foyer, de vin ma coupe d'or ; ma table est chargée de fruits et de beaux livres, bonsoir ! Je vous laisse dans mon précipice dont vous sortirez tôt ou tard ; pour moi, je vais souper, je vais rêver, je vais dormir !

N'est-ce pas là, je vous prie, un peu la vie de tous ces grands égoïstes que l'on appelle des poëtes ; en connaissez-vous beaucoup qui pleurent du conte qu'ils se font à eux-mêmes ?

Non pas; et si vous voulez qu'ils vous respectent, gardez-vous de vous mettre à leur suite comme des niais; ne jetez pas sur leur passage, le manteau qui doit vous couvrir; ne vous faites pas la sentinelle complaisante de ces statues de bronze, est-ce donc qu'elles ne savent pas que vous veillez à leurs pieds? Suivez-les, si cela vous plaît, mais suivez-les de loin, et faites en sorte de marcher dans leur voie, ni plus haut, ni plus bas; par ce moyen, vous êtes sûrs d'arriver au but, la tête fraîche et les pieds secs.

Voilà comme on raisonne quand on n'a plus vingt ans; on traite les poëtes comme on traiterait les amours de sa jeunesse! On se méfie de son enthousiasme, on se met en garde contre sa passion, et même, ô prodige! s'il fallait choisir, à cette heure, entre la parodie et le mélodrame, entre les larmes et l'éclat de rire, entre l'enthousiasme et l'ironie, que choisiriez-vous?... Vous iriez droit à l'ironie, cette folie d'un instant dont vous avez honte une heure après, mais qui n'ôte rien à votre tranquillité de la journée, à votre sommeil de la nuit.

C'est ainsi que la plupart des chefs-d'œuvre se peuvent envisager sous deux côtés différents, et vrais tous les deux. Les uns et les autres nous ressemblons tous un peu au héros de Gœthe, qui varie et change comme les saisons, et en même temps que les saisons. Au printemps, quand ont sonné sous la naissante feuillée, les premières heures du mois de mai, l'âme de Werther s'éveille aux saintes émotions, elle se mêle à la vie imperceptible de ce monde nouveau que réjouit le soleil de ses calmes chaleurs. Tout est beau, tout est frais, tout chante et tout sourit de ce sourire ineffable de la jeunesse et de l'amour.

« Point de livres! s'écrie le poëte, laisse-moi seul, et si j'ai besoin de quelque intime chanson, j'ouvrirai mon Homère! » Il vit ainsi rêveur, mais rêveur actif, mêlé aux petits événements du hameau; il salue les belles filles qui passent, les enfants qui l'appellent; il trouve que ce monde *est rempli de bonnes gens*.

L'été vient, et déjà l'ennui arrive. Quoi! l'ennui dans ces plaines chargées de moissons, dans ces collines chargées de vendanges, l'ennui sous cette grande flamme du triomphant soleil, maître de la terre, et maître des cieux? Tout autre que Werther serait heureux encore une heure, tout au moins; mais cette âme malade est impuissante à supporter la magnificence des étoiles d'août ; notre héros est un héros de l'autre côté du Rhin, il a lu beaucoup, sans l'avouer, les belles pages de l'*Héloïse*, les premiers délires des *Confessions*; il a passé à côté de Voltaire qui ajoutait son doute au doute allemand ; il a entendu retentir, à son oreille plébéienne et charmée, les principes de l'égalité humaine en ce moment solennel de notre histoire. Dans cette révolution qui était déjà faite aux premiers jours des états généraux, et qui pouvait s'accomplir, si grandement, sans échafauds et sans crimes, peu s'en est fallu que Werther le rêveur ne devînt le disciple de Diderot et de l'école encyclopédique...

La résolution a manqué à Werther tout comme à Gœthe ; il n'a pas eu le courage de se mêler aux grands événements qui allaient changer la face du monde, et, comme un *esprit de bière et de poêle* qu'il était, notre Werther s'en est allé de l'autre côté du Rhin, du côté le moins dangereux, fumer sa pipe, rêver, ou plutôt bouder comme un enfant, et se tuer ensuite à l'instant même où l'Allemagne allait appeler à son aide toute son énergie et toutes ses colères ; à l'instant où ces braves gens, oubliant la sentimentalité qui pouvait être pour eux comme une autre Capoue, se sentaient réveillés par les accents énergiques de leur grand poëte Kœrner ! C'est très-bien fait peut-être de célébrer ce jeune homme qui se tue une heure avant la révolution française, mais il faut avouer que ce petit jeune homme choisit, pour mourir, un mauvais moment.

Après l'été vient l'automne ; et cette fois vous pensez bien que la mauvaise humeur de notre philosophe ne sera pas calmée par cet automne pluvieux, et qui déjà foule d'un pied dédaigneux la feuille jaunie que le vent soulève autour du chêne attristé. — Ce n'est pas un homme, ce Werther ; c'est un thermomètre : il monte, il descend ; il tempête, il se calme ; il est amoureux, il ne l'est pas ; il ne l'est plus, il l'est encore ; il agit, il pense, il parle comme un somnambule ; et quand enfin le moment de l'extase arrive, il se tue pour être constant avec lui-même ! Rhéteur malheureux, qui tout à l'heure se moquait de l'abbé Lebatteux et des maîtres de la jeunesse en 1774,... comme il eût bien fait cependant d'acheter et de lire la *Logique* de Condillac !

Trois mois suffisent pour flétrir tout à fait *les fleurs de l'automne* de ce jeune homme qui se torture à plaisir, et qui s'en va cherchant sans cesse son petit refrain de désespoir. — Tout le gêne ! — Charlotte n'a-t-elle pas élevé le serin familier qui vient prendre sa becquée entre ses lèvres vermeilles ? — Le maître d'école, un pédant ! n'a-t-il pas abattu ces deux noyers dont les branches rebelles menaçaient de renverser la maison ? — Comment vivre dans cette vallée de larmes, exposé à de pareils malheurs ? Et puis le vent de bise commence à souffler. La bise est dure, elle chante faux, elle a des gémissements, elle hurle. C'est insoutenable ! Comment rêver ? Comment lire Homère ? Plus d'Homère, *Ossian l'emporte dans mon âme !* Quoi ! Ossian ? C'est vous qui dites cela, Werther, sans songer que votre enthousiasme pour Homère était encore la seule inspiration qui témoignât de votre bon sens ? Chaque jour, cependant, l'hiver se fait sentir davantage. « Oh ! que ne puis-je être un maniaque ! » dit Werther, comme s'il ne devait pas être, depuis longtemps, au comble de ses vœux !

Pour ajouter à sa manie, il se met *à boire;* qu'il boive donc, mais qu'il s'enivre, non pas de vin du Rhin, un vin froid, rigoureux, sans soleil dans le fond du verre, et privé d'écume joyeuse à la surface... apportez-lui du vin d'Aï, le vin régnant du roi Louis XV et de mademoiselle Lange, sa dernière maîtresse. Pour ces esprits frileux tout s'aigrit, même le vin généreux. Un sourire est pour eux un coup de poignard, une bonne parole se tourne en offense ; le somnambule, arrêté par une caresse, va se briser le crâne contre les murs. « Ah ! le vent d'ouest ! le vent d'ouest ! »

Si bien que la lecture de ce livre produit un double effet, et tout différend sur l'âme du lecteur ; mais cet effet dépend beaucoup de l'âge de celui qui lit, de l'état de son âme, des dispositions de son cœur, du vent qui souffle, de son repos, de sa santé. Étude psychologique mêlée de joies sans nom, de douleurs sans excuse, de rêveries sans but, de passions sans forme ! Gœthe, dans les Mémoires de sa vie (il les a écrits quand il eut franchi, d'un pas léger, tous les obstacles de la gloire), a voulu nous persuader, a voulu se persuader à lui-même, que ce Werther c'était Gœthe en personne, et qu'en fin de compte il n'avait fait que transcrire fidèlement l'histoire de sa poésie intime, de ses douleurs morales...

De toutes les fictions de Gœthe (on ne parle pas du *Second*

Faust, le Faust des petites maisons), celle-ci est la plus forte. Lui Werther! lui, M. Gœthe, plongé deux ans de suite, dans ce délire de l'esprit et des sens! lui, amoureux jusqu'à en mourir! Lui, poursuivant une ombre, un idéal, un rêve, et dupe de ses propres émotions? Oh! que non pas. Il sait trop bien que pour arriver à la gloire des lettres, il faut rester le maître de ses émotions, et qu'il faut bien se garder, quand on est un grand artiste, de compromettre, par trop de croyance à son œuvre, la netteté et la vigueur de la pensée. Il sait trop bien le danger des passions profondes pour s'y abandonner un instant, lui qui pense déjà à Faust et à Marguerite! Si *Werther* était en effet l'autobiographie de Gœthe, il n'eût écrit que *Werther*... et ce livre unique lui eût été un suffisant piédestal!

Mais pour n'être pas la *Confession* de Gœthe, *Werther* n'en est pas moins un grand livre, égal au chef-d'œuvre même qui l'inspira, c'est-à-dire égal aux *Confessions* de Jean-Jacques Rousseau par la grâce des détails, par la passion de la famille, par l'enthousiasme de toutes les beautés naturelles, par ce courant magnifique de chaleur et de vie qui déborde dans la tige, et s'épanouit dans la fleur. Werther est un livre supérieur aux *Confessions*, surtout par un certain arrangement dramatique qui s'empare du lecteur, pour tout de bon, d'un bout à l'autre de ce poëme singulier.

A la première ligne de ce poëme, vous comprenez que, de toute nécessité, cela doit finir par un suicide. « C'est un mal sans remède, disait Gœthe, un insecte a blessé d'une piqûre mortelle la jeunesse de Werther. » Dans les *Confessions*, au contraire, le suicide ne se fait entrevoir qu'aux dernières pages... Pourtant, de Werther et de Jean-Jacques, c'est Jean-Jacques qui se tue, en fin de compte! Du poëte inerte et paresseux qui jette à tous les vents de l'orage, ces lambeaux de poésie boursouflée et menteuse, et du poëte actif, énergique et laborieux, qui s'abandonne à toutes les colères utiles, à tous les enthousiasmes généreux d'une âme puissante, ce n'est pas le poëte énervé qui se tue réellement, c'est le poëte sérieux, c'est le philosophe enthousiaste, c'est le véritable amant de cette grande nature des forêts et des prairies, c'est Jean-Jacques qui porte sur lui-même des mains coupables. — Et cette mort se passe dans l'ombre, ce suicide silencieux reste à l'état d'un doute, pendant que Werther fait briller l'amorce de son pistolet aux yeux du monde entier, et que le bruit de l'arme fatale arrive, de ravins en ravins, d'échos en échos, jusqu'à l'âme de Charlotte et de son mari.

Pour conclure, à la façon de l'*Émile*, le suicide de Rousseau est la mort d'un philosophe de l'antiquité romaine, le suicide de Werther est tout au plus la mort bruyante et ampoulée d'un comédien.

Oui, mais ce Werther est un comédien de génie; il joue son triste rôle avec un enthousiasme qui est vrai, et s'il croit à son propre suicide, c'est qu'en effet il est effrayé sérieusement par ses propres fantômes. Que de grâce dans la description! que de vivacité dans le récit! quelle analyse passionnée et savante, et surtout que d'amour contenu qui se montre à peine, à deux ou trois reprises, indiquées dans tout le cours de ce drame!

L'habileté du poëte est d'autant plus admirable que Goethe avait à peine vingt-cinq ans, et que rien en Europe, pas même la *Clarisse Harlowe* de Richardson, n'avait révélé au poëte allemand ces *souffrances* inénarrables qui, semblables à des coups d'épingles, finiraient par venir à bout des plus fortes et des plus robustes natures. En même temps, pour varier le thème infini de cette lente agonie, Goethe s'est mis à chercher des images, des paysages, des rêves, sur la terre même illustrée par son drame; il s'est isolé de toute influence étrangère, et il a compris, pour que son livre parcourût le monde, qu'avant tout il devait être un livre allemand, allemand par les mœurs, par le costume, par le langage, par l'emphase même, cette emphase qui n'est pas dénuée de simplicité et de grâce! Les tableaux abondent dans ce drame, et feu notre pauvre ami Tony Johannot en avait tiré un parti merveilleux.

Après les premières oisivetés de cette vie inutile, Werther découvre bien vite la passion qui doit le perdre. *Il fait une connaissance!* — Il rencontre, au milieu de sa famille heureuse, cette Charlotte dont le caprice du vaudeville devait faire *une héroïne*. Une héroïne, Charlotte! y pense-t-on? Mais tout le charme de cette création adorable va se perdre comme un vain parfum, si on lui donne les proportions de l'héroïsme. La grâce de cette aimable femme est une grâce à la La Fontaine, jolie sans le savoir, charmante sans le vouloir, « fraîche! » — et c'est une grande qualité, disparue depuis soixante-dix ans déjà, depuis *Werther*, disparue de tous les romans, de tous les drames.

Quelle héroïne oserait être *fraîche* aujourd'hui? quelle héroïne voudrait renoncer à l'intéressante pâleur d'une fille qui a perdu le manger et le dormir? Charlotte est fraîche comme Clarisse Harlowe à ses jours de bonheur et de douce joie; elle est gaie comme elle. Celle-ci aime Schakspeare, celle-là aime Klopstock. L'une et l'autre elles préfèrent l'action au rêve, le positif à l'idéal. Ce mot *devoir* sonne bien à leurs oreilles sérieuses; elles aspirent à la vie réelle, comme les héroïnes de roman aspirent à la fantaisie; elles sont calmes parce qu'elles sont fortes; elles sont naturelles parce qu'elles se savent respectées et respectables... *Charlotte* et *Clarisse*, les deux sœurs!

Le bal, l'orage, la valse enivrante, les petits jeux *innocents*, la forêt humide, et les campagnes rafraîchies qu'il faut traverser à côté de cette belle fille de vingt ans... on perd la tête pour moins que cela; mais quand la tête est perdue, on obéit à son cœur, on n'attend pas qu'un autre homme s'empare de la femme aimée, enfin on s'explique avec elle, on lui dit : *Je t'aime!* car cela doit se dire, même en allemand.

Je me figure cependant quel dut être l'étonnement du Versailles de Louis XV, lorsque l'on raconta, pour la première fois, dans les petits appartements cette singulière histoire d'amour!

L'*Héloïse* régnait alors dans toutes les âmes, et justement Héloïse faisait un étrange contraste avec Charlotte; Saint-Preux ressemblait fort peu à Werther. Ce n'est pas que ce Saint-Preux n'affecte de temps à autre certaines allures de rêveries; mais, Dieu merci! il ne rêve pas toujours, il s'explique comme un beau diable, et si par hasard il hésite, Julie est là pour lui rappeler qu'elle lui doit des explications. C'est une louange à donner au poëte allemand... à l'Allemagne entière... cette passion de Werther est chaste, elle est contenue dans les bornes les plus strictes du devoir. La Julie de Rousseau se donne aussitôt qu'elle aime; le Lovelace de Richardson immole Clarisse, la *grande et pâle Clarisse*[1], à son orgueil plus encore qu'à sa passion; la Charlotte de Gœthe à peine a pressenti le danger, qu'elle se sauve au

---

1. George Sand, *André*, chap. Ier.

saint abri du foyer domestique. Ainsi chez nous l'héroïne se livre; en Angleterre, le héros se déshonore; en Allemagne, les deux amants vivent d'une vie innocente; le plus faible des deux, le poëte, se tue... à peine si Charlotte ose le pleurer... L'honneur l'empêche, et puis elle veut vivre, afin de remplir jusqu'au bout ses prosaïques devoirs.

Le passage difficile de ce livre, c'est le moment où Charlotte est mariée. Werther, cette fois encore, commande à sa douleur comme il a commandé à son amour. Son amour était mêlé de sauvagerie et d'amertume, ainsi sera sa résignation; désormais il habite cette maison comme ferait une âme en peine qui vient implorer des prières, du fond de son purgatoire. Le mari ne le compte pour rien, la jeune femme le compte pour peu de chose; on l'aime comme on aime certains meubles inutiles que l'habitude a rendus presque nécessaires. Il pleure, il rit, il chante, il gronde, peu importe, Albert et Charlotte sont trop occupés chacun de son côté, à tous les devoirs de la vie réelle pour se tourmenter des extravagances de monsieur leur ami. Seulement, de temps à autre, Charlotte se met à contempler la désolation et les ravages de cet esprit qui n'a plus la force de vivre. Elle regarde, elle s'étonne, elle soupire, et soudain elle retourne à ces jolis enfants, babillards et gourmands, dont elle est tout à la fois la mère et la sœur.

Saint-Preux se trouve un instant dans la même situation que Werther; mais, grand Dieu! quelle différence! Saint-Preux est un homme fait, il a traversé l'âge dangereux, le bel âge; il retrouve sa maîtresse entourée et défendue par les souvenirs des amours d'autrefois; pour tout dire, Saint-Preux a de quoi se consoler, pendant que Werther est *plein de tourments*, pour parler comme lui. C'est si triste, le soir venu, de la voir se retirer au bras d'un autre, « de voir briller sa robe blanche à l'ombre des grands tilleuls! »

Werther quitte la partie assez à temps pour déclamer, à la façon de Rousseau, *contre l'inégalité des conditions*, car le lion allemand a beau s'envelopper dans sa peau native, le petit bout d'oreille français reparaît toujours. Ce départ et surtout ce retour ne sont pas habiles; Werther n'a pas d'excuse pour revenir si tôt; il trouble, sans profit pour lui-même, un honnête ménage qui a besoin de paix et de tranquillité. Albert, le mari de Charlotte, tout bénévole qu'on nous l'a montré, ne doit pas être content de voir revenir, sans motif et sans cesse, ce poëte manqué dont il devait se croire délivré, au moins pour tout l'hiver. A toutes les questions qu'on lui fait, ce malheureux jeune homme répond : — *Je m'ennuie!* — Comme si l'on était sur cette terre uniquement pour s'amuser ou s'ennuyer ! Passe encore si ce jeune ennuyé ne jetait pas son ennui sur tout ce qui l'entoure.

On a pitié d'un homme ennuyé ; mais un ennuyé qui s'ennuie et qui m'ennuie, il est insupportable, odieux, horrible. D'ailleurs quelque chose doit passer avant l'ennui, c'est le travail ; le travail est la loi commune ; se soustraire à cette loi salutaire du genre humain, par paresse, ou pis encore, par orgueil, c'est marcher comme fait Werther, au dégoût et au suicide. Oisif, il est amoureux comme un lâche qui n'a pas la force d'aimer et de vouloir ; faites-en un homme occupé, et sa passion grandira de toute la dignité que le travail imprime au front de l'homme ; car, Dieu merci ! Dieu n'a pas voulu que l'amour fût seulement le passe-temps des oisifs, il en a fait encore la grande occupation, même des existences les plus sérieuses et les plus décentes.

Voyez cependant quelle étrange composition ! Elle manque à toutes les règles de l'art, ou, pour mieux dire, à toutes les lois du goût et du sens commun ; elle se compose des plus vulgaires détails de la vie commune, accouplés à la plus immense exaltation des passions sans règle et sans frein ; elle va, dans la même page, du ciel à l'abîme ; elle touche à toutes les frontières de la naïveté et de l'extravagance, et pourtant c'est un livre d'une grâce ineffable, d'un caractère unique, d'un intérêt immense, un de ces drames qui laissent leur trace souveraine dans la vie d'un homme, aussi bien que dans les croyances et dans les destinées d'une nation.

CHAPITRE V

A l'aspect de ce poëte heureux au milieu de la plus grande misère des poëtes, calme au plus fort des révolutions, souriant quand l'Europe est en feu, et ruisselante de sang humain, à l'aspect de ce Diogène endimanché qui veut que sa besace soit bourrée et pleine jusqu'aux bords, qui veut que son manteau soit léger en été, chaud en hiver, que son tonneau soit une maison à double étage, entre la cour et le jardin, philosophe aimé des belles et des princes, loin de l'envie, à l'abri de la critique, à l'abri du mauvais temps universel, je me rappelle un livre, un livre charmant, que publiaient autrefois les deux associés Old-Nick (*un vieux diable* qui avait vingt ans) et son ami J.-J. Grandville, un esprit quinteux et rêveur.

Il est mort aux Petites-Maisons ce Grandville ; il est mort accablé sous ces mille petites misères dont il s'était moqué ! — Parlons avec respect des petites misères, disait à Gœthe un de ses amis. — Mon ami reprenait Gœthe, faisons plus, parlons-en avec terreur ! Puis il ajoutait, avec une componction moitié gaie et moitié sérieuse : O mon Dieu ! délivrez-moi des petites misères, je saurai bien me préserver des grands malheurs.

Les petites misères, en effet, qu'en dites-vous, *ami lecteur?* N'est-ce pas que la vie est troublée et malheureuse, moins par les grandes catastrophes que par les petits chagrins; moins par les tempêtes qui renversent les citadelles, que par le moucheron qui entre en grésillant dans votre œil fatigué? Les grandes infortunes attirent à elles, les sympathies des hommes et leurs regrets... la petite misère vous rend ridicule. Tombez du haut des tours de Notre-Dame, chacun s'écrie : *O le pauvre homme!* Laissez-vous choir en traversant le boulevard, aussitôt chacun de rire.

— Il y a comme cela des moments dans la vie où la petite misère tombe sur vous et vous ploie en deux; alors vous ne savez plus que devenir, vos dents craquent, vos nerfs se crispent, vos cheveux se hérissent, l'oreille vous tinte, vos lèvres s'agitent, vos oreilles ont rougi, vos deux yeux ne vont plus ensemble, vous voyez de longs poils, tout blancs, surgir de votre moustache, une touffe rouge pousser à vos tempes, un de vos sourcils retombe sur vos joues, l'autre sourcil menace le ciel. Qu'y a-t-il? Qu'arrive-t-il? Il y a, dit le poëte, que le silence me tue et que le bruit me blesse! Il arrive que la lumière offense ma vue, et que les ténèbres me font peur! Je suis en proie aux diables bleus, je suis la victime des papillons noirs. Venez à mon aide, arrachez-moi à ces atomes crochus et malfaisants qui n'ont pas d'autre occupation, pas d'autre volonté, pas d'autre joie que de nous torturer dans tous les sens. Ils volent, ils rampent, ils rient, ils crient, ils font, sur votre crâne horripilant, toutes sortes d'immondices.

Dans les rides de notre visage, ou sur le croquant de notre oreille, ou dans le blanc de nos yeux, ils se livrent à toutes sortes d'exercices gymnastiques. L'un joue au volant sur un poil de notre barbe qui plie en gémissant sous ce poids fantastique; l'autre malin a fixé à nos deux tempes une longue balançoire, et la fourche de son pied donne un grand coup sur notre menton rougissant à chaque mouvement de ce fil imperceptible; un autre, armé d'un grand cor de chasse, entonne la fanfare de *Robin des Bois,* assis qu'il est sur notre tempe gauche, pendant que son camarade, grimpé sur la tempe droite, tourne, à se tordre le bras, la manivelle d'un orgue de Barbarie.

Oh! l'horreur! Ces sylphes malins vous poursuivent sous toutes les formes et à toutes les places. Vous tenez un enfant sur vos genoux, le sylphe le pince jusqu'au sang et l'enfant crie à tout briser : « Monsieur Gœthe est un sot! Monsieur Gœthe est un fou! Monsieur Gœthe a cessé d'être roi à Weymar! »

Plaignez-moi! Pleurez sur moi! Dans ma tête lassée on entend des bourdonnements à faire peur! Des drames hurlent au fond de mon crâne épuisé de produire! — Le second Faust se bat en duel avec le premier Faust et le tue! Ce ne sont que visions, rêves et cauchemars. Le farfadet me pique et m'insulte ; il me provoque, il m'appelle et me rit au nez ; il va, il vient, chantant faux et glapissant mes plus beaux vers ; il rit de Faust, il rit de Marguerite, il rit de Werther, il se moque de Mignon et de Wilheim Meister ; prenez pitié de moi, et ne vous moquez pas de ma misère si je me laisse ainsi câliner, calmer, apaiser, veiller et surveiller! Je suis mourant, je me meurs, je suis mort!

Tel il était ce jeune monsieur Gœthe à peine entré dans la carrière poétique ; et nous autres, petits misérables exposés nécessairement aux plus petites misères, nous qui n'avons pas les mêmes droits de nous plaindre, nous, les créatures sans génie, à peine avons-nous mis le pied dans la rue, aussitôt le farfadet nous coudoie et nous mène, à son bon plaisir, dans la boue et sous la pluie, au milieu du ruisseau, au milieu de la foule, entre deux voitures, entre deux paveurs ; à chaque pas une aventure, à chaque détour un créancier, à chaque pavé un ennuyeux, et nous rappelant les heureuses et très-heureuses misères de l'heureux monsieur de Gœthe, nous songeons qu'il serait doux d'habiter à Weymar un bel hôtel bien fermé, où c'est à peine si les princes et les duchesses de vingt ans sont admis quand le maître de céans est en belle humeur!

Mais on t'en donnera des duchesses de vingt ans, malheureux! Comment, je ne connais qu'une baronne, il y a tantôt six mois que je ne l'ai vue, et j'y vais ; je sonne ; elle-même elle ouvre sa porte ; elle attendait son coiffeur, et elle vous montre une couronne de cheveux blancs. Vous êtes reçu comme un chien qui sort de l'eau. Dans votre trouble, vous osez à peine vous asseoir, vous écrasez le chapeau sur lequel comptait la dame pour retrouver quelque reflet de sa jeunesse envolée. Éperdu, vous vous levez brusquement, vous renversez la porcelaine anglaise qui jouait si bien le vieux Sèvres. — Ah! mon vieux Sèvres! s'écrie la dame. — Sorti de là, ébloui, confondu, morfondu, vous cherchez d'où va venir le guignon? — *Je te loue, ô guignon, de ta persévérance!* Mais cependant je t'attends de pied ferme, et, du même pas, je rentre chez moi. Oui, chez moi, au coin de mon feu, bien tranquille, et je vais lire. O douleur! ma maison est pleine de fumée et mes rideaux blancs sont noirs; la bûche en roulant a porté l'incendie et le ravage autour de moi.

Cependant, à force d'eau, mon feu est éteint; par la fenêtre entr'ouverte, la fumée s'en va, mais en même temps entre un autre farfadet, le farfadet-rhume, celui qui se loge dans vos fosses nasales et qui danse, tout à l'aise, toutes sortes de danses prohibées, et plus vous éternuez, plus la danse se précipite sur vos tempes brisées, animée comme si elle entendait la grosse caisse accompagnée d'un chapeau chinois et de deux cimbales. Allons! patience, ne nous battons pas contre des êtres plus forts que nous. Calmons notre cœur agité, résignons-nous, soumettons-nous, écrivons quelque chose qui soit digne d'être lu par nos maîtres... Justement la nuit vient, allumons la lampe; la lampe jette autour d'elle des flots d'huile; l'huile tombe et couvre de son lourd manteau notre page commencée, une période sonore, élégante, *stans pede in uno*, et corsée! O ma phrase! Je l'avais parée avec tant d'amour! Elle était si leste, si vive, si riante, et sa tunique diaprée flottait avec tant de grâce à tous les vents du Midi!

Ah! que c'est agaçant et triste une page envolée on ne sait où! Que ça fait mal une plume criarde, une encre évaporée, un brin de coton au bout de ce bec effilé, un papier mal collé, où c'est à peine si la pensée a laissé sa trace en passant. C'était bien la peine, ô Muses de Weymar, d'écrire de si belles choses pour les perdre dans les petites conspirations de l'encrier empâté, de la plume éraillée et du papier qui boit. Ah! malheureux Gœthe! Ah! malheureux Werther! Et si j'avais les pistolets de Charlotte!... Ainsi pleurait M. Gœthe en songeant à toutes les petites misères de sa vie... Il en parlait bien à son aise, M. Gœthe! Eh! que dirait-il s'il habitait, comme un autre homme, un petit logis dans une maison à six étages?

Au-dessus de ma tête une petite fille prend sa leçon de danse; dans l'appartement au-dessous un Saint-George de dix ans prend sa vingtième leçon d'escrime. Et ma pendule qui sonne les heures pendant que l'aiguille marque la demie! Non certes, je ne rentrerai pas chez moi ce soir. J'étouffe et je n'y tiens plus. Il me faut de l'air, de l'espace, et me voilà sorti pour tout le soir. Crac! au milieu de la rue ma bretelle casse, un cabriolet me couvre de boue. Le vent renverse mon chapeau... et mon mouchoir que j'ai oublié sur ma cheminée!

Encore si j'avais à qui raconter les peines ineffables de la petite misère! Mais pas un, pas un qui me comprenne! Victor est gros et gras et fleuri, il rit toujours; Évariste est mince et sec, et son grand nez m'attriste d'une lieue. Je me suis brouillé avec Arthur pour un coup douteux au domino. Douteux! j'avais toujours le double-six! — On appelle cela des misères! Vous montez une côte au grand soleil, misère! La voiture se brise dans l'ornière au sortir d'une grande ville et à l'entrée de la nuit; misère!

Le mendiant du chemin vous jette au visage ses plaies, ses pustules, ses moignons, ses jambes de bois; misère! A vos côtés, un comédien ambulant roucoule le rôle d'Antony; misère! Un ténor de province chante le *O Mathilde!* misère! Deux amants, oubliant toutes choses, s'amusent au jeu de se regarder et de se trouver beaux sans s'inquiéter de votre envie; ô misère! Et ces Anglais qui se hâtent pour manger avant vous la soupe de l'auberge; misère! C'est à en mourir! Pourtant, même agitée par ces feux follets impitoyables, la vie serait encore supportable, si on n'était pas poursuivi incessamment par tous les démons de la dette : le tailleur prussien, le bottier allemand, le chapelier bonnet-rouge, vrais grillons qui amènent avec eux d'autres cri-cris nommés huissiers, recors, gardes du commerce. Et ce papier orné d'un timbre et couvert de *il vous plaira payer!* quelle petite misère! Une petite misère qui vous prend au corps à l'heure même où vous trouvant bon visage, vous espérez rencontrer, à la promenade, la jolie petite figure qui vous sourit d'une si charmante façon! La figure s'allonge, vous voyant passer entre deux gredins qui vous mènent à la rue de Clichy!

Mais, dites-vous, si vous avez des dettes, le dimanche au moins vous appartient? Ah! bien oui le dimanche! Le dimanche vous êtes forcé d'aller à la campagne. On vous réveille avant six heures du matin. Hâtons-nous, hâtons-nous, Cocotte attend. On se hâte. On grimpe dans la tapissière, on devait n'être que douze, on est quinze ; on attendait cette jolie petite madame César aux dents si blanches, madame César envoie son lourd mari à sa place ; cependant Cocotte vous traîne au pas, en moins de six heures Cocotte vous jette à Montmorency. Et si vous avez l'air seulement de regarder du coin de l'œil une cerise... Vous avez mangé ma cerise, s'écrie le garde. A peine arrivé dans un bois pelé et sans arbres, il faut monter à cheval sur un âne ; il faut retirer de la mare l'enfant de votre ami ; il faut admirer avec quel génie son chien tombe en arrêt devant les canards. — Tout beau! Sultan!

Que si vous restez à Paris le dimanche, les joueurs de boules vous envoient des boules dans les jambes, les joueurs de volants vous attendent avec leurs raquettes ; le marchand de melons se fâche si vous ne lui achetez pas un melon, et pas une boutique ouverte autour de laquelle vous puissiez porter votre flânerie! Quelle joie, cependant, voici la lettre que j'attendais! Je vais donc enfin savoir ce que vous pensez de moi, ma chère Hortense! Votre lettre, je la tiens ; c'est mon bien, c'est ma vie. Ce cachet brisé, je vais savoir toute ma destinée. Plus d'hésitation, plus d'incertitude... Damnation! la lettre d'Hortense a été barbouillée par un des feux follets de Grandville. Dans son emportement, Hortense a oublié de jeter un peu de poudre d'or sur les caractères tracés par sa main chérie. La lettre est illisible, je n'y puis lire que ces mots : *Répondez-moi courrier par courrier!* Et si je crie, et si je m'arrache les cheveux, si je me damne, chacun de dire : C'est un esprit mal fait! c'est un homme nerveux, un homme timbré!

Des nerfs! eh! quels nerfs faudrait-il donc pour entendre de sang-froid le grincement d'un flambeau de cuivre sur une cheminée de marbre ; pour assister à une narration importante faite par un bègue. Des nerfs! assis à côté de cet homme qui remâche le pain qu'il a déjà mâché! Des nerfs! quand celui-ci m'envoie sa salive au visage, quand celui-là bâille à briser sa mâchoire et la mienne! Des nerfs! quand ma brosse à dents laisse tomber toutes ses soies, quand mon tire-bouchon brise le bouchon sans l'ôter! Des nerfs! quand mon ongle vient de se briser jusqu'à la racine; quand je sens la crampe s'emparer de mes deux jambes, les fourmis de mes deux pieds; quand je viens de me donner un grand coup, juste à cet endroit du coude que l'anatomie appelle le *nerf cubital!* Des nerfs! quand les draps de mon lit sont trop courts, quand mon gilet est trop large, quand je viens de trouver au fond de mon potage, un vieux peigne, et pis que cela sur ma soupe!

On appelle cela des nerfs! on appelle cela des petites misères! Mon Dieu! et dans cette foule l'autre jour, ce misérable qu'il m'a fallu suivre pendant un quart d'heure, qui sentait l'ail et le tabac! Et cette femme dans *l'omnibus,* infecte de musc, et l'on me dit : c'est que vous vivez seul et que vous n'êtes plus habitué à la moindre contradiction!

Mais moi aussi j'en ai eu des domestiques, quel esclavage! J'avais Laurent, le fameux Laurent, Laurent le bon garçon, Laurent le butor, le grand animal, qui trouvait toujours le moyen de me mettre à la porte de chez moi, quand il avait une visite à recevoir dans ma chambre. Quand ce gueux-là prenait son visage morose, je me serais jeté à ses pieds pour obtenir une petite risette. Il était mon maître. Il choisissait mes habits, il buvait mon vin, il m'imposait le journal de son opinion, l'opinion de Laurent! Il avait sa littérature à lui, dont il ne fallait pas que je sortisse; il exécrait *Marion Delorme,* il adorait les *Deux Gendres;* il aimait les images, les caricatures, l'oignon brûlé et les beignets aux pommes. Tout ce qu'il touchait était brisé; ce qu'il ne touchait pas était perdu. Pour comble de petites misères, il était très-estimé à la caisse d'épargne; on lui disait : « Monsieur Laurent! » Je n'ai eu qu'un beau jour avec ce tyran domestique, ce fut le jour où il me donna mon congé, enfin.

Il me semble en ces justes grincements, que je vois et que j'entends ce bon M. Gœthe :

Appelez-vous donc cela, nous dit-il, des petites misères! Et les petites misères de l'amour, qu'en dites-vous? J'en ai tâté, s'il vous plaît, et je puis rendre de vous bon témoignage, ô décevantes misères! En ai-je assez fait, de la prose, des vers, des élégies! Ai-je couru, ai-je attendu, ai-je espéré! Et comme elles m'ont traité les fillettes misérables qui aimaient autre part! Soins perdus! peines inutiles! élégies en l'air! Eh bien! ces misères de l'amour malheureux ne sont rien, comparées aux misères de l'amant heureux. Des larmes, des cris, des reproches, des : *Vous m'avez perdue! Vous me perdez! Monstre que tu es! A toi pour la vie! Je te suivrai au bout du monde, Arthur!*

Non, non! vaut mieux encore être le martyr de la fatalité, que le martyr de l'amour.

Qui de nous n'a pas, en ce monde, son mauvais œil, son espion, son cauchemar, son persécuteur, son *jettator*? Le jettator arrive pendant que vous jouez au whist, soudain la chance tourne, vous perdez tout l'argent que vous pouviez perdre, et quelque chose avec. Au billard, à l'instant où vous allez gagner *la poule*, il joue, et crac! vous êtes bloqué. Ou bien, autre misère : il existe par le monde un homme qui vous ressemble, ce n'est pas lui, c'est vous; il est bête, il est laid, il est maussade; on le fuit, on l'évite, on ne veut pas le voir, et chacun dit, parlant de vous : Comme il ressemble à *monsieur un tel!* Si vous avez un habit, il le porte et penchez-vous la tête d'une certaine façon, il la penche; vous grossissez, il est énorme; vous êtes malade, il a la fièvre; un jour, après bien du travail, vous finissez par trouver une certaine façon de dire élégante, vive et nouvelle, aussitôt votre Sosie imite en se jouant votre élégante période, et il la traîne impitoyablement dans toutes les fanges de la basse littérature. C'est à en mourir; bien plus, c'est à rougir de honte...

Et les misères de la chasse ; des lièvres qui vont au pas, et qui, vous voyant accourir, se donnent de petites tapes sur le derrière en guise de défi ; des lapins qui vous font : *comme ça!* le geste des gamins égrillards; des perdrix qui chantent: *Ah! vous dirai-je, maman,* pendant que vous les mettez en joue! Et les plaisirs de la pêche. La carpe, qui dit à son petit : *Va manger le ver de cet imbécile!* Ou bien le brochet, qui vous invite à venir dîner avec lui. Et la natation, tête à tête avec un âne mort, pendant que le bon gendarme emporte vos habits chez monsieur le maire.

Et — l'horreur! les misères de la gloire, cette chose lourde qui vous écrase!... Hier soir, à sept heures, vous étiez à peine un homme, le lendemain vous êtes un astre! Dans toute la ville on ne vous eût pas donné un verre d'eau gratis, le lendemain c'est à qui vous aura à dîner. On vous montre quand vous passez :

— C'est lui! — Qui, lui? — Lui! Vous appartenez à tout venant. Vous êtes passé à l'état de trompette, à l'état de tambour! Jouissez bien de votre gloire, vous allez voir ce que cela vaut!

Petite misère, la gloire, la plus triste et la plus furtive des petites misères! Petits chagrins! Petites douleurs! névralgies! angoisses! sourcils froncés! Sans compter cette grande misère, les petites servitudes : pour un chat, pour un chien, pour un oncle à succession, pour le grand seigneur qui nous protége, ou pour le comédien qui doit jouer son rôle dans le drame que nous faisons encore! Notre vie est-elle à nous quand nous l'avons misérablement divisée en toutes sortes de parcelles? L'un s'est inféodé à quelque oiseau criard et méchant; l'autre à un pot de réséda qu'il faut arroser tous les matins; celui-là ne saurait se passer de ses lunettes, cet autre de sa tabatière, et ce troisième est attaché à sa pipe; une pipe brisée, ô ciel! détournez de cet homme un si grand malheur! Te voilà aussi toi, l'esclave du jeu qui te pille, et toi l'esclave du vin qui t'enivre, et toi le joueur de gobelets qui perds ta vie à disposer des sonnets comme a fait Pétrarque, et toi le vieillard persécuté par sa servante et foulé aux pieds par son fils adoptif! Insensés! Il était si simple et si facile pourtant d'être tout simplement des égoïstes comme moi!

Et voilà ce que chantait en sa complainte M. Gœthe, et voilà ce que démontrait dans leur livre, Old-Nick et J. J. Grandville. O misères des poëtes, des amoureux, des oisifs, des égoïstes, des esprits malades; misères que je comprends, que je plains et que je pardonne! Il y a une foule de ces misères-là dans le *Werther*, il y en a dans le *Childe-Harold* et dans le *Don Juan.* « Oh! toute la vie n'est qu'une interjection [1], un *oh!* un *ah!* un *ah! ah!* un *ah bast!*... un bâillement, un sanglot. Le sot lui-même en est assiégé à sa toilette : — *Oh!* disait sir Had à lord William, je viens de perdre lady D... — *Oh!* reprit lord William, vous l'avez perdue... à quel jeu? »

Chaque homme ici-bas a ses petites misères, et chaque femme a ses vapeurs, mais de toutes les petites maîtresses de ce bas monde, la plus à plaindre et la plus malheureuse, c'est l'écrivain, cette bête sans peau, exposée à tous les vents, à tous les souffles,

---

1. *Don Juan*, chant xv.

fébrile au dedans, frissonnante au dehors. Ainsi fut M. Gœthe en toutes ses prospérités infinies ; ainsi fut Jean-Jacques Rousseau dans sa pauvreté énergique ; un mot de Fréron troublait Voltaire ; pour un mot malsonnant du roi Louis XIV Racine est mort ; il fut enterré à côté de ses anciens maîtres, messieurs de Port-Royal : « Ce qu'il n'eût jamais osé faire de son vivant, » disait un bel esprit de la cour. Ah ! le spasme et la tristesse de l'écrivain ; la fièvre et le transport du poëte ! Les douleurs sans nom, les inquiétudes sans but, et la perpétuelle fantaisie !

Il n'y a rien qui se puisse comparer à ces tortures, à ces coups d'épingle, à ces fièvres qu'on appelle des tortures poétiques, et qui les pourrait guérir des frissons de ce corps où elles sont logées, ces pauvres âmes en peine de l'idéal, leur rendrait le plus grand service qu'on pût leur rendre !

Oui, et celui-là sera le bienvenu de toutes ces âmes souffrantes qui leur démontrera les fêtes de la vie et les joies du travail. En effet, mes amis, le beau, le charmant, le merveilleux livre qu'on pourrait faire, l'utile et le divin traité de philosophie pratique que l'on pourrait composer, non pas, certes, en faisant agir et grincer sous leur masque à pointe et à piquants, les pâles misères de l'espèce humaine, mais en faisant sentir autour de la santé, de la jeunesse et des cheveux bouclés, les petites joies de l'homme, le bonheur à bon marché, la gaieté à la portée de tous, la bonne humeur qui passe dans l'air, comme l'eau dans le fleuve ! Voilà un livre qui placerait son poëte au-dessus du banquet des sept sages !

Par grâce et par pitié ! songez-y donc, par ces maux, ces douleurs, ces anévrismes, ces palpitations, ces angoisses, ces soubresauts, pourquoi donc nous ouvrir ce noir sentier, pourquoi ce gravier qui me blesse, ces ronces qui m'offensent, ces épines qui me piquent, ces pierrots qui piaulent ? Pourquoi donc, au contraire, puisque nous sommes nos maîtres, ne pas nous promener dans des allées bien sablées, entre deux gazons fleuris, aux douces mélodies du rossignol ?

Tu maudis l'hiver, eh ! mon ami, fais un grand feu dans ta cheminée ! L'été est trop chaud, va te promener dans les Pyrénées ! Ta maîtresse te chagrine, dis-lui bonsoir ! Fais mieux que cela, fais qu'elle t'aime. Tu es aimé, tant mieux pour toi, le monde t'appartient ! Tu aimes, tant mieux encore, te voilà à l'abri des folles passions; jeune ou vieux, rends grâce au Dieu clément! Tu vis, rends grâce au ciel qui te fait vivre, et si tu as vécu, bénis le Dieu qui t'a fait vivre; c'est si beau de vivre, que même la vie passée est belle à voir!

Fi! monsieur le poëte, qui vous laissez arrêter par cette maladie infime des petites misères; il n'y a même pas de grandes misères! Tout le secret, c'est de savoir attendre, et voilà le vrai mot d'ordre de la vie humaine : — espérance! O rêveur malheureux! O faiseur de drames sans noms! O laborieux qui vous êtes battu généreusement contre la langue ingrate et sans frein, vous ne voyez que le triste côté des heures qui s'en vont; ingrat que vous êtes à votre tour, chacune de ces heures vous a apporté son bonheur, son plaisir, sa consolation, sa mélodie.

L'heure matinale vous apporte, en chantant, les premières fêtes du réveil quand la vie intime oubliée, apparaît et reparaît dans toute sa fraîcheur; l'heure qui suit vous apporte le bonheur de l'étude et le charme ingénu de l'inspiration quand elle arrive, amenant avec elle la fée aux mille couleurs, le chef-d'œuvre en germe et la pensée en extase! — Attendez, et vous verrez venir l'heure de la promenade et l'heure du festin; puis si vous êtes jeune, elle viendra pour vous, jeune homme, l'heure excellente entre toutes, l'heure du berger, le soir, quand votre étoile éclate au ciel! De quoi donc vous inquiéter si fort, et par quelle faiblesse d'esprit malade vous arrêter, comme un enfant, aux plus petits obstacles du sentier? Votre soulier vous blesse, mettez-le en pantoufle. Votre bretelle casse, entrez dans ce joli magasin et dites à cette jolie fille : *De grâce, prenez pitié d'un homme sans bretelles!* Vous êtes myope, ô la bonne excuse et le bon grand moyen d'échapper aux ennuyeux! Vous y voyez de très-loin, c'est une belle façon de les éviter; à la chasse le lièvre rit de vous, laissez-le courir, vous êtes sûr de le retrouver à la broche; attendez seulement que la broche lui agrée.

Eh! ne faut-il pas que tout animal de la création ait son moment de joie et de triomphe? Encore une fois, quel beau livre à écrire... sous ce titre, tout rempli d'actions de grâces envers le bon Dieu : — *Traité des petits bonheurs.*

Au reste, ce n'est guère qu'à M. Gœthe, et aux poëtes contemporains, que cette rage de mélancolie, en pleine santé, a commencé à devenir une habitude. Autrefois, aux temps des grands poëtes français, qui disait un poëte disait un homme bien portant. Notre vieux Parnasse, à commencer par les gens de la *pléiade*, était une institution de bons vivants ; ils cultivaient avec le même soin la gaieté, la poésie et la santé : la gaieté qui rit de tout, la santé qui vit de peu. Le vieux Malherbe était taillé à vivre un siècle. On raconte encore, avec une certaine admiration, les excès de Régnier, de Sigognes, de Berthelot, de Maynard, de tous les poëtes « du cabinet satirique. » En ces temps heureux, le poëte allait, sans vergogne, aux cabarets plantureux ; il buvait largement les vins généreux, le vin français, le vin de Bourgogne ; il se mettait au vin de Bordeaux en guise de tisane.

O les gaillards ! quelle gueule ! Avouez que le traducteur de Plutarque, Amyot, était un homme bien portant. Avouez que madame de Sévigné, la mère excellence de la prose française, est une personne bien vivante ; avouez que Molière est loin de ressembler à un beau ténébreux, et qu'il meurt en homme de courage. On s'incline — en l'admirant — devant la verte vieillesse de Corneille. On déplore la mort précoce de Racine succombant sous le regret d'avoir déplu au roi, son maître ! Et plus tard, quand le xviiie siècle a fait entendre ses premières clameurs, tudieu ! les bruyants et les violents personnages, quelle admirable façon de parler, de hurler, de crier, de tempêter, de travailler, d'ameuter la foule en plein théâtre, en plein café, en plein carrefour ! Diderot, Piron, d'Alembert, le baron d'Holbach, des colosses ! Tel ce géant frileux armé d'un grand fouet, qui se promène en riant sur les bords du lac de Genève. « Il se meurt, » voilà son unique rabâchage ; il mourra ainsi pendant quatre-vingts ans ; il ne descendra dans la tombe, le malin vieillard, qu'après avoir assisté aux funérailles du vieux monde français.

Ces gens-là n'ont jamais entendu parler des petites misères ; ils ne savaient pas ce que c'est que d'avoir des nerfs. Ils étaient violents, colères, emportés, railleurs, et dans leur maladie ils domptaient la maladie. Abondants en toute chose : en esprit, en paroles, en actions, en omissions ; braves gens nés sous la loi des esclaves, ils vivaient comme des esprits libres ; ils pouvaient dire, à coup sûr, que *leur vie était un combat ;* ils combattaient pour la libre pensée et pour les libertés à venir.

Infatigables, ardents, laborieux à outrance, avec tant de peine à gagner leur vie, avec tant de mérite à ne pas prostituer leur talent, avec tant d'ardeur généreuse à se prêter à tout ce qui était grand et bon, loyal et juste. Intrépides à l'attaque, hardis à la défense, habiles à interroger, prompts à la réplique, insensibles à la peine et dédaigneux dans le châtiment ; tels ils étaient, pauvres avec joie, indépendants avec délices, proscrits avec orgueil.

Ils dormaient très-bien sur un grabat ; ils mangeaient volontiers un pain noir arrosé d'eau fraîche ; ils allaient gaiement à la Bastille ; ils ne rougissaient pas de l'hôpital ; ils saluaient le bourreau lorsqu'il allait, chargé de leurs livres, brûler leurs œuvres dans son feu de gloire, au bas du grand escalier qui menait à ces cours souveraines, gardiennes des droits du roi et de sa race. O nos pères ! vous les avez connues et supportées les grandes misères : la confiscation, l'exil, la ruine, et votre esprit en cendres, et vos œuvres le jouet des vents ! O nos pères ! et quand ils s'étaient bien dit que la vie était impossible, ils mouraient, celui-ci à l'hôpital, celui-là en prison, cet autre au sommet du bûcher, glorifiant, par leur martyre et par leur courage, l'esprit qui les animait et les doctrines qu'ils avaient enseignées !

Braves gens, voyez-les souffrir avec tant de constance, et les voyez mourir avec tant de courage ! Ils se seraient bien moqués, ces Gaulois, du spasme et de la douleur modernes ; ils auraient bien ri des petits malheurs de ces grands esprits : Gœthe le frileux, Byron le boiteux, Chatterton le suicide, et tant de pâles images qu'on dirait pâlies, tout exprès, par ces plantes funèbres qu'enseigne Juvénal.

Cependant, puisque nous sommes entrés en ces comparaisons, permettez-moi de mettre en présence de Gœthe le poëte allemand, un poëte français que Gœthe a bien connu, et dont l'image énergique a dû, plus d'une fois, apparaître à Gœthe au milieu de ses incroyables et innombrables prospérités.

CHAPITRE VI

Certes, s'il y eut, dans le siècle passé, un homme qui fût franchement un poëte, rien de plus, mais aussi rien de moins; qui ne s'inquiétât ni du roi, ni de l'Évangile, ni *de l'avenir des sociétés*, comme on disait déjà dans ce temps-là, à coup sûr ce fut Piron, l'auteur de *la Métromanie*. Il était venu au monde, tout rempli de la passion et de l'inspiration poétiques; le démon qui veillait en lui sans jamais s'endormir, était infatigable, intrépide; il était plus courageux que le démon même de Voltaire, qui ne s'attaquait guère qu'à Fréron et à Notre Seigneur Jésus-Christ, pendant que Piron s'attaquait aux hommes et aux choses, choisissant de préférence les hommes les plus puissants et les plus populaires pour les poursuivre de son sarcasme, les choses les plus violemment attaquées pour leur accorder la protection de son esprit.

Ce grand poëte, qui a vécu longtemps, a joué le rôle de bouffon dans cette société qui ne vivait que par l'esprit; mais il a été un bouffon sérieux, énergique, actif, passionné, convaincu; un

bouffon à la façon de J.-J. Rousseau et du grand poëte Gilbert.—
Il y avait dans son ironie tant de bon sens, tant de goût dans sa
repartie, tant de vivacité dans sa parole, tant de bonhomie dans
ses plus grands instants de cruauté!

Seul peut-être, au milieu de cette grande famille de prosateurs
et de poëtes, Piron était poëte uniquement pour les fêtes et pour
les fanfares de la poésie ; il ne voulait rien renverser, rien détruire. Il ne jurait ni par J.-J. Rousseau, ni par Voltaire; il n'appartenait à aucune espèce de coterie, il n'appartenait même pas
à l'*Encyclopédie* à qui appartenait tout ce siècle ; en revanche il
était amoureux fou de l'esprit, du drame, de la comédie, des
beaux vers, des vives et fécondes saillies, du beau langage, de
toute la parure extérieure de cette révolution qui se faisait parmi
le peuple de France. Il y a du Figaro, dans ce Piron, mais il a
plus de bon sens, il a plus de justice ; comme Figaro il n'admire
jamais sur parole, il se méfie des gloires toutes faites, des renommées improvisées, de l'éloquence de pacotille, de la tragédie
philanthropique, surtout il se méfie de Voltaire, dont il avait très-
bien compris la vanité, l'égoïsme et l'esprit.

Donc ceux-là qui ne jugent Piron que par son chef-d'œuvre
même, par *la Métromanie*, la plus belle comédie qu'un poëte
ait écrite depuis *le Misanthrope*, ceux-là sont bien loin de le connaître à fond. Ceux-là seuls ont connu Piron qui ont pu le voir et
l'entendre ; il était un enfant gâté de l'esprit ; il osait tout dire, et
tantôt dans l'ode, et tantôt dans le bout-rimé, poëte aujourd'hui,
orateur le lendemain, sublime et bouffon tout ensemble. Une
gueule à tout dévorer, une poitrine à tout briser ; des poings, des
dents et des griffes ; un diseur de bons mots, un vaurien à qui
rien ne coûte, un médisant qui se sert de sa langue comme l'aspic
de son dard, un cruel qui ne respecte ni l'âge ni le sexe, un
faiseur d'épigrammes comme Martial, avec lequel il a bien des
points de ressemblance : obscène comme lui, pauvre comme lui,
mendiant comme lui ; il aimait, autant que Martial, les beaux
hôtels, les grands seigneurs, les belles dames, le vin vieux dans
des coupes d'or. Singulier mélange d'effronterie et de licence, de
bons sentiments et d'obscénités, de vérité et de paradoxe, de
noble hardiesse et d'impudence.

Ce Martial était pourtant l'héritier direct de Virgile ! Il en descendait en ligne courbe et vraiment descendante, à peu près comme Diderot lui-même descend de Bossuet. Ce Piron était pourtant le successeur légitime de Molière! Oui; mais quelle est la noble origine qui, en vieillissant, n'arrive pas à quelque abîme? Quel est le limpide ruisseau qui, chemin faisant, n'ait pas ramassé un peu de gravier et de sable? A Venise, il y a des mendiants qui tendent la main aux marchands de la ville; on leur fait l'aumône en disant: *Prenez, Altesse!* C'est tout simplement que ces porte-besace portent les plus grands noms de la république. Et nous, cependant, ne serons-nous pas moins respectueux pour les enfans de Molière et de Bossuet, que le sont, eux-mêmes, les derniers marchands de Venise pour les mendiants dont le nom est inscrit sur le Livre d'Or?

Mais voilà ce que n'a pas su faire le xviiie siècle, si jaloux et si fier de son esprit. Il a insulté à ses plus beaux génies. Il les a chargés de mépris et de ridicules. Eux-mêmes, entre eux, ces beaux esprits qui aspiraient à la conquête du monde, ils s'outrageaient jusqu'aux morsures. Toute la vie de Voltaire s'est passée à recevoir des insultes et à les rendre. C'est là d'ailleurs un spectacle bien digne de curiosité, la manie des écrivains de ce temps-là, qui les poussait tous, les uns et les autres, à ressembler à des grands seigneurs, à vivre avec les puissants et les riches, à solliciter leurs suffrages, à tendre la main à leurs bienfaits, tout en déclamant contre l'inégalité des conditions! Ce siècle de philosophes et de parasites n'a pu pardonner à J.-J. Rousseau d'avoir porté un habit d'Arménien, de s'être réfugié dans la vallée de Montmorency, et d'avoir copié de la musique *pour vivre.*

Ils en étaient venus à ce point de cynisme qu'il leur semblait qu'ils avaient le droit de s'asseoir à toutes les tables et d'y manger, de prendre toutes les vieilles robes des vieilles marquises et de s'y tailler une culotte! Orgueilleux et superbes, ils tendaient la main au baron d'Holbach, au prince de Soubise, à madame Geoffrin, au financier Beaujon, à mademoiselle Hus, à mademoiselle Clairon, au roi de Prusse, à la grande Catherine, à l'archevêque de Paris, à madame d'Épinay, à tout le monde enfin, au roi lui-même, à madame de Pompadour, à M. de Marigny, son frère, à M. de Choiseul, et même, ô honte!! au prince de Soubise, au cardinal de Rohan, à madame Dubarry!

Or voilà justement pourquoi donc il faut estimer, et très-haut, les rares esprits de ce temps-là qui furent des poëtes à la vieille mode, à l'ancienne marque et sans trop s'inquiéter, la veille, du lendemain. Ils rehaussaient, par leur dédain et par leur courage la profession littéraire, les hommes comme Diderot, comme Piron, qui, dédaigneux des encouragements du parasite et du flatteur, s'abandonnaient volontiers à la protection de l'heure présente ; aussi bien faut-il les honorer, en raison inverse des lâchetés de leurs camarades, ces rois bons enfants de la fantaisie, ces prodigues qui jetaient leur esprit à tous les vents ; ils eussent rougi de se vendre à tant la ligne ; ils voulaient bien que la muse fût une belle dame facile et galante, mais non pas une avare prostituée.

Ceux-là, il est vrai, ne seront jamais riches ; ils n'auront jamais de place à la cour, ni de clefs d'or au pan de leur habit, ni de belles lettres du roi de Prusse, ni de beaux vers et de beaux diamants de la grande Catherine ; ils ne dineront pas chez le maréchal de Richelieu et chez M. le duc de Choiseul ; *la marquise* ne les enverra pas chercher à sa ruelle, le matin, pour leur dire comme on disait au vieux Galand : *Dites-nous donc un de ces beaux contes que vous savez !*

Ceux-là seront les parias littéraires ; ils sont comme l'enfant prodigue qui jette les perles aux pourceaux, avant d'en être le gardeur ; ils seront montrés au doigt dans la foule des beaux esprits ; chacun prêtera l'oreille, pour leur voler, l'instant d'après, leur éloquence ou leur esprit ; ils abuseront de l'inspiration, comme une belle fille abuse de ses vingt ans coquets et fleuris... rien n'est plus vrai ; en revanche ils seront populaires ; leur mémoire sera durable ; on leur pardonnera beaucoup, parce qu'ils auront beaucoup hasardé ; on oubliera leur débraillé en faveur de leur sincérité ; on leur permettra d'être nus en faveur de leur innocence. Laissez-les faire, laissez-les dire, et que vous importe ?

Leur licence est la licence des enfants qui n'ont de la pudeur qu'une vague idée. Que celui-ci écrive les *Bijous indiscrets ;* que celui-là, dans son délire et dans l'ivresse de l'orgie, improvise cette ode célèbre qui place son nom à côté du nom de l'Arétin... vous autres inconnus, vous avez l'avantage sur ces gens célèbres, c'est que vous pouvez cacher votre délire. — Donc, messieurs les sages, mettez à profit votre obscurité pour être indulgents ; vous savez bien qu'on peut dire de Piron et de Diderot ce que disait de La Fontaine la bonne femme qui veillait à son lit de mort : *Qu'il était plus bête que méchant, et que le bon Dieu n'aurait jamais le courage de le damner!*

Chose étrange! Et ce qui nous prouve, malgré tout notre respect et tout notre dévouement pour la littérature française du siècle passé, que c'était là déjà une littérature en décadence, c'est justement cette hypocrisie d'opulence et de vertu parmi les écrivains contemporains de Voltaire. Entre ceux-ci et ceux-là, entre le roi Voltaire et Piron, de ceux qui sont riches et de ceux qui sont pauvres, des repus aux affamés, quel abîme! En voici qui sont les maîtres de l'opinion publique! Ils parlent, on écoute; ils commandent, on obéit; ils règnent au salon, à la ville, à la cour, et ainsi posés, un pied sur le trône, un pied sur l'autel, ils écrasent sous des humiliations de tout genre, les pauvres hères, ceux de leurs confrères, qui ont conservé précieusement les anciennes habitudes poétiques, à savoir : les dettes, l'habit percé, le cabaret, le pain bis, le gros vin, le fromage et « la première venue, » — tout le paradis de Duclos.

Et quand ce pauvre diable de poëte qui, par hasard et par vertu, ne demande rien, qui se suffit à lui-même, que son esprit soutient bien mieux qu'une fortune, s'estime heureux de vivre au jour le jour, par la pluie et par le soleil, toujours content de sa fortune, et frondant, à sa façon, même les travers et les ridicules de ces messieurs, aussitôt voilà nos seigneurs, les gros bonnets de l'ordre de poésie, qui s'écrient : — Haro! sur le malheureux poëte! Il déshonore la compagnie, avec son habit troué! Comment donc! Il va au cabaret comme Chapelle, c'est un homme perdu. Il est amoureux d'une comédienne comme Racine, c'est un homme sans talent. Il va à pied comme Corneille. Honte à ce manœuvre, haro sur le baudet! Vive le chambellan du roi de Prusse! A bas le Piron de la tabagie et du cabaret!

Ainsi s'explique, à la honte du xviiie siècle philosophique, l'immense fortune des uns, et l'incroyable misère des autres! Ceux-ci habitent des palais à la ville et des châteaux à la campagne, ceux-là ont à peine assez de crédit pour acheter, à crédit, un morceau de fromage chez la fruitière! Les uns, quand ils daignent jeter le mouchoir, dans la foule, aux dames qui les contemplent, choisissent non pas la plus belle, mais la plus riche et la mieux titrée... une grisette, ah fi ! une comtesse, à la bonne heure !

Et pendant qu'ils se prêtent, à regret, à cette comtesse et à ses adorations, les autres poëtes, les pauvres diables, les écrivains de la taverne, s'estiment heureux d'épouser, en justes et indissolubles noces, des couturières ou même leur blanchisseuse qui leur donne, en dot, quittance de ses fournitures de six mois ! L'un roi, maître, comte et seigneur de Ferney et autres lieux ; l'autre chassé, par le grand froid qu'il fait, d'une masure qu'il occupe chez madame d'Épinay ! L'un jetant ses enfants à l'hôpital, faute de pain à leur donner ; l'autre refusant de reconnaître, pour sa mère, une des grandes dames les plus puissantes de ce temps-là ; celui-ci met son jabot et ses dentelles avant d'écrire, celui-là couche dans l'écurie avec les chevaux du prince de Soubise ; renfermé au donjon de Vincennes, écoutez Mirabeau pleurant avec des larmes de sang, ses belles amours évanouies, pendant que le président de Montesquieu, assis sur les fleurs de lis de ce royaume démantelé, prépare, par l'analyse des lois anciennes, la révolution qui va venir.

Or dans cette extrême misère et dans cette extrême opulence, dans la puissance des uns et l'humilité des autres, entre ceux-ci qui sapent en riant la vieille société française, et ceux-là qui s'estiment heureux de lui arracher un sourire, il n'y a pas de milieu. Il faut être complétement le maître ou l'esclave ; regorger d'or ou tendre la main ; être Voltaire ou bien être Piron ! Grand homme ! et tu seras porté aux nues pour avoir insulté jusqu'au délire, jusqu'à la fange, la sainte héroïne d'Orléans ; ou bien, misérable, malheur à toi, tu seras fouetté en place publique, pour avoir rimé une ode licencieuse ! Pauvre gloire littéraire ! Misère ! vanité ! néant !

Eh bien ! dans ce discrédit de la poésie pure, dans ce mépris où étaient tombés les poëtes qui n'étaient que des poëtes, dans ce mensonge fatigant du luxe et de l'esprit (mensonge hideux qui s'est renouvelé, de nos jours, et qui est devenu une plaie), admirez ce bouffon de génie qui fait rire tant de gens de ses bons mots, ce Piron à qui M. le lieutenant de police a fermé le théâtre de la Foire, tant il prêtait de verve et de moquerie aux marionnettes !

Piron, voyant l'abîme où ils sont tombés, veut enfin réhabiliter la poésie et les poëtes. Dans ce siècle où la déclamation a remplacé toute chose, où tout se prouve en plaidant, où la comédie ose à peine sourire, où la tragédie procède par sentences, cet homme entreprend l'apologie du poëte, à la façon même de Molière, c'est-à-dire par le rire, par la comédie et par la gaieté.

La tentative était certes hardie : réhabiliter les poëtes depuis si longtemps qu'on les insulte ; à la place de Pierre Gringoire (il était attendu par M. Victor Hugo ce Pierre Gringoire!), de Clément Marot, de Regnier, ces illustres mendiants ; à la place de Trissotin, de Vadius, de l'abbé Colletet et de tous ces pauvres diables de génie *crottés jusqu'à l'échine*, qui excitaient tout au plus notre pitié, et qui soulevaient tant de mépris chez leurs confrères, Piron, le *métromane*, allait nous montrer enfin un beau jeune homme, honnête, fier, bien vêtu, honorable dans toute l'acception du mot, quoique poëte ! A force de verve et de génie il allait dégager, pour la première fois, le bel esprit de sa misère traditionnelle ; en un mot, il a résolu de le montrer, marchant tête levée et, pour le moins, il fera, de son poëte, l'égal du chevalier Dorante ou de Francaleu le financier !

Il fera plus ; il lui mettra l'épée à la main, et nous verrons un poëte habile à chasser l'injure, et à se défendre, à main armée, après tant d'outrages sans réparation dont les gens d'esprit ont été publiquement accablés, depuis ce malheureux Trissotin, menacé de la voix et du geste, par un marquis de l'Œil-de-Bœuf !

Ainsi, grâce à Piron le poëte, voici, sur le théâtre, un poëte à qui rien ne manque, ni la verve, ni le courage, ni l'indignation, ni même l'amour... Enfin, pour que rien ne manquât à cette vive et soudaine réhabilitation du poëte, elle se fit gaiement, sans emphase et sans déclamation ! Ce jour-là fut accompli le difficile problème que s'était proposé l'auteur de *la Métromanie*, et que nul n'eût voulu accepter, excepté lui !

Mais, le brave homme ! Il aimait tant ce grand art de la poésie dont il était le héros et la victime tout ensemble, que dans cette tentative hardie il ne pouvait manquer de réussir. Il avait, au dedans de lui-même, la conscience de ses forces, et s'il avait consenti à n'être souvent qu'un bon plaisant de cabaret, il savait très-bien qu'il y avait en lui la bonne étoffe d'un poëte comique. Ce fut dans le *Mercure de France* que Piron trouva, non pas l'idée première de sa comédie, mais le premier arrangement de sa fable. Le poëte Desforges[1], pour être lu avec plus d'intérêt avait inséré dans le susdit journal, des vers de sa façon sous le pseudonyme de mademoiselle Malcrais Delvigne. Desforges eut un grand succès sous cette cornette enrubanée, et tel qui n'eût pas lu un seul vers de M. Desforges, fit un poëme en l'honneur de mademoiselle Malcrais. Voltaire lui-même avait été pris, tout comme un autre, à cette plaisanterie d'une jolie fille faisant des vers, et lui aussi il avait adressé à l'inconnue les hommages galants de sa poésie amoureuse. On sut, plus tard, que mademoiselle Malcrais Delvigne n'était autre que M. Desforges. Voltaire, pris au dépourvu, se plaignit bien haut de cette *arlequinade sans exemple*. Piron la mit à profit.

Voyez donc comme il aime tout d'abord son poëte, et quel beau portrait il en fait, dès la première scène ! Tour à tour négligé ou trop bien vêtu, triste et gai, rêveur, distrait, glorieux, beau comme un ange, et si généreux qu'il donne tout, même ses vers, à qui les veut prendre ! Tel est le Damis de *la Métromanie*.

Certes, si Piron n'avait pas eu tant de ressources dans sa gaieté, avec un pareil héros il eût fait un beau drame. Il y avait là en effet tous les éléments du drame, et Gœthe, le poëte allemand, n'eût pas manqué d'y faire intervenir ses *souffrances* à la Werther. Mais la rêverie, en ce temps-là, n'était pas encore inventée ; on n'avait pas imaginé la *rêverie* et l'*idéal ;* hommes et femmes, poëtes et prosateurs allaient droit au fait... *Ad rem !* La *rêverie*... un domaine dans le nuage, à l'heure où toutes les femmes de ce monde auront trente ans, ni plus ni moins.

Cependant la jeune Lucile, dont le cœur n'a pas encore parlé, est toute disposée à aimer l'homme qui fait ces beaux vers. A son insu, c'est le poëte qu'elle aime ; c'est lui qui a *déplié les roses* de sa jeunesse, c'est lui qui l'a entourée, le premier, des heureuses visions de l'amour. Ainsi quand la soubrette laisse croire à sa maîtresse que le marquis Dorante est l'auteur des vers de Damis, la soubrette fait là un horrible mensonge ; bien plus, elle expose sa

---

1. Il a publié, ce Desforges, un livre obscène intitulé : *Le poëte*, et ce livre, s'il était vrai, serait l'infamie et la honte de la poésie ; — heureusement il n'en est guère que la diffamation.

jeune maîtresse à bien des mécomptes, plus tard, quand Lucile comprendra combien on l'a trompée.

Ainsi, vous voyez qu'avec un peu moins de gaieté, de verve et d'entrain, notre ami Piron faisait (s'il eût voulu faire autre chose qu'une comédie) un très-beau drame. Oui, certes, et je ne sache en effet rien de plus dramatique que la situation d'un père de famille qui, le premier, en dépit de tous les blasphèmes contre la poésie, prend, en lui-même, la résolution de donner sa fille « à un poëte! » On a fait, jusqu'à Piron, bien des drames sur les mésalliances, on en a fait sur les prises de voile, on nous a montré *des rois épousant des bergères;* mais ce qu'on n'a pas osé nous montrer, même dans ce siècle exagéré des philosophes et des poëtes, c'est un homme sage, riche, honoré, bon et prudent père de famille, osant prendre pour son gendre, un simple écrivain honnête homme! Voilà la seule mésalliance que les poëtes dramatiques n'auraient pas voulu se permettre au théâtre, tant la chose paraissait impossible et malséante!

Quoi donc! un rêveur, un faiseur de romans et de comédies, un fou d'esprit, ose aspirer, sérieusement, à la main de mademoiselle Lucile Francaleu qui aura cent mille écus de dot? Mais vous rêvez, mon cher; mais voilà une imagination sifflable. Eh quoi! lorsque M. de Voltaire lui-même voulut marier la nièce du grand Corneille, certes, les poëtes n'auraient pas manqué pour recevoir mademoiselle Corneille de la main de Voltaire; mais voilà à quoi Voltaire n'a pas songé un instant; Diderot, d'Alembert, Marivaux, auraient demandé à Voltaire sa fille adoptive, qu'il leur eût répondu : — *Épousez vos servantes!* Aussi a-t-il préféré, aux plus grands écrivains de son siècle, un mince officier. Voulez-vous donc avoir plus de bon sens que Voltaire, monsieur Piron?

Dans la pensée de Piron, telle est la toute-puissance de la poésie, il faut absolument que cette puissance se manifeste en toute chose. A peine Damis le poëte a-t-il mis le pied dans cette maison bourgeoise, aussitôt la poésie éclate de toutes parts. Lucile demande des vers à Dorante, le père de Lucile improvise une comédie : parents, voisins, amis, ils sont tous mis à contribution pour entendre, pour apprendre, pour répéter des vers. Il n'est question que de cela dans toute la pièce. Loin de nous les intrigues vulgaires, et ces amours qui ressemblent à tous les amours!

Loin de nous les intérêts matériels de la vie! Le poëte est riche, il est tout, il peut tout, il est le maître, il est le dieu. Ainsi parle Damis; et il en dit tant, et il a tant de croyance en lui-même, qu'il est salué, jusqu'à terre, par son propre valet Mondor.

Celui que j'aime en cette affaire, c'est le beau-père. M. Francaleu est beaucoup moins ridicule qu'on veut le dire, et même, pour avoir écrit ces vers du *Mercure* qui ont plu si fort à Damis, il faut que ce digne M. Francaleu ne soit pas un sot tout à fait. Il y a dans cet homme un certain bon sens qui lui fait mépriser les préjugés vulgaires; quelque chose lui dit que ce Damis, *gai, vif, aimant à rire*, est fait pour rendre sa fille heureuse. Ne croyez pas cependant que Piron a dissimulé, le moins du monde, aucune des objections qui se peuvent faire à ce penchant du bonhomme Francaleu pour un pareil gendre. Même au plus fort de sa plaidoirie pour les poëtes, Piron se remet en mémoire les insultes que personne ne leur a épargnées, pas même Molière.

Alors vous voyez accourir l'homme sensé de la pièce, M. Baliveau, l'oncle de Damis. Celui-là est brutal sur l'article. Il n'a vu de la poésie que les dettes et les haillons. Il aimerait mieux que son neveu fît un faux en écriture privée, qu'une comédie; entre le bagne de Toulon et le Parnasse, M. Baliveau n'hésiterait pas, il choisirait le bagne. Tel qu'il est, ce M. Baliveau, l'homme sensé du drame, se présente dans cette maison comme un trouble-fête. Il veut absolument mettre monsieur son neveu à la Bastille, sans songer que les murailles de la Bastille sont encore chargées des premiers vers de la *Ligue* [1], écrits au fusin. M. Baliveau aura sa lettre de cachet, mais à une condition : il jouera un rôle dans la comédie de M. Francaleu. Comme Piron plaisante et comme il s'amuse à barbouiller de poésie ce visage renfrogné! Tout l'acte marche ainsi, et nous voyons l'instant où Lucile et Damis se vont rencontrer pour tout de bon. Maudit valet! maudite soubrette! maudit argent! — Pourtant ne plaignez pas trop Damis, s'il quitte Lucile pour courir après l'ombre de l'amour; il rêve tout haut, il chante tout bas; il s'agenouille devant le plus charmant fantôme, et comme il le dit lui-même : — *Il est heureux!*

Ce qui est très-curieux à suivre et à étudier, dans cette comé-

---

[1]. Ce fut le premier titre de la *Henriade*.

die, c'est la personnalité de l'auteur. Avec autant de soin qu'en mettent d'ordinaire les poëtes comiques à s'oublier eux-mêmes pour s'identifier avec leurs propres personnages, avec autant de soin Piron déverse, sur chacun de ses personnages, cette verve abondante, intarissable qui le domine, qui l'obsède et qui l'inspire. Cette comédie, admirablement écrite, semble parfois toucher à l'ode elle-même, tant l'inspiration se retrouve à chaque vers. Lui aussi, lui surtout, Piron-Damis, il est si fier, si heureux, d'être un poëte, que sa bonne humeur s'en va, se posant çà et là, comme un joyeux rayon de soleil.

Au troisième acte, rien n'a marché, mais qu'importe, pourvu que la même rêverie se prolonge, pourvu que s'épanouisse tout à l'aise la même bonne humeur ? Ce n'est pas à vous que Piron donne la comédie, c'est à lui-même. Il se raconte, il vous raconte en riant ces beaux jours de l'enthousiasme poétique, ses folles et vives amours pour l'Iris en l'air, son profond mépris pour la vie vulgaire, son horreur pour le bourgeois, son admirable instinct à éviter la règle et l'ordre ; il réalise enfin sur le Théâtre-Français ses beaux châteaux en Espagne, quand il n'était qu'un pauvre copiste, à quarante sous par jour (non payés) chez M. le chevalier de Belisle.

Dans ce troisième acte, se trouvent aux prises, et de la façon la plus charmante, le bon sens et la poésie : Damis et l'oncle Baliveau ; chacun d'eux joue son rôle dans la comédie de Francaleu, et vous pensez si Piron est heureux d'humilier ainsi ce bon oncle, de le livrer, pieds et poings liés, au sarcasme et à l'indulgence de son beau neveu ! Être poëte, parce qu'ainsi le veut la nature, à la bonne heure ! Mais faire, en trébuchant, de la poésie et du désordre, pour arriver au triste salaire d'une lettre de cachet, voilà qui est humiliant, voilà qui doit faire rougir M. Baliveau, voilà où l'attendait Piron !

Le plaidoyer de Damis est admirable. Quand son oncle, pour obéir à de vieilles traditions, lève sa canne sur son neveu (hélas ! en ce temps-là, voilà donc où en étaient les poëtes, maîtres du monde, et Voltaire lui-même n'avait pas été à l'abri de pareils outrages !) Damis, d'un seul regard, fait tomber le bâton des mains de son oncle ; puis après l'avoir quelque peu plaisanté, il lui parle de sang-froid, et il lui explique, à la façon d'un homme de cœur, qu'il est temps enfin que le poëte prenne dans le monde la place qui lui est due, et qu'il doit sortir de l'humiliante condition qu'on lui a faite : oui, mon oncle, l'intelligence poussée au degré qui fait les grands écrivains, rend un homme l'égal, pour le moins, des plus grands capitaines, des plus grands orateurs, des plus vertueux magistrats.

Tout ce mouvement oratoire est admirable. Piron parle à cet heure, comme Mirabeau parlera plus tard. Un moment il se relève tout à fait de toutes les bouffonneries qu'il s'est permises; le cynique fait place à l'orateur, Diogène est remplacé par Démosthènes. Ce Damis, parlant ainsi de son art qui est divin, et pleurant sur la gloire de Corneille et de Racine, comme pleurait Alexandre sur les conquêtes de Philippe son père, est le plus touchant du monde. J'aime son enthousiasme, et j'aime sa conviction ; j'aime cet esprit qui ne doute de rien, surtout je loue et j'honore le poëte qui a osé ainsi parler des poëtes, en présence de ce parterre du café Procope, jaloux, mesquin, odieux, ingrat, divisé par tant de sottes cabales. Ah! s'il avait pu voir dans l'avenir, ce brave Piron, s'il avait pu deviner qu'un jour, je ne dis pas la société de France, mais la société européenne tout entière, serait sauvée, agrandie, éclairée, sanctifiée par ses poëtes; que Gœthe en Allemagne, Béranger, Lamartine et Victor Hugo en France, Walter Scott en Angleterre, Chateaubriand partout, tiendraient toutes les âmes de ce siècle soumises à leur parole ; s'il avait pu deviner à quel point, du côté de la poésie, seraient un jour la gloire, la puissance, la liberté, la force et la création, combien, je vous prie, n'eût-il pas encore agrandi ce magnifique plaidoyer en faveur des poëtes, que personne en ce temps-là, pas même Voltaire, n'a compris?

J'avoue cependant qu'au milieu de ces belles scènes, et à côté de ce beau jeune homme qui parle si bien, cela me fatigue quelque peu et m'ennuie de voir et d'entendre cette soubrette qui glapit, ce Dorante qui roucoule. Lucile seule m'intéresse; à coup sûr, on la trompe, l'aimable fille ; on lui cache l'homme qu'elle doit aimer; ce misérable Dorante lui vole cet amour qu'elle destinait à un autre. Les choses en sont là quand Damis, notre poëte, vient à se souvenir que tantôt, sur le théâtre, livré aux disputes, vont s'agiter toutes ses destinées. Damis, lui aussi, a écrit une comédie, ah ! non pas une comédie de paravent comme M. Francaleu, mais une comédie véritable pour le Théâtre-Français. Et, tenez !... on la joue ce soir.

Ce soir, tout à l'heure, Damis va savoir enfin s'il a un nom et de la gloire, ou bien si c'est à recommencer ? Il faut, en vérité, pour que notre poëte n'ait pas encore songé à cette bataille, qu'il soit bien préoccupé de ses amours anonymes. Oui, tout à l'heure, il va se battre contre le public. Duel plus terrible que son duel contre Dorante; et pourtant de ce dernier duel il faut savoir gré à Piron, comme d'une réhabilitation excellente; en ce temps-là, par un reste affreux de l'ancienne humiliation, il y avait plus de poëtes qui recevaient des coups de bâton, que de poëtes qui donnaient des coups d'épée.

En ce temps-là aussi, une pièce de théâtre était une grave affaire. Ce n'était pas, comme de nos jours, le résultat d'une fabrication prévue à l'avance, c'était un effort de l'esprit auquel chacun était attentif. Aujourd'hui, faire une comédie qui réussit, c'est à peine sortir de la foule. En ce temps-là, faire une comédie qui tombait, c'était déjà être un homme important. Aujourd'hui le drame se fabrique pour ainsi dire au couteau, comme font ces bergers qui taillent toutes sortes de figures grotesques dans le sapin des Alpes; autrefois, faire un drame, c'était trouver, avec le ciseau, une statue dans un bloc de marbre. Aussi bien, à cette seule annonce que Damis, cet homme que nous aimons, va faire représenter une comédie, êtes-vous frappé d'épouvante. Vous vous sentez saisi de pitié pour l'imprévoyance de ce beau et bon jeune homme; vous cherchez avec inquiétude quels seront donc ses moyens de succès, et quand vous le voyez qui plaisante même sur cet abîme, vous voudriez l'avertir qu'il se perd. Lui, cependant, il rit encore, il est calme, il a foi en sa poésie. — C'est bien mieux qu'un stoïcien, c'est un croyant.

Dans la pensée et dans l'œuvre de Piron, et pour que la réhabilitation de son poëte fût complète, il fallait absolument que son héros pénétrât, de vive force, dans le monde ordinaire, qu'il vécût avec le bourgeois, qu'il coudoyât ces intérêts de chaque jour, qu'il habitât la maison de M. Francaleu le financier, qu'il fût mêlé à tous les petits événements de la vie vulgaire.

Par ce moyen, en comparant ces deux natures, la nature poétique et la nature bourgeoise, vous étiez pris tout d'un coup d'un saint respect pour la première, vous compreniez ce qu'elle a de grand, d'élevé, de sincère ; et combien la nature bourgeoise est triviale et égoïste.

En ceci, et dans le même sujet tout à fait, M. Casimir Delavigne a été beaucoup moins habile, beaucoup moins heureux et beaucoup moins un poëte convaincu que l'auteur de *la Métromanie*. M. Casimir Delavigne, lui aussi, dans sa comédie des *Comédiens*, nous montre un jeune poëte qui fait représenter un premier ouvrage au Théâtre-Français. Mais quelle différence, grand Dieu ! pour la variété et l'entraînement des sentiments, entre le Damis de Piron et le Victor de M. Casimir Delavigne ! Damis passe sa vie au milieu des hommes ordinaires, dans les salons parisiens, à la campagne, dans le monde vulgaire, avec les bourgeois, les grands seigneurs, les subalternes, et les filles à marier qui se rencontrent dans chaque maison de la ville ; au contraire, Victor (le poëte de M. Casimir Delavigne) passe sa vie, non pas avec des hommes, mais avec des comédiens. Il veut épouser non pas une jeune personne ordinaire, mais une comédienne ; il habite, non pas une maison, mais un théâtre ; il est entouré d'intrigues, de commérages et d'intérêts de coulisses ; ce n'est pas le soleil qui l'éclaire, c'est la rampe du théâtre ; le suprême arbitre de son sort, ce n'est pas M. Baliveau, c'est le souffleur.

Donc pendant cinq longs actes, vous n'entendez parler, dans cette comédie des *Comédiens*, que l'argot dramatique ; ces vers sentent l'huile à quinquet ; vos yeux sont éblouis dans cette ombre douteuse, de cachemires, de billets doux, de comédies projetées, de maladies de nerfs, de lords anglais qui *paient* pour être aimés, de petits-maîtres qui aiment *sans payer*, de comédiennes à la réforme, d'amoureux édentés, de faux mollets, de faux cheveux, et de tous ces horribles mensonges sans lesquels il n'y aurait pas de théâtre, absolument.

Affreux détails, véritables si vous voulez, mais qu'il eût fallu laisser derrière la toile qui les recouvre. A peine s'il doit être permis de risquer un œil, à travers les trous de cette toile immonde, pour regarder ce qui s'y passe. Affreux détails qui jettent, sur toute la comédie de M. Casimir Delavigne, une teinte uniforme d'ironie et de sarcasme. Dans cette cohue comique, Victor le poëte est un comédien comme les autres. Il parle, ou peu s'en faut, le même argot; il a tout à fait les mêmes prétentions; il est poussé par la même envie de plaire au public. — C'est un comédien plus honnête que les autres, plus amoureux et plus sincère; mais enfin c'est « un comédien. »

En jettant ainsi son poëte dans cette horrible tourbe d'amours-propres sourds et aveugles, M. Casimir Delavigne s'est privé de tous les heureux contrastes qui ressortaient de son sujet. Au lieu de dix acteurs différents, il n'a, pour ainsi dire, qu'un seul et même acteur; tous ces héros-là jouent entre eux le même rôle, tant leur préoccupation est la même. Au contraire, le poëte de Piron se détache à merveille de tout ce qui l'entoure. Pas un seul instant vous ne pouvez le confondre avec personne. Son enthousiasme n'est qu'à lui; son éloquence n'est qu'à lui! Il ne se défend pas, comme le Victor de M. Casimir Delavigne, au contraire, il prête le flanc à qui veut frapper! Que voulez-vous? chacun d'eux est de son siècle. Victor sait très-bien qu'au succès de sa pièce est attachée, la fortune, la gloire, l'influence au dedans et au dehors du théâtre; Victor, tout poëte qu'il est, est un homme positif; il y a quelque chose du marchand dans le poëte moderne, quelle que soit sa poésie.

Damis, au contraire, le poëte de Piron, est, comme celui qui l'a créé et mis au monde, le plus simple, le plus naïf, le plus enthousiaste des humains. Ce que je vous en dis, c'est pour vous expliquer comment et pourquoi, malgré toute sa bonne envie d'être franchement gai, M. Casimir Delavigne, dans sa pièce des *Comédiens*, est cependant gêné et mal à l'aise, tout autant que l'auditoire. Cette comédie qui se passe sur des planches malsaines, entre des décorations mal peintes, dans une société à part, manque d'air, d'espace et de soleil. Allez donc faire, à moins de vous nommer Lesage, une comédie plaisante dans la caverne de Gil Blas!

Vous savez le reste. Vous savez que Damis, qui veut garder son secret, le laisse échapper; vous savez qu'en apprenant qu'il est l'auteur de la pièce nouvelle, Dorante, cet homme à qui Damis a prêté ses vers et donné sa prétendue, va le siffler en plein parterre, et qu'en un mot la pièce tombe tout à plat! tout à plat!

Dans cette extrémité, il n'était pas facile de conserver au poëte sa bonne humeur. Eh bien! le courage de Damis ne se dément pas un seul instant; il sera plus grand que sa fortune. La perte de cette première bataille ne l'empêchera pas d'en livrer d'autres. Il a tellement la conscience de sa valeur personnelle, que rien ne le peut abattre, pas même cette chute imprévue.

Ainsi Piron a été fidèle, à son propre caractère. Ainsi il a joué, avec les plus grands malheurs de la vie littéraire! — S'il eût fait un drame, c'eût été le cas, ou jamais, quand Damis est sifflé, quand Dorante s'est ligué avec ses ennemis, quand son oncle Baliveau triomphe si cruellement, de faire accourir Lucile au secours de son poëte, et Lucile eût tendu la main au jeune homme, et elle lui eût dit : *Je vous reste!* Oui, mais Damis n'aurait pas voulu de cette charité, même quand Lucile l'eût offerte. A plus forte raison, il n'en veut pas quand M. Francaleu, homme de bon sens dans le fond, veut donner sa fille au poëte. Quelque chose dit à Damis que son heure n'est pas arrivée, que sa poésie n'est pas encore reconnue, qu'il ne faut pas entrer, par violence, dans la vie réelle, mais au contraire qu'il y faut être doucement et naturellement porté. Aussi est-il généreux jusqu'à la fin. Il marie à cette belle fille qui pouvait être à lui, cet ingrat, cet imbécile Dorante qui a fait tomber sa pièce. Il ne regrette ni la fortune, ni l'amour. Il regrette à peine sa comédie. Il a en effet de l'amour et des comédies à revendre. Son cœur est plein comme sa tête. Il est honnête, il est bon, il est naïf, il est le plus aimable des hommes, et son oncle lui-même lui pardonne, découvrant, une à une, toutes ces grandes qualités qui partent du cœur :

> Vous à qui cependant je consacre mes jours,
> Muses, tenez-moi lieu de fortune et d'amours!

Telle est cette comédie, une des plus belles du théâtre. Jamais comédie ne fut écrite avec plus de poésie, même par Molière. L'esprit, le style, la verve, la force, l'entraînement, la popularité de ces bons vers ne sauraient se dire, et vraiment il faut que le siècle passé ait été bien sourd et bien aveugle pour n'avoir pas accepté, avec une reconnaissance sans bornes, ce bienfait d'un poëte pour les poëtes, cette réhabilitation complète, enivrante de la poésie, ce plaidoyer d'une éloquence sans égale!

Il paraît en effet que le chef-d'œuvre de Piron eut chez nous un accueil assez terne. Ceux qui faisaient l'opinion, en ce temps-là, les soutiens naturels de cette œuvre admirable qui les sauvait, en les réhabilitant, restèrent froids et calmes. Comment donc, Piron le poëte, retrouvait les titres de noblesse de la poésie depuis si longtemps égarés... Ce fut un bon motif pour les poëtes contemporains de renier l'œuvre, le plaidoyer et la découverte. Ceci rentre dans ce que je vous disais, aux premières lignes du chapitre qui précède celui-ci : de l'inégalité des conditions parmi les poëtes du XVIIIe siècle. Ceux qui étaient destinés aux grandeurs et à la fortune y marchaient, sans trébucher, et quoi qu'ils fissent. Ceux qui étaient voués à la misère et au mépris y tombaient, malgré leurs chefs-d'œuvre.

Ainsi fut Piron. Tout autre que lui qui eût écrit *la Métromanie* eût été grand et puissant dans son siècle ; les poëtes auraient battu des mains à son œuvre, ils auraient fait cortége à ses côtés ; le roi, les ministres et les favorites trouvant enfin, dans ce temps de révolte, un poëte qui ne s'occupait que de poésie, et qui ne flattait personne, pas même le peuple, auraient comblé de leurs plus rares faveurs, ne fût-ce que pour le bon exemple, ce sage et grand poëte ; mais ce poëte s'appelait Piron ; il avait tout le décousu du génie, son esprit était redoutable, ses saillies étaient justes et sensées, sa vie était des plus modestes, il était pauvre ; à ces causes, les poëtes ses confrères refusèrent de reconnaître le grand service qu'il venait de leur rendre, et la maîtresse royale eût rougi de venir en aide à cet ours si mal léché. Si bien que le ministre entendit à peine prononcer ce nom-là qui devait être illustre, et le roi Louis XV, oui, le roi Louis XV, quand l'Académie eut choisi Piron pour un de ses membres, le raya de sa main royale.

Oui, lui-même, le roi Louis XV, et pourquoi, grand Dieu ? Parce que Piron avait fait, à dix-huit ans, une ode étrange que le roi savait par cœur, et qu'il avait répétée, plus d'une fois, d'un bout à l'autre, à madame de Pompadour ! Malheureux Piron ! malheureux poëte ! Succomber sous les scrupules moraux de Louis *le bien-aimé*. Vraiment, c'était jouer de malheur !

Avant d'aller plus loin..., à l'abîme, à l'abîme, avant d'aborder les drames de Mercier : « *Charles II* en certain lieu » par exemple, ou le *Vidangeur sensible*, arrêtons-nous, et contemplons dans cette décadence, entre Sedaine et Diderot, et tout à côté de Piron lui-même, un des plus rares et des plus charmants esprits de la comédie et du roman de mœurs, un homme qui a laissé des chefs-d'œuvre, l'auteur de *Turcaret* et de *Gil Blas*.

Il faut placer Le Sage, tout simplement à côté de Molière ; c'est un poëte comique, dans toute l'acception de ce grand mot, la comédie. Il en a les nobles instincts, l'ironie bienveillante, le dialogue animé, le style net et limpide ; il a la grâce, il a l'accent, il est simple, il est vrai, sa malice est sans cruauté ; il a étudié à fond les différents états de la vie, en haut et en bas du monde. Il sait très-bien les mœurs des comédiens et des grands seigneurs, des hommes d'épée et des gens d'église, des étudiants et des belles dames. Exilé du Théâtre-Français, dont il eût été l'honneur, et moins heureux que Molière, qui avait les comédiens à ses ordres et qui était le propriétaire de son théâtre, Le Sage s'est vu obligé, plus d'une fois, de refouler en lui-même sa propre comédie, et de ces belles scènes dont les comédiens ne voulaient pas, il faisait un roman avec tant d'habileté, de grâce et d'esprit, qu'il est impossible de reconnaître, en ces divers chapitres ajustés l'un à l'autre par un grand écrivain, où s'arrête la comédie, où s'arrête le roman. Ce brave et digne homme aurait eu honte quand il faisait un livre, de ramasser, sans ordre et sans motif les débris de son esprit, comme si ces ruines, ces fragments, ces désastres, épars même dans le livre qui semble les réunir, étaient toujours assez bons pour le lecteur.

René Le Sage est né dans le Morbihan, le 8 mai 1668 ; en cette année 1668, Racine faisait jouer *les Plaideurs*, Molière faisait jouer *l'Avare*. Le père de Le Sage était un homme quelque peu lettré, comme pouvait l'être un honorable avocat de province, qui vivait au jour le jour, en grand seigneur, et sans trop s'inquiéter de l'avenir de son fils unique. Le père mourut comme l'enfant n'avait que quatorze ans ; bientôt après le jeune René perdit sa mère, il resta seul sous la tutèle d'un oncle, et il fut trop heureux d'avoir pour instituteurs les savants maîtres de la jeunesse du xviie siècle, les jésuites, mais les jésuites savants et dévoués aux grands poëtes, amis d'Homère et de Virgile, fanatiques de Cicéron et de Tacite, ces dignes gens, fidèles aux belles-lettres de tous les siècles, qui devaient bientôt être les maîtres de Voltaire, comme ils ont été les instituteurs de toute la France.

Grâce à cet habile et paternel enseignement, notre jeune orphelin pénétra bien vite dans les savants et poétiques mystères de cette antiquité qui sera, jusqu'à la fin des siècles éclairés, la source intarissable du goût, du style, de la raison et du bon sens. C'est une louange à donner à Le Sage, qu'il a été élevé avec autant de soin et de zèle que Molière et Racine, que La Fontaine et Voltaire; les uns et les autres il se sont préparés, par de sévères études, et par leur respect pour leurs maîtres, à être des maîtres à leur tour. Et qui donc nous eût dit, juste ciel! que dans ce pays de l'intelligence et des libres penseurs, un jour viendrait où le moyen âge, à savoir tout ce qu'il y a de plus bête et de plus hideux sous le soleil, serait proclamé, hautement, par des cuistres, supérieur au siècle de Louis XIV, au siècle d'Auguste et de Périclès?

En ce temps-là (je parle des époques bien réglées), les jeunes gens croyaient surtout à la pauvreté et à la jeunesse. Ils disaient que la jeunesse était le plus grand des bonheurs, et que la pauvreté n'était pas sans charme! Ils croyaient aussi à la poésie, à l'espérance, à l'amour, et ce sera toujours, pour un esprit bien fait, un grand sujet d'étonnement, l'élégie et la plainte monotones des faiseurs de biographie entrant inévitablement dans toutes sortes de lamentations pour déplorer, d'une voix pathétique, la triste destinée du jeune homme, au plus beau moment *des longs espoirs et des vastes pensées*. Par le Dieu créateur, ces faiseurs de biographies élégiaques ne sont guère dans le secret des faciles bonheurs de la poésie, des adorables joies de la jeunesse!

Les insensés! ils s'amusent à compter, un à un, les haillons qui couvrent l'athlète naissant; ils ne voient pas, à travers les trous de son manteau, ces membres vigoureux et forts, et ces bras d'Hercule; ils s'apitoient sur ce pauvre jeune homme dont le chapeau est usé, et sous ce chapeau difforme, ils ne voient pas cette abondante, noire et soyeuse chevelure, qui est le diadème flottant de la jeunesse! Ils vous disent, en poussant de gros soupirs, comment Diderot s'estimait heureux quand il avait, sur son pain sec, un morceau de fromage, et comment ce pauvre René Le Sage ne buvait, à ses repas, que de l'eau claire; la belle affaire, en vérité ! Mais Diderot, en mangeant son fromage, méditait déjà toutes les secousses de l'Encyclopédie ; mais cette belle eau claire que l'on boit, à vingt ans, dans le creux de sa main blanche, vous enivre bien mieux que, vingt ans plus tard, hélas ! le meilleur vin de Champagne, versé dans des coupes de cristal.

Voilà donc pourquoi il ne faut pas trop nous inquiéter des premières années de Le Sage ; il était jeune et beau, et tout en marchant, le nez au vent comme un poëte, il rencontra, chemin faisant, ces premières amours, que l'on rencontre toujours quand on a le cœur honnête et dévoué. Une belle dame l'aima ; il se laissa aimer tant qu'elle voulut l'aimer ; et, sans plus s'inquiéter de sa bonne fortune que l'eût fait maître Gil Blas en pareille occasion ; ces premières amours de notre poëte ont duré tout autant que doivent durer ces sortes d'amours, et quand enfin ils se furent bien aimés, elle et lui, ils se séparèrent pour aller chacun de son côté : elle prit un mari plus sensé et mieux posé que son amant ; il prit une femme plus jolie et moins riche que sa maîtresse. Et bénie soit-elle l'honnête et dévouée jeune fille qui a consenti, de gaieté de cœur, à courir tous les hasards, tous les chagrins de la vie poétique !

Ainsi, Le Sage entra, presque sans le vouloir, dans cette vie à part, laborieuse, de l'exercice des belles-lettres, où il faut dépenser chaque jour les plus rares et les plus charmants trésors de son esprit et de son âme ! Il fallait vivre ; il écrivit, pour commencer, une espèce de traduction des *Lettres de Callistène*, sans se douter qu'il avait plus d'esprit, à lui seul, que tous les Grecs bâtards du ive siècle. Au reste, le succès de ce premier livre rendit Le Sage un peu moins fier, et il accepta une pension, qu'il avait refusée, de M. l'abbé de Lyonne ; une pension de six cents livres ! Si la pension était petite, en revanche l'abbé de Lyonne donna à René Le Sage un grand conseil, il lui conseilla d'étudier, à ses sources vives, la langue espagnole, cette belle et noble institutrice du grand Corneille ; et, certes, ce n'est pas là une gloire médiocre pour la langue de Cervantes, d'avoir donné naissance chez nous au *Cid* et à *Gil Blas*. Vous pensez si Le Sage accepta avec joie ce nouvel enseignement, s'il se trouva bien à l'aise dans ces mœurs élégantes et faciles ; s'il étudia avec amour cette galanterie souriante, cette jalousie loyale, ces duègnes farouches en apparence, mais au fond si faciles; ces belles dames, le pied dans le satin, la tête dans la mantille; ces charmantes maisons, brodées au dehors, silencieuses au dedans; la fenêtre agaçante, sourire par le haut, et murmurant concert à ses pieds!...

Vous pensez s'il adopta ces soubrettes éveillées et coquettes, ces valets ingénieux et fripons, ces grands manteaux favorables à l'amour, ces vieilles charmilles favorables au baiser!

Le premier fruit de cette étude de toutes les Espagnes fut un volume de comédies que publia Le Sage, et dans lequel il avait traduit quelques belles comédies du théâtre espagnol; il y en avait une seule de Lopez de Véga, si ingénieux et si fécond, c'était vraiment trop peu; il n'y en avait pas une seule de Calderon de la Barca, et ce n'était vraiment pas assez. Dans ce livre, que nous avons lu avec soin, pour y rechercher quelques-uns de ces sillons lumineux qui font reconnaître l'homme de génie, où il a passé, nous n'avons rencontré qu'un traducteur; l'écrivain original ne s'y montre pas encore; le style est une chose longue à venir; dans cet art de la comédie, il y a tant de secrets du métier que rien ne remplace, et qu'il faut apprendre!

Ce métier-là, Le Sage l'apprit comme on apprend toutes choses, à ses dépens. De simple traducteur qu'il était, il se fit arrangeur de comédies, et il fit représenter, au Théâtre-Français, une comédie en cinq actes, intitulée le *Point d'honneur*. Ce n'était là qu'une imitation de l'espagnol: l'imitation eut peu de succès, et Le Sage ne comprit pas cette leçon du public; il ne comprit pas que le bon sens disait, tout bas, à ce parterre intelligent, qu'il y avait, dans ce traducteur, un poëte original. Et puis quel besoin de traduire ou d'imiter, quand on est né un inventeur? Traduire est un métier de manœuvre, imiter est un métier de plagiaire.

Il avait *arrangé* le *Point d'honneur*, il *imita* « *Don César Ursin*, » de Calderon. La pièce fut jouée à Versailles, et applaudie à la cour, qui se trompait aussi souvent que la ville; oui, mais rapportée à Paris, la comédie de *Don César Ursin* fut sifflée à outrance par le parterre parisien, qui brisa sans pitié les éloges de la cour, et la première victoire de l'auteur. — Averti par ces rudes enseignements, Le Sage comprit enfin que l'originalité était une des grandes causes du succès, et qu'à s'en tenir sans fin, et sans cesse, à cette imitation banale des poëtes espagnols, c'était un poëte perdu.

Aussitôt donc le voilà qui se met à faire œuvre, à son tour, de poëte original, et pour sa récompense, il rencontre en même temps ce merveilleux et impérissable dialogue que l'on peut comparer au dialogue de Molière, pour la grâce et pour l'élégance ; il trouva aussi, maintenant qu'il était lui-même, et qu'il ne marchait plus à la suite de personne, que son métier de poëte comique était devenu bien plus facile : cette fois, il était à l'aise dans cette fable qu'il disposait à son gré ; et tel fut son bonheur d'avoir brisé les lisières qui le retenaient, qu'il écrivit, en se jouant, ce chef-d'œuvre intitulé : *Crispin rival de son maître*, leste comme un enfant de Molière, et gai comme un fils de Regnard.

L'œuvre accomplie, il arriva que notre poëte se souvint, le maladroit, que les premiers applaudissements qu'il avait reçus étaient partis de Versailles, et il produisit sa comédie à la cour. Mais, voyez la chose étrange, sans égard pour les applaudissements de Versailles, le parterre de Paris avait sifflé *Don César Ursin;* Versailles à son tour (on eût dit que la cour prenait sa revanche sur la ville), siffla *Crispin rival de son maître!* Alors Le Sage en appela du public de Versailles au parterre de Paris, et autant *Crispin rival de son maître* avait été sifflé à Versailles, autant cette charmante comédie fut applaudie à Paris. Cette fois, ce n'était pas seulement pour donner un démenti à la cour que la ville applaudissait ; Paris avait retrouvé, dans cette comédie nouvelle, toutes les qualités de la comédie véritable, l'esprit, la grâce, l'ironie facile, la plaisanterie inépuisable, beaucoup de franchise, beaucoup de malice et aussi un peu d'amour.

Quant à ceux qui voudraient tourner en accusation les sifflets de Versailles, ceux-là doivent se souvenir que plus d'un chef-d'œuvre, sifflé à Paris, s'est relevé par le suffrage de Versailles ; *les Plaideurs* de Racine, par exemple, que la cour a renvoyés à Paris avec des applaudissements merveilleux, avec les grands rires de Louis XIV, qui sont venus délicieusement troubler le sommeil de Racine, à cinq heures du matin. Heureux temps, au contraire, quand les poëtes avaient pour les approuver, pour les juger, cette double juridiction, quand ils pouvaient en appeler des censures de la cour aux louanges de la ville, des sifflets de Versailles aux applaudissements de Paris !

Maintenant voilà René Le Sage à qui rien ne fait plus obstacle ; il a deviné sa vocation véritable, qui est la comédie ; il a compris ce qu'on peut faire de l'espèce humaine, et à quels fils légers est suspendu le cœur humain. Ces fils d'or, de soie ou d'airain, il les tient dans sa main délicate, et vous verrez comme il sait s'en servir ! Déjà dans cette tête féconde, qui porte Gil Blas et sa fortune, fermentent les récits les plus charmants du *Diable Boiteux*.

Cependant faites silence ! Turcaret va paraître, Turcaret, que n'eût pas oublié Molière si Turcaret eût vécu de son temps ; mais il fallut attendre encore que la France eût échappé au règne si correct de Louis XIV, pour voir arriver, après l'homme d'église, après l'homme de guerre, après les grandes puissances, le nouveau pouvoir qui allait remplacer tous les autres : l'argent. On ne sait pas d'où vient cette force inerte, on ne sait pas comment elle se maintient à la surface des choses ; nul aussi ne peut dire comment elle disparaît après avoir jeté son phosphore d'un instant. Mais véritablement, une fois qu'une nation en est arrivée à faire de l'argent un dieu réel, ne demandez plus à cette société qui se perd, la grâce, la poésie et l'enthousiasme des beaux-arts ! Il n'y a plus de patrie, il n'y a plus de liberté pour les peuples qui ne songent qu'à adorer le veau d'or. Un peuple y perd son âme et sa vie, il y perd son courage et sa force, il perd à ces autels prostitués le présent, le passé, l'avenir.

La fièvre de l'or : — « Ajoutez, disait René Le Sage, le ridicule de l'or. En vain mes contemporains admirent cette idole aux pieds d'argile, ils finiront, je le veux, par en rire, et par couvrir de leurs mépris, ce dieu vil et déshonorant. Oui, dans ce tas d'or et d'ordures, dans ces fanges et dans ces gémonies de l'argent, j'irai chercher ces imbéciles plastrons de la fortune insensée, et je les veux montrer tels qu'ils sont, des lâches sans esprit, des corrupteurs sans courage, et les plats valets de ce maître abominable appelé : l'argent. » Ainsi cet homme, après les désastres, les crimes et les ridicules du *système* de Law, nous montra l'odieux et le ridicule de ces tragi-comédies du carrefour Quincampoix. Génie incisif et sans pitié, il a trouvé le côté risible et affreux de ces hommes dorés qui se partagent nos finances, valets enrichis de la veille, qui, plus d'une fois, par une méprise toute naturelle, ont monté derrière leur propre carrosse.

Ainsi est fait *Turcaret*. Le poëte l'a affublé des vices les plus honteux, des ridicules les plus déshonorants ; il arrache de ce cœur abruti par l'argent, les sentiments les plus naturels ; et cependant, même dans cette affreuse peinture, Le Sage est resté dans les limites de la comédie, et pas une seule fois, dans ce chef-d'œuvre, le mépris et l'indignation ne font place à l'éclat de rire ! Ce fut donc, à bon droit, que toute la race des gens de finance, à peine eut-elle entendu parler de « Turcaret, » s'ameuta contre le chef-d'œuvre ! Eh ! juste ciel ! quelle tempête au seul nom de *Turcaret*, l'outre d'Éole en fut brisée ! On ne parlait que de Turcaret d'un bout de la ville à l'autre bout, et ce fut, dans tous les riches salons de Paris, parmi la finance qui prêtait son argent aux grands seigneurs, et parmi les grands seigneurs qui empruntaient de l'argent à la finance, un *tolle* général, un haro universel !

Tartufe ne trouva guère plus d'opposition, parmi les dévots, que Turcaret parmi nos seigneurs des fermes générales ; comme disait Beaumarchais à propos de *Figaro*, il fallut autant de force à Le Sage pour faire représenter sa comédie, qu'il lui en avait fallu pour l'écrire. Toucher à la finance, ô Jupiter ! était-ce possible ? Ces messieurs, mais en vain, employèrent toutes leurs forces pour échapper à cette galère, ils ne furent pas plus heureux dans leurs *gabelles*, que Tartufe en sa sacristie ! A l'exemple de son auguste aïeul, monseigneur le grand dauphin, ce prince illustre par sa piété et par sa vertu, protégea la comédie de Le Sage, comme Louis XIV avait protégé la comédie de Molière !

Alors les financiers, voyant que tout était perdu du côté de l'intrigue, en appelèrent à l'argent, qui est la dernière raison des parvenus, comme le canon est la dernière raison des rois. Cette fois encore l'attaque fut vaine : le grand poëte refusa une fortune ; à tout prix il voulait faire jouer sa comédie ; et certes il a fait là un grand marché, préférable à toutes les basses fortunes qui se sont dissipées et perdues dans la rue Quincampoix. De *Turcaret* le succès fut immense ; le Parisien s'égaya avec un rare bonheur, de ces loups cerviers voués par la comédie au plus cruel ridicule. Il s'amusa, comme un fou, de ces coquins, de ces bandits, de ces vantards, de ces mécréants, de ces sacripants de fermiers généraux qui tenaient, sous leur tutèle immense, la fortune du roi et la fortune de son peuple. O les bonnes figures : M. Rafle, la baronne, le chevalier, madame Jacob, le marquis et M. Turcaret !

« Que faites-vous de cet homme-là, madame ? il vous pillera, il vous ruinera, il vend son argent au poids de l'or ! Il a des revendeurs à sa disposition, et même dans sa famille ! » Et des mots qui couraient la ville, et des rires qui remplissaient le monde, et des proverbes tant qu'on en veut ! En voilà un, ce Le Sage, qui pourrait s'appeler comme un de ses héros [1], un *trousse-galant!*

Qui le croirait cependant ? après cet ouvrage éminent qui devait le rendre le maître de la Comédie-Française, Le Sage fut bientôt obligé de s'éloigner de cet ingrat théâtre où il n'était pas compris. Il renonça, lui, l'auteur de *Turcaret*, à la grande comédie, pour écrire, au nez et à la barbe de messieurs les comédiens ordinaires du roi, de petits actes mêlés de couplets qui faisaient la joie du théâtre de la foire Saint-Laurent, du théâtre de la foire Saint-Germain. Malheureux exemple que Le Sage a donné là, en dépensant ainsi à des bagatelles, un si rare et si charmant esprit, au jour le jour, sans pitié pour lui-même, et sans profit pour personne. Quoi ! l'auteur de *Turcaret* remplir, tout à fait, le même office que remplissent nos faiseurs de vaudevilles, quoi ce génie excellent perdre son temps, son style et son génie, à cette comédie légère qu'un souffle emporte ! Et les comédiens français ne se sont pas inquiétés, et ils n'ont pas été se jeter aux genoux de Le Sage, en le suppliant de prendre, sous sa protection, ce théâtre élevé par le génie et par les soins de Molière ? Ces comédiens imbéciles ne savaient rien prévoir.

Toujours est-il que s'il avait renoncé au Théâtre-Français, Le Sage n'avait pas renoncé à la grande comédie. Toutes les comédies qui l'obsédaient au dedans de lui-même, il les entassa dans ce grand livre qui a nom *Gil Blas*, et qui résume à lui seul

---

1. M. *La Tontine.*

la vie humaine. Que dire de *Gil Blas* qui n'ait pas été déjà dit? Comment louer dignement le seul livre véritablement gai de la langue française? L'homme qui écrivait *Gil Blas* s'est placé au premier rang parmi tous les écrivains de ce monde; il s'est fait, par la toute-puissance de sa plume et par le charme animé de ces piquantes inventions, le cousin germain de Rabelais et de Montaigne, le grand-père de Voltaire, le frère de Cervantes, le frère de Molière. Il est entré, de plein droit, dans la famille des poëtes comiques qui ont été eux-mêmes des philosophes. *Gil Blas*, une comédie *aux cent actes divers!* Certes si quelque livre, en ce bas monde, avait le droit d'échapper à la confection quotidienne de nos comédies et de nos vaudevilles, c'était bien ce livre admirable. Un homme cependant s'est rencontré sur un théâtre, un comédien, qui a osé nous dire, en trois actes de vaudeville: « écoutez-moi, regardez-moi, reconnaissez-moi, Messieurs, je suis Gil Blas! on m'appelle Gil Blas! » Qui? toi, Monsieur, toi un camus, un bancal, un bossu, un chauve, un ventru, un avaleur de pois gris, tu t'appelles Gil Blas?

Toi Gil Blas, mon ami, voyons ton visage et voyons ton sourire! Es-tu alerte, avenant, enjoué, railleur, sans façon, bon fils? Est-tu au niveau de toutes les fortunes? Sais-tu porter avec la même aisance les haillons et l'habit de cour! Sais-tu frotter ton pain avec de l'ail, ou bien humer à deux narines l'excellente odeur d'une olla podrida? Toi Gil Blas, mon fils! Sais-tu à fond les devoirs du maître et les droits du valet? Sais-tu comment on fait la cour aux belles dames et aux comédiennes? Sais-tu te faire aimer des duègnes et des grisettes? Sais-tu raser, saigner, faire des vers et jouer de la guitare? As-tu jamais été à la cour, as-tu jamais parlé au premier ministre, ou corrigé les homélies de l'archevêque de Grenade? Si tu es Gil Blas, viens que je t'adore, et viens que je te dise que tu es le plus grand comédien de ce monde.

Viens que je te présente à mademoiselle Mars qui t'appellera son seigneur. Toi Gil Blas! Tu sais bien qu'il est plus facile, mille fois, d'être Figaro que d'être Gil Blas? Mons Figaro est un brutal hors nature, qui brise tout sur son passage; Gil Blas est un homme habile, qui va paisiblement, par tous les sentiers de traverse, quand la grande route lui est fermée. Figaro, c'est une exception galonnée sur toutes les coutures; Gil Blas, c'est la nature humaine prise sur le fait : et tu voudrais être Gil Blas, mon pauvre ami !

Ces excès de l'invention moderne, et les mépris que nos contemporains ont montrés pour tous les chefs-d'œuvre en les copiant, en les dégradant, n'ont pas épargné un seul des romans de Le Sage ! Ils ont mis en pièces : le *Bachelier de Salamanque*, ils ont fait une comédie, un vaudeville, un ballet, un ballet de ce charmant livre intitulé : le *Diable Boiteux*.

Donc, sauve qui peut ! le Diable est lâché dans la ville, un Diable tout français, qui a l'esprit, la grâce et la vivacité de Gil Blas. Allons, prenez garde à vous, vous les ridicules et les vicieux, qui avez échappé à la grande comédie ; — par un effet de cette baguette toute-puissante, non-seulement vos maisons, mais encore vos âmes, seront de verre tout à l'heure. Gare à vous ! Asmodée, le terrible railleur, va plonger son œil impitoyable dans ces intérieurs que vous croyez si bien cachés, et à chacun il racontera son histoire secrète ; il vous frappera sans pitié de cette béquille d'ivoire qui ouvre toutes les portes et tous les cœurs ; il proclamera tout haut vos ridicules et vos vices. Nul n'échappe à ce gardien vigilant, à cheval sur sa béquille, qui glisse sur les toits des maisons les mieux fermées, et qui en devine les ambitions, les jalousies, les inquiétudes, les insomnies. Ainsi considéré sous le rapport de l'esprit sans fiel et de la satire qui rit de tout, et sous le rapport du style, qui est excellent, le *Diable Boiteux* est peut-être le livre le plus français de notre langue ; c'est peut-être le seul livre qu'eût signé Molière après le *Gil Blas*.

Telle fut cette vie modeste, remplie des plus charmants travaux et des plus sérieux ; cet homme, qui était né un grand écrivain, et qui a porté jusqu'à la perfection le talent d'écrire, a marché de chef-d'œuvre en chef-d'œuvre sans jamais s'arrêter. On ne sait pas au juste le nombre de ses pièces ; à soixante-quinze ans, il écrivait encore un volume de *mélanges ;* il est mort sans se douter lui-même à quelle gloire il était réservé. Aimable et gai philosophe, il a été jusqu'à la fin plein d'esprit et de bon sens ; causeur agréable, ami fidèle, père indulgent, il s'était retiré dans la petite ville de Boulogne-sur-Mer, où il était devenu un bon bourgeois, à qui chacun prenait la main et disait bonjour ! sans trop se douter qu'il approchait un vrai génie. Des trois fils qu'il avait eus, deux s'étaient faits comédiens, à la grande douleur de leur noble père, qui avait gardé aux comédiens, comme on peut le voir dans *Gil Blas*, une rancune bien méritée. Cependant Le Sage pardonna à ses deux enfants, et même il allait souvent applaudir l'aîné, qui s'appelait Monmenil ; quand Monmenil mourut, avant son père, Le Sage le pleura, et jamais il ne remit le pied à la comédie.

Son troisième fils, le propre frère de ces deux comédiens, était un bon chanoine de Boulogne ; ce fut chez lui que se retira Le Sage, avec sa femme et sa fille, dignes objets de sa tendresse, et qui firent le bonheur de ses derniers jours. — Un des plus affables gentilshommes de ce temps-là, qui eût été remarqué par son esprit quand bien même il n'eût pas été un grand seigneur, M. le comte de Tressan, gouverneur de cette petite ville sur l'Océan, qui n'était pas encore une ville de fête et de plaisir, eut l'honneur de saluer le digne vieillard dans la dernière année de sa vie. Sur ce beau visage ombragé d'épais cheveux blancs, on pouvait deviner que l'amour et le génie avaient passé par là. Le Sage se levait de très-bonne heure, et tout d'abord il se mettait à chercher le soleil ; peu à peu les rayons lumineux tombant sur ce noble front qui avait mis au jour tant de héros si divers, la pensée revenait à son cerveau doucement réjoui, le mouvement à son cœur, le geste à sa main, le regard perçant à ses deux yeux... à mesure que le soleil montait dans le ciel, cette pensée ressuscitée apparaissait plus brillante et plus nette, si bien que vous aviez, tout à fait devant vous, l'auteur admirable, de *Turcaret* et de *Gil Blas*...

Hélas ! ce n'était qu'une résurrection de quelques heures ! Peu à peu cette intelligence, un instant réveillée aux calmes influences de l'astre du jour, tombait à mesure que s'éloignait le soleil ; — la nuit venue, il restait sur la plage un débile vieillard qui ne sait plus même le nom glorieux de ses chefs-d'œuvre, et qu'il faut ramener à sa maison.

CHAPITRE VII

René Le Sage peut s'appeler un homme heureux, surtout si vous le comparez à son terrible et agité contemporain, l'abbé Prévost! Voilà un écrivain qui a supporté de grandes misères, et qui est mort d'une cruelle façon. Il était né, lui aussi, au moment sombre où le roi Louis XIV achevait de mourir. Ses classes faites (c'est le commencement accoutumé), il avait été mousquetaire, et de mousquetaire il s'était fait jésuite. A peine jésuite, il devint amoureux d'une belle personne dont l'image lui a servi quand il a décrit cette adorable amoureuse, Manon Lescaut. Vous pensez si l'on criait au scandale; un jésuite amoureux! Pourquoi pas? disait le jeune homme, on a vingt-quatre ans, on s'en sert. Malheureusement, si la belle était amoureuse, elle était inconstante, et la voilà partie un beau jour. « Ça me gêne, disait-elle, en mon âme et conscience, un jeune homme qui a prononcé d'autres vœux que les miens. » Elle partit, et le jeune homme entra chez les bénédictins, bonnes gens qui lui vinrent en aide et lui confièrent un volume à rédiger de la *Gallia Christiana*. Triste remède aux passions qui remplissaient ce cœur malade! Aussi bien son volume achevé, le jeune homme s'enfuit en Hollande, en pleine librairie, en pleine liberté d'écrire et d'imprimer. Sur cette terre où naquit Érasme, où vécut Bayle, les deux pères du doute, il arriva tout rempli de visions, de contes, de romans de toute espèce, heureux de vivre et d'écrire en toute liberté, en toute abondance, et sans la permission du *supérieur*.

O fêtes de l'imagination, fêtes de l'amour, fêtes de l'esprit délivré de ses liens, comme elles tiennent l'une à l'autre toutes ces bonnes choses-là! Car vous pensez bien qu'on n'écrit pas impunément, à cet âge heureux, toutes sortes de fictions amoureuses, et que tantôt par-ci, tantôt par-là, on finit toujours par mettre en action cette jeune morale. Il fut donc amoureux, notre ci-devant mousquetaire, jésuite et bénédictin, amoureux comme un poëte. La demoiselle était belle, elle était protestante, et partant peu jalouse des *vœux* qui ne s'adressaient pas à sa beauté. Il l'aima ainsi pendant six ans; c'est bien long pour ces âmes inquiètes, et puis comme on vit dans les capucinières de Paris que l'ex-bénédictin s'acoquinait à cette vie à l'aventure, on lui fit proposer de revenir; on lui promettait qu'il vivrait hors du cloître, en petit collet, c'est vrai, mais dans une si belle place : aumônier du prince de Conti! « Comme ça se trouve, disait le prince de Conti à l'abbé Prévost, je n'entends jamais la messe. — Et moi je ne la dis jamais, monseigneur. »

Le voilà donc installé dans son presbytère, à Chantilly, et si heureux « entre ses deux vaches et ses deux poules! » Il aimait à écrire, et il écrivait. Il aimait le rêve, il rêvait. Il se plaisait à parcourir ces beaux ombrages des princes de Condé par lesquels ont passé la nuit, la ruine, l'exil et la mort. Un jour, comme il se promenait non loin de ce grand parc royal, il tomba frappé par l'apoplexie, et des paysans qui passaient par ce carrefour l'emportèrent croyant emporter un cadavre! — Il n'était pas mort, le malheureux! Mais le *frater* de Chantilly plongea dans ce cadavre encore chaud, son scalpel sans pitié. Alors on entendit un grand cri de détresse... l'abbé Prévost se réveillait sous la main de cet ignorant qui venait de l'assassiner!

Il mourut d'une façon plus terrible que tous les héros de ses livres; lui-même il n'eût jamais imaginé une si cruelle aventure.

Cependant le monde qu'il avait tant charmé (Walter Scott n'a pas fait davantage!) et qui savait à peine le nom de ce galant homme, ne se douta pas qu'il perdait, en perdant l'abbé Prévost, le dernier écho du siècle des chefs-d'œuvre; il était si occupé, en ce temps-là, le *monde*, qu'il n'avait pas le temps de pleurer ses grands poëtes et ses grands artistes. D'ailleurs, celui-ci perdu, il s'en trouvait tant d'autres pour le remplacer. Quand il est mort, l'abbé Prévost était déjà classé parmi les vieillards; ses lecteurs avaient passé à l'abbé de Voisenon, ses lectrices appartenaient au petit Crébillon. Mollement étendues sur leurs chaises longues, ces intelligences oisives voyaient disparaître, en souriant d'aise et de contentement, tous ces hommes et toutes ces œuvres du passé, afin d'appartenir davantage aux poëtes et aux artistes des petits appartements.

En ce temps-là, *Angola, les Liaisons dangereuses, le Sopha* et les *Confessions du comte de* *** reposaient tous ces esprits blasés, des violences de l'*Héloïse,* et des dissertations du *Contrat social.* En vain disait-on, à cette société croulante, qu'elle était perdue, elle n'eût pas tenté un seul effort pour se sauver; même il me semble que je l'entends d'ici qui se plaint de la violence qu'on veut lui faire, et des conseils qu'on veut lui donner, cette grande courtisane qui avait été la France de Louis XIV :

« Laissez-moi dormir, nous dit-elle, laissez-moi dormir! Toute morte que je suis, j'ai encore le sourire à la lèvre, la rose au sein; mon pied est trop petit, ma vue est trop nette encore pour que je sois réveillée en sursaut par les importuns qui vont sans cesse et sans fin disant : la France est morte. Elle n'est pas morte, elle dort, et ne veut pas être réveillée. » Ainsi parlait aux prévoyants la France expirante. Hélas! il fallut bien qu'elle se réveillât, l'infortunée, au fond de l'abîme, aux sommets sanglants de l'échafaud!

Si l'abbé Prévost tient sa place au rang de nos auteurs dramatiques, c'est qu'en effet il a laissé tout un drame... Une tête de mort très-touchante. Une héroïne enchantée. Autour de cette héroïne ont tourné, depuis tantôt cinquante ans, le drame et le théâtre contemporain; *Manon Lescaut*, la voilà!

Un roman dont l'héroïne est une fille de joie, et dont le héros est un jeune homme qui triche au jeu! Or, quoi de vil et de plus honteux en règle générale, que l'amour vénal, que le bruit de l'argent mêlé au bruit des baisers? Quoi de plus ignoble et quel vol plus misérable et plus déshonorant, l'argent volé au jeu, le dé pipé, la carte biseautée, et le chevalier d'industrie, et ses immorales amours? Et pourtant, il faut adorer Manon, il faut plaindre Desgrieux, quoi qu'on fasse, comme il faut applaudir à la verve insolente du chevalier de Grammont, se faisant soutenir au lansquenet, par un régiment de dragons.

De ces histoires d'escroquerie au jeu, et d'amour vénal notre siècle s'est trouvé si charmé, le croirait-on? qu'il n'a pas voulu d'autre héroïne et pas d'autre héros! *Manon Lescaut*, c'est le commencement de *Marion Delorme; la Dame aux Camélias* et *les Filles de Marbre*, vous représentent la fin de *Manon Lescaut!* Certes avec les chastes habitudes, les modestes réticences, et les pudibondes indications de la tragédie et du drame en France, il semblait impossible que jamais un homme fût assez hardi pour montrer, sur un théâtre, l'exemple et la leçon des mœurs que raconte l'abbé Prévost, dans son œuvre de corruption et de ténèbres. Une fille! un filou! « C'est la quatrième fois en bien peu de temps! » dit ce brave Desgrieux. Or qu'en sait-il? Il ne sait guère que ce qu'il a vu, et encore!

Et ce qu'il ignore, et ce qu'on ne lui dit pas? Et ces petits arrangements clandestins, et ces tendresses surnuméraires... il n'en sait rien! Mais nous autres, qui suivons la dame en ses courtils, et qui jouons le rôle d'amoureux de rencontre pour grossir l'équipage, nous qui savons ce que fait Manon et ce qu'elle ne fait pas, nous n'avons pas les yeux de Rodrigue pour cette Chimène, et la voyant telle qu'elle est, en plein théâtre, en plein soleil, il nous semble qu'il est bien difficile de l'applaudir.

Quant à l'amant, en faisant aussi large que possible la part de l'indulgence, il semblait encore plus impossible à mettre en scène que la maîtresse. Il ne voit rien, il ne sait rien, et quand par hasard il ouvre les yeux et les oreilles, il les ouvre à son honte, à son déshonneur, à son infamie. — Un jeune homme si bien né, direz-vous! Or ce jeune homme accompli se précipite, la tête la première, dans un abîme d'actions dégradantes!

Heureusement que les sincères repentirs de cette vie de parasite et de faussaire rachètent, par la sincérité et par la douleur, l'abjection de ce malheureux! Encore voudrait-on qu'il se perdît en même temps que sa maîtresse, dans ces sables, vengeurs de l'honnêteté insultée. Il fallait vraiment, quand on y pense, que l'abbé Prévost eût trouvé dans son esprit et dans l'esprit de son temps, des facilités bien grandes, pour raconter, sans sourciller, une pareille histoire d'amour!

Mais telle est votre toute-puissance, ô jeunesse, ô beauté, que les hommes vous pardonnent, même vos crimes, et même vos haillons! La passion, quand elle est vraie, est une excuse, un charme! Ce qui sauve à jamais Manon Lescaut, c'est qu'en effet, richesse ou misère, vice ou vertu, elle est charmante.

Elle obéit, légère et gaie, au vent qui passe, au temps qui vole, elle parle comme un roman, elle agit comme un drame. Entendez, au premier acte (d'une *Manon* jouée au Gymnase) ces cris de joie, et voyez-vous accourir cette imprudente? — Elle a fait, ce matin même, un bon tour au couvent qui l'attendait : elle est partie; elle a suivi, sans lui demander son nom, un beau jeune homme qui passait, un enfant. Elle n'en savait guère encore, il en savait un peu moins qu'elle! Ils se sont vus, ils ont dit : « tope là! » parlant chacun d'eux, à leur belle personne, et tout d'un coup, les deux amoureux, ils ont renoncé à Dieu et à ses pompes, à la vertu et à ses maximes; ils ont foulé d'un pied dédaigneux toutes ces lois pleines de conseils et de menaces que les pères ont inventées à l'usage de leurs enfants!

O les gais bohémiens, elle et lui! Sont-ils assez gais, assez contents, assez heureux, et leur rire et leur gaieté se répand autour de ces personnes heureuses, comme le parfum s'exhale d'un bouquet de violettes doucement échauffées au contact d'un sein de quinze ans! Comme ça commence, et comme ils vont bien, en zigzag, à leur but enchanté, ces premiers commencements de l'amour! Comme tu savais ton métier d'enchanteur, abbé Prévost, mousquetaire amoureux, et savant bénédictin qui parlais avec tant de grâce et d'abandon, la langue élégante d'un jésuite! — Ainsi, bon voyage, enfants! Ils partent, ils sont partis. A peine au milieu de ce monde et de ses précipices, nos amoureux vont abriter leurs amours à Chaillot.

En ce temps-là Chaillot c'était la campagne ; on disait : *Je vais à Chaillot*, comme on dirait : *Je vais à Moscou*. Au milieu de ces jardins et de ces verdures se sont retirés Manon et Desgrieux ; mais déjà... (quoi ! déjà ?) l'intéressante Manon prête l'oreille aux discours du commandeur. Le commandeur (le *commandeur* du *Père de Famille !*), c'est l'homme riche et vieux, le donneur d'argent, le trouble-fête, le fantôme ! Car le monde est ainsi fait, l'appétit d'un côté, l'argent de l'autre ; ici l'amour, à l'autre extrémité, la fortune !

On a dix-huit ans et pas le sou ! on a soixante ans et pas de dents ! Et pourtant ce vieux bonhomme amoureux, ce ricaneur, ce chauve à qui tout cède, il joue au milieu des amours parisiennes, le rôle même de la Nécessité ; toutes les femmes l'écoutent quand il parle... Écoutez plutôt votre jeunesse, ô Manon ! votre chère jeunesse, qui vous dit que c'est une grande misère de prêter une oreille attentive à l'immonde argent de ce vieillard.

De son côté, Desgrieux le sent déjà, la terre lui manque et il marche sur des cendres brûlantes. — D'où vient ce nuage au front de sa maîtresse ?... Il n'en sait rien, mais il a le pressentiment d'un grand malheur. Elle voudrait peut-être un collier de méchantes petites pierreries. Eh quoi ! vous ne voulez que si peu, Manon ? Laissez-moi faire, je vais demander le *Régent* au roi de France, et le roi détachera le *Régent*, ornement inutile à son épée inutile, afin que Manon le place à sa jarretière ! Attends seulement vingt-quatre heures, oh ! ma chère âme ! je te donnerai le diamant du Grand Mogol, et le diamant du grand-duc de Toscane ; attends seulement un jour !

Hélas ! et voilà ce qui rejette Manon dans le rang des femmes de son espèce, elle n'attend pas, elle ne sait pas attendre, elle ne veut pas attendre. Ce qu'elle désire, il le lui faut sur-le-champ, et tout de suite, et coûte que coûte ; il s'agirait de la *Montagne de lumière*, ou du diamant de Charles le Téméraire, le *Sanci !* (moins brillant que les yeux de Manon), Manon dirait : C'est trop loin, demain, et ce serait trop tard, je me contente, — pour le moment que voici, — des vingt rubis qui servent de boutons à l'habit de Don Juan !

Et comme elle ne veut pas attendre que Desgrieux demande

aux rois et aux reines de la terre les diamants de leur sceptre et les perles de leur couronne pour en faire un collier à sa maîtresse, il faut que Desgrieux appelle le jeu et la tricherie à son aide.

Oh! les crimes du jeu! De nos jours nous avons été accablés sous ces sortes d'histoires déshonorantes. Celui-ci, disait-on, triche en cachant, sous l'argent, une pièce d'or, et chacun disait le nom de ce malheureux. Celui-là tient en réserve un jeu préparé, et le lendemain les gens qu'il avait dépouillés la veille, allaient dire à cet homme, en présence de sa femme et de ses enfants : Tu es un voleur! Quels drames! Des femmes du monde ont été vues qui filaient la carte, et qui riaient de bon cœur au nez des joueurs, si leur ruse était découverte. Que dis-je? un malheureux qui portait l'épée et l'épaulette, un officier du château des Tuileries sous le roi Louis-Philippe... On a raconté pendant vingt jours les péripéties et le dénoûment de ce drame... Il était jeune, il était amoureux d'une belle dame à qui l'argent manquait; il était pauvre, il jouait. Tant que le jeu lui fut doux et facile, il joua loyalement; sa loyauté changea avec la fortune, et il se mit à étudier, en silence et dans les angoisses, les divers mouvements du *lansquenet*, le jeu même que jouait Desgrieux.

Le lansquenet peut compter parmi les trouvailles que nous avons faites, de nos jours, dans les vices du temps passé. C'est un jeu bête et brutal, où le hasard seul dispense à son gré, la perte à celui-ci, le gain à celui-là, la ruine à tous. Ce jeu de tabagie et de mauvais lieux eut bien vite envahi la meilleure compagnie, et l'esprit le plus hardi se refuse à compter le nombre des fortunes qu'il a dévorées. C'était donc au lansquenet que s'exerçait ce malheureux jeune homme; il s'était enseigné à lui-même plusieurs tours infaillibles que savait si bien M. Lescaut, le frère de Manon, et que M. Lescaut enseignait à Desgrieux.

Oui, mais le joueur a le nez fin, l'ouïe alerte; il est intelligent des moindres détails de sa passion, le jeu! Un geste, un coup-d'œil, un silence, un bruit, le tiennent également attentif; il est vraiment doué du suprême sens, et quand on triche, il le pressent, il le devine, il le sent! Les joueurs au lansquenet eurent compris bien vite que ce malheureux ne tenait pas des cartes loyales, et tout de suite ils s'entendirent, afin de le surprendre sur le fait de sa tricherie, et de l'anéantir lui et son jeu.

Sur l'entrefaite arrivèrent les fêtes de Chantilly. Le royal Chantilly qu'anime la course et la chasse haletante, appelle à lui les reines de la beauté, les princes de la jeunesse; on n'entend, le matin, que le bruit du cor; on n'entend, le soir, que le son des violons; — les plus beaux coursiers et les plus belles dames de Londres, de Vienne et de Paris sont accourues à cette fête, indigne peut-être d'être offerte au grand Condé, mais que ne renîerait pas monsieur le Prince, l'amant de madame de Prie, et premier ministre d'un roi de dix ans.

Dans un coin du château même (en ce temps-là nos princes étaient très-jeunes, et l'héritier de Chantilly était loin de sa majorité) on prépare pour le soir un grand jeu. Les joueurs sont désignés, les cartes sont comptées, chacun est dans le secret, et pas un qui laisse rien transpirer de cette embûche. On dîne, on rit... et dans l'épanchement de la joie et du vin, entre jeunes gens du même âge, qu'ils aient ou non porté l'uniforme, et qui avaient plus ou moins payé leur dette aux passions de la vie, il n'y en eut pas un seul qui, d'un geste ou d'un signe, ait songé à prévenir ce malheureux lieutenant qu'il touchait à l'abîme. Il est vrai que lui-même il n'avait jamais montré plus de franche gaieté, car c'était un bel esprit, un railleur, un gentilhomme avec la désinvolture et les grâces de son état.

Voilà qui va bien. Arrive enfin l'heure du jeu, et voilà nos gens attablés, tous les regards sur les cartes, toute l'attention sur l'homme suspect. Nul ne le regardait, chacun le voyait jusqu'au fond de l'âme. Lui, cependant, souriant, impassible et beau joueur, il ne se mit pas tout de suite à l'œuvre; au contraire, il perdit galamment « quelques centaines de louis! » (on parle ainsi dans ce monde-là où les louis d'or sont traités comme les feuilles des bois que l'automne a jaunies) et ce qu'il perdait, il le payait « rubis sur l'ongle, » disant que la chance était mauvaise et proclamant tout haut (il ne savait pas si bien dire!) qu'il serait ruiné tout à l'heure.

Le jeu alla ainsi de l'un à l'autre, et jamais, dans les plus fortes parties, ne se rencontrèrent tant d'angoisses qu'à ce jeu de lansquenet, ceux-ci espérant que l'accusation était fausse et que vraiment ils jouaient avec un galant homme, et ceux-là s'impatientant de ne pas arriver, tout de suite, à une conclusion qui leur semblait inévitable. Ainsi, pendant deux heures, on eût dit que ce malheureux pressentait sa perte ; à peine s'il touchait aux cartes d'une main légère et enjouée, à peine s'il retirait l'argent qu'il gagnait quand le jeu était pour lui. Un homme en ce moment fût entré, qu'il eût dit en le voyant : — Voilà, pardieu, le plus beau joueur de cette réunion !

Le malheur, disons plutôt la justice (elle est partout la justice, et même elle n'a pas honte d'arriver, en boitant, au milieu d'un jeu de hasard), voulut que la chance, en courant, finît par frapper à coups redoublés le malheureux qui déjà tentait la fortune ; alors enfin il se sentit succomber sous la tentation qui était en lui, et chacun put le voir, ô honte, ô misère, qui d'une main féroce et d'un cœur haletant, se mit à tourner les cartes préparées à loisir. Aussitôt le jeu devint une fièvre, et ce fut à qui ajouterait par l'importance de sa perte, une preuve à tant de preuves déjà recueillies. Et plus montait, devant cet homme, l'argent en monceau, plus il se rassurait sur la témérité de son action, voyant tant de joueurs qui lui tenaient tête, et qui ne semblaient pas se douter qu'ils jouaient un jeu de dupes. Que vous dirai-je ? Il tourna et retourna lestement les rois sur les rois, les as sur les as, annonçant les coups à l'avance, et s'étonnant tout haut de sa fortune ; et quand il n'y eut plus de doute enfin sur ses manœuvres, un des joueurs l'arrêta d'un geste, et ces dix ou douze voix lui dirent tout haut : *Vous êtes un voleur !*

Le même soir il fut chassé du château, et son épée brisée, et son épaulette arrachée ; il disparut, afin d'éviter le banc infâme de la police correctionnelle ! On ne parla que de la honte et du déshonneur de ce malheureux, pendant huit jours, d'un bout à l'autre de l'Europe. On disait le nom de ce misérable, on disait le nom de sa maîtresse, et quand il fut bien traîné sur cette claie immense, à travers l'impitoyable conversation de Paris, Paris, chose étrange, s'en souvenait encore ! Elle a plutôt oublié, la ville perfide, un meurtre, un parricide, une trahison, qu'une tricherie. Elle pardonne à qui bouleverse un empire, elle ne pardonne pas à qui dérange une carte ! Un coup de couteau la laisse assez calme, un coup de dés la remue, et tel qui peut prendre, impunément, un million dans le trouble des grandes affaires, ne saurait voler, sans se perdre, un petit écu sur un tapis vert !

Ce que devint ce misérable après son désastre, où donc il a porté ses pas, dans quelles ténèbres il s'est caché, quel métier il exerce et quel nom il a pris, est-il mort? est-il vivant? Sa mère elle-même a-t-elle songé à demander des nouvelles de son fils, et les repris de justice et les forçats libérés ont-ils daigné l'admettre en leur compagnie?... On n'en sait rien, on n'a jamais rien fait pour le savoir !

Par ces exemples, que nous avons vus de nos yeux et touchés de nos mains, vous pouvez comprendre à quel point ce personnage de Desgrieux était impossible. Heureusement, et le drame ici est habile, le drame a donné pour partner, à Desgrieux, le seul homme que notre jeune fripon puisse dépouiller honnêtement; cet homme ainsi dépouillé, c'est l'abbé Prévost lui-même, et il me semble à moi que la chose est parfaitement juste et méritée. Ils sont en effet de si habiles détrousseurs de gens, ces grands poëtes ! Non-seulement ils vous disent : « La bourse ou la vie ? » ils vous prennent encore l'âme et le cœur ! Ils vous dépouillent de votre passion, et dans cette dépouille toute chaude et toute sanglante ils s'enveloppent, comme fait le lion devenu vieux ; vous cependant, vous restez seul, pauvre et dépouillé sans que le poëte vous vienne en aide, après vous avoir détroussé. Tant que vous aviez à lui dire quelque mystère, il était votre compagnon et votre esclave, il vous suivait d'un pas assidu dans les sentiers les plus difficiles ; mais une fois qu'il vous sait par cœur et qu'il n'a plus rien à tirer de vos vertus ou de vos vices, il vous laisse au beau milieu du chemin, et il s'en va chercher à escorter une autre passion, une autre misère : il n'a plus besoin de vous, il ne vous connaît plus.

Allons encore ! Ici, c'est-à-dire à l'acte suivant, disparaît la gloire de Manon. C'en est fait, elle a fui le toit *conjugal !* Elle quitte la pauvreté pour la fortune; elle ne sait pas le mot d'un sage, « que la misère contente est chose honorable ! » Elle est née grisette... et elle a des goûts de princesse et de danseuse ! Il faut à Manon la soie et l'or ; il lui faut toutes les splendeurs et tout l'éclat de la fortune ; et, ceci accordé, qu'on lui amène son amant, elle le recevra de grand cœur ! En ces désordres d'une fille aux gages de celui qui la paie, à peine si Manon s'aperçoit qu'elle est en crime, ou même en faute ; on dirait (tant la chose lui semble auguste et naturelle !) qu'elle obéit aux règles et aux devoirs de la vie commune, et que les créatures de sa beauté ne sont faites que pour passer de mains en mains, comme une pièce d'or *à la rose*.

Une scène entre Manon et Desgrieux a fait valoir le troisième acte. — Elle est seule; elle rêve, elle soupire tout haut. Cependant l'heure est venue d'ôter cette robe importune, et de coiffer de nuit ces longs cheveux. C'est en ce moment suprême que revient Desgrieux, pour dire adieu, une dernière fois adieu, à cette adorée ! Il arrive en ce lieu de perdition, fort de sa conscience, et guéri jusqu'au fond de l'âme. Il a résolu d'abjurer toute folie, et d'être à tout jamais un galant homme, un homme d'honneur. O vanité des promesses les plus chères ! Un regard de Manon a brisé tout ce courage ! Il tombe à ses pieds qu'il embrasse, et c'est lui qui demande pardon à sa maîtresse de ces trahisons qui les ont perdus et déshonorés tous les deux.

On le relève, on l'embrasse, on l'invite à souper avec le commandeur ; et — ce pauvre commandeur ! — voilà ce jeune fou et cette jeune folle qui lui racontent mot à mot sa propre histoire : Il y avait une fois un commandeur qui était très-laid ; il avait une maîtresse qui était très-belle et qui ne l'aimait pas, et qui aimait un beau chevalier. Or un soir que le commandeur soupait chez sa maîtresse, elle lui présenta le chevalier, en lui disant : Monsieur le commandeur, voici mon frère !.. Et qui fût bien attrapé ? ce fut cet *animal glorix* de commandeur !

Quelle histoire, et depuis qu'elle est inventée, elle tient le monde attentif ! Que de variations, que de changements, que de déguisements à ce thème infini de la *Courtisane amoureuse* :

> Je veux conter comme une de ces femmes
> Qui font plaisir aux enfants sans souci,
> Put en son cœur loger d'honnêtes flammes.
> Elle était fière et bizarre surtout;
> On ne savait comme en venir à bout.
> Rome, c'était le lieu de son négoce;
> Mettre à ses pieds la mitre avec la crosse
> C'était trop peu ; les simples monseigneurs
> N'étaient d'un rang digne de ses faveurs ;
> Il lui fallait un homme du conclave,
> Et des premiers, et qui fût son esclave,
> Et même encore il y profitait peu
> A moins que d'être un cardinal-neveu.
> Le Pape enfin, s'il se fût piqué d'elle

N'aurait été trop bon pour la donzelle.
De son orgueil ses habits se sentaient ;
Force brillants sur sa robe éclataient,
La chamarure avec la broderie.
Lui voyant faire ainsi la renchérie
Amour se mit en tête d'abaisser
Ce cœur si haut ; et, pour un gentilhomme
Jeune, et bien fait, et des mieux mis de Rome,
Jusques au vif il voulut la blesser.
L'adolescent avait pour nom Camille,
Elle, Constance. Et bien qu'il fût d'humeur
Douce, traitable, à se prendre facile,
Constance n'eut sitôt l'amour au cœur
Que la voilà craintive devenue.
Elle n'osa déclarer ses désirs
D'autre façon qu'avecque des soupirs.
Auparavant, pudeur ni retenue
Ne l'arrêtaient ; mais tout fut bien changé.
Comme on n'eût cru qu'amour se fût logé
En cœur si fier, Camille n'y prit garde.
Incessamment Constance le regarde :
Et puis soupirs, et puis regards nouveaux ;
Toujours rêveuse au milieu des cadeaux :
Sa beauté même y perdit quelque chose ;
Bientôt le lis l'emporta sur la rose.

Avint qu'un soir Camille régala
De jeunes gens : il eut aussi des femmes.
Constance en fut. La chose se passa
Joyeusement, car peu d'entre ces dames
Étaient d'humeur à tenir des propos
De sainteté ni de philosophie :
Constance seule, étant sourde aux bons mots,
Laissait railler toute la compagnie...

On citerait tout le conte, et l'on ferait bien de le citer, c'est un chef-d'œuvre. Il est le grand-père de *Manon Lescaut*, l'aïeul de *Marion Delorme*, le bisaïeul de *la Dame aux Camélias*. Ce conte me détourne un peu de ma route, mais la route que j'ai choisie a ses sinuosités, ses longueurs, ses repos ; elle est semblable au labyrinthe où l'on revient sur ses pas, trop heureux quand on évite le Minotaure, à savoir l'impatience et l'ennui du lecteur. Qu'elle est charmante cette *Constance* de La Fontaine :

..... A ce mot seul, sans plus,
Elle rougit ; chose que ne font guère

> Celles qui sont prêtresses de Vénus :
> Le vermillon leur vient d'autre manière.

Le jeune homme alors, plus habile et plus savant que Didier, l'amant de Marion Delorme, en ces sortes d'expériences, fait semblant de ne pas comprendre ce que veut la dame :

> Il fit le froid : notre amante soupire.
> La violence enfin de son martyre
> La fait parler. Elle commence ainsi :
> Je ne sais pas ce que vous allez dire,
> De voir Constance oser venir ici
> Vous déclarer sa passion extrême.
> Je ne saurais y penser sans rougir;
> Car du métier de nymphe me couvrir,
> On n'en est plus dès le moment qu'on aime!

Avouez que c'est bien penser et bien dire. Elle n'est plus une fille au premier occupant, elle est devenue une femme amoureuse! M. Victor Hugo a traduit à sa façon ce que dit Constance, et le vers du poëte dramatique est devenu un vers célèbre :

> Ton amour m'a refait une virginité!

Il est hardi, il était dangereux ce vers énergique, autant que la circonlocution de La Fontaine était heureuse et bien trouvée, avec un grand charme dans l'expression. On dit, je ne saurais le croire, et pourtant on le dit, que les deux grands poëtes de ce siècle de fer, les deux maîtres, M. de Lamartine et M. Victor Hugo, ne professent pas une grande admiration pour La Fontaine ; il faut, si vraie est la chose, il faut les plaindre ; ils mourront sans savoir qu'ils avaient un maître dans ce faiseur de contes, de fables, de comédies et d'élégies. Vous niez La Fontaine, ah! tant pis pour vous, vous n'aurez pas le droit de vous fâcher contre ceux qui vous nient :

> Puis, quelle excuse! Hélas! si le passé
> Dans votre esprit pouvait être effacé!

dit Constance, et la voilà qui prie et qui supplie en vain ce jeune homme, implorant sa merci, sollicitant un sourire, un regard, un coup d'œil! Et ces deux vers charmants :

Je ne suis plus assez belle à vos yeux :
Si je l'étais, je serais assez sage !
. . . .
. . . .
Ce ne fut tout : elle le déchaussa.
Quoi ! de sa main ? Quoi ! Constance elle-même ?
Qui fut-ce donc ? Est-ce trop que cela ?
Je voudrais bien déchausser ce que j'aime !

Et ce vif dialogue entre Constance et son cruel amant :

CONSTANCE.
Delacez-moi, de grâce.

CAMILLE.
Je ne saurais ; il fait froid ; je suis nu :
Délacez-vous. Notre amante ayant vu,
Près du chevet, un poignard dans sa gaîne,
Le prend, le tire, et coupe ses habits,
Corps piqué d'or, garnitures de prix,
Ajustement de princesse et de reine :
Ce que les gens, en deux mois, à grand'peine
Avaient brodé, périt en un moment ;
Sans regretter ni plaindre aucunement
Ce que le sexe aime plus que sa vie.
Femmes de France, en feriez-vous autant ?

Constance exposée aux dédains de Camille, n'est-ce pas tout à fait Marion Delorme exposée aux mépris de Didier ?

MARION.
Elle s'avance en chancelant et comme dans une pensée de désespoir. De temps en temps elle passe sa main sur son visage comme si elle voulait effacer quelque chose.

Sa lèvre est un fer rouge et m'a toute marquée.

Tout à coup dans l'ombre elle aperçoit Didier, pousse un cri, court, se précipite et tombe haletante à ses genoux.

DIDIER, *d'un ton froid.*
C'est vous !

MARION, *levant la tête.*
Qui veux-tu que ce soit ? — Oh ! laisse à tes genoux,
Je me sens si bien là. Tes mains, tes mains chéries,
Donne-les-moi, tes mains ! — Comme ils les ont meurtries !
Des chaînes, n'est-ce pas, des fers ? — Les malheureux !
Je suis ici, vois-tu, c'est que... c'est bien affreux.

DIDIER.

Qu'avez-vous à pleurer?

MARION.

Non, est-ce que je pleure!
Non, je ris. (*Elle rit.*) Nous allons nous enfuir tout à l'heure.
Je ris, je suis contente ; — il vivra! c'est passé!

Elle tombe sur les genoux de Didier et pleure.

Oh! tout cela me tue, et j'ai le cœur brisé.

DIDIER.

Madame!

Et plus loin :

DIDIER.
Rien ne presse.....

MARION.
Écoutez-moi, Didier, vous avez un secret;
Vous êtes mal pour moi. Vous avez quelque chose !
Il faut me dire tout! Vous savez, on suppose
Souvent le mal; plus tard on est fâché.....

En un mot, Marion Delorme est tout à fait Constance lorsqu'elle sert de valet de chambre au jeune Camille :

Touchant sans plus à l'habit, et n'osant
Du bout des doigts toucher à la personne.

MARION, *à Didier*.
Hélas! souffre à tes pieds la pauvre malheureuse!
C'est une chose, oui, vraiment bien douloureuse,
Que je ne puisse pas obtenir un seul mot
De vous..... Dans vos fers votre âme s'est aigrie...
Parle-moi, voyons, parle, appelle-moi Marie!

DIDIER.
Marie ou Marion?

MARION, *tombant épouvantée à terre*.
Didier, soyez clément!

DIDIER, *d'une voix terrible*.
Madame, on n'entre pas ici facilement!
Les bastilles d'État sont nuit et jour gardées,
Les portes sont de fer, les murs ont vingt coudées.
Pour que devant vos pas la prison s'ouvre ainsi,
A qui vous êtes-vous prostituée ici?

C'est cruel et sans pitié! Le jeune Camille n'est guère moins cruel encore envers la courtisane amoureuse :

— Non, reprit-il, gardez-vous d'appeler ;
Je ne veux pas qu'en ce lieu l'on vous voie,
Ni qu'en ma chambre une fille de joie
Passe la nuit au su de tous mes gens.
— Cela suffit, monsieur, repartit-elle...
Je me pourrais cacher en la ruelle !

Et quand enfin Marion Delorme à bout de douleur et d'épouvante, a renoncé à ce dernier espoir, à ce dernier pardon, quand ce Didier qu'elle adore a dit au bourreau : *Marchons!* tout à coup l'amour et la passion fondent cette glace, et le jeune homme en proie au délire de cette agonie :

Hé bien ! non ! non ! mon cœur se brise ! c'est horrible !
Il se précipite vers Marion, haletant et fondant en larmes.
Non, je l'ai trop aimée ! Il est bien impossible
De la quitter ainsi ! Non, c'est trop malaisé,
De garder un front dur quand le cœur est brisé.
Viens, ô viens dans mes bras!
Il la serre convulsivement dans ses bras.
Je vais mourir, je t'aime !
Et te le dire ici c'est le bonheur suprême !

MARION.
Didier !

DIDIER.
Viens, pauvre femme. Ah ! dites-moi, vraiment,
Est-il un seul de vous qui dans un tel moment
Refusât d'embrasser la pauvre infortunée.....
Oh ! viens que je te dise, entre toutes les femmes,
Celle que j'aime, celle à qui reste ma foi,
Celle que je vénère, enfin c'est encor toi !
Car tu fus bonne, douce, aimante, dévouée..... [1]

1. On a retrouvé naguère l'acte de naissance de Marion Delorme, baptisée à Blois, dans l'ancienne église provinciale de Saint-Martin, le 6 avril 1615. Chose étrange, la marraine de cette Marion devenue un poëme dramatique, et parlant la belle langue de M. Victor Hugo, ne savait pas lire ! Voici cette pièce des archives de la ville de Blois :
« Le lundi sixième jour d'avril 1615 fut baptisée Marie, fille de honeste
« personne Jacques De Lorme, marchand mercier, demeurant à Bloys, et
« de Marie Foullon, ses père et mère. Elle fut tenue par Réné De Lorme

Et comme il disait ces choses-là, Frédéric Lemaitre, et comme elle les écoutait de son vivant, du vivant de ses passions et de ses amours, cette grande et sympathique Dorval!

A quelle rude épreuve aussi la courtisane amoureuse est soumise :

> Camille dit : C'est trop dissimuler;
> Femme qui vient se produire elle-même
> N'aura jamais de place à mes côtés;
> Si bon vous semble, allez vous mettre aux piés.
> Ce fut bien là qu'une douleur extrême
> Saisit la belle ; et si lors par hasard
> Elle avait eu dans ses mains le poignard,
> C'en était fait, elle eût de part en part
> Percé son cœur.
>
> . . . .
> Elle va donc en travers se placer
> Aux pieds du sire, et d'abord les lui baise;
> Mais point trop fort, de peur de le blesser.
> On peut juger si Camille était aise.
> Quelle victoire! Avoir mis à ce point
> Une beauté si superbe et si fière!
> Une beauté !... Je ne la décris point,
> Il me faudrait une semaine entière;
> On ne pouvait reprocher seulement
> Que la pâleur à cet objet charmant,
> Pâleur encor dont la cause était telle
> Qu'elle donnait du lustre à notre belle.

Et lorsque enfin Camille est vaincu à son tour, comme Didier, par tant de beauté, par tant de soumission, par tant d'amour, ils parlent, à peu près, celui-ci comme celui-là :

> DIDIER, *à Marion.*
> Marie, ange du ciel, que la terre a flétrie,
> Mon amour, *mon épouse*, écoute-moi, Marie :
> Au nom du Dieu vers qui la mort va m'entraînant,
> Je te pardonne!
>
> MARION, *étouffée de larmes.*
> O ciel !

« sieur du Daroy, demeurant à Bloys, son parrain, et par Jeanne de Mau-
« ville, veuve du défunct Jehan Foullon, sa marraine. Fait par moi prestre
« soubs signé. x N. Hamard. — Delorme. La dicte marraine a dict ne sçavoir
« signer. »

DIDIER, *s'agenouillant devant elle.*
A ton tour, maintenant,
Pardonne-moi.

MARION.
Didier!

DIDIER, *à genoux.*
Pardonne-moi, te dis-je!
C'est moi qui fus méchant. Dieu te frappe et t'afflige
Par moi. Tu daigneras encor pleurer ma mort;
Avoir fait ton malheur, va, c'est un grand remord,
Ne me le laisse pas, pardonne-moi, Marie!.....
Embrasse-moi, vois-tu; mort, tu m'aimeras mieux...
J'aurai dans ta mémoire une place sacrée!

O larmes que nous versions quand nous étions jeunes, à ces scènes pathétiques de notre jeunesse! O blanches visions de ce drame enchanté! O souvenirs de l'éloquente comédienne, qui bondissait, agonisante, sous les coups redoublés de la sanglante élégie; émotions, spectacle, et lutte ardente des deux écoles, l'école vaincue et l'école victorieuse en ce champ clos du Théâtre-Français! O beautés, nos remords, nos douleurs, qui assistiez, haletantes à ces transports du drame et de la poésie, au milieu de la colère de ceux-ci, de l'enthousiasme de ceux-là, de la sympathie et de la curiosité de tous, je vous atteste et je vous invoque, est-il vrai que tout soit mort dans ces choses merveilleuses, et parmi ces grands hommes que nous aimions tant?

Quant au jeune homme du bon La Fontaine, il a, lui aussi, comme le bon Didier, son retour à sa maîtresse, et son pardon :

CAMILLE, *à Constance.*
Je suis content, dit-il, de votre amour :
Venez, venez, Constance; c'est mon tour.
. . . .
M'avez-vous cru si dur et si brutal,
Que d'avoir fait tout de bon le sévère?
Dit-il d'abord; vous me connaissez mal :
Je vous voulais donner lieu de me plaire.
Or, bien je sais le fond de votre cœur;
Je suis content, satisfait, plein de joie,
Comblé d'amour; et que votre rigueur,
Si bon lui semble, à son tour se déploie;
Elle le peut; usez-en librement.

> Je me déclare aujourd'hui votre amant,
> *Et votre époux;* et ne sais nulle dame,
> Qui vous valût pour maîtresse et pour femme......
> Voilà comment Constance réussit.
> Or, faites-en, nymphes, votre profit.

Il m'a semblé que cette étude et cette comparaison du conte et du drame, en ces deux aspects si différents l'un de l'autre, arrivaient assez bien au beau milieu de tant de zèle et tant d'efforts, pour bouleverser et déplacer toute chose, abaissant ce qui était grand, glorifiant ce qui était infâme, et dénonçant tout ce qui ne pouvait pas être immédiatement écrasé. De toutes les glorifications imaginables, la plus facile et la plus ancienne à coup sûr, c'est la glorification de la courtisane. On la trouve au commencement de tout ce qui s'élève, à la fin de tout ce qui tombe; elle est dans le poëme, elle est dans l'histoire, et que l'on rie ou que l'on pleure, elle joue, à coup sûr, le grand rôle.

Du conte elle a passé dans le drame, — et comme elle était charmante en effet, cette Marion Delorme, dans ses rires, dans ses cris, dans ses prières, dans ses sanglots, dans ses larmes, dans ses délires! Oui, c'était bien la Vénus antique *attachée à sa proie*, et succombant sous l'ivresse. Écoutez cependant cette excellente poésie, et les accents, et les passions, et les violences de cette comédie aux cent actes divers; admirez les belles grâces de ces amoureux, même quand ils ont négligé l'élégance de leur pourpoint; riez aux bouffonneries du Taillebras, aux grimaces du Scaramouche, souriez à la Chimène, à la Bradamante; ô ciel! comme cette Marion est restée jeune dans cette robe de belle soie! Le frais ramage! les fines railleries! les douces chansons! Le vers souple, amoureux, câlin, tapageur, légèrement aviné, solennel, railleur, bel esprit, comédien, faiseur d'élégies, de chansons, de rondos; — la fière poésie qui prend toutes les formes, qui s'inspire de toutes les passions, qui fait la roue à ce bruit, à ce peuple, à ce grand soleil!

« La pourpre et l'or! » disait Socrate en ses gaietés; « j'aime la pourpre et l'or au théâtre, où ils me semblent des ornements exquis. » La pourpre et l'or dans le conte! disait La Fontaine; la pourpre et l'or dans le drame! disait M. Hugo, voilà la place et voilà la fête de ces poésies amoureuses. Dans le drame, elle est belle et avenante cette Marion, qui ne songe encore qu'à l'exercice de son art.

Le monsieur de ce soir est-il riche?

dit la soubrette; il est riche, il est noble, il est raffiné d'honneur; il est M. le marquis Gaspard de Saveny, il est l'amoureux authentique et maître chez lui, l'amoureux qui entre par la porte, et qui s'en va, une heure avant l'amoureux dont l'emploi est d'entrer par la fenêtre. Ainsi vous les voyez l'un et l'autre, le marquis et le bâtard, le gentilhomme et l'enfant sans nom, celui qui est tout et celui qui n'est rien, et les voilà qui s'en vont, légers, au soleil resplendissant de Corneille, aux fêtes défendues et charmantes de l'épée et de l'amour!

Certes, le roi défend le duel, et le cardinal, pour un coup d'épée au premier sang, vous tue. Eh bien! tant mieux, c'est un danger ajouté au danger. La dague au poing, l'épée au vent! Didier et le marquis se battent sous l'édit même où il est dit : *Le duelliste est puni de mort!* Puis quand le cardinal se montre au loin, Gaspard tire d'ici, Didier tire de là, et ils s'en vont, Didier et Marion, à la façon de la Rancune, de la Caverne et du *Roman comique*.

Bref, il y a dans cette œuvre, un bon bout du Taillebras et du Scaramouche; il y a la farce et la terreur; le Scapin et le bourreau, la courtisane et le cardinal, le roi et le bouffon, le seigneur et le valet de sa police; il y a les comédiens qui font la soupe à la porte de l'hôtellerie où se balance, en grinçant d'une façon lugubre, l'enseigne de la Belle-Étoile... avec tant de verve et d'esprit, tant de bouffonnerie et de si douces larmes, en plein paradoxe, en plein carnaval, et la plus incroyable abondance, de cinq cents paradoxes, de mille railleries, reparties, bons mots, satires, rencontres, coq-à-l'âne dignes du fameux *Cabinet satirique*, que Régnier lui-même, le vieux poëte Régnier n'eût pas désavoués, non plus que d'Assoucy, l'empereur du burlesque, et Bertaut, et Ronsard, et toute la pléiade avinée. Comptez donc que seulement au troisième acte de *Marion Delorme*, vous avez : une fille de joie, un duel, deux dissertations dramatiques, une mort, une résurrection, une évasion, une troupe de comédiens, une reconnaissance, un lieutenant criminel et une arrestation.

Cet homme-là, M. Victor Hugo, quand il est en train de produire, il faut qu'il produise. Il marche, il faut qu'il avance. Il a en lui-même quelque chose de la hâte et de la fièvre du poëte grec.

« Pylade. — Faisons périr Hélène. Ménélas en sera fâché.
« Oreste. — Par quel moyen? J'y consens, si cela se peut.
« Pylade. — En l'égorgeant. Elle est chez toi [1]. »

Ou bien encore :

« J'eus pour père Polybe de Corinthe, et pour mère Mérope née
« en Doride. J'étais le premier des citoyens de Corinthe, lorsqu'il
« m'arriva une aventure propre à me surprendre, mais peu digne
« cependant des inquiétudes qu'elle me causa. Au milieu d'un
« festin, certain ivrogne m'accusa d'être un bâtard. Irrité de ce
« propos, j'eus peine à me contenir; et le lendemain, j'allai trou-
« ver mon père et ma mère pour le leur répéter [2]. »

Ainsi le poëte français, dans son drame, agit vite et sans façon, à la façon du poëte grec; seulement, quand il a bien marché il s'arrête; on dirait qu'il se retourne pour saluer le chemin qu'il a fait. Voilà comment, après vous avoir mené, tambour battant et bride abattue, à travers les trois premiers actes de *Marion Delorme*, Hugo se rappelle au quatrième acte, au moment où l'intérêt, l'amour, la curiosité, le drame enfin vous tiennent haletants sous la vive impulsion des plus efficaces passions, qu'il existe, en ce moment, à côté du cardinal de Richelieu, et tout courbé sous cette volonté *inexorable comme le destin*, un roi singulier et hardi; le propre fils de Henri IV; brave sur le champ de bataille; incertain, timide et tremblant dans son palais; un pauvre roi absolu, le fils du roi qui a châtié le maréchal de Biron, le père du roi qui a châtié le pape aux sommets du Vatican. Image à la fois douce et misérable d'un despote sans volonté, et d'un amoureux couronné qui n'ose plus parler, s'il est en présence de ce qu'il aime. « Hélas! pauvre Yorick! » Hélas! roi Louis XIII!

Le roi Charles X l'avait pris en grande pitié, ce roi Louis XIII, en lisant ce drame de *Marion Delorme*. Il lui semblait qu'il se voyait lui-même, tel que l'avaient fait les révolutions, et le bon

---

1. *L'Oreste* d'Euripide.
2. *Œdipe roi.*

Dieu, c'est-à-dire entêté, faible et doux, plein de caprices, de malaises et de sagesse ; sagesse impuissante, volonté timide et douceur inutile ! Il protégeait le roi Louis XIII, ce bon roi Charles X, par la profonde conscience où il était lui-même des violences de la volonté d'autrui. Il plaignait Louis XIII signant l'arrêt de Nangis et de Didier, et le lendemain, ô roi malheureux, il signait, d'une main loyale et violente, les *ordonnances* qui allaient briser son sceptre, renverser son trône, et les jeter, lui et sa race, dans ce suprême exil !

Mais cette image de Louis XIII à la chaîne et sous le joug de *l'homme rouge*, obsédait notre poëte, et en dépit même du roi régnant, le voilà qui pénètre chez S. M. le roi Louis XIII, sans avoir d'autre droit que le droit de sa volonté et de son caprice. Ici M. Hugo était en désobéissance complète avec la volonté de son roi, mais une fois à l'œuvre en sa contemplation, c'est plaisir de voir comme il étudie, et comme il retourne, en tous les sens ce faible roi, ce quinteux et débile despote. En ce moment du drame solennel (au troisième acte), Louis XIII est saisi d'une velléité de révolte. Le roi se plaint au duc de Bellegarde, le roi se plaint à son fou, le roi se plaint à tout le monde du ministre absolu. Aussi c'est plaisir de voir comment le poëte, se trouvant face à face avec le Louis XIII, s'amuse à pousser à bout, par cet exemple, la misère, l'incertitude et le malheur de cette royauté vouée aux mépris, à la sympathie et à la pitié de l'histoire. Avec quel zèle il s'attaque à ce bon homme, étonné de tant se mépriser lui-même.

Il le pique, il le presse, il le fait attaquer par toutes les forces de son drame, par M. de Bellegarde, par mademoiselle Marion Delorme, qui pleure et qui prie, aussi ardemment, et presque avec les mêmes paroles que la récluse dans *Notre-Dame de Paris*, aux genoux de Tristan l'ermite. Il va plus loin, il fait attaquer le roi Louis XIII par son fou, véritable fou de cour, haïssant le ministre, aimant le roi, grotesque et burlesque à l'infini. Que si vous avez peur que le roi, poussé de si près, ne devienne tout à fait roi ; si vous avez peur qu'il ne mette fin au drame commencé en pardonnant aux deux coupables, soyez tranquilles : Richelieu est toujours prêt à briser la main qui pardonne, à dévorer la misère qui supplie.

On rencontre en ce drame un fantôme et un homme. Richelieu c'est l'homme, et le roi sera le fantôme ! En vain la seigneurie et la féodalité de la France ancienne se révoltent contre ce joug de fer qui leur pèse, et qui les courbe aussi bas qu'une tête peut se courber, l'*homme* insiste, il veut, il est l'âme, il est le destin, il est la force, il est l'*ananké*, il est tout; il a brisé du pied le monde féodal, il a brisé le passé; il n'y a plus à y revenir; le chêne est tombé; il faut qu'il arrache les branches; la branche est morte, arrachons les racines. Il lui faut Didier; parce qu'il est jeune, amoureux et fort; il lui faut le neveu du marquis de Nangis, parce que le marquis de Nangis était, naguère, le compagnon, l'ami et le soldat du roi Henri IV. C'en est fait, il n'y a plus de chevaliers, il n'y a plus de nobles, il n'y a plus de donjons, il n'y a plus que moi le cardinal-roi, moi et le fantôme-roi, dont je suis l'expression vivante; ces deux têtes blondes ont insulté mon édit, çà, qu'on me donne à l'instant ces deux têtes !

Et voilà comme il allait à la vérité, *par tous les sentiers*.

« Or, lui disait publiquement un grand critique, on ne pouvait
« placer le but plus haut. Pour l'atteindre, vous avez transporté
« sur la scène ce respect pour la vieillesse, cette sollicitude pour
« la femme, cette pitié pour le faible et le déshérité, qui sont
« tout ensemble de nobles sentiments du cœur, et des ressorts
« puissants de l'art. Jusqu'à ce jour, le poëte avait paru concevoir
« ses personnages comme des types formels; le caractère qu'il
« leur avait donné était un et simple. Il retraçait en eux une
« passion dominante, qui les distingue, qui efface tout le reste. Ce
« n'était point la vérité positive, celle du monde réel. Là, les op-
« positions sont fréquentes. Là vertu n'exclut pas une part des
« imperfections humaines; le crime n'est pas inaccessible à quel-
« ques-uns des sentiments intimes de l'homme, et plus d'une fois
« avec la bassesse des situations, se rencontre la dignité du carac-
« tère ou l'élévation de l'esprit. De cette vérité pratique vous avez
« fait votre machine dramatique. Vous avez cherché, vous avez
« trouvé des émotions profondes dans ces contrastes, dans ces
« accouplements du bien et du mal, naturels et inattendus; pos-
« sibles, mais redoutables.

« Redoutables, en effet, car le danger serait grand, ajoutait
« l'orateur, si le spectateur généralisait les caractères indiqués

« par le poëte au point de ne plus distinguer, dans tous ces accou-
« plements le bien du mal, le scélérat de l'honnête homme et le
« libertinage de la vertu. »

Vous savez comment s'achève et s'accomplit ce drame, par la mort de Didier, par le pardon de la courtisane, et par l'exécration que laissent après elles, dans l'étude et dans la contemplation du poëte, la vengeance impitoyable, et la toute-puissance sans contrepoids. Dieu du ciel, préservez-nous, préservez les rois et les peuples de ces tyrannies du monde ancien, et ne souffrez pas que la toute-puissance aille à l'absurde, que la justice soit sans entrailles, et que même le châtiment soit sans cœur!

Telle est la moralité de l'œuvre. Elle enseigne aussi, que souvent, pour la gloire d'un homme, il ferait bien de donner toutes ses couronnes pour une larme dans ses yeux, pour une pitié dans son cœur. Je me rappelle encore, il me semble que c'était hier, les douleurs, les accents que laissaient au fond de nos âmes, les plaintes, les cris, les larmes, et en fin de compte le profond silence de cette touchante et amoureuse créature que foule à ses pieds le cardinal, et le retour de cet homme qui a vu tomber, en Grève, ces deux têtes, florissantes de toutes les grâces de la jeunesse et de l'amour.

Drame étrange! et si nous ne suffisons pas à en dire les diverses émotions, qui donc les pourrait dire après nous, qui avons senti palpiter ce grand drame, et qui l'avons vu naître au souffle inspiré de ce rare génie, au milieu de l'enthousiasme universel, tant il y avait de tout dans ces cinq actes, semblables à quelque poëme de Pindare? Il y avait..... tout ce qui fait un poëme, et du rire et des larmes, et des pitiés et des terreurs; il y avait le siècle et le paysage, et le costume, avec le mouvement, la vie et la fête, et le supplice, et tout..... Du bouffon au prince de l'Église, du vieillard à la courtisane, du roi au bourreau!

Le grand défaut de ce poëme, il se rencontre dans la variété même et dans l'abondance des paroles, des cris, des spasmes, de l'accent, des plaintes, des douleurs. Ce drame est tour à tour une ode, un dithyrambe, une comédie, une tragédie, une préface, et plus d'une fois vous oubliez que ceci est une action dramatique. Ceci vous représente en effet la grande lutte d'un grand esprit contre toutes les opinions littéraires de son siècle et de son pays;

lutte intéressante et belle, et savante, et courageuse avec toutes les formes de la parole et toutes les puissances du talent le plus excellent et le plus rare.

Souvenez-vous, enfants de l'an 1808, de quelle épouvante vous fûtes saisis la première fois que vous apparut *Marion Delorme.* Pendant cinq heures de curiosité et de passion vous avez assisté à ce drame, à cette joute; le lutteur est jeune et beau, fort et passionné; il arrive, il gronde, il rêve, il dort, il éclate, il rit, il s'emporte; tour à tour héros, bouffon, amoureux, philosophe, politique, dissertateur sans fin, comédien; sur les combles et dans les abîmes, au palais du roi et en mauvais lieu, jouant également avec le bourreau et le cardinal, deux hommes rouges; accablant d'ironies et de respects, de philosophie et d'amour la merveilleuse Marion; moqueur, sceptique, méchant; versant de douces larmes; amoureux jusqu'aux morsures; il sent le peuple, il exhale toutes les odeurs du gentilhomme; il est d'une niaiserie enfantine et d'une profondeur de cardinal-ministre : ainsi est fait ce rude jouteur.

Tant qu'il est à l'œuvre, son peuple est là qui assiste à ses efforts; on l'écoute, on le suit du regard, on le suit de l'âme, on l'admire, on le blâme, on le hait, on le trouve grotesque, et bouffon, et sublime, tout ce qu'il est; lui, toujours libre et fier, il marche à son but par monts et par vaux, s'arrêtant pour reprendre haleine, faisant le beau ou grimaçant à plaisir, jusqu'à ce qu'enfin envie lui vienne de toucher le but, et alors il y est d'un bond.

Victoire et triomphe! En vain les esprits timides, les cœurs poltrons, le *goût* de la foule (si l'on peut parler si mal), s'opposaient au triomphe annoncé. Le rude athlète, en passant, avait brisé l'obstacle, et l'on eût dit qu'il soulevait toute cette foule, uniquement pour se retrouver dans nos bras. Et nous enfin, en ce moment de victoire solennelle, il nous semblait que nous étions les partageants de cette conquête et de cette domination. Nous battions des mains avec autant de ferveur que si l'applaudissement fût retombé sur nos têtes bouclées. Comme on s'aimait alors, et comme on se défendait les uns les autres! Avec quelle rage et quelle passion on se battait dans cette arène ouverte à toutes les hardiesses du génie, à toutes les témérités de l'esprit!

Quelle verve et quel entrain de toutes les volontés, de toutes les forces, de tous les cœurs!

Marion Delorme! le premier drame de M. Hugo, bien que ce drame ait été joué après *Hernani!* C'est la première création de cette tragédie à la Shakspeare qui s'agitait violemment dans la préface de *Cromwell!* Jamais le poëte n'a été plus puissant et plus complètement son maître que le jour où il mit au monde *Marion Delorme*. A cette heure de son art dramatique, l'univers était à lui! Toutes les inventions étaient de son domaine; l'impossible même lui appartenait par droit de conquête! Il pouvait user de ses personnages et en abuser, c'était son droit de rire et de pleurer à outrance; il pouvait fermer les portes, ouvrir les fenêtres, attacher et détacher les échelles, aiguiser les poignards, dresser l'échafaud, se cacher dans le prie-Dieu ou sous la portière des boudoirs; il ne craignait pas, ce jour-là, ce jour heureux, qu'on vînt lui dire : Mais votre amoureux a déjà porté ce plumet, ou ce manteau! Mais nous l'avons déjà vu tomber dans tel piége, ou tendre telle embûche! Mais votre amoureuse a déjà versé ces larmes de sang! Mais vous-même, prenez-y garde, vous vous êtes déjà passionné à cette douleur!

Maître absolu de ce drame inventé par lui, enivré de sa fortune naissante, notre poëte obéissait avec joie à tout ce hasard.

Il est vrai qu'à ce grand courage il réunissait bien de l'esprit, bien du zèle, bien du talent, et cette inspiration généreuse qui l'a poussé, heureusement, dans tant d'excès glorieux. Il avait en lui le grand art d'évoquer de l'abîme historique des noms, des formes, des rêves, des images auxquelles il donnait toutes les apparences de la vie. Il avait le don des larmes, le don des langues, et le don plus précieux de trouver la forme qui convenait à chacun de ces héros évoqués par cette fée à la baguette d'or, la fée des *Orientales* et des *Feuilles d'automne;* il était actif, il était volontaire, il était amoureux, il était ambitieux, il était bien portant, il était jeune, il était fier, il était orgueilleux, il était insolent. Il heurtait la foule et la charmait.

Sur le passage de son drame il soulevait tour à tour ou tout à la fois cent mille clameurs et cent mille louanges, des admirations, des blasphèmes, des sifflets et des tonnerres; des sifflets à tout briser, des adorateurs à tout écraser; — rien de médiocre n'a accompagné les diverses tentatives de ce poëte heureux ; on ne pouvait lui jurer une haine modérée, on ne pouvait pas l'aimer d'un tiède amour ! Ah ! le monstre ! ah ! le grand homme ! Oh ! le poëte ! ah ! misérable ! — Il faut lui dresser des autels, il le faut traîner aux gémonies. — Et marchant tantôt dans cette ombre auguste et tantôt dans ces divines clartés, la tête au niveau de l'étoile, et les pieds dans la fange avez-vous encore sous les yeux madame Dorval? Vous la rappelez-vous madame Dorval, dans ce rôle de son génie et de son éloquence?

Madame Dorval, un de ces talents francs comme l'or non monnayé, dur comme l'acier non poli ; âme infatigable, larmes inépuisables, cœur déchiré, passions sans limites, terreurs sans bornes ; une femme qui allait toute seule à l'inspiration ; véhémente, active, intrépide ; où le drame la poussait elle se portait, à ses risques et périls, en pleine fièvre, en plein abîme ; elle touchait à toutes les limites sans jamais se sentir arrêtée, à tous les extrêmes sans jamais se briser ; curieux spectacle et lutte admirable de ce frêle petit corps haletant et chancelant sous le charme poétique, qui se chargeait d'accomplir les rêves intimes de ce géant Adamastor. Oui, la fée était aux prises avec l'athlète, et souvent c'était l'athlète vaincu, j'en atteste Victor Hugo lui-même, qui demandait grâce à la fée.

Et puis, chose étrange, quand madame Dorval était lasse et vaincue, à son tour, au moment où le drame expirait avec elle, arrivait, pour lui donner quelque répit, Sa Grâce elle-même, mademoiselle Mars, la correcte et attrayante mademoiselle Mars, si contenue au milieu des plus terribles excès du drame. Avenante où la Dorval était haletante, et souriante où pleurait la Dorval inspirée. Alors l'une et l'autre, ô le poëte heureux qui faisait agir ces deux forces au gré de son génie, elles allaient, selon leur façon d'aller, au même drame, au même but, et par des sentiers si différents ; celle-ci par les ronces, par les épines, par les fanges sanglantes du chemin ; celle-là par les petits sentiers fleuris que tapisse la mousse du mois du mai ; mademoiselle Mars en habit de reine, et madame Dorval en haillons, elles faisaient vivre, la première de son charme, et la seconde de sa fièvre adorable, ces ravissantes créations : Marion Delorme et dona Sol !

CHAPITRE VIII

Le philosophe Aristippe, un jour que Denys *le Tyran* [1] lui présentait trois courtisanes en lui disant de choisir celle qu'il aimait le plus, les emmena toutes les trois, en disant que le beau Pâris n'avait pas été plus heureux pour avoir préféré une déesse aux deux autres. Aristippe emmena ces trois belles filles jusqu'à la porte de sa maison, puis il les congédia afin de prouver au tyran qu'il lui était aussi facile de prendre de l'amour, que de s'en guérir.

Ainsi ferons-nous, s'il vous plaît, de *Marion Delorme*, de *la Torpille*, de *la Dame aux Camélias*, de ces trois filles d'Ève imprudemment glorifiées, « de cette pâle et orageuse figure aux mystérieuses amorces, redevenue une puissance, grâce aux mœurs païennes que la nouvelle société nous a faites [2], » glorifications imprudentes, réhabilitations malheureuses ; mais quoi ? la curiosité

---

[1]. *La Vie des plus illustres philosophes de l'antiquité*, par Diogène Laërce.
[2]. M. le comte de Pontmartin, *Causeries littéraires*, page 346.

est si entraînante pour les femmes perdues, d'assister à leur propre apothéose, et pour les honnêtes femmes de contempler ces abîmes dont les philosophes et les poëtes se sont occupés depuis le commencement du monde.

« Hélas! (disait saint Jérôme, en songeant à ces belles catéchumènes, frissonnantes de mille voluptés ineffables, sous leurs habits aux longs plis suaves et parfumés), on ne sait pas, à les voir, de quelle ville d'Ionie elles arrivent en droite ligne? Avons-nous sous les yeux une fille d'Aspasie, ou une servante de Jésus-Christ, c'est un doute?

« Elles font tomber, des deux côtés de leur front, les boucles de leur chevelure abondante; leur peau est soigneusement lavée et polie; elles emploient les parfums les plus suaves; la manche de leur habit laisse entrevoir un bras de statue athénienne; la robe complaisante indique aux passants cette taille élégante et souple; il y a dans l'air un avertissement de fête et de plaisir au passage de ces divinités de l'Olympe; on les entend venir, au craquement de leurs souliers neufs, et pourtant elles s'appellent... *des vierges*, sans doute afin que leur innocence se vende mieux et périsse à plus grand prix. — Près d'elles marchent ces adonis chrétiens, frisés, parés, brillants de pierreries et dont les vêtements répandent au loin l'odeur d'un rat étranger (le musc).

« Toutes ces personnes se disent chrétiennes; les agapètes mêmes prétendent n'avoir pas renié Jésus-Christ; épouses sans noces, concubines sous ombre de religion, courtisanes qui ne se livrent qu'à un seul amant, sœurs voluptueuses qui cherchent des frères de plaisirs. D'autres, fières des dignités de leurs maris, ne marchent qu'environnées d'un bataillon d'eunuques, et ne portent que de l'or tissu en légers filets. Leurs litières sont superbes et dorées. Même quand elles sont veuves, elles continuent leurs promenades triomphales, et se font précéder par leurs essaims d'esclaves mutilés. Leur figure est fraîche, leur peau fardée, leur maison est pleine d'adulateurs et de convives. On dirait qu'elles cherchent un mari vivant, non qu'elles pleurent un mari mort.

« Heureuses de la liberté du veuvage, lasses de la domination conjugale, elles reçoivent, des ecclésiastiques, qui devraient leur inspirer le respect, le baiser sur le front. Cette complaisance des prêtres les enorgueillit; elles passent pour vierges et chastes, et après un repas d'une sagesse équivoque, elles *rêvent d'apôtres.*»

Qui parle ainsi? un père de l'Église! A l'entendre ce terrible Jérôme, on croirait lire Tacite ou Juvénal! Voilà bien la volonté qui parle, et voilà la volonté agissante. Quelle inquiétude, et que la peur de ce grand homme est éloquente à contempler ces pièges de Satan, pires cent fois que tous les pièges de Faust à Marguerite! Au reste, on les retrouve chez tous les peuples et dans tous les siècles, ces filles de la fortune et du hasard. En fait de courtisane, Molière, a créé Célimène; il a été plus loin, il a mis au jour, dans son *Bourgeois Gentilhomme*, cette comtesse équivoque, alliée à un chevalier d'industrie, que la farouche madame Jourdain traite si mal, une fois qu'elle est montée sur ses grands chevaux; « jour de Dieu! c'est donc ainsi que vous festinez les dames, monsieur Jourdain! »

Et véritablement, madame Jourdain s'y prenait avec ces dames, plus ou moins entretenues, comme il fallait s'y prendre. En général, ce n'est guère que chez les peuples chrétiens, depuis l'exaltation de la Madeleine et la pitié qu'inspire, en ses repentirs, *la femme adultère*, que la poésie et les poètes ont entouré mesdames les courtisanes de ces petites délicatesses étrangères à madame Jourdain. Térence, en parlant d'une célèbre joueuse de cithare, en parle en termes dédaigneux : « Une coureuse, dit-il, une fille sans nom, qui pince de je ne sais quoi; » et Catulle : « Avez-vous vu cette drôlesse; mille sesterces un nez pareil? »

Ista turpiculo puella naso!

Nous parlons de Célimène à propos de ces dames faciles, nous parlons de Marion Delorme; on a vu mieux que Célimène, on a vu mieux que Marion Delorme aux temps où vivait le roi Louis XIV; on a vu Ninon elle-même, et je ne crois pas qu'au XVIIe siècle, le siècle des belles femmes et des femmes d'esprit, aucune femme ait autant occupé le monde que mademoiselle de Lenclos. Elle était presque née avec le XVIIe siècle; elle descendit avec lui dans la tombe. Cette femme, ingénieuse et savante dans l'art de plaire au genre humain, assista à la vieillesse du cardinal de Richelieu, et ce terrible vieillard laissa tomber sa dernière convoitise et son dernier sourire sur la fille du joueur de luth.

Elle avait seize ans, et elle supporta sans pâlir les démonstrations du féroce cardinal. Elle était si belle et si charmante, avec tant de verve et de grâce en ses déréglements, que cette fillette, émancipée à force de vice et de scandale, devint un sujet de curiosité pour la reine dévote et caillette, Anne d'Autriche!

Anne d'Autriche, qui envoyait assez volontiers les princes du sang royal à la Bastille, laissa mademoiselle de Lenclos parfaitement libre de jeter l'incendie autour d'elle, et la moquerie en toutes choses, voire aux choses saintes. Bientôt, quand Louis XIV, jeune homme, eut donné à son royaume, étonné de ces monstrueuses alliances, le signal des plus insolentes amours, mademoiselle de Lenclos, autorisée, et au delà, par l'exemple venu de Saint-Germain et de Versailles, ne mit plus de terme à ses conquêtes. Elle avait l'esprit, elle avait la grâce et la saillie avec toutes sortes de doutes, de mépris, de colères, et d'anecdotes dont elle était l'héroïne.

Sa maison devint une succursale de l'hôtel de Rambouillet, et quand Molière eut immolé *les précieuses*, il advint que les femmes galantes, les jeunes courtisans de l'Œil-de-Bœuf, les plus vaillants capitaines, les plus beaux esprits et la meilleure compagnie de la ville et de la cour se donnèrent rendez-vous « chez Aspasie. » On venait de toutes parts admirer son luth, son clavecin, sa beauté; le XVIIe siècle qui était tout enivré d'antiquité, qui avait ses poëtes grecs, son Sophocle et son Euripide, qui avait aussi son Théophraste, s'estima heureux de posséder la moderne *Léuntium*, comme disait St-Évremont. Mademoiselle de Lenclos fut donc proclamée une courtisane grecque, une de ces idéalités spirituelles, élégantes, poétiques, désintéressées, que l'antiquité nous a transmises. Elle fut l'idole du grand siècle, qui lui faisait un piédestal d'Épicure et de Caton.

On venait la voir de bien loin. La reine Christine lui fit une visite et baisa ses belles mains. Les plus honnêtes gens l'aimèrent: M. de Gourville, le marquis de Sévigné, M. de Villarceaux, le maréchal de Choiseul, Chapelle, cet ivrogne d'esprit, qu'elle finit par mettre à la porte, parce qu'il sentait toujours le vin. Parmi tant de belles choses qui lui furent apportées, Molière lui apporta son *Tartufe*, et les dévots tremblèrent, sachant que cette muse approuvait cette vengeance.

Saint-Évremont passa sa vie entre Ninon de Lenclos et cette belle duchesse de Mazarin qui pensa être reine de France ; enfin, il n'y a pas jusqu'à Voltaire enfant, que mademoiselle de Lenclos n'ait deviné. Elle lui laissa, dans son testament, deux mille francs pour acheter des livres. Ainsi, le premier homme qui fit peur à mademoiselle Ninon de Lenclos ce fut le cardinal de Richelieu ; le dernier qui l'étonna, ce fut Voltaire !

Vous sentez bien que le grand Condé lui-même ne pouvait pas échapper à cette séduction toute-puissante. Mais à quelle gloire a manqué Henri de Bourbon ? Il est partout dans son siècle : il pleure aux vers du grand Corneille ; il applaudit les comédies de Molière ; il soupe chez Ninon de Lenclos ; il était en Navarre, à la première thèse de l'abbé Bossuet ; il était encore à la première place, dans le chœur, à la dernière, à la plus éloquente oraison funèbre de monseigneur l'évêque de Meaux !

Ainsi entourée, aimée, honorée par les hommes les plus spirituels et les plus grands seigneurs de cette époque, vous comprenez que mademoiselle de Lenclos fut une puissance dans ce monde, une puissance irrégulière, il est vrai, mais enfin une puissance. Elle inquiéta, à elle seule, toute la pruderie de cette époque. On la voulut avoir des deux parts, le moliniste lui fit des avances charitables ; le janséniste eût volontiers converti cette belle.

« J'ai refusé bien des choses pour mon corps, disait-elle, et j'ai beaucoup plus refusé pour mon âme ! » Hélas ! (toutes ces histoires ont leur côté triste et misérable) la plus grande et la plus honnête femme de ce siècle, madame de Sévigné, eut cruellement à se plaindre et à souffrir de mademoiselle Ninon Lenclos ; — Ninon la superbe avait enlevé à madame de Sévigné son mari, son fils et son petit-fils ! C'était, entre ces deux femmes, une espèce de défi à qui l'emporterait. A chaque instant Ninon de Lenclos apparaît dans les lettres de madame de Sévigné ; tantôt l'injure et tantôt la louange, et jamais le mépris : « *Qu'elle est dangereuse, cette Ninon !* dit madame de Sévigné. — *Écoutez un mot charmant de Ninon.* » Et toujours Ninon.

Que dis-je ? il y eut amitié, sérieuse et constante amitié entre mademoiselle de Lenclos et la femme austère et charmante que le vieux Scarron avait associée à sa misère, en attendant qu'elle montât sur le trône de nos rois. Alliance étrange ! madame de

Maintenon et mademoiselle de Lenclos! Elles eurent souvent le même lit; à ce propos, l'esprit s'étonne en songeant qu'il y eut peut-être un jour où madame Scarron alla demander à son amie un asile pour la nuit; et que dans ce tête-à-tête à demi éclairé par la lampe silencieuse, l'une de ces femmes demanda à son amie (avec une certaine rougeur) si véritablement elle lui conseillait d'être reine à Versailles? Si la demande a été faite, à coup sûr je sais la réponse. Certes, la femme qui, à seize ans, avait vu le cardinal de Richelieu à ses pieds, devait être singulièrement épouvantée de la vieillesse de Louis XIV.

Chacune des deux amies obéit à sa destinée. Madame Scarron épousa le roi; Ninon de Lenclos n'épousa personne : l'une vécut à la cour, dans les inquiétudes et dans les ennuis de la grandeur; elle mourut seule, et veuve pour la seconde fois; avant sa mort elle eut à subir le regard curieux du czar Pierre le Grand qui, levant le drap de son lit, la contempla toute nue, toute ridée et toute moribonde; l'autre jouit d'une vieillesse fabuleuse; elle mourut comme elle avait vécu, au milieu de ses amis, à quatre-vingt-dix ans et cinq mois, épicurienne jusqu'à la fin, et laissant après elle la réputation du plus honnête homme de son temps. C'était, en effet, la prière de Ninon, matin et soir: *Mon Dieu*, disait-elle, *faites que je sois toujours un honnête homme... une honnête femme quelquefois!*

Eh bien! après tant de succès et tant de gloire : — « Qui m'eût proposé une pareille vie, je me serais pendue à l'instant! » disait mademoiselle de Lenclos, lorsqu'elle récapitulait les *bonheurs* de ses quatre-vingts années d'oisiveté et de folies. Elle disait juste, elle disait vrai. Ces parasites charmantes sont toutes semblables à ces fruits d'or qui s'épanouissent sur les bords de la mer Morte; on les cueille, on les porte à sa lèvre... ô cendre et poussière! En ces moments de poussière et d'amertume, un galant homme éprouve au fond de l'âme, je ne sais quel immense besoin de se rafraîchir aux sources sacrées. C'est beau — vu de loin — une courtisane en ses enchantements. Mais c'est touchant, c'est suave et digne qu'on l'aime, c'est admirable et plein de respects une honnête femme, à l'heure suprême où pleine de jours et d'honneurs, elle descend au tombeau entre ses enfants en larmes, et leur père au désespoir ;

« Pendant trente-quatre années d'une union où sa tendresse,
« sa bonté, l'élévation, la délicatesse, la générosité de son âme
« charmaient, embellissaient, honoraient ma vie, je me sentais
« si habitué à tout ce qu'elle était pour moi, que je ne la distin-
« guais pas de ma propre existence. Elle avait quatorze ans et moi
« seize, lorsque son cœur s'amalgama à tout ce qui pouvait m'in-
« téresser. Je croyais bien l'aimer, avoir besoin d'elle, mais ce
« n'est qu'en la perdant que j'ai pu démêler ce qui reste de moi
« pour la suite d'une vie qui avait paru livrée à tant de distrac-
« tions, et pour laquelle néanmoins il n'y a plus ni bonheur ni
« bien-être possible... Quoiqu'elle me fût attachée, je puis le dire,
« par le sentiment le plus passionné, jamais je n'ai aperçu en
« elle la plus légère nuance d'exigence, de mécontentement,
« jamais rien qui ne laissât la plus libre carrière à toutes mes
« entreprises; et si je me reporte aux temps de notre jeunesse, je
« trouverai en elle des traits d'une délicatesse, d'une générosité
« sans exemple.

« Vous l'avez toujours vue associée de cœur et d'esprit à
« mes sentiments, à mes vœux politiques, jouissant de tout
« ce qui pouvait être de quelque gloire pour moi, plus encore
« de ce qui me faisait connaître tout entier, jouissant surtout
« lorsqu'elle me voyait sacrifier des occasions de gloire à un
« bon sentiment. Sa tante, madame de Tessé, me disait hier :
« Je n'aurais jamais cru qu'on aurait pu être aussi fanatique de
« vos opinions, et aussi exempte de l'esprit de parti. »

« Jamais son attachement à notre doctrine, n'a un instant altéré
« son indulgence, sa compassion, son obligeance pour les per-
« sonnes de l'autre parti ; jamais elle ne fut aigrie par les haines
« violentes dont j'étais l'objet, les mauvais procédés et les propos
« injurieux à mon égard, toutes sottises indifférentes à ses yeux
« du point où elle les regardait, et où sa bonne opinion de moi
« voulait bien me placer. Elle étant une sainte, et pourtant j'ai
« eu la consolation de voir mes amis les plus incrédules aussi
« aimés, aussi estimés par elle, et leur vertu aussi complétement
« reconnue que s'ils avaient été croyants comme elle...

« Elle m'a souvent exprimé la pensée qu'elle irait au ciel et même
« avec ce grand espoir, elle hésitait à prendre son parti de la
« vie éternelle. Elle m'a dit souvent : Cette vie est courte et trou-

« blée : réunissons-nous en Dieu, mon cher ami, et passons en-
« semble à l'éternité...

« Quelquefois on l'entendait prier dans son lit : il y eut, une
« des dernières nuits, quelque chose de céleste à la manière
« dont elle récita deux fois de suite, d'une voix forte, un
« cantique de Tobie applicable à sa situation, le même can-
« tique qu'elle avait récité à ses filles, en apercevant les clochers
« d'Olmütz... Vous parlerai-je du plaisir, sans cesse renaissant,
« que me donnait l'entière confiance que j'avais en elle ; cette
« discrétion à toute épreuve, cette intelligence admirable de tous
« les sentiments, de tous les besoins, de tous les vœux de mon
« cœur ? Et tout cela mêlé à un sentiment si tendre, à une opi-
« nion si exaltée, à un culte, si j'ose dire, si doux et si flatteur,
« surtout de la personne la plus parfaitement naturelle et sincère
« qui ait jamais existé... »

Louange heureuse et touchante, faite par le général Lafayette à l'épouse qu'il a perdue. On se repose de toutes ces fêtes de la vie et du hasard à contempler ces dames sérieuses, et ces chastes grandeurs. On se console des chansons frivoles de la jeunesse éhontée à entendre ces cris de sympathie et de respect qui sortent de l'âme d'un homme libre, et vous disparaissez comme une fumée, abominables grandeurs des courtisanes, si nous apparaît au détour du chemin, l'image austère de l'honnête femme au bras du mari qu'elle honore ! Ah dieux ! quel asile, en effet, plus modeste et plus charmant, contre les alcôves réprouvées, que le toit domestique, où règne, en faisant le bien, la mère de famille ignorante de ce monde à part. Chastes femmes que le privilége abrite, et que le privilége oblige ; asiles respectés de perfections familières et de lumières bienfaisantes !

A l'ombre de ces femmes vertueuses, l'honneur et l'espérance de la France, s'évaporent soudain les délires et les parfums défendus ; le regard charmé de ces clartés moins vives, mais durables, s'arrête sur un spectacle enchanteur : soins moraux et intellectuels du ménage, long et minutieux ministère de l'éducation des enfants, aimable dignité dans les relations du monde, douces et tendres amitiés, sentiments profonds d'un honnête amour, avoué à la face du ciel, toutes ces fleurs de la vie qui fleurissent sur les hauteurs comme la rose des Alpes.

Ajoutez la grâce du commerce des esprits, le goût des arts, le goût des sciences, et ces chères assiduités de la Charité qui entre, comme on entre chez soi, dans un hôpital, une prison, un grenier; ce noble dégagement qui tient à ses pieds les biens que d'autres semblent porter sur leur tête pour s'en prévaloir; en un mot, ce qui fait de la société de l'homme, le meilleur de nos biens d'ici-bas.

Comptez ces miracles et dites-nous si dans vos drames, dans vos romans, dans vos poëmes érotiques, vous avez jamais rencontré rien qui se puisse comparer à cette faveur, à cette douce lumière, à cette ombre propice, à cette âme pleine de chaleur et de tendresse, à ces douces vivacités voilées de toutes les délicatesses de la femme, à ces prières semblables à la respiration de l'âme, à cette vieillesse honorée, à cette mort chrétienne, à cette vie à part loin des fanges et des hontes d'ici-bas?

Ah! la fange! Elle devient une habitude, une force, une seconde nature. On a entendu des femmes qui avaient vécu chez les reines, et qui, rentrées au logis paternel, s'écriaient en jetant leur bonnet sur les toits : — « Allons-nous bien nous encanailler ce soir! »

J'ai lu, quelque part, qu'un prince arabe avait épousé une esclave dont il avait fait sa princesse; la princesse habitait un appartement du palais des rois mores qui donnait sur la rivière; elle aperçut, de sa fenêtre, une femme occupée à pétrir une terre molle avec ses pieds nus, pour en faire des briques ; aussitôt la dame de se lamenter en pleurant. Alors son mari voulut savoir pourquoi donc elle pleurait? « Je pleure, dit-elle, parce que je ne suis pas libre de faire ce que je veux, pas même de piétiner dans la boue comme cette femme. » A cette réponse, l'honnête homme de prince, qui ne voulait pas désobliger sa femme pour si peu, fit remplacer l'eau du plus grand bassin de Cordoue par de l'essence de rose mêlée à l'essence de cannelle, de gingembre et de toutes les épices les plus rares, ainsi que les meilleurs parfums, tels que l'ambre et le musc. Telle était cette boue à part, composée exprès des matériaux les plus exquis, que quand le bassin fut rempli de toutes ces choses précieuses, et qu'on en eut composé un limon tel que vous pouvez l'imaginer, le roi dit à Romaquia (c'était le nom de l'esclave) de se déchausser, et de faire autant de briques que bon lui semblerait.

Hélas ! à peine eut-elle piétiné un quart d'heure dans cette boue exquise que la belle se plaignit de la trahison. « Ça de la boue, y pensez-vous ? c'est une boutique de parfumeur. » Alors plus que jamais elle se mit à crier qu'elle était malheureuse, et qu'on lui donnait *de la fausse boue*... Elle s'y connaissait : elle y était née, elle y revenait tout naturellement !

On dirait que M. de Balzac avait entendu raconter cette histoire, lorsque appelé, à son tour, à retracer le portrait de la courtisane, il introduisait, dans son drame au cent actes divers, cette femme étrange qu'il appelait *la Torpille*. « Elle était, disait-il, la seule fille de joie en qui se rencontrât l'étoffe d'une belle courtisane. Elle ne savait ni lire ni écrire, mais elle comprenait toutes choses ; elle était une de ces créatures à part que représente au XVIIe siècle Marion Delorme, Ninon de Lenclos au siècle suivant. Il invoquait aussi les maîtresses des poëtes : Délie, et Lesbie, et Cynthie, Laïs et Rhodope. « Elle avait sur toutes ces
« femmes un rare avantage, elle avait *barboté dans la rue*, elle
« avait *roulé dans la fange*[1], et dans la boue et dans la fange
« elle avait fleuri comme un lis. Il n'y avait pas de femme dans
« Paris qui pût dire, aussi bien qu'elle, à l'animal-homme : *Sors*.
« Aussitôt l'animal quitte son bouge, il se vautre dans tous les
« excès. Elle vous met à table jusqu'au menton, elle vous aide à
« boire, à fumer ; elle est le sel chanté par Rabelais, et qui, jeté
« sur la matière, l'anime et l'élève jusqu'aux merveilleuses ré-
« gions de l'art. »

— Ainsi il parle de sa *Torpille* avec passion, avec délire, avec amour, comptant les plis de sa robe et les bagues de ses doigts ; de cette femme à part il sait l'accent et le jargon ; il en redit *les onomatopées les plus colorées ;* il chante sa gloire, il lui compose un cantique. « Elle est généreuse comme un chef de brigands *qui fait bien ses affaires*. — On peut lui confier *sa bourse et son secret.* » Puis quand il a bien parlé, il va s'asseoir « parmi les juges des dissipations parisiennes, maquignons qui regardent cette femme comme on regarde un beau cheval, et ils virent à travers le masque et les plis flottants du domino des bals masqués, « que cette créature était une admirable création, *l'éclair*

---

1. Œuvres de M. de Balzac, *la Torpille*, t. 26, pag. 376.

des rêves heureux. » Or M. de Balzac appelait cela « un profil de courtisane! » Un profil! Quand donc ils la verront de face, des pieds à la tête, et à visage découvert, que vont penser ces juges-maquignons?...

Ajoutons ceci : « On l'appelait *la Torpille* parce qu'au besoin *elle aurait engourdi l'empereur Napoléon.* »

Mais à quoi vais-je perdre mon temps à vous raconter l'histoire d'Esther? c'est une histoire de votre jeunesse, et déjà votre petit-fils, qui l'a entendu raconter à son père, la raconte à son enfant. Ces sortes d'histoires, on ne sait comment le jeune homme les sait avant l'âge, et ses maîtres ont beau lui en enseigner d'autres, il ne sait que celles-là : Les histoires qui enseignent à pécher : *historias peccare docentes.* En vain les grands livres racontent la Grèce et Rome, Alexandre et Jules César, les jeunes gens sauront toujours, sans l'avoir apprise : *la Torpille, Manon Lescaut, Ninon de Lenclos, Marion Delorme,* ou toute autre *courtisane amoureuse.* Heu! toujours la même histoire, et toujours, et toujours!

Il n'y a pas déjà si longtemps que des dames patriciennes, croyant la maîtresse absente, avaient pénétré chez une fille à la mode, et comme ces dames se croyaient seules, sous ce toit qui recouvrait tant de dépouilles opimes, elles furent épouvantées du luxe et de la dépense, et elles s'écriaient consternées : Mais c'est un conte de fées! — Oui, mesdames, reprit la fille en se montrant, c'est le conte des *Mille et une Nuits.*

Ça commence en effet, ces histoires de courtisanes amoureuses ou non amoureuses, comme un conte de fée, et ça finit, bientôt, en vingt-quatre heures, comme une histoire de prison, d'échafaud ou d'hôpital. Vraiment, poëte, vous aurez beau les déguiser en élégies, ces vierges folles, on voit le haillon à travers la soie et la dentelle, on entend le bruit du sabot sous le craquement du soulier, on retrouve au sourire les angoisses de la faim. Dans le cheveu lustré s'agitent les ombres du grenier maternel, sous le gant glacé se fait sentir la main glacée, on ne sait quel son rauque et trivial résonne, en sourdine, au fond de ce gosier où roucoulent toutes les mélodies amoureuses. Frottez, d'une main ferme, la plus parée de ces belles dames et la mieux ajustée, et soudain va reparaître l'enfant souffreteux, la fille sans pain, la créature sans feu, la malheureuse que la misère a livrée à ces fortunes d'un jour! Misère d'hier, origine antique!

Ces dames remontent, par une filiation certaine, à Solon lui-même; Solon, le premier, bâtit un temple à *Vénus courtisane*, et Socrate, en personne, qui prenait le titre de *sage conseiller en amour*, Socrate, un jour, comme il entendait parler de la beauté de Glycère de Sycione : — « Allons voir cette belle, » dit-il à ses disciples; aussitôt ils quittent l'école, ils s'en vont chez Glycère; elle était en train de poser pour un peintre et pour un sculpteur qui faisaient son image, pendant qu'un jeune poëte lui récitait ses vers. Rien ne saurait dire l'éclat et la magnificence de ce beau lieu. La dame était parée à la façon des reines d'Orient; sa maison était remplie de chefs-d'œuvre et de merveilles dans tous les arts; ses esclaves, nombreux et vêtus à ravir, n'attendaient qu'un geste pour accomplir les moindres désirs de leur souveraine... elle était vraiment reine, et Socrate, l'abordant avec cette grâce exquise qui était en lui :

« Dites-moi, Glycère, avez-vous donc des terres considérables pour entretenir le luxe que je vois ici? — Pas un pouce de terre, fit-elle en portant son *index* à sa lèvre rosée, avec un petit bruit d'ironie et de mépris. — Au moins possédez-vous quelque maison dont le revenu serve à payer ces meubles précieux, ces perles d'Orient et ces habits d'or? — A peine la maison que voici est à moi, dit-elle, et je ne suis pas sûre de l'avoir payée en entier. — Alors vous avez des esclaves qui travaillent pour vous? — O Socrate, reprit la belle en souriant au poëte, au peintre, au sculpteur, tu l'as dit, j'ai des esclaves; ce que je veux, ils me le donnent; j'ai des filets où tombe ma proie, et comme vous, Socrate, je compose des philtres qui me font suivre d'une armée d'adorateurs; vous avez l'éloquence, j'ai ma jeunesse et ma beauté! »

On peut lire dans Xénophon tout ce dialogue entre le philosophe et la courtisane : on verra que Socrate savait bien des choses qu'un philosophe de nos jours (même quand il y tâche) n'a pas le droit de savoir.

Au fait, le poëte Euripide l'a dit dans ses vers : « La beauté mérite la couronne! » Ou, comme disait ce prince allemand donnant le bras à madame Dubarry : « La beauté est toujours reine! » Et nous aussi, à notre époque aussi chaste que retenue et morale, nous pouvons nous glorifier d'une Aspasie et d'une Glycère de Sicyone, et nous aussi nous avons vu, de nos jours, le triomphe éclatant, le triomphe vivant, dramatique et plein de larmes d'Aspasie et de Marion Delorme.— Un triomphe à ce point, que dans un siècle, nos jeunes neveux, voudront savoir qui donc elle était réellement, cette héroïne de nos romans et de nos drames, dont on dit déjà tant de fables? *Fabulæ que manes!*

Elle était en effet une des reines de la mode, elle donnait l'accent à ce monde à part qui s'agite et qui règne, de l'empire de la Madeleine aux royaumes de Bréda; dans cette foule bariolée de mille vices, « elle était comme un astre et brillait seule. » Elle avait son nom, son petit nom et son surnom! On l'appelait *la dame aux camélias*, comme autrefois, dans Athènes, Mélite avait nom *l'abeille*, ou comme on appelait la dépensière Phryné, Phryné *le crible!* On la reconnaissait à l'élégance de sa taille, à l'éclat de ses yeux, à la pâleur de son visage! « Pourquoi donc est-elle à la mode, et d'où vient tout ce concours autour de cette belle? » s'écrie en son patois ce bandit de Martial... — *Elle tousse*, répond-il, *tussit!*

C'était encore une distinction de *la dame aux camélias*, elle avait les yeux pleins de fièvre, et menant une pareille vie, elle avait l'air d'une mourante, chose étrange, dans cette profession de la galanterie, qui est bien, de toutes les professions, la plus misérable et la plus pénible. Subir, en effet, tant de passions! prêter l'oreille à tant de discours! ouvrir tant de billets! écouter tant de confidences! mener de front tant d'intrigues! obéir à ces hasards, à ces fêtes, à ces vanités, à ces orgueils, et — mourante — se traîner au bal afin d'éclipser ses rivales, — et, pleine de fièvre, assister à ces longs festins dont il faut être la joie et le plaisir, — et sourire à celui-ci, et sourire à celui-là, mentir à tous les deux, les tromper tous en bloc; ni repos ni trêve, et pas un moment de solitude avec soi-même, et pas un instant de calme!

Comédienne, elle ne quittera plus son théâtre que pour mourir, et encore! il faut te hâter, malheureuse, si tu veux mourir dans ce lit qui appartient à tes créanciers comme tu leur appartiens toi-même... à toutes ces luttes, il faut ajouter les misères de ces fortunes délabrées, les hontes de ce luxe insolent qui s'entretient de toutes les humiliations et de toutes les bassesses.

L'orgueil ne leur est pas permis à ces infortunées, pas plus que la tristesse : elles n'ont pas le droit de porter le deuil de leurs proches parents, sinon quelque deuil de convention, quand le noir sied à leur visage ; elles n'ont pas le droit de verser une larme, ou, si elles pleurent, c'est encore une façon de se montrer dans une attitude étudiée à l'avance. Elles exercent une profession sans pitié ; elles vivent d'un métier plein d'angoisses et de périls ; elles vivent dans les dettes, dans l'usure, dans leur métier : *la joie*, entre la mendicité et l'opulence, aujourd'hui sur les nues, demain au fond du nuage ; elles vivent de trahisons, de perfidies, de mensonges, de mille attentats contre le repos des familles, contre l'honneur des plus honnêtes gens.

Tout leur est bon : l'innocence de l'adolescent, la faiblesse de l'homme fait, la corruption décrépite du vieillard ! Elles portent en elles-mêmes ce don funeste, que si par hasard elles se donnent, elles déshonorent l'homme à qui elles se donnent pour rien ; elles-mêmes elles sont honteuses, se voyant au bras de cet homme, du rôle ignoble qu'elles lui font jouer publiquement.

Ainsi, se donnant, elles se trouvent trop chèrement payées ! Ainsi, ces femmes, véritables sauterelles de l'abîme, sont jetées dans nos villes comme autant de piéges inévitables. — Elles vivent des vieux héritages, comme autant de chenilles sur les feuilles naissantes, accomplissant, à coup sûr, les rêves des utopistes qui se plaignent que la propriété soit immobile et stable ; ils n'ont pas compté, messieurs les utopistes, messieurs les socialistes, et messieurs les économistes, dans leurs calculs de la propriété divisée à l'infini, sur ces filles de joie et de ruine, parasites inévitables qui passent leur niveau sur toutes les grandes fortunes qu'elles abaissent, et dont elles se vengent en les dévorant. « Laissez venir à moi, dit l'Ecclésiaste, ces hommes faibles, qu'ils mettent leurs pieds dans mes entraves, et leur épaule sous mon joug ! »

C'est un malheur que ces divinités du mal soient si dangereuses, mais qu'y faire ? Elles ont pour toute fortune l'intrigue, et pour toute force une beauté de trois jours. Et comme elles ont fait leur choix, de bonne heure, entre l'honnêteté et le faste, elles veulent au moins être enviées, un instant, de la foule qui les regarde, ébahie et ne comprenant rien à ces comètes errantes qui vont de la fange au diadème, du balai au sceptre, du tablier au manteau de pourpre, pour revenir définitivement à la fange, au tablier, au balai.

Elles le savent ; elles ont sous leurs yeux l'exemple de mademoiselle leur mère, et elles agissent comme si l'éternité leur était promise; tant qu'elles vivent sur ces hauteurs malsaines, leur âme est en pleine révolte, leur esprit est en plein délire; elles ne connaissent que les sentiments faux, elles ne savent marcher que dans les mauvais sentiers; fausses de cœur, riantes de visage, renards à la ruse, éperviers au larcin ; si fidèles à la justice, qu'elles sont les premières à châtier les hommes complices de leurs crimes.

Leur vie se passe à veiller dans la perfidie, à s'endormir dans les bassesses les plus violentes et dans les draps les plus fins, à charger leur main droite des diamants de la plus belle eau et de serments solennels, à se mirer dans leurs propres perfidies, à se vanter de leurs meurtres, à calculer l'argent dévoré, à courir d'un pied hardi, à force de luxe, de recherche et de mignardise, après le ton des honnêtes femmes et la démarche des femmes de qualité. Le coffre-fort des financiers est le trône de ces belles; leur prière est une hymne au dieu des filous et des voleurs; elles battent qui les régente... elles courbent la tête sous la main qui les frappe ; elles vont adorer un laquais, pendant que le prince du sang fait antichambre chez ces Minerves en casaquin !

Un mot les dit toutes... viles et belles ! Leur beauté même est une base sur laquelle leur méchanté est fondée. Elles ont plus de babil que d'esprit; elles plaisent par les vices même et par les sottises qui rendent haïssables les autres femmes. Esclaves qu'on attache à des chaînes dorées ; galériens, leur carcan est chargé de pierreries; elles ont la fidélité du sépulcre qui garde à peine le nom du mort enterré sous le marbre oublieux. Dans ce sépulcre sans nom, que de fortunes péniblement acquises sont enfouies ! Combien de familles dépouillées, que de grands noms souillés, de jeunesses anéanties, de hontes précoces !

Laissez-les passer, ces malheureuses femmes perdues par le luxe et la débauche, à travers les châteaux en ruines, les terres en friche et les rentes en décret ! — Et pendant qu'il n'y a rien sous l'œil des cieux qui n'ait ses bornes et son frein, elles seules, ces servantes de Cupidon, elles ne connaissent ni le frein ni l'arrêt; appétit sans bornes, soif sans limites; elles boivent, dans une coupe d'or, l'eau du Gange mêlée au vin d'Aï, écrasant la grappe écumante de toutes les vignes, dans la rosée ardente de tous les cieux !

A ces créatures effrontées rien n'est impossible : elles ont appris en naissant que la volonté d'une fille perdue est plus forte que l'honneur d'un galant homme ; elles savent, par expérience, que le meilleur moyen de commander, c'est la nécessité d'obtenir. Une d'elles forçait Hercule à tourner la broche dans sa cuisine ; et pour que le gibier fût cuit à point, le dieu lui-même jeta au feu sa massue. Homme ou dieu, quiconque les approche est perdu, malgré le poids de sa vieillesse, en dépit de la fleur de son printemps. Elles trahissent les lois, elles déforment les mœurs ; il y a en elles l'étoffe de toutes les perfidies et le fonds de toutes les misères ; inconstantes comme l'onde, ce qu'elles aimaient à la folie, elles le détestent à la rage; généreuses comme des dieux quand c'est un riche qui les implore, elles sont sourdes et aveugles comme des idoles à la prière des jeunes gens sans fortune, et la brune et la blonde, et la belle et la jolie, et la laide même (on en compte et beaucoup), et la grasse et la maigre, et la vieille et la jeune, les unes et les autres, parties de si bas ou tombées de ces hauteurs, une fois qu'elles sont entrées en plein dans ce Montjoie d'intrigues, de fêtes, de dettes, de luxe et de licences, elles s'abandonnent aux mêmes Parques, elles subissent le même joug.

La nécessité les courbe de sa main de fer sous le même niveau, qu'elles soient mariées ou veuves, filles à demi, mariées à peine, veuves ou peu s'en faut, jusqu'à ce qu'enfin, au bruit monotone du tambourin et de la flûte, disparaissent, pour faire place à d'autres de la même race et de la même espèce, ces divinités impudiques d'un Olympe anéanti !

CHAPITRE IX

Parmi ces femmes, savantes à se venger des dieux et des hommes, à tirer bon parti de la vie, à mettre à l'encan leur jeunesse, à porter dans un sillon lumineux les tissus de Sidon, l'or de l'Inde, la myrrhe de l'Oronte et l'odorant cinnamome d'Arabie, il y avait, naguère, en plein Paris, en pleine fortune, en pleine consomption, cette *Dame aux Camélias*. Elle était célèbre par sa pâleur, elle était fameuse par son luxe. On racontait de ses dépenses… des folies incroyables, et cette folie ajoutait à la curiosité qui s'attachait à cette femme, à ce crible. Elle eût compté pour rien tout l'or de l'ancien Pérou ; elle jetait l'or comme elle le prenait : au hasard ; elle-même elle était à qui voulait la prendre ; ni possédant ni possédée !

Elle n'aimait pas, comme font ses pareilles, à dépenser pour l'orgueil même de la dépense, et à faire à sa beauté un piédestal de toutes les ruines ; elle n'eût pas proposé aux Thébains de rebâtir la ville incendiée par Alexandre... elle l'eût rebâtie sans en rien dire ; elle eût élevé la pyramide de Rodope, elle eût dédaigné de mettre son nom sur la pyramide ; Praxitèle eût fait sa statue en or, comme il fit celle de Phryné, *la Dame aux Camélias* (c'était son nom de guerre) eût envoyé sa propre statue au Mont-de-Piété, où elle eût trouvé sa place, beaucoup mieux que dans le temple de Delphes, sur un marbre du mont Pentelus, avec cette inscription : « Phryné de Thespie, fille de sa mère ! »

Elle était malade, elle se cachait pour souffrir ; elle s'ennuyait, elle ne voulait pas que l'on vît ses ennuis ; elle remplaçait par une extrême élégance et par un soin exquis de sa personne, la force et la gaieté qui lui manquaient ; sa faiblesse même et sa pâleur lui donnaient on ne sait quel honnête reflet de chasteté difficile à rencontrer dans ce monde licencieux des aventures compromettantes ; elle était un contraste ; on se rappelait, en la voyant, un mot de Platon à Glycère : *Ma pauvre Hélène !* De très-honnêtes gens lui donnaient le bras et l'accompagnaient, la tête haute, sans être obligés de *se couvrir des sentences d'Aristippe !*

Évidemment, en cette femme il y avait un charme, une grâce, un parfum que les autres femmes de son espèce n'avaient pas. Elle devait ressembler à cette belle Herpylia, dont le nom se retrouve dans le testament d'Aristote ! — Enfin elle est morte à vingt ans, dans toute la grâce languissante de son sourire et de sa beauté ; elle est morte pauvre, au milieu d'un luxe royal ! Parques injustes, ainsi mourut, en son printemps, cette belle et charmante Baulis : « Elle s'éclipse à son aurore, cette sœur des Grâces ; la voilà muette, inanimée, une froide statue, un peu de cendre ! » Elle a bien fait de mourir ; elle est devenue aussitôt l'héroïne d'un drame et d'un roman qui portent son nom. Plus d'une élégie a été murmurée à son cercueil !

> ... Sed Cynaræ breves
> Annos fata dederunt !

La Dame aux Camélias s'appelait, de son vrai nom, mademoiselle Marie Duplessis, et bien que née en la plus infime condition (elle était blanchisseuse sur les bords de la Bièvre), elle avait une figure si charmante, tant de grâce dans la démarche et de bonté dans le regard qu'elle s'attirait, au premier abord, une certaine admiration, mêlée de déférence. Elle avait, en effet, le geste élégant, la démarche hardie et décente tout ensemble d'une femme du plus grand monde, et rien qu'à la voir marcher, on pouvait dire ce que disait Elleviou d'une Dame de la cour : « Évidemment, voici une fille ou une duchesse ! »

Hélas ! ce n'était pas une duchesse, elle était née au bas de l'échelle difficile, et elle en avait franchi, par grand hasard, les premiers échelons, à l'âge de dix-huit ans, qu'elle pouvait avoir en ce temps-là. La première fois que je la rencontrai, ce fut dans le très-abominable foyer d'un théâtre du boulevard, tout rempli de cette foule bourdonnante qui juge, d'ordinaire, les mélodrames à grand spectacle. Il y avait, en ce lieu malsain et mal éclairé, plus semblable à l'antichambre d'une prison qu'au vestibule d'une fête, moins d'habits noirs que de blouses trouées, moins de chapeaux à fleurs que de bonnets ronds; la causerie était digne de l'Académie; on se heurtait, on se poussait, on criait, on riait... Mais à peine cette belle personne égarée en ce lieu de plaisance, eut-elle posé le pied sur ce seuil étrange, aussitôt vous eussiez dit que sa présence illuminait ces choses burlesques ou féroces, d'un regard de ses beaux yeux.

Elle touchait du pied ce parquet boueux, comme si en effet elle eût traversé le boulevard, un jour de pluie ; elle relevait sa robe par instinct, pour ne pas effleurer ces fanges desséchées, et sans songer à nous montrer, à quoi bon? son pied, bien chaussé, attaché à une jambe ronde que recouvre un bas de soie à petits jours. Tout l'ensemble de cette toilette irréprochable était en harmonie avec cette taille souple et jeune; ce visage d'un bel ovale un peu pâle, répondait à la grâce qu'elle répandait autour d'elle, comme un indicible parfum.

Elle entra donc; elle traversa, la tête haute, cette cohue étonnée, et nous fûmes très-surpris, Listz et moi, lorsqu'elle vint s'asseoir familièrement sur le banc où nous étions! Listz, non plus que moi, ne lui avait jamais parlé, il ne l'avait jamais vue ; en revanche, elle savait très-bien qu'elle abordait un grand artiste, et comme elle était une femme d'esprit, de goût et de bon sens, elle s'adressa, tout d'abord, au seul homme qui la pût intéresser dans cette foule ; et sans gêne, et sans fausse honte, elle se présenta elle-même, en s'excusant de sa hardiesse : — mais enfin elle avait, disait-elle, assisté au dernier concert, elle avait entendu sous les doigts inspirés de Franz Listz, la *Marche hongroise* et *Don Juan*, elle en était encore émue et passionnée, elle avait souvent désiré le rencontrer pour le lui dire, et puisque aujourd'hui le hasard les réunissait dans ce *joli salon*, elle était bien contente et bien heureuse, en effet, de parler à l'homme qui l'avait charmée ! Ainsi elle disait, avec beaucoup de grâce, et sans rien affecter, ni l'abandon de la femme compromise, ni le *comme il faut* de la femme du monde ; on voyait qu'elle pensait tout à fait ce qu'elle disait si bien.

Listz habitué à tant de sympathie, à tant d'honneurs, Listz qui a vu des reines pleurer à l'entendre, Listz enfant gâté de la gloire, qui a entendu le canon retentir sur la rive du Rhin, quand il remontait le grand fleuve pour aller rebâtir la cathédrale de Cologne, heureux Listz, heureux poëte, heureux artiste, accepta très-volontiers cette douce louange ; il ne se demanda pas tout de suite qui était la dame, il lui suffisait qu'elle fût élégante et belle et bien disante. Semblable à ces instruments sonores qui répondent aux premiers souffles de la brise de mai, il écouta complaisamment ce beau langage à son adresse, et plus parlait la jeune femme, et plus il la trouvait éloquente. En même temps, avec cet instinct merveilleux qui est en lui, et cette grande habitude du plus grand monde officiel, et du plus grand monde parmi les artistes, il cherchait quelle était cette femme, élégante et familière, qui l'abordait la première, et qui, après les premières paroles échangées, le traitait avec une certaine hauteur voisine de la protection.

Cependant les trois coups solennels du régisseur avaient retenti dans la salle, et chaque spectateur était revenu à son poste ; en ce moment le foyer était vide, et la dame inconnue s'étant rapprochée de la cheminée, elle avait exposé ses deux pieds frissonnants à la chaleur de ces bûches avares, si bien que nous pouvions la voir, tout à notre aise, des plis brodés de son jupon, aux crochets de ses cheveux noirs ; sa main gantée, à faire croire à une peinture, son mouchoir merveilleusement orné d'une dentelle royale ; aux oreilles, deux perles d'Orient à rendre une reine jalouse ! Elle portait toutes ces belles choses, comme si elle fût née dans la soie et dans la martre zibeline, sous quelque lambris doré des grands faubourgs, une couronne sur la tête, un monde à ses pieds. Ainsi son maintien répondait à son langage, sa pensée à son regard, son regard à son sourire, sa toilette à sa personne, son geste à son action, et l'on eût cherché vainement, sur les plus hauts sommets du monde, une créature qui fût en plus belle et plus complète harmonie avec son geste, sa parure, ses habits et ses discours.

Listz cependant, très-étonné de cette merveille, en un lieu pareil, et de cet entr'acte galant à un si terrible mélodrame, s'abandonnait à toute sa fantaisie. Il est non-seulement un grand artiste, mais encore un homme éloquent ; il sait parler aux femmes, passant comme elles d'une idée à l'autre idée, et choisissant les plus opposées ; il adore le paradoxe, il touche au sérieux, au burlesque, et je ne saurais vous dire avec quel art, quel tact, quel goût infini il parcourut, avec cette beauté sans nom, les gammes en zigzag, de la conversation de chaque jour.

Ils causèrent ainsi, elle et lui, pendant que se jouait le troisième acte, au milieu des tonnerres dont l'écho venait jusqu'à nous ; ils causèrent comme en tête-à-tête ; pour ma part, je fus à peine interrogé une ou deux fois, par politesse, et ce fut tout, si la dame daigna m'accorder un regard ! L'acte achevé, le foyer se remplit de nouveau ; et la jeune dame, chassée par la foule, rentra dans sa loge en pensant à Listz ; Listz ne voulut pas entendre le reste du mélodrame, il revint avec moi, tout pensif, par la bise, et par ce froid de l'hiver.

Cet hiver passa, puis l'été ; l'automne suivant, mais cette fois dans tout l'éclat d'une représentation extraordinaire, en plein Opéra, j'étais à mon poste accoutumé, songeant tristement à tant de belles choses que nous allions subir, de huit heures du soir à une heure du matin, lorsque tout d'un coup s'ouvrit, avec un certain fracas, une des grandes loges de l'avant-scène ; et sur le devant de cette loge, exposée à tous les regards, se posa, fière et superbe, le dédain à la lèvre et l'éventail à la main (on eût dit un sceptre, cet éventail), la même beauté que j'avais vue au boulevard. C'était bien elle, elle-même ! mais cette fois elle se montrait, à son peuple, dans le grand habit d'une femme à la mode, et brillante de toutes les splendeurs de la conquête. Elle était coiffée à ravir : ses beaux cheveux, mêlés aux diamants et aux fleurs, et relevés avec cette grâce étudiée qui leur donnait le mouvement et la vie, encadraient, d'un noir d'ébène, ce front intelligent ; elle avait les bras nus et la poitrine nue, et des colliers et des bracelets, et des émeraudes. Sur le devant de la loge était posé, comme une enseigne et comme un étendard, un bouquet énorme, un bouquet de camélias !

De quelle couleur ? Je ne saurais le dire ; il faut avoir assurément les yeux d'un jeune homme et l'imagination d'un enfant pour bien distinguer la couleur de la fleur sur laquelle se penche un beau visage ! A nos âges, on ne regarde que la joue et l'éclat du regard ; on s'inquiète peu de l'accessoire, et qui s'amuse à tirer des conséquences de tout ce qu'il voit, les tire de la personne même ! Toujours est-il que le camélia était sa fleur favorite ; elle en portait toujours ; tantôt blancs, tantôt rouges, et les jeunes gens de l'orchestre avaient je ne sais quelle explication à donner de ces diverses couleurs.

Le soir dont je parle, Duprez venait d'entrer en lutte avec cette voix rebelle dont il pressentait déjà les révoltes définitives, mais il était seul à les pressentir, et le public ne s'en doutait pas encore. Seulement dans le groupe attentif, qui aime *l'art pour l'art* (un vieux mot que je place ici pour le mettre quelque part), quelques amateurs sincères de la grande musique et des belles voix devinaient la fatigue sous l'habileté de l'artiste, et l'épuisement sous ses efforts immenses pour se mentir à lui-même. Évidemment la *dame aux camélias* était un juge habile, une virtuose ; elle savait écouter, et elle écoutait bien ; cependant après quelques instants d'une attention soutenue, on put voir qu'elle n'était pas sous le charme habituel ; elle se rejeta violemment au fond de sa loge, et n'écoutant plus, elle se mit à interroger la physionomie ardente de cette grande salle où sont contenues, aux jours solennels, tant de hontes, tant de grâces, tant de lâchetés, tant de spendeurs !

A coup sûr, elle connaissait beaucoup de gens, parmi les spectateurs les plus choisis. Rien qu'au mouvement de sa lorgnette, on jugeait que la belle spectatrice aurait pu raconter plus d'une histoire, à propos des hommes du plus grand nom ; elle lorgnait tantôt l'un, tantôt l'autre, et sans choisir, n'accordant pas à celui-ci plus d'attention qu'à celui-là, indifférente à tous, et chacun lui rendant, d'un sourire ou d'un petit geste très-bref, l'attention qu'elle lui avait accordée. Du fond des loges obscures, et du milieu de l'orchestre, d'autres regards, brûlants comme des volcans, semblaient la menacer d'incendie... à peine si elle voyait briller ces flammes incendiaires! Enfin, si par hasard sa lorgnette se portait sur les dames du vrai monde parisien, il y avait soudain dans son attitude et son maintien, je ne sais quelle humiliation qui faisait peine à voir. Au contraire, elle détournait la tête avec amertume si par malheur son regard venait à se poser sur quelqu'une de ces renommées douteuses et de ces têtes provocantes, qui usurpent (grâce aux diverses chancelleries de l'Europe) aux jours des fêtes solennelles, les plus belles places du théâtre envahi par ces dames *aux camélias!*

Son compagnon, car cette fois elle avait un cavalier, était un frêle jeune homme à demi parisien, et tout exubérant des insignes de l'opulence de la maison paternelle! Il était venu, du fond de sa province à Paris, tout exprès pour dévorer, arpent par arpent, quelque vieille terre que son père lui avait laissée. Ainsi le jeune homme à son aurore était fier de cette beauté à son apogée; il n'était pas fâché de s'en faire honneur, et pour montrer à tous qu'elle était bien à lui, il l'obsédait de ces mille prévenances si chères à une jeune femme, quand elles viennent de l'amant aimé, si déplaisantes lorsqu'elles s'adressent à une âme occupée autre part... On l'écoutait sans l'entendre, on le regardait sans le voir... Qu'a-t-il dit? La dame n'en savait rien; pour obéir aux lois de sa profession misérable, elle essayait de répondre, et ces quelques paroles, qui n'avaient pas de sens, devenaient pour elle une fatigue.

Elle s'ennuyait d'être un spectacle, au milieu de tant de gens, cette pécheresse adorée, et cet ennui même doit lui servir d'excuse et de pardon, puisqu'il a été le châtiment de ses prospérités mensongères. L'ennui a été le grand mal de sa vie; à force d'avoir vu ses affections brisées, à force d'obéir à la nécessité de ces liaisons éphémères, et de passer d'un amour à un autre amour, sans savoir, hélas! pourquoi donc elle étouffait, si vite, ce penchant qui commençait à naître, et ces tendresses à leur aurore, elle était devenue indifférente à toutes choses, oubliant volontiers ce qu'elle aimait ce soir, sans trop s'inquiéter de ce qu'elle aimera demain! Vide immense! Abnégation profonde! Ruine, esclavage et lamentation!

L'infortunée! elle avait besoin de solitude... elle se voyait obsédée! Elle avait besoin de silence... elle entendait sans cesse et sans fin les mêmes paroles à son oreille lassée! Elle aspirait après le calme et le repos, comme la fleur desséchée aspire après la rosée... on la traînait impitoyablement dans les fêtes et dans les tumultes. Oh! misère plus grande et déception plus amère! il y avait des instants où elle eût donné sa vie et son âme pour une honnête parole de pur et sincère amour... Vain espoir! Personne au monde ne lui disait : *Je t'aime!*... et chacun lui disait : *Sois à moi!* Tous auraient mis à ses pieds leur fortune, et pas un ne lui eût offert la moindre place dans son cœur!

Aussitôt que les chanteurs eurent accompli leur office, elle se trouva fatiguée, et elle voulut quitter cette enceinte où elle n'avait plus d'effet à produire! Pourtant la soirée était à peine au milieu de son cours. On attendait Bouffé, mademoiselle Déjazet et les farceurs du Palais-Royal, sans compter le ballet, où la Carlotta Grisi devait danser, légère et charmante... En vain *son* jeune homme la priait d'attendre encore..... Elle voulut partir tout de suite, et rentrer chez elle, quand tant de gens avaient encore trois heures de plaisir, au bruit de ces musiques, inondées de la clarté de ces lustres brûlants!

Je la vis sortir de sa loge, et s'envelopper elle-même dans son manteau doublé d'une hermine précoce. Je me souviens même de l'avoir aidée à relever son manteau sur son épaule, qui était très-blanche, et elle me regarda sans me reconnaître, avec un petit sourire douloureux qu'elle reporta sur le grand jeune homme, qui était occupé, en ce moment, à payer l'ouvreuse et à lui faire changer une pièce d'or. « Gardez tout, madame, » dit-elle à l'ouvreuse en lui faisant un beau salut. Elle traversa le couloir d'un pas chancelant, et elle descendit le vaste escalier, sa robe blanche se détachant de son manteau rouge, et son mouchoir attaché sur sa tête, par-dessous son menton; la dentelle jalouse retombait un peu sur ses yeux. En ce moment elle n'était plus qu'une femme comme toutes les autres ; elle avait joué son rôle ; sa journée était achevée, et elle ne songeait plus à être belle..... Elle a dû laisser le jeune homme à la porte, ce soir-là.

Une chose digne de remarque et tout à sa louange de *la Dame aux Camélias*, c'est que cette jeune femme, qui a dépensé dans les heures de sa jeunesse, l'or et l'argent à pleines mains (elle estimait peu ce triste argent qui lui coûtait si cher!), n'a été l'héroïne d'aucune de ces histoires de ruine, de scandale et de duels, que tant d'autres femmes, moins recherchées, eussent soulevées, sur leur passage, rien que pour témoigner de leur horrible toute-puissance! Un homme ruiné par vous, mesdames, est un si beau présage! Un homme tué par vous est un si beau prospectus! De cette femme on n'a jamais raconté rien qui ressemblât à ces meurtres. Au contraire, on n'a parlé que de ses triomphes, de son goût pour les beaux ajustements, des modes qu'elle savait trouver, et de celles qu'elle imposait. Il y avait certainement, autour de cette personne, enlevée si tôt par la mort, une décence inattendue. Elle a vécu à part, même dans le monde à part qu'elle habitait, et dans une région plus calme et plus sereine, bien qu'à tout prendre, elle habitât les régions où tout se confond, où tout s'abîme, où tout se perd.

Je l'ai revue, une troisième fois, quand fut inauguré le chemin de fer du Nord, au milieu de ces fêtes royales que donna Bruxelles à la France, devenue sa voisine et sa commensale. Dans cette gare immense, la rencontre et le rendez-vous de tant de chemins du Rhin à la Seine, la Belgique avait réuni les fleurs de ses jardins, aux diamants de ses couronnes. Une foule incroyable d'uniformes, de cordons, de diamants, de robes de gaze et de jeunesses enivrées de toutes les grâces du printemps de la vie, encombraient cet emplacement d'une fête qu'on ne reverra pas.

La pairie française, la noblesse allemande, la Belgique espagnole, les deux Flandres, la Hollande parée de ses antiques bijoux, contemporains du roi Louis XIV et de sa cour, toutes les lourdes et massives fortunes de l'industrie étaient accourues à ces splendeurs de la politique et de la guerre ; on avait gardé sa place méritée au milieu de ces fortunes et de ces puissances, à l'escadron volant de nos Parisiennes; semblables à des papillons de pourpre autour d'une ruche d'abeilles, elles venaient à cette fête du fer dompté, et de la flamme obéissante au temps vaincu. Pêle-mêle étrange et miraculeux où toutes les forces et toutes les grâces de la création étaient représentées, du chêne à la rose, et de la houille à l'améthyste! Eh bien! au plus fort de ce mouvement des peuples, des rois, des princes, des artistes, des forgerons, et des grandes coquettes de l'Europe, nul ne s'étonna lorsqu'on vit apparaître cette blanche et pâle apparition de la femme, en deçà de toutes les lois du monde réel !

Elle avait été invitée à ce bal où les reines allaient venir, grâce à son éblouissante beauté ! Elle attirait tous les regards, elle était suivie de tous les hommages. Un murmure flatteur saluait son passage; elle, cependant, elle acceptait ces hommages, comme si ces hommages lui étaient dus. Elle donnait le bras, ce soir-là, à un autre étranger, à un nouveau venu, blond comme un Allemand, impassible comme un Anglais, très-vêtu, très-roide, et qui croyait faire, en ce moment, on le voyait à sa démarche, une de ces hardiesses sans nom, que les hommes sages se reprochent jusqu'à leur dernier jour.

Certes, l'attitude et le ton guindé de cet homme étaient déplaisants pour la sensitive qui semblait le traîner à la remorque, et comme si elle eût compris cette gêne, avec ce sixième sens qui était en elle, elle en redoublait de hauteur; son merveilleux instinct lui disait que plus cet homme était étonné de son action, plus elle-même elle devait faire sentir, à cet homme, l'honneur qu'elle lui faisait en ce moment, la superbe! C'est pourquoi son orgueil féminin pesait avec tant d'ironie et de mépris sur les remords de ce garçon effarouché. Puis quand elle eut mené en laisse et montré à tous la gêne et le dépit de son anglo-allemand, elle se mit à chercher une bonne occasion de le planter là, au beau milieu de son étonnement et de ses remords.

Justement, au détour d'un grand sentier de lumière et de verdure, notre Parisienne fit la rencontre d'un ami à elle, d'un ami sans prétention, un artiste honnête et prudent de notre monde, un peintre habile qui avait peur des grandes passions, grand partisan des amours à bon marché, et qui savait, mieux que personne, à quel point cette femme charmante était séduisante et dangereuse ! Homme heureux qui fuyait le danger, juste au moment où commençait la séduction.

— Ah ! vous voilà, lui dit-elle avec un beau sourire de contentement et de fête (on aime toujours qui vous admire!), ah! c'est vous, tant mieux ; mais, juste ciel! aurez-vous le courage de me donner le bras, et de danser, en si bon lieu, avec *la Dame aux Camélias?* — Disant cela (comme elle lisait un plein consentement dans les yeux de l'artiste), elle se dégagea lestement du bras officiel de son cavalier, et gracieusement penchée au bras de son ami l'artiste, elle se mit à danser avec cet amoureux désintéressé la valse à deux temps, qui est la séduction même ! Elle dansait à merveille, ni trop droite et ni trop penchée, obéissante à la cadence intérieure autant qu'à la mesure visible; elle touchait à peine, d'un pied léger, ce sol élastique, et bondissante et reposée, et les yeux sur les yeux de son danseur, elle allait, ravie, oubliant toute chose, en frôlant de son épaule réjouie une foule de belles dames... heureuse et fière de les voir de si près.

Si jolie et belle elle était, et lui si leste et si vif avec tant de bonheur français sur son visage moustachu et chevelu, que bientôt on fit cercle autour de l'un et de l'autre, et c'était à qui serait touché par ces beaux cheveux obéissant au mouvement de la valse rapide, et c'était à qui frôlerait cette robe légère, empreinte de ces parfums légers, et peu à peu le cercle se rétrécissant, et les autres danseurs s'arrêtant pour les voir, il advint que le grand jeune homme... celui qui l'avait amenée en ce bal, la perdit dans la foule, et qu'il voulut en vain retrouver ce bras charmant, auquel il avait prêté le sien avec tant de répugnance... La belle danseuse et son danseur étaient partis, emportés par la valse en plein tourbillon ; on ne put pas les retrouver !

Le lendemain de cette fête, elle s'envint de Bruxelles à Spa, par une belle journée, à l'heure où ces douces montagnes s'illuminent des chauds rayons du soleil de l'été! Heure charmante! Vous voyez soudain accourir à ces sources claires, toutes sortes de malades heureux, qui se reposent des fêtes de l'hiver passé, afin d'être mieux préparés aux joies du prochain hiver.

A Spa, notre Parisienne fut accueillie avec un empressement, assez rare, dans ce village effarouché, qui abandonne volontiers à Bade, sa rivale, ces reines compromettantes de la fortune et de l'amour. Ce qui rendit aussi, plus hospitalière et plus facile cette petite cité pédante, si dure au pauvre monde amoureux, c'est que l'on vit bientôt qu'une si jeune femme était sérieusement malade; elle souffrait cruellement, déjà, du mal affreux qui la devait emporter si vite; et comme elle avait voulu interroger un maître de l'art, celui-ci, après une étude attentive de cette poitrine en feu, conseilla à la jeune malade un régime enfantin : le calme, le repos, le sommeil, le silence... ces beaux rêves de l'âge d'or, qui étaient les rêves de sa vie ! A ces conseils elle se prit à sourire en hochant la tête ; elle savait que tout lui était permis, moins la possession de ces heures choisies qui sont le partage des femmes qui n'appartiennent qu'à elles seules.

Elle promit cependant qu'elle obéirait de son mieux ; — promesse inutile ! On la vit bientôt, ivre et folle d'une joie incroyable, qui franchissait à cheval les passages les plus dangereux, étonnant de sa gaieté, cette allée de *Sept-Heures*, qui l'avait trouvée rêveuse, et lisant tout bas, sous les arbres.

Bientôt elle devint « la lionne » de ces beaux lieux. Elle présidait à toutes les fêtes ; elle donnait le mouvement au bal et la vie au jeu de chaque soir ; elle imposait les airs qu'elle aimait le plus à l'orchestre obéissant, et la nuit venue, à l'heure où un peu de sommeil lui eût fait tant de bien, elle épouvantait les plus intrépides joueurs par les masses d'or qui s'amoncelaient sous sa main enfiévrée, et qu'elle perdait ou gagnait, tout d'un coup, indifférente au gain, indifférente à la perte. Elle avait rencontré ce nouveau moyen de tuer les heures qui la tuaient, et elle s'en servait, sans compter. Telle qu'elle était, cependant, elle eut cette chance heureuse, dans le jeu cruel de sa vie, qu'elle avait conservé des amis, chose rare ! et c'est même un des signes de ces liaisons funestes de ne laisser qu'oubli, abandon, misère ; ô vanité, fumée et néant, au bout de ces cruelles et abominables adorations.

Eh ! que de fois, après ces éphémères amours, l'amant est passé près de sa maîtresse sans la reconnaître ! Que de fois cette main, vouée aux fleurs, s'est vainement tendue à l'aumône et au pain dur !

Il n'en fut pas ainsi de cette élégante et de cette charmante, elle tomba dans sa pourpre, et tombée, elle trouva aide, appui et protection parmi les disciples fervents de ses beaux jours. Ces mêmes hommes, attelés au char de cette beauté, qui avaient été rivaux, et peut-être ennemis, s'entendirent, pour veiller au chevet de la malade, expiant les nuits folles par des nuits sérieuses, quand la mort approche, quand le voile se déchire, et que la victime et son complice comprennent enfin la vérité de cette parole sérieuse : *Væ ridentidus !* « Malheur à celles qui rient ! » Malheur aux joies profanes, aux amours vagabondes ! malheur à la jeunesse qui s'égare dans les tentations mauvaises !... A certains détours du sentier, il faut nécessairement revenir sur ses pas, et tomber dans les abîmes où l'on tombe, à vingt ans.

Elle mourut ainsi, doucement bercée et consolée en mille soins fraternels ! Elle n'avait plus d'amants... jamais elle n'avait eu tant d'amis, et cependant elle ne regrettait pas la vie. Elle savait les hontes nouvelles qui l'attendaient si elle revenait à la santé, et qu'il faudrait porter, de nouveau, à ses lèvres décolorées, cette coupe des lâches plaisirs dont elle avait touché la lie ! Elle mourut donc, en silence, cachée en sa mort, encore plus qu'elle ne s'était montrée dans sa vie, et après tant de luxe, tant de scandales et de dépense, elle eut le bon goût suprême de vouloir être enterrée à la pointe du jour, en quelque place humble et solitaire, sans apparence et sans bruit, absolument comme une honnête mère de famille qui, sa journée achevée, va rejoindre son mari, son père, sa mère et tout ce qu'elle aimait !

Il arriva cependant, malgré elle, que sa mort fut une espèce d'événement ; on en parla trois jours ! Au bout de ces trois jours, elle était oubliée ! Alors seulement elle retrouva des parents qui se présentèrent pour hériter d'elle ! On ouvrit les portes de sa maison ; les larges fenêtres qui donnaient sur le boulevard de la Madeleine, sa patronne, laissèrent de nouveau pénétrer l'air et le soleil dans ces murailles où cette lueur s'était éteinte. On eût dit que la jeune femme allait reparaître en ces demeures. Pas une des senteurs de la mort n'était restée entre ces rideaux soyeux, dans ces longues draperies aux reflets favorables, sur ces tapis des Gobelins où la fleur semblait naître, effleurée à peine par ce pied d'enfant.

Chaque meuble, de cet appartement de la fée absente, était à sa place, et tout au plus si le lit, sur lequel elle était morte, conservait une empreinte indécise, à travers les guipures du couvre-pied et les dentelles de l'oreiller. — Sur la cheminée en marbre antique, une horloge des temps anciens qui avait sonné l'heure à madame de Pompadour elle-même, indiquait, de son aiguille complaisante, ces heures légères que la courtisane avait léguées à ses sœurs ; les candélabres d'argent étaient chargés de bougies préparées pour la dernière causerie du soir ; dans les jardinières, la rose des quatre saisons et la bruyère durable se débattaient, à leur tour, contre la mort. Elles se mouraient faute d'un peu d'eau... leur maîtresse était morte, faute d'un peu de bonheur et d'espérance.

Hélas! aux murailles étaient appendus les tableaux de Diaz qu'elle avait adopté, une des premières, comme le peintre véritable du printemps de ces déesses de l'élégance et des plaisirs ; non loin des *Amours envolés* de Diaz, on voyait le portrait de cette jeune sœur des beautés profanes que Vidal avait tracé aux trois crayons. Avait-on admiré à l'exposition dernière cette tête élégante... aujourd'hui ce n'est plus qu'une tête de mort assez touchante, en vérité !

Tout parlait d'elle, en ce lieu de sa conquête, de sa fantaisie et de sa création ! Les oiseaux bleus, couleur du temps passé, chantaient, dans leur cage dorée, une chanson du mois de mai ; dans les meubles de Boule, à travers les glaces transparentes, on voyait réunis, choix admirable et digne d'un antiquaire excellent, les plus rares chefs-d'œuvre de la manufacture de Sèvres, les peintures les plus exquises de la Saxe, les émaux de Petitot, les nudités de Klinstadt, les satyres de Clodion, les Pampines de Boucher. Elle avait le goût charmant et dépravé de la chinoiserie et la marqueterie en leurs mille variations, elle se connaissait à toutes ces honteuses petites merveilles d'étagères et de boudoirs, elle aimait ce petit art coquet, où le vice même a son esprit, où l'innocence a ses nudités ! Dans ces fragments de l'art pervers et passé au vernis, elle retrouvait autant d'emblèmes inutiles de sa beauté et de sa vie. — Elle était, elle aussi, un ornement inutile, une fantaisie, un produit brillant et fragile d'une société expirante ; oiseau de passage, aurore d'un instant.

Elle avait poussé si loin la science du bien-être et l'adoration de soi-même, que rien ne saurait se comparer à ses habits, à son linge, à ses rubans, à ses essences, aux plus petits détails de son service, enroulés dans mille sachets aux mille fleurs, tant la parure de sa beauté et le culte de sa jeunesse, qu'elle tenait sur leur garde meurtrière, étaient pour elle un paisible et attentif travail, à toute heure, à chaque instant!

On fit chez elle, avant la vente publique, une exposition de tout ce qui lui avait appartenu, la ville entière s'y rendit comme en pèlerinage, et l'on entendit les plus grandes dames et les plus habiles coquettes de Paris, s'étonner de l'art et de la recherche de ses moindres instruments de toilette! Elle avait voulu que tout ce qui était à son usage fût en or; pour les plus viles usages, si elle avait connu un métal plus précieux que l'or, ciselé par les grands orfévres, elle l'eût employé. Son peigne à peigner ses beaux cheveux, une duchesse le paya très cher.

On a vendu des gants qui lui avaient servi, — tant sa main était belle! On a vendu des bottines qu'elle avait portées, et les honnêtes femmes ont lutté, entre elles, à qui mettrait ce soulier de Cendrillon. Tout s'est vendu, même un vieux châle qui l'enveloppait mourante... un linceul. Tristes reliques de cette beauté évanouie! Et la voilà telle qu'elle était, une exception dans le vice, avant qu'un jeune homme, un peu poëte (on l'est toujours à cet âge), imaginât de changer, en colombe, ce vautour; de faire de ce camélia profane une reine des fleurs, d'ensevelir sous les dentelles cette Vénus terrestre, et de nous montrer, dans un livre et sur le théâtre, cette alliance incroyable du plus honteux désordre et des plus honnêtes sentiments, des licences du cadavre et des chastetés du cœur, du luxe effronté et de la misère qui touche à l'abîme, les plus riches habits recouvrant les plus sordides envies, les diamants et les perles venant en aide à la honte des femmes perdues; tantôt la corruption publique dans ce qu'elle a de plus intime, tantôt la dégradation des hommes et des femmes dans ce qu'elle a de plus naïf.

Le succès de *la Dame aux Camélias* doit être placé, dans les annales du théâtre, à côté du succès de *Fanchon la Vielleuse*, et cette fois on nous les a montrés, en bloc, ces hommes d'oisiveté et ces femmes de plaisir, ces vieillards qui ont vieilli aux pieds de ces filles, et ces jeunes gens qui ont perdu, à ce vil métier, jeunesse, fortune, honneur.

Entrez là-dedans si vous l'osez, vous qui blâmiez, tantôt, *Marion Delorme* et ses tendances, entrez dans ce drame ou dans ce roman, vous ne trouverez rien qui ressemble à *l'accoutumance* de chaque jour ! On parle, en ce lieu de joie et de ruine, un patois d'école et de caserne, un argot de cantine et de boudoir, une langue à ce point parisienne et dépravée, que le cardinal Mezzofante, ce savant *catholique*, on peut le dire, qui savait toutes les langues et tous les patois échappés à la tour de Babel, aurait été bien embarrassé d'y comprendre un seul mot ; à ce glapissement s'ajoute un cri, un geste, un accent, un clignement de l'œil, un bruit des lèvres, un tutoiement invisible, un je ne sais quoi que rien ne peut rendre. M. de Balzac lui-même, à peine s'il savait parler cet argot des franches lippées qui commence à Rabelais, pour s'arrêter dans les enfers.

Or, tout ceci représentait une comédie terrible à voir, un drame amusant à entendre, une flambée, un coup d'épée, un coup de vent. « Ici l'on aime ! » C'est le titre d'un livre, et le titre de ce livre pourrait servir d'écriteau à la maison de cette *dame*, où la servante attend son heure afin d'être la dame à son tour ; où l'on ne voit ni hommes ni femmes, où l'on ne voit que libertins enivrés et négateurs. On vit à la même table, on boit le même vin dans le même verre, et chacun montre, à qui les veut voir, ses taches, ses emplâtres, sa plaie et son ulcère. A quoi bon se cacher ? On se fatiguerait à se tromper, à se mentir, à se mettre dans un plus beau jour que le jour de ces limbes, tamisé à travers ces torchons et ces guenilles ; c'est la loi, c'est la volonté de cette muse en haillons qu'on appelle *le réalisme !*

Impitoyable dieu de la fange et de l'égout : il ne fait aucune différence entre Iphigénie et Manon Lescaut, entre le voile et la ceinture dorée ; il ne s'inquiète guère de quel côté vient l'émotion, pourvu que l'on soit ému. Certes, nous voilà bien loin du *Mérite des Femmes*, bien loin de *Corinne* et bien loin de Pénélope ! Ainsi le veut le *réalisme !* Il veut que *la Dame aux Camélias* jette, hardiment et publiquement, son mouchoir à toutes les mains qui lui sont tendues ; il veut qu'elle dise, sans façon, à son jeune amant qui est pauvre et qui la suit à pied, dans son luxe : « Je dépense cent mille francs chaque année ! » Il veut que lorsqu'elle va avec cet amant, se reposer, à la campagne, des ivresses nocturnes, *la dame* emprunte, au taux ordinaire de ces dames, quinze mille francs, à un autre amant que l'amant avec qui elle part, au *Paradis des champs* :

> Hic, in reductà valle, Caniculæ
> Vitabis æstus...

Et les voilà qui s'en vont, aux frais de ce monsieur, *réaliser* le rêve impossible et champêtre : une chaumière et son cœur !

Oui, mais pendant que l'amoureux se repose en ces langoureuses contemplations, il faut que l'amoureuse songe au tracas et aux arrangements de chaque jour : dettes à payer, dettes à faire, meubles à vendre, emprunts au Mont-de-Piété, usuriers, marchande à la toilette, échange, achats à *tempérament*, tout le fléau. Ça fait peine à voir et mal à entendre, ce froissement de papier timbré, dans ces belles mains bien gantées ! Ça fait peine à voir ce jeune homme ébloui par cette innocence frelatée ; il est mal à l'aise au milieu de cet abandon de toutes choses ; il comprend, confusément, qu'il joue un rôle assez triste, qu'il n'a pas le droit d'aimer cette femme, *manche à manche*, comme on dit, et de profiter de ses dépouilles.

Triste et lamentable accident, ce déshonneur de la jeunesse précoce ! Honteux excès de cet argent, mal acquis par une femme qui bat monnaie à la sueur de son corps ! Il en coûte si cher de vivre au fond de ce monde où le moindre service est hors de prix, tout comme le moindre sourire. Amis déguenillés, père au cabaret, complaisantes affamées, valets insolents, voisins avides, complices insatiables, parasites de tous côtés, mendiants partout ! *Cent mille francs par an*, c'est beaucoup pour le luxe d'une courtisane, ce n'est guère à qui veut satisfaire à cette table ouverte, à ces mains tendues, à ces parents de contrebande, à cette mère avide, à ce père ivrogne, à ces frères déshonorés, à ces sœurs disgraciées qui se vengent de la beauté de la sœur cadette, en volant ses hardes.

Or il y avait de tout cela dans l'action de cette *Dame aux Camélias* ! On y voyait la vieille prostituée, abandonnée aux années dont elle est la proie affamée et honteuse, et qui s'en vient troubler l'agonie de la fille vénale afin de lui voler ses derniers écus. On y voyait le jeune homme oublieux de sa gloire et tombant peu à peu dans l'abîme sans fond. Il y avait la dette, le mensonge, l'entremetteuse, « cette bonne madame Accoste, » disait Shakspeare, *l'homme d'affaires*, l'huissier-priseur, la loque, et pour conclusion à tout ce désespoir, vous aviez la misère et l'abaissement du père de famille implorant, aux pieds d'une fille perdue, la grâce et l'honneur de son fils ! On a vu, en effet, un front chargé de cheveux blancs qui s'inclinait devant cette malheureuse :

« O dieux ! disait le poëte, accordez aux vieillards le repos des derniers jours ! faites-les puissants et respectés ; laissez-les honorés, honorables ! » Quand il sollicitait le *decus omne* de la beauté des dieux, le poëte ne comptait pas sur ces alliances de honte et d'infamie. Il ne comptait pas sur ces mariages abominables que nous avons vus de nos jours ; sur ces unions effrontées qui ont déshonoré plus d'une antique et honorable maison. Regardez, si vous l'osez, l'abîme dans lequel est tombé le frêle amoureux de *la Dame aux Camélias* : au premier mot de rupture et de trahison, voilà que toute confiance est partie, et voilà un jeune homme inutile à tout le monde, incapable de mal, incapable de bien, bon, tout au plus, à marier, plus tard, à quelque jeune fille hardie et ignorante des choses de ce Paris souterrain, dont les bruits ne sont pas venus à son oreille !

Il s'en va, ce jeune homme dégradé, chercher un avenir impossible, pendant que sa maîtresse d'un jour convole en mille noces coupables, triste au fond, gaie à la surface, usant et abusant de toutes choses : le fruit et la fleur, l'or nouveau, les perles nouvelles, le bruit, le parfum, le roman, le poëme, le drame ! Elle n'a guère le temps, la malheureuse *dame*, de se souvenir du *petit jeune homme* au milieu de ces saisons et de ces splendeurs. De son côté, le petit jeune homme, pendant ce temps d'exil, rêve à l'ingrate, à la coupable, à l'*innocente*, il pleure, comme Ovide en ses *Amours,* cette vie et ce siècle si convenables aux mauvaises mœurs : *moribus apta meis*. Enfin il revient à Paris, dans ce dédale immense, aspirant à revoir sa souveraine prostituée.

Il la revoit, en effet, au milieu d'une fête où l'or et l'argent, le mensonge et le crime, l'honnête homme et le voleur, mêlés et confondus dans la foule des femmes perdues, s'abandonnent, en cette synagogue effrontée, à tous les débordements des sens. Dans ces salons si pleins et si vides, où le frôlement des soies et des pourpres, des rubans et des jupes brodées fait à peine retourner ces têtes blasées, se promène, à la façon d'une âme en peine au bord du Styx inviolable, *la fille entretenue*, son enseigne à la main. C'est alors que rentre aussi le jeune Armand, le dépossédé, cherchant son rival pour l'égorger et sa maîtresse pour l'insulter.

Tout ceci sort encore des bornes permises, de la limite imposée, et nous voilà bien loin du soufflet dans *le Cid*, cette première et éclatante énormité parmi les hardiesses du grand Corneille. Il y a un moment où le jeune Armand, poussé à bout par le spectacle de cette beauté vénale, lui jette à la face cet argent qu'elle a cherché par tous les moyens du vice! Il la couvre d'insultes et de billets de la banque de France! On n'a jamais vu, que je sache, une femme ainsi traitée avec cette rage, avec cette brutalité, et d'un geste pareil! Que voulez-vous? *Le réalisme!..* On se contentait autrefois de la *vérité*.

Jamais pareille fête ne s'était offerte au public français, depuis le jour de l'an de grâce 1782, où l'ami Palissot fit représenter *les Courtisanes ou l'Écueil des maris*, une infime comédie en trois actes et en vers, qui est le vrai pendant de la comédie des *Philosophes*. On vit alors, comme on l'a vu de nos jours, ces filles de Satan accourir, du fond de leurs petites-maisons dans leurs *crachoirs* du Théâtre-Français, afin de juger, par elles-mêmes, de la vérité du tableau où elles étaient représentées. A ces fêtes de la Vénus impudique dont ces dames faisaient tous les frais, on voyait, chaque soir, les plus célèbres prostituées du monde et de la ville: mademoiselle Arnould, mademoiselle Raucourt, mademoiselle Lange, mademoiselle Dubois, mademoiselle Luzzy, mademoiselle Duthé, mademoiselle d'Hervieux, les trois Fauconnier, et la maîtresse de Dorat, mademoiselle Fannier. Elles riaient, elles étaient contentes, elles étaient heureuses, la comédie enfin reconnaissait leur importance et leur majesté.

On eût dit qu'une main complaisante avait écrit, au fronton du Théâtre-Français, cette inscription empruntée à Tertullien lorsqu'il appelait le temple de Vénus « la citadelle de tous les vices, » *Arx omnium turpitudinum*.

CHAPITRE X

Mais, — pour ces héroïnes aussi, — « la Roche Tarpéienne est voisine du Capitole! » Après l'apothéose arrivent les heures vengeresses. Si *la Dame aux Camélias* était un cantique à la Vénus lascive, en revanche... écoutez cette immense lamentation !

Le collége des confiseurs, des dentistes, des pharmaciens, des cuisiniers, des musiciens, des marmitons, des baigneurs, des parfumeurs, des commissionnaires, des pédicures et des coiffeurs, il est en deuil !

La réunion des marchandes de modes, des marchandes à la toilette, des couturières, des épinglières, des corsetières, des sous-jupes Oudinot, des brodeuses, des piqueuses de bottines et d'assiettes, elle se désole, elle se lamente ! On n'entend plus que des regrets, des malédictions, des injures et des blasphèmes dans la bouche des diseuses de bonne aventure, des cartomanciennes, des chiromanciennes, des somnambules extralucides, des écuyères, des baladines, des poseuses de sangsues et des mères d'actrices à louer, à tant par jour !

Où allons-nous ? où allons-nous ? A quel abîme, à quelle fin du monde, à quel néant ? crient en chœur le regrattiers, les usuriers, les loueurs de pianos et les professeurs de piano en vingt leçons, les maîtres de danse et les professeurs d'orthographe au cachet. Où allons-nous ? reprennent en faux-bourdon les loueurs de petites voitures, les carrossiers, les fricoteurs, les acheteurs de reconnaissances du Mont-de-Piété, les vendeurs de bijoux non contrôlés, les trafiquants de cachemires de rencontre, et de diamants de hasard. Où allons-nous ? murmurent entre leurs dents, les dentistes osanores, les marchands de fard, les marchands de cheveux, les marchands de cirage et les compositeurs *de crème de beauté ?* C'est une rage, une doléance, une fureur !

On n'y comprend rien au bal Mabille, à la Closerie, à la Chaumière, au Château des Fleurs ! Montmorency se voile la face, Asnières est en deuil, Fontainebleau gémit, la terrasse de Saint-Germain se lamente ; on ne parle que de cette misère à Saint-Cloud, chez les marchands de friture, et dans toutes les îles de la Seine, à mesure que passent les barques flottantes à travers la verdure coupée de boutons d'or.

Écoutez-les, écoutez-les tous ceux qui vivent des vanités, des orgueils, des mensonges, des crâneries, des éloquences, des succès, du sans-gêne, de l'abandon, des disgrâces, des gourmandises, de l'attirail, en un mot de tout ce qui touche aux vices de ces dames ! A les entendre, ils sont morts, ils sont ruinés, ils sont en faillite, ils cherchent en vain qui donc leur achètera désormais leurs vins frelatés, leurs fleurs fanées, leurs petits pâtés rechauffés, leurs essences éventées, leur soie à demi brûlée. Et voilà des peintres de boudoir qui ne vendront plus les nudités de leurs toiles sans vergogne ; et voilà des statuaires de la borne qui ne feront plus leur fortune à représenter, dans un plâtre indécent, les nudités de ces demoiselles ; et voilà la tourbe honteuse des petits poëtes qui ne pourra plus rien dédier à ces divinités de boudoir ; et les voilà perdus, à tout jamais perdus et dépassés les faiseurs de dix-huitième siècle et de poudre à la maréchale, et tout s'en va en fumée, en ruine, en ricanements de ces petits messieurs et de ces petites dames des petits appartements !

Que disons-nous? Minée à sa base, Notre-Dame-de-Lorette chancelle et va tomber ; le quartier du Helder se trouble et s'épouvante, exposé qu'il est à cette conspiration des poudres et des visages du Vaudeville chauffés à blanc! C'est une débâcle, une ruine, un dommage, une épizootie, un déluge! Hélas! je vous le demande, hommes de peu de foi, quel mal ça faisait-il à l'univers réjoui, cette association des beautés faciles, des chastetés complaisantes, des voraces, des dépensières, des faneuses de toutes choses, des avaleuses de tout bien, des prodigues sans fin, des perverses sans choix? Au contraire, ça plaisait au peuple, ce monde ahuri des mangés et des mangeuses, et il regardait ces dames comme une de ses vengeances! Ça faisait la joie et l'orgueil du grand Proudhon, le démolisseur, quand il voyait ces partageuses procéder, sans fin et sans cesse, au partage universel. Le romancier lui-même et le poëte comique avaient toujours pied ou patte de cette proie, et maintenant... il ne nous reste plus qu'à rappeler la foi, la paix, l'honnêteté antique, la vertu longtemps négligée ; il ne nous reste plus qu'à élever un temple à *Vénus sans cheveux,* comme on fit à Rome ; ou, bien comme on fit à Lacédémone, élevons un temple à la Pudeur!

Voilà ce qu'on dit, voilà ce qu'on pleure, et voilà ce qu'on chante à travers la ville affairée! On ne songe plus même à faire danser les tables, les tables se taisent en songeant que les tondeuses de nappes, et les amies des franches lippées sont livrées à la risée de la multitude injuste. Les voilà à l'index, les voilà couvertes d'insultes, ces glorieuses courtisanes! Pendant que la vertu grelotte au milieu des louanges, elles ont faim, elles ont froid, au milieu des malédictions.

Et songer que c'est le même théâtre où vécut, où mourut, trois fois trois cents fois de suite, *la Dame aux Camélias*, qui leur a déclaré cette guerre à mort, qui leur a fait ces horribles loisirs à ces triomphantes divinités de l'abîme et de la borne, à ces reines en falbalas fangeux qui régnaient, en ce lieu de perdition, entre la rose inculte et la violette foulée aux pieds! Et songer que le piédestal de Laïs est devenu une gémonie! Elle avait un autel en ce lieu ; l'autel n'est plus qu'un égout! Elle y était portée en triomphe, elle s'en va en tombereau, épave abandonnée aux boueurs. Quoi! sur le même théâtre, la dame aux camélias bombardée au troisième ciel, et cette même dame aux camélias, enfouie, ô misère! dans la hotte du chiffonnier?

Les voilà donc poursuivies comme des voleurs de grands chemins, traquées comme des bêtes fauves, marquées à l'épaule comme des faussaires, et frappées à coups de houssine, ces divinités de la veille, ces élégies d'hier, ces fantaisies galantes, ces chansons dont l'écho disait le refrain, ces luxes adorés, ces sourires, ces tendresses, ces frénésies! Les voilà brisées, anéanties, en poussière, exposées au pilori, ces superbes, ces hautaines, ces majestés, ces parvenues, ces extases! Hier encore, au Vaudeville, on n'avait pas assez d'encens pour chanter leur *Te Deum*! pas assez de grâces pour les remercier, pas assez de larmes pour les pleurer, et, quand la dame est morte, on cherchait vainement un voile assez riche pour l'ensevelir, un marbre assez cher pour lui servir de tombeau! Aujourd'hui cependant, ô vanité de ces grandeurs de la soie et de la dentelle, de la perle et du rubis! la comédie et le drame n'ont pas assez d'ordures à jeter à leur face luisante, assez de crachats, assez de tortures; ces mêmes filles de marbre qui remplissaient le monde de leurs foudres et de leurs éclairs, voici que mon œil effaré s'épouvante à les contempler dans leur abjection!

C'était bien la peine, ô dieu frivole des amours faciles (ainsi parlent ces *dames*), de s'endormir si doucement sur les oreillers des pécheresses; c'était bien la peine de passer sa vie errante dans les endroits à la mode, aux Tuileries, aux Champs-Élysées, au Gymnase, au Théâtre-Italien, et de se ruer en élégances, en dentelles, en riches étoffes, en beau linge, en grande et petite toilette du matin, du midi et du soir! O notre sainte! ô notre martyre! ô notre exemple! bienheureuse dame aux camélias, canonisée au Vaudeville, vous n'avez donc pas prié pour nous?

J'ai beau faire et j'ai beau dire, avec toute l'habileté d'une plume ordinairement obéissante aux plus fugitives impressions, je ne donnerai jamais une idée approchante de la déconvenue et du désespoir de mesdames les héroïnes de l'aventure, filles du hasard et petites-filles du rien du tout, quand elles ont vu de quoi il retournait dans la réaction du Vaudeville et de la fortune, à l'endroit des comédiennes de Paris. Elles sont moins habiles qu'on ne pense, ou plutôt elles sont habituées à tant de flatteries qu'elles tombent volontiers dans tous les piéges tendus à leur vanité, et c'est pourquoi elles se laissèrent surprendre au démenti des rares honneurs rendus, naguère, à leur camarade, *la Dame aux Camélias*.

On leur avait dit, sommairement, qu'il y avait dans *les Filles de Marbre*, une femme à la mode, et que cette femme à la mode faisait mourir de chagrin un beau jeune homme qui était un grand artiste. De ces indications les pécheresses des grands carréfours avaient tiré une louange à leur beauté; elles avaient flairé, cette fois encore, je ne sais quelle odeur d'apothéose; et pour la respirer tout à l'aise, cette odeur dont elles sont friandes, elles étaient venues, en pleine loge, étalant tout leur luxe : des fleurs à la main, l'or au corsage, le diamant aux cheveux, véritable parure de triomphe et d'ambroisie! Aussi vous jugez de la défaite et de la pâmoison de ces altières, lorsqu'elles ont entendu retentir à leurs oreilles déchirées, les cris rauques de *la fille de marbre* attachée à ces malédictions, à ces rages, à ces violences de tout genre!

Elles rougissaient de honte sous leur fard, elles bleuissaient de rage sous leur blanc, elles grinçaient de leurs dents menteuses; celle-ci voulait rire, et son sourire se changeait en grimace; celle-là prenait l'attitude et le maintien d'une immaculée, et le parterre, qui les connaît toutes, montrait du doigt cette immaculée, et c'étaient des rires sans fin! Une troisième, connue par ses noms de guerre et par ses noms de bataille (batailles gagnées par le maréchal Bugeaud, ce qui ne rajeunit pas cette impure), essayait de donner le change au public, et d'applaudir ces exécrations qui la frappaient en pleine poitrine. Aussitôt le public la reconnaissait à ces colères sourdes, et il la couvrait de huées! Ah! la fière aventure! et comme c'était amusant à voir, à entendre, à admirer cette réunion des plus mauvaises filles sous le feu de ces lustres, de ces quolibets, de ces mépris, de ces regards!

O vengeance! O châtiment! Pendant toute une soirée, elles furent exposées, en grand habit, sur cet échafaud, attachées à ce pilori, et chacun, les vieux et les jeunes, les Parisiens et les gens de province, leur lançant un lardon et leur faisant une grimace! Vous n'avez jamais vu un spectacle plus vif, plus violent, plus inattendu : la déesse chassée de son temple renversé! le dieu écrasé sous son autel croulant! le triomphateur enseveli dans son triomphe! A contempler les châtiments infligés à ces vipères, on se rappelait volontiers cette histoire étrange d'un ministre protestant, au chevet d'un homme, piqué par un serpent.

Cet homme appartenait à une famille de mécréants. « O Seigneur! disait le ministre au lit de mort de ce malheureux, nous te rendons grâces d'avoir créé le serpent à sonnettes et son venin! O Seigneur! tu as déjà châtié Trim Beaver, envoie un serpent à sonnettes à John, le frère de Trim, à Bill, le frère de John, et à Sam, le père de John, de Trim et de Bill, car les serpents à sonnettes peuvent seuls amener cette famille de réprouvés au repentir! »

Ce fut ainsi que par une inévitable réaction, après *la Dame aux Camélias*, qui était un vrai panégyrique, nous avons eu, au même théâtre, coup sur coup, *les Filles de Marbre*, un drame qui commençait au commencement du monde! Le *poëte*, dans un beau moment d'enthousiasme, nous transportait en pleine Athènes, dans le siècle même de Périclès, entre la philosophie et la sculpture, entre Laïs et Phidias! Ce drame pouvait certainement se passer de cette investiture, et Phidias, et Laïs, et Diogène n'ont rien à faire en cette satire. Il ne faut pas toucher aux anciens quand on est un si petit moderne; il ne faut pas parler grec lorsqu'on parle un si petit français. « Quel est cet étranger qui s'avance et qui se hâte? » dit le chœur d'Euripide. — « Il n'est pas de l'Attique! » répond le chœur, et c'est à peine s'il jette un regard à l'étranger. D'ailleurs ce n'est pas la Grèce et ce n'est pas Athènes, non plus que Corinthe ou Rome elle-même, qui ont inventé les filles sans lois, les enfants sans mère, les esclaves du hasard, les malheureux qui portent au front ton nom maudit ô Babylone. « *In fronte erat scriptum Babylon!* » dit l'Apocalypse!

La femme perdue est bel et bien un produit de nos vices, de nos mœurs, de nos poésies fugitives, de notre philosophie badine, et la docte antiquité n'a rien de commun avec les dames faciles de nos jours. C'est à Paris que *les filles de marbre* apprennent péniblement l'art qui les fait riches une heure... elles paieront cette insolente fortune dans les années maudites, les années de silence et de repos, réservées à la prison et à l'hôpital!

Je le répète, ces rires qui vous provoquent, ces joies qui vous tentent, ces bruyans concerts sur les cordes favorites de ces dames oisives, à savoir : l'oisiveté, l'inconstance, le doute, le caprice, l'ivresse et le mensonge, eh bien! c'est le résultat de la vie et des misères de Paris, encore faut-il donner à ces dames le temps d'apprendre tous ces vices, de les mettre en relief, d'en faire un tout agréable et charmant! Ça ne s'accomplit pas tout de suite, en un clin d'œil, ce mystère et cette métamorphose; n'est pas, qui veut l'être, Aspasie ou la déesse Flora. Il y a en ce genre d'études et d'efforts, de célèbres artistes et des comédiennes médiocres. On ne naît pas, Dieu merci! une grande coquette, on devient une grande coquette peu à peu, avec l'âge, avec l'expérience, avec le succès, à force de côtoyer les hasards, les présents et les dangers de la fortune.

Avant tout, il faut sentir son beau monde; car le vice a son odeur qui lui est propre, il a sa grâce, il a sa beauté, il a son vernis, il a son luxe poli et curieux; il atteint, mais rarement l'air, et le port des belles choses, mais il copie, à tromper les yeux les plus habiles, les plus exquises élégances; il a sa poésie, il a ses piéges, il a ses passages difficiles, ses Thermopyles entre l'utile et l'agréable, le déréglement et la contrainte, l'orgueil et la complaisance!

Une femme à la mode d'aujourd'hui, et qui veut être encore à la mode de demain, doit conduire habilement, et presque honnêtement, sa barque fragile, sans toucher les roches de Charybde, non plus que l'écueil de Scylla; son art consiste dans un rire plein d'agrément, dans un parler plein de bienséance; tant mieux pour elle, et tant pis pour qui la voit, pour qui l'écoute, si cette belle est savante à représenter, par tous les moyens défendus, et même par les moyens permis, par l'esprit, la bonne grâce, et la bonne humeur, par les trahisons, les caprices, les perfidies de tout genre, par la parure et par le négligé, par la réserve et par l'audace, par le sérieux et par l'enjouement, la belle et frivole et passagère déesse de la jeunesse. Tel est, avant toute comparaison athénienne, le problème à démontrer de Paris à Londres, de Londres à Saint-Pétersbourg, de l'ancien monde au monde nouveau, parmi les prêtresses de Vénus et les servantes de Cupidon.

Sur ce modèle était faite la *Fille de Marbre* dont le vice implacable et furieux devait donner un démenti formel à la douce et quasi honnête *Dame aux Camélias*. Cette *fille* est arrivée insolente et pleine de caprices, fille sans cœur, volonté violente, et rien de vrai et rien d'humain.

Rien d'humain ne battait sous sa *légère* armure!

Bref, la dame réunit en soi tout ce qui fait le danger de ces créatures perverties; une âme endormie, un corps agile, des yeux voilés, semblables à un cache-feu plein d'étincelles, et tout à coup l'étincelle sort du brasier caché sous la cendre! Un peu du chat, la griffe; un peu de l'oiseau, la chanson; un peu de la souris, le grignottement perpétuel; un peu de la chouette, une vue à travers les ténèbres; un peu de tous les animaux malfaisants, l'instinct de la proie; et le flair du chien qui suit une piste, et je ne sais quel petillement plein de goût, d'esprit et d'inquiétude, et toutes sortes d'attitudes heureusement étudiées, habilement choisies; — enfin ce qu'elle attend à son trébuchet, cette femme bien apprise (écoutez-moi!), c'est l'occasion!

Donc elle veut que rien n'échappe à ses hameçons et à ses belles grâces traîtresses. Regardez-la : à la pêche, elle attend; à la chasse, elle court. Attelée à son char, elle mène ses passions avec le sang-froid de cet écuyer qui mène de front trente-six chevaux à l'Hippodrome; par le sang-froid elle se défend contre les surprises de son esprit; par la prévoyance elle se défend contre les surprises de son cœur. Et si jamais elle se pique d'honneur, vous verrez que ce sera pour quelque infamie. Du reste, rien ne la trouble et rien ne la gêne! La satire, elle l'a épuisée et elle s'en moque. La chanson, elle la chante; le mépris, elle l'affronte, que dis-je? elle vend le mépris qu'elle inspire, et elle en compose des *mémoires* qui se vendent chez ses pareilles! Dans ses *mémoires*, c'est *la fille de marbre* ou plutôt c'est elle qui méprise l'espèce humaine et qui la foule aux pieds, disant qu'elle voudrait que l'humanité n'eût qu'une joue, afin de la souffleter d'un seul revers de sa main.

La fille de marbre et la fille de boue! Elle a pour toute ambition l'argent, pour tout bénéfice... les larcins que peut faire une courtisane qui se venge, et tant d'intrigues grandes et petites, tant de licence à tout dire et à tout entendre; elle tient une cour mêlée d'antichambre et de salon, où babillent incessamment les poëtes sans emploi, les capitaines sans fortune, les soubrettes sans condition, les comédiens sans talent, les chanteurs sans voix, les intrigants du plus vil étage, et tout ce qui grouille incessamment dans le traquenard parisien au son de l'or et de l'argent, excité incessamment par ces mains scélérates, par ces mains adultères, par ces mains prostituées...

Tel était le spectacle que donnait au monde épouvanté Marco, *la Fille de Marbre*. Le jour où se montre à nous, pour la première fois, Marco la prostituée et la chanteuse, madame s'ennuie, et elle s'en va, à cheval, giboyer quelque agent de change au bois de Boulogne! Elle va, au hasard, cherchant sa proie, et toute semblable aux armes d'Angleterre. « Une rose en peinture, un lion en action » disait Byron. Bientôt la cavalcade a réuni toutes ces houris trottant menu, et pour tuer le temps qui les tue, il arrive que ces dames chantent une chanson satirique aux sons d'une bourse pleine d'or! On chante, on boit; après boire un jeune homme appelé Raphaël rencontre cette beauté fatale, Raphaël tombe amoureux de cette fille. « Ah! jeune homme imprudent, tu ferais mieux d'être amoureux du vent d'orage! » s'écrie Horace en ses chansons! Cependant le voilà pris et la voilà prise!

Elle dit — viens! il arrive, et tombé dans cette glu, le malheureux se débat, mais en vain, contre l'infamie. Il s'enivre, à grands traits, de ce vin frelaté ; il s'abandonne, de toutes ses forces, *au terrible hennissement des cœurs lascifs*. Et que Platon avait raison lorsqu'il disait, parlant de l'amour : « Délivrez-nous, Jupiter, de ce dieu féroce et malappris ! »

Lui-même, le prophète, lorsqu'il veut exprimer cette désolation sans limites, il s'écrie en son désespoir... « Et l'on a entendu des voix qui pleuraient Adonis! » *Plangentes Adonidem!* Pleurez ce jeune homme, hélas! la courtisane, en ce moment, s'imagine qu'elle en est amoureuse, elle a vu représenter *Marion Delorme*, et elle veut, à l'exemple de Marion, « se refaire une virginité! » Marco est tombée, ô misère! dans le sentiment. Marco se figure, ô rêverie insolente, qu'elle va porter le couteau dans ses jupes brodées, et déchirer ses dentelles passées aux millefleurs. « Une chaumière et son cœur! »

Le rêve de *la Dame aux Camélias*, tel est aussi le rêve de

Marco, comme s'il suffisait de dire : je le veux ! pour redevenir une blanche et chaste fiancée attendue à l'autel ; comme si la fille perdue échappait, en un clin d'œil, à ce drame abominable où le blasphème se mêle aux baisers, le sommeil au délire, le jeu chatoyant de la lumière oisive, à l'éclat primitif de l'or et du soleil, pendant que le démon des jalousies, des haines et des luxures frappe, d'un marteau sans pitié, sur ces veines, sur ces tendons et sur ces fibres tendues, à tout briser, par tous les souffles contagieux des vices sans nom. Ainsi *la Fille de Marbre* se forge un paradis qui la fait pleurer de tendresse ; elle pleure, le crocodile, et Raphaël l'artiste obéit aux larmes de la fille sans honneur et sans frein !

Sur un geste de cette femme, il s'en va, le malheureux, à travers les précipices et les écueils de cette misérable ! Il dérobe à la vieillesse de sa mère, une somme d'argent qui était la fortune de cette famille, et qui suffira, tout au plus, pendant six semaines, aux vertus villageoises de la courtisane amoureuse ! « O marbre » en effet ! Il y a l'Océan qui s'appelle ainsi, dans le poëme de Virgile ! Il appelle l'Océan un *marbre infidèle*, et il écrit ce beau vers qui est un vers de circonstance :

...Infidum remis impellere marmor !

Donc les voilà partis, elle et lui, pour cette oasis des licences sous le chaume, et des hontes sous la feuillée ! De l'idylle même Marco aura bientôt fait une prostituée, de l'élégie une fille entretenue, il ne s'agit que de la laisser faire. Lui d'abord, Raphaël, homme innocent, il ne voit pas qu'il tente l'impossible ; il ne voit pas qu'il demande l'aumône à une statue ! Il se figure que cette créature appartient au limon avec lequel ont été formés tous les hommes, cet honnête limon de la terre où pousse le blé, où fleurit la rose ! Il aime sa servitude, il pare son idole, il prête à ce bloc fardé, le feu de Prométhée ; il fait la demande, il fait la réponse ; il est le regard, il est le sourire de cette femme ; il est son âme, il est son cœur ! Il n'a donc pas entendu parler du supplice de Sisyphe, du supplice de Tantale et du fameux tonneau des Danaïdes ! Il ne sait donc rien de la fable et de l'histoire, le malheureux ?

Cependant que fait la dame? Au bout de quinze jours de cette fête, elle s'ennuie! Elle s'ennuie à tout rompre, à tout briser, à tout profaner! Elle s'ennuie, et de cet ennui qui est le remords de ces sortes de femmes, qui est leur châtiment et leur enfer [1]. *Son tigre de Nubie est mort!* Son cœur est mort! Va donc, malheureux, souffler sur ces cendres! — Elle s'ennuie, et forcément elle jette ses ennuis à la face du jeune homme! — On voit que cette âme bâille, que cet esprit est hébété de sommeil, que le vice est le véritable état de ce cadavre.

O monstre! Et comme elle est soûle de ces innocentes amours, elle rappelle (et il accourt) l'homme qui la tenait, naguère, à ses gages... le *commandeur!* Elle ne veut pas, non, « être une fille pour l'honneur! » et pour que sa rentrée en plein vice ait tout l'éclat d'une représentation à son bénéfice, elle appelle à l'aide de son désœuvrement, ses compagnons et ses compagnonnes de chaque jour, vils courtisans du vice, que réunit autour de ces femmes la similitude de leurs mœurs. Et voilà donc Raphaël chassé par cette femme, et — chassé — il hésite! il se trouble! il demande grâce et pardon!

Honteux attachement de la chair et du monde!

Honte et misère! honte et châtiment! Car l'instant d'après, au dernier acte, on voit ce malheureux énervé qui pleure, et qui meurt en appelant Marco! C'est aller trop loin, cette mort du petit sculpteur. On comprend absolument la mort de la dame aux camélias; elle touche aux moments de l'expiation; il faut qu'elle meure aujourd'hui, ou que dans huit jours elle prenne un balai pour balayer ces mêmes rues dont ses carrosses brûlaient le pavé! Mais pourquoi tuer Raphaël? A quoi bon ce remède pire que le mal? Il fallait le laisser vivre, afin qu'il eût le temps d'expier les courtes hontes de sa vie, à force de travail et d'honnêtes tendresses! « Ah! que je suis heureux, s'écriait saint Augustin dans ses *Confessions*, d'être délivré de ces bonheurs! ah! quel plaisir de me sentir à l'abri de ces plaisirs [2]. »

---

[1]. C'est le mot de Tacite : « Son impudicité même est le plus sûr châtiment de la femme impudique : Satis pœnarum apud impudicas in ipsâ professione flagitii.» Un véritable chrétien n'eût pas mieux dit que ce païen-là!

[2]. Quam suave mihi subito factum est carere suavitatibus!

Dans les souvenirs que ce drame a laissés, en disparaissant comme tant d'autres ont disparu avant celui-là, comme tant d'autres ont disparu et disparaîtront plus tard, il faut noter l'indignation, l'épouvante, la colère et la stupeur de ces *filles*, le jour où elles se virent impitoyablement traînées dans ces gémonies ! Elles se regardaient, l'une l'autre, épouvantées de tant d'audace, et pour un rien elles auraient crié à l'injustice. Comment donc, s'attaquer à la fille entretenue, et se moquer d'elle en plein théâtre ! où allons-nous ? se disaient-elles. — Le premier jour on en vit plus d'une qui se voilait la face ; on en vit qui s'enfuyaient éperdues ! Celle-ci pleurait, celle-là déchirait son mouchoir ! Cette autre, arrivée en belle voiture, envoyait chercher un fiacre, ou retournait, à pied, chez elle, en prenant les passages sombres ! C'était une débâcle universelle ! Elles avaient entendu dire, autrefois, que la comédie était une leçon, un châtiment, une vengeance, et elles tremblaient, à la fois, pour leur métier et pour leur peau...

Terreur stérile !... Au bout de huit jours ces têtes humiliées se relèvent, ces vampires épouvantés se rassurent ; ces vautours sont contents, voyant qu'il ne manque pas une plume à leur aigrette ! Sois contente, esclave, pas un anneau ne manque à ta chaîne d'or ; sois fière, ô fille de proie et de joie, on te compte, comme un prospectus, la mort de ce petit artiste ! Ainsi, peu à peu (ô comédie ! ô puissance !) ces créatures vilipendées comprennent que le danger est passé ; on est contente, on est heureuse ; on se dit, qu'après tout, c'est l'envie et la haine de quelques hommes éconduits, qui ont produit cette catilinaire ! Et voilà nos impures, riant aux éclats de cette accusation terrible ! Ainsi riait Verrès, le lendemain des grandes colères de Cicéron ! Ainsi riait Marc-Antoine, ainsi riait Philippe, le père d'Alexandre, et véritablement ils avaient raison de rire, ces terribles accusés. En effet, comment donc ont fini ces grands accusateurs : Cicéron, Démosthène ? On les a tués à coups d'épée... et que ceci serve de morale aux moralistes à venir !

Vraiment, disaient ces dames de la petite vertu, aussitôt qu'elles se furent remises de la première alarme, c'était bien la peine de tant hurler contre les *filles de marbre*, parce que de temps à autre un pauvre homme nous aura prises au sérieux, et parce qu'il sera mort, pour nous, d'amour et d'une fluxion de poitrine ! Fragilité c'est le nom de notre père ; mensonge, c'est le nom de notre grand-père ! Semblables à l'hirondelle voyageuse, nous vivons des moucherons que nous attrapons au vol ; nous vivons de trahisons et de mensonges : avons-nous promis autre chose ?

Nous ne promettons pas, certes, d'être honnêtes et d'être fidèles, et de parcourir incessamment le chemin raboteux de la caisse d'épargne. Nous n'avons pas pris l'engagement de faire teindre nos robes, de nettoyer nos gants, de payer nos dettes, de ressemeler nos souliers et de ravauder nos bas ! Nous sommes la danse et la chanson ; nous sommes l'orgie et la faim, la soif, la vanité et le caprice, le buisson ardent où l'homme en passant laisse un peu de sa toison ; nous sommes la vengeance et le châtiment ; nous sommes l'obstacle, en un mot, nous sommes le vice et le péché mortel !

Nous sommes l'abîme ! Nous sortons de l'abîme pour rentrer dans l'abîme ! Nous n'avons pas d'autre origine, et pas d'autre berceau, et pas d'autre cercueil ! Nous sommes le démenti à cette parole du prophète, que *Dieu ne tente personne*, car nous sommes la tentation même, en chair et en os.

Est-ce que l'on fait leur procès à la vipère, au tigre, au chat-huant, à toutes les bêtes malfaisantes ? Est-ce qu'on plaide contre le chardon ? On dit que la comédie est faite pour corriger les hommes, à la bonne heure, et qu'elle tâche de les corriger ; vous savez bien qu'il n'y a rien à espérer, avec nous, de toutes ces corrections, et comme on dit : *C'est à prendre ou à laisser !*

Voilà par quel beau raisonnement « les filles de marbre, » après la première présentation de cette pilule qu'elles ont avalée sans la mâcher, ont retrouvé, tout de suite, leur sang-froid et leur bonne humeur ! Intelligentes dans tout ce qui concerne leur petit commerce, elles ont vu bien vite qu'elles n'avaient rien à perdre en ces déclamations, qu'elles jouaient le beau rôle en cette comédie, et que chacune d'elles avait au moins vingt complices de ses mauvaises mœurs. « Mon nom est légion ! » disent-elles, en se regardant au miroir.

Cependant les autres femmes, les femmes du monde, heureuses d'être vengées de ce bruit qui les gêne, et de ce luxe qui les tue, accourent à cette curée, et s'enivrent, à plaisir, de ces vengeances dramatiques. Cela leur plaît, et les charme à outrance, d'assister à cette flagellation. Il leur semble, en ce moment, qu'elles retrouvent les droits de leur jeunesse, et qu'elles remontent au rang de leur beauté! Elles rient, elles se moquent, elles triomphent; elles ne voient pas que même dans cette abjection, la fille de marbre est encore une héroïne; elle est l'héroïne de cette infâme histoire; et brisée, insultée, accusée, elle a le sentiment que c'est elle qui joue encore le beau rôle, le rôle de la femme adorée.

Quand elles se mettent à faire leur métier de chacal, ces dames n'y vont pas de main morte! Il y en avait une, dans un certain village, qui allait à la messe tous les dimanches; on passait par le cimetière pour entrer dans l'église, et dans ce cimetière était enterré un pauvre jeune homme qui s'était tué pour cette infante! En marchant, elle désignait du doigt ce tombeau qui servait de piédestal à sa vieille beauté!

Ainsi les mauvaises femmes d'un côté, et de l'autre côté les honnêtes femmes envahissaient le théâtre du Vaudeville, autant, pour le moins, que dans les beaux jours de *la Dame aux Camélias!* Les hommes, conduits par leurs femmes, n'étaient pas fâchés de se rappeler leurs temps d'épreuves, à travers la bohême infinie! Hélas! maintenant qu'ils ont cinquante ans et qu'ils sont sous le joug du mariage, ils sifflent avec rage ce qu'ils ont aimé avec frénésie; ils se vengent de leurs folies en les insultant; ils s'estiment heureux de montrer, à si bon marché, qu'ils sont chastes, et incapables de donner le moindre coup de canif dans le contrat de leur mariage!

« On est homme de mérite à bon marché chez vous! » disait Lisette à Pasquin; « on est un moraliste à bon marché chez toi! » pourrait dire aujourd'hui Pasquin à Lisette. Ces messieurs sifflent *les filles de marbre*, et les sifflent en l'honneur de la morale, en même temps ils ont un petit œil en coulisse pour le vice; mais le vice, irrité de cette hypocrisie, ne voit pas les *mines* de ces messieurs! — Catons! disent les filles de marbre en levant l'épaule, de pitié.

Ou bien, pendant que le père et la mère de famille s'en vont prendre leur part de ce suprême châtiment, et regarder *la fille* attachée à ce pilori, il arrive qu'une fille vengeresse ordonne, au propre fils de ce bourgeois et de cette bourgeoise, si contents de cette exécution *in extremis*, de la conduire au Vaudeville. En vain le jeune homme hésite et se trouble, il le faut, il en aura la corvée, elle le veut. — Au moins si nous prenions une loge fermée, une loge enfouie! — Une loge ouverte! une première loge, et tout en face de monsieur votre père et de madame votre mère, répond *la fille de marbre*, et nous irons là tout seuls, mon jeune ami, et nous y serons tête à tête, afin que monsieur votre père et madame votre mère n'aient pas un doute, et vous porterez mon châle rouge et mon bouquet de camélias, mon enseigne, et quand vous entendrez chanter la chanson des *louis d'or*, vous prendez une posture indignée, et quand Marco est insultée, vous témoignerez par un geste que vous êtes l'ami de Marco! Voilà, mon cher, votre chemin, et votre métier pour ce soir.

Ainsi elle dit, ainsi elle fait! Et semblable à la tête de Méduse, cette tête méchante et calme foudroie en se montrant soudain hors de sa loge, où elle va aux frais de ce jeune fils, ce bon bourgeois et cette honorable bourgeoise... Ils riaient, ils pleurent! Ils levaient la tête, ils courbent la tête! Ils se montraient à qui les voulait voir... ils s'enfuient! Et la mère en partant admire ce riche bouquet, et le père en partant jette un coup d'œil sur la fille de marbre : — « Ah! le gredin, dit-il, elle est bien jolie! » Et quand la fille a triomphé du père, de la mère et de l'enfant, elle fait signe à quelque bretteur en paletot blanc qui la vient prendre, et les voilà partis, la fille et son parasite, laissant ce petit jeune homme tête à tête avec ce beau bouquet dont la fille ne veut plus, parce qu'il vient de *cet innocent*.

O la belle école, disait Cicéron, parlant de la comédie, ôtes-en ce qu'elle offre de vicieux, elle est ridicule ou elle est vile. *O præclaram emendatricem vitæ poeticam, quæ si flagitia non probaremus, nulla esset omnino.*

Si la comédie est une leçon, voilà ce qu'elle devient et ce qu'elle produit, la leçon! Si le théâtre corrige les mœurs, il ne les corrige pas autrement! C'est bien la peine vraiment d'écraser la perle de Cléopâtre avec la massue d'Hercule et le bâton du philosophe Cratès; Cléopâtre ne trouve que plus de goût à sa perle écrasée, et c'est à grand'peine si elle consent à céder l'autre perle à la déesse. Ah! les tristes histoires, et comme les nations feraient bien, au lieu d'étaler sur leurs théâtres ce linge sale, de le cacher à tous les yeux. Mais quel peuple, ici-bas, n'a pas ses corruptions et ses sanies ? Quelle ville capitale pourrait marcher la tête haute, si elle songeait à ses vices cachés, et à ses prostitutions publiques ?

Avant que l'agonie et la mort de la Dame aux Camélias, sous les traits charmants d'une jeune et belle comédienne, eussent fait couler tant de larmes parmi nous, avant que la *Fille de Marbre* eût rangé autour d'elle tant de misères, tant de ruines, l'Angleterre avait possédé en romans, en *Mémoires*, en comédies, en drames, en chair et en os, une certaine Henriette Wilson, qui, après ses premiers beaux jours de vice et d'éclat, et quand la misère et la vieillesse prématurée eurent remplacé la richesse et l'amour, se mit à vendre ses souvenirs, comme elle avait vendu tout le reste. Elle écrivit donc ses Mémoires en six tomes, et dans ces pages mal écrites, avec une plume usée à tracer des billets doux, cette Phrynée inscrivit les noms les plus illustres de l'Angleterre. Cette histoire de la prostitution élégante, écrite en partie double, valut quelques livres sterling à l'héroïne et, s'il est possible, un peu plus de mépris.

Il n'y a qu'un joli mot dans les six volumes d'Henriette Wilson, et fort heureusement ce mot-là se trouve à la première ligne de ses Mémoires : — « *Je ne sais pas* comment il se fit qu'à l'âge de « quinze ans je devins la maîtresse de lord Craven. » — *Je ne sais pas* est admirable. Voilà le seul moment d'innocence et de vertu de mademoiselle Henriette. Un mois après, miss Henriette, qui avait appris déjà bien des choses, voulut savoir *quelle sorte de bonnet* portait le prince de Galles, et elle écrivit au prince de Galles, qui lui fit dire : *Non !* par son valet de chambre. La jeune miss, pour se venger, écrivit au prince une lettre insolente, et je ne sais comment elle se fit enlever par le jeune Frédéric Lamb, qui était *tant soit peu égoïste*, et qui ne lui donna pas *un seul schilling*. Aussi, quelques jours après ce nouvel enlèvement, notre innocente adresse une déclaration d'amour au jeune et beau marquis de Lorne, qui ne vient pas au premier rendez-vous qu'on lui donne. Sur l'entrefaite, Tom Sheridan, le fils de ce grand orateur dont l'Angleterre laissa saisir le cadavre par le shérif, se présente à miss Wilson. Tom Sheridan était un beau jeune homme qui aurait eu toute la vivacité poétique de son noble et malheureux père ; malheureusement Tom se mourait ; il succombait sous les excès qui avaient tué le grand Sheridan, et miss Henriette arriva trop tard !

Mais en ces sortes d'accidents, cette « fille de marbre » avait toujours un *en cas*, et la mort de Tom Sheridan fut vraiment, pour miss Wilson, le cas de devenir amoureuse d'un bel inconnu qui se promène suivi d'un beau chien, dans Hyde-Park. On ne dit pas le nom du chien, mais l'homme était un homme considéré et considérable. Il était marié à la plus charmante des femmes : il eut la faiblesse de faire quelques visites à miss Henriette, puis un beau jour il lui donna sa dernière guinée, et il s'éloigna pour ne plus revenir. Que faire alors? Eh! par Dieu! les lords oisifs et imprudents ne manquent pas. En voici un qui est le plus faible et le plus inexpérimenté des hommes, il ne demande pas mieux que de prendre au sérieux l'amour tout fait. Miss Wilson se laisse donc aimer du jeune marquis de Worcester, le fils du duc de Beaufort. D'abord le jeune homme veut épouser *son* Henriette (il y a de singuliers pronoms possessifs!); il ne la quitte pas d'une heure, il se rue en mille dépenses ; toute la famille de Beaufort s'inquiète de ces folies; enfin le duc, irrité, envoie monsieur son fils en Espagne, où l'on se battait alors ; et miss Henriette consent à ce départ, moyennant une pension. D'abord le duc promet la pension, puis ma foi ! après les premiers quartiers, la pension est supprimée, et voilà miss Henriette en *fiacre*, oui, en *fiacre!* Ce que c'est que de nous !

Cependant, rôdait autour d'elle, comme un lion dévorant, un petit jeune homme nommé Meyler, ci-devant *marchand de sucre!* Le croiriez-vous? Tant de lords, de comtes, de marquis, remplacés par un marchand de sucre ! Amère dérision de la fortune ! Ouais ! mais le petit jeune homme avait les mains blanches et cent mille francs de rente ; les marquis devenaient plus rares, les lords étaient tout à fait loin ; il fallut bien que la belle Henriette se résignât à mettre du sucre dans son eau. Hélas ! elle s'aperçut bientôt que les lords ne se remplacent guère. Le nouvel amoureux était colère, brutal, mal élevé, raisonnablement économe, et toujours tout prêt à s'enfuir.

« J'ai oublié, dit la Wilson, si Meyler s'ennuya de moi ou si je m'ennuyai de Meyler. » Pour le coup, miss Wilson se vante ; elle n'avait déjà plus le droit de s'ennuyer de personne. Sur l'entrefaite, un lord, un dernier, lord Ebrington, qui s'était présenté autrefois, se remet sur les rangs passablement éclaircis. Madame n'avait pas d'emploi pour l'heure présente. Elle était occupée, à quoi, juste ciel! à refaire une comédie de Molière. Une comédie de Molière entre les mains d'une pareille espèce! Heureusement le directeur de Covent-Garden, un homme de goût, prit la pièce sans la lire, et qui pis est *sans la payer!*

Il paraît que milord était, comme dit Henriette en son langage, *un de ces êtres dont la constitution demande du changement;* car bientôt miss Wilson, qui voulait voir la France, reprit M. Meyler le marchand de sucre. Miss Wilson arrive à Paris dans le terrible moment où toute l'Europe s'y précipitait, les armes à la main. Alors, en plein Paris et devant une pareille révolution, recommence, entre le marchand de sucre et le lord Ebrington, une espèce de course au clocher d'un intérêt plus qu'*ippique!* Ces deux amoureux se remplacent, à intervalles égaux, chez miss Wilson, comme font Castor et Pollux dans le ciel. Seulement la révolution du lord et du marchand se renouvelle toutes les vingt-quatre heures. Tantôt l'un, tantôt l'autre : cela dura ainsi tant que lord Ebrington le trouva bon. Après quoi il partit pour l'Italie. Comme il était en chemin, il se ravise, et le voilà qui revient sur ses pas. Malheureusement le lord avait mal calculé ses distances; le jour de l'arrivée de Pollux appartenait à Castor, et les deux satellites de miss Wilson se rencontrèrent dans sa chambre à coucher? Le plus habile des deux, Pollux se résigna, et il céda la place entière à Castor.

Ce qui distingue un peu Henriette Wilson de ses pareilles, c'est que cette prostituée a, comme on dit, deux cordes à son arc, et maintenant qu'elle est vieille, que même les épiciers n'en veulent plus, maintenant qu'elle a mangé *son bien en herbe,* elle imagine de publier « son calendrier de nuit, » c'est un mot de Shakspeare, avec des notes de sa main, et son prospectus préalable où elle annonce, à la belle société de Londres, que miss Wilson, dans ses *mémoires,* dira « tout ce qui concerne son état, » à moins qu'on ne prévienne, à prix d'argent, les cruelles vérités de ses *fausses confidences.*

Payez donc, chers lords, votre élégante prostituée, ou vous êtes déshonorés. Elle dira de celui-ci : — c'est un *lâche !* et de celui-là : — *c'est un imbécile !* O comble d'horreur ! elle écrira que lord X*** ne sait pas mettre sa cravate, et que lord P*** ne se lave pas les mains ! Et selon ses menaces, elle n'épargnera que les hommes qui achèteront son silence, si bien que la dernière spéculation de cette *fille de marbre* fut la plus honteuse de toutes, ce qui était crânement finir.

Telle est la vengeance aux pieds boiteux, elle arrive à coup sûr. Dans les drames de cette infante, il y a une scène épouvantable... Henriette Wilson, en 1814, est vieille et passée : pourtant elle se rend à un grand bal masqué qui se donnait, à Londres, à l'occasion de la paix entre la France et l'Angleterre. La foule était immense, les costumes d'une magnificence et d'une variété infinie. Dans cette foule, la *fille aux camélias*, toujours sous le masque, voit passer l'un après l'autre, tous les amants de ses beaux jours. Comme ils sont changés et grandis ces hommes qu'elle foulait naguère à ses pieds ! Ils ont laissé de côté les frivoles passions de la jeunesse : ils ont dit adieu aux plaisirs, et ils sont les maîtres des affaires. Autrefois ils renvoyaient au lendemain les affaires sérieuses ; à présent ils remettent au lendemain les affaires d'amour, et ce lendemain n'arrive jamais.

C'en est fait : le soldat est devenu général, le dandy un membre du Parlement, l'élégant cavalier de New-Market appartient au ministère, le courtisan des belles dames est chef de l'opposition, le prince royal est monté sur le trône, le duc de Wellington a gagné la plus grande bataille qu'ait livrée l'empereur ; le duc d'Argyle, cet ardent amoureux, est marié et père de famille ; le marquis d'Hertford est devenu l'ami du roi, lord Melbourne est un grand orateur, le léger Frédéric Lamb est un grave ambassadeur de S. M. britannique, lord Frédéric Beauclerc est plongé dans la dévotion, Horace Bekford a hérité de la fortune de son oncle : ils ont tous marché, pendant que la courtisane reste en chemin.

Ainsi miss Wilson les voit passer, entourés de respects et d'hommages, et elle a peine à les reconnaître dans leurs dignités nouvelles. Eux cependant, ils ne savent plus le nom de cet affreux vice dont ils ont été les esclaves pendant un jour ; elle ôterait son masque, ils ne reconnaîtraient pas miss Wilson !

Elle était donc abandonnée, et toute seule dans cette foule brillante qui avait été son esclave ; elle était errante dans ces vastes appartements où jadis elle aurait entraîné après elle tous les hommages. A peine était-elle saluée, en passant, de ses sœurs, de ses amies d'autrefois, vieilles courtisanes émérites aussi négligées qu'elle-même, et quand la foule se précipita dans la salle du souper, pas un cavalier ne se présenta pour donner la main à miss Wilson. Autrefois les plus beaux et les plus jeunes se seraient battus en duel, rien que pour toucher cette main dont personne ne voulait plus.

Alors elle se rencontra face à face (elle avait ôté son masque) avec un beau jeune homme, pâle et triste. Son œil était vif et brillant, son front était déjà dégarni de ses cheveux, il était impossible de réunir plus d'intelligence à plus de noblesse : Henriette Wilson aborda cet homme.

Lui d'abord voulut passer outre, mais enfin il jeta un regard sur cette effrontée qui l'arrêtait au passage. Il ne l'avait jamais vue, et malgré lui il se met à étudier cette beauté gaspillée, anéantie et misérablement sacrifiée au désordre. Alors, la voyant si misérable et si dégradée : — Ah! fit-il, vous êtes Henriette Wilson?

Elle de son côté, elle prit dans ses mains la main petite et blanche de l'inconnu. Elle étudia ce noble front, sillonné de rides précoces. Elle vit, d'un coup d'œil, l'ironie cachée en ce sourire, l'amertume de ce regard, les passions qui avaient brisé ce cœur, l'ennui qui avait tué cette âme, — Ah! dit-elle, en portant à ses lèvres la main de l'inconnu, je vous reconnais maintenant, vous êtes lord Byron!

Et voilà cet homme et cette femme, celui-ci qui a abusé de son génie, celle-là qui a abusé de sa beauté, l'un et l'autre rejetés par le monde, lord Byron au sommet de l'échelle, Henriette Wilson accroupie au plus vil degré, qui se regardaient, étonnés et désespérés, l'un et l'autre de se voir si ressemblants!

Mais plus tard cette malheureuse a gâté ce beau moment d'enthousiasme et de désespoir. Elle écrivit à lord Byron pour lui demander de l'argent, et lord Byron lui envoya son argent... et son mépris.

Cette misère et cette dernière honte de la courtisane vieillie, et se dévoilant, en plein luxe, afin qu'après avoir vendu son corps étant jeune, elle tire un certain parti de son cadavre, étant vieille (les gens oisifs s'amusant à compter la trace avinée de tous ces vices sur un même corps, à reconnaître (horrible curiosité) sur la même peau détendue les coups de bâton et les baisers), n'était pas seulement réservée à l'Angleterre, et nous aussi, nous avons eu, dans ce genre de *Révélations* de la boue et du pavé, après les *Mémoires de la Contemporaine*, et les *Mémoires de Vidocq* (n'y a-t-il pas de quoi déshonorer ce titre de *mémoires*, à tout jamais?) les plus abominables *confessions* qui aient été jamais râlées sur les oreillers crasseux de madame de La Ressource?

Oui-dà! Écoutez ceci, et jugez-nous : Une infante du plus bas étage, contemporaine de notre plus vieille bataille sur la terre d'Afrique, dont elle avait fait son nom de guerre et de prostitution (ah! soldats et capitaines, gagnez des victoires, afin que le nom de votre victoire devienne une enseigne, et se traîne en tous les lupanars!), a écrit chez nous, dans le vil patois des plus abominables tavernes, ses propres *mémoires*, dans lesquels elle jette, à tout venant, sa boue et sa fange, insultant et notant, de sa propre infamie, une quantité d'honnêtes gens qui l'ont payée, dont elle a vécu, qui l'ont laissée honnêtement sur la borne où ils l'ont trouvée, et qui ne savent (ô misère de ces créatures qu'on ne saurait toucher d'une main honnête!) comment échapper à la bave de cette Minerve du pavé, de cette Junon des carrefours!

Voyez cependant comme une idée appelle une idée, et quel chemin nous avons fait, en ce livre, de La Fontaine à M. Victor Hugo, de *la Courtisane amoureuse* à *Marion Delorme*, de *la Dame aux Camélias* aux *Filles de Marbre*, de mademoiselle Duplessis à miss Wilson, de la Wilson à la Mogador, de la charrette au tombereau, de la paille au fumier!

Tout se tient dans cet art de la critique, et ceci dit, n'étant plus à dire, il nous sera facile de revenir quelque peu sur nos pas!

CHAPITRE XI

Ici se présente, à notre curiosité, à notre étude, un des novateurs de l'art dramatique, un novateur sans génie et sans mérite, un écrivain de bas étage, un véritable esprit de bois blanc, nommé Mercier. Tel qu'il est, ce pauvre homme oublié et dédaigné, il a écrit sa *Préface de Cromwell*, trente-six ans avant que M. Victor Hugo écrivît son éloquent manifeste. Lui aussi, Louis-Sébastien Mercier, avocat au Parlement de Paris, il avait compris, de très-bonne heure, que l'art dramatique était réservé à quelque révolution prochaine, et il fut un des premiers qui s'inquiétât des destinées de ce grand art.

Cet homme avait, confusément, un grand nombre d'idées qui sortaient de sa tête en toute confusion, comme les gens sortent d'un sermon où ils se sont ennuyés longtemps. Il savait, il osait, il disait tout ce qui lui passait par l'esprit, et du jour au lendemain, dans un style emphatique et niais tout ensemble, il écrivit son *Essai sur l'art dramatique*. « Essai » n'était pas encore un mot assez modeste, il fallait appeler cela *un rêve, un cauchemar*, un accès de fièvre chaude et de haut mal dont l'art dramatique était le prétexte innocent.

Pour commencer, ce galant homme appelait à sa barre *Eschyle* et *Sophocle*; il condamnait la tragédie en bloc; il jetait au feu Corneille et Racine; il demandait : de quel droit la tragédie avait fait autant de héros « d'Agamemnon et de Philoctète, d'Idoménée et d'Ajax? » Il appelait les chefs-d'œuvre des maîtres de la double antiquité « un genre *factice*, faux, bizarre, » auquel la multitude n'a jamais rien su comprendre. Comme si la *multitude* était le commencement et la fin des beaux-arts; comme si la *foule* était un juge infaillible! Il aurait voulu que Corneille *fût né à Londres*, et que Racine ne fût pas né. Il ne croyait pas à la grandeur romaine, au destin, à la majesté. Il disait que les tyrans, au théâtre, était faits pour soulever le rire et non pour faire peur; il jouait avec Tibère, il souriait à Néron; il ne voulait plus ni de la pourpre des rois, ni de la tiare des pontifes, ni du glaive des capitaines; d'un trait de plume il supprimait les *monstres*, aussi bien que les ornements de leur toute-puissance. « Et parlez-moi, disait-il aux poëtes à venir, des figues de Platon, des laitues de Pertinax, des fèves de Curius Dentatus ! » Il voulait que le poëte lui montrât Caton plantant ses choux, et Régulus roulé dans son tonneau. Bref, toutes sortes de confusions, mais au fond de ces confusions quelque chose éclate et brille qui ressemble à une réforme.

On comprend que cet homme a beaucoup de peine à dire ce qu'il veut faire, parce qu'en effet il ne sait ni parler ni écrire. *Et fari quæ sentiat !* « Mettre au dehors ce qu'on éprouve au dedans ». C'est un vœu que fait Horace, au jeune Tibulle, lorsqu'il veut l'accabler sous le poids d'une grande félicité.

Pour la comédie on comprend que Mercier ait aussi peu de tendresse que pour la tragédie. Il ne veut pas que la comédie appelle à son aide le ridicule ; il en veut à Molière parce qu'il rit toujours, il ne comprend pas que l'on rie à l'aspect de tant de vices, et même cela lui déplaît que le poëte comique renonce à désigner l'avare et l'adultère par leur nom propre. « Donnez-moi, dit-il, un homme intègre et vertueux, et je lui abandonne la censure de tous les hommes puissants qu'il désignera aux haines populaires. » Laissez-le faire, et bientôt il agira comme agissait ce savetier de Messine qui jugeait, en son âme et conscience, que tel seigneur avait mérité la mort, et qui devenait, à l'instant, l'exécuteur des hautes œuvres de sa propre justice.

A ce compte, le poëte comique obtenait les droits d'un grand juge, doublé d'un bourreau. Vous voyez que mons Mercier n'y allait pas de main morte; il ne voulait de l'éclat de rire à aucun prix, et c'est tout au plus s'il permettait le *sourire*. Or, savez-vous pourquoi il ne veut pas que l'on rie : il a découvert que les deux muscles de la bouche, nommés *zigomatiques*, sont paralysés chez tous les Français. En comédie, il déteste les *portraits*, il adore les *tableaux* (drame en *vingt* tableaux). Il trouve que l'Avare de Molière a *passé les bornes*, que le Bourgeois Gentilhomme est un *imbécile*, que le Misanthrope est un *niais*. Il ne veut pas que le poëte comique ait recours à l'*ironie*, et qu'il donne aucune élégance à la comédie. « Adressez-vous aux connaisseurs du parterre, et moquez-vous des premières loges. » Enfin, il ne veut pas de la comédie légère : « Elle porte au cerveau des mouvements déréglés. »

Quand une fois il était en train de satire, il ne plaisantait pas, M. Mercier. Il appelait l'*Almanach royal* « l'almanach des vampires ! » Il trouvait que le rossignol chantait faux, et quand le rossignol chantait : « Taisez-vous, vilaine bête, » s'écriait-il. Il a traité Molière comme un corrupteur, disant que Molière avait rendu le vice agréable et réjouissant, qu'il avait humilié la bourgeoisie en se moquant de madame Jourdain. Au contraire, madame Jourdain a, ce me semble, humilié et châtié tous les coquins du Bourgeois Gentilhomme. Un sacristain de l'an de grâce 1854 ne parlerait pas plus mal de Molière (en style de gazette dévote) que l'a fait M. Mercier.

Oui, mais quand laissant de côté la tragédie et la comédie, il arrive au drame, on voit que cet homme va parler avec une certaine expérience. En ce moment l'auteur de l'*Essai* entre au beau milieu de son sujet; il annonce, à haute voix, qu'avant trente ans *le drame l'emportera sur tout le reste*, et cette prédiction s'est accomplie. Il sait que le mot drame veut dire l'*action* même de la chose représentée, et il pousse à l'*action* : « Tombez, tombez, muraille qui séparez les genres. » Voilà comme il parle, et de toute sa force il renverse la muraille, afin que le rire et les larmes, l'élément bourgeois et l'*élément princier*, le style sublime et le style familier, se rencontrent enfin dans la même œuvre : ici l'histoire, et tout à côté la *fantaisie*.

« Enfin le drame est un beau moment de la vie humaine qui
« révèle l'intérieur d'une famille. Ourdir, enchaîner les faits con-
« formément à la vérité, suivre dans le choix des événements le
« cours ordinaire des choses, éviter tout ce qui sent le roman,
« modérer la marche de la pièce, de sorte que l'action paraisse
« un récit où règne la plus exacte vraisemblance, créer l'intérêt
« et le soutenir sans échafaudage, faire naître enfin, à divers
« intervalles, le sourire de l'âme, et rendre la joie aussi délicate
« que la compassion, c'est là ce que se propose le drame, et ce
« que n'a pas tenté la comédie ! »

Certes, la phrase est un peu longue, elle manque de clarté, et pourtant consultée avec soin, elle abonde en sages conseils. « Un moment de la vie humaine, *un beau moment*, » c'est-à-dire un moment choisi avec art ; ne pas trop s'écarter du vraisemblable, afin d'être plus sûrement dans la vérité ; être simple si l'on veut que l'intérêt se soutienne et vive de sa propre vie ; éviter enfin avec le même soin, les effets trop violents et les paroles trop poétiques ; ce sont là des choses bonnes à dire en tous les temps. Des conseils que donne Mercier à ses adeptes, celui qui me va le mieux, et que les novateurs ont le plus mal suivi, c'est celui-ci : « Éviter tout ce qui sent le roman ! » On a fait pis, on a pris le roman tout entier, on l'a hissé sur le théâtre, et *va comme je te pousse !* Aujourd'hui nous avons des comédiens qui récitent les pages d'un livre, aux lieu et place des comédiens qui jouaient leur rôle dans un drame.

Au chapitre suivant notre docteur ès-drame indique à ses disciples des sujets, non exploités jusqu'à lui : par exemple, vous avez l'*athée* et vous avez l'*intrigant ;* vous avez un drame à faire avec le *magistrat prévaricateur*, un drame à faire avec le *chirurgien maladroit*. « Allons, courage, et mettez en scène un tisserand, un homme de peine, une grisette ! Allez à Bicêtre, allez à l'hôpital des fous, ce rendez-vous de tant de beaux drames ; surtout méprisez les trois unités, et gardez-vous de faire du théâtre *un parloir où l'on étouffe !* Il y a bien des drames, savez-vous, dans les causes célèbres de Guyot de Pitaval. » Enfin, « va où tu voudras, » voilà la devise du drame, « et moi, Mercier, je fais des vœux pour que ce soit votre devise, à l'avenir. »

C'est bien vite dit : « Va où tu voudras, » encore y a-t-il bien des petits endroits où le drame ne peut pas aller, disait-on à Mercier, et je vous mets au défi... — Ne me mettez au défi de rien, reprenait-il ; et véritablement il a composé tout un drame, intitulé : *Charles II, roi d'Angleterre*, EN CERTAIN LIEU ! Un drame qu'il eût dédié, sans conteste, à mademoiselle Céleste Mogador, si elle eût *exercé* en ce temps-là.

Oui, disait Mercier, vous allez voir un roi en *déshabillé*, et si le roi Charles II s'en va dans les lieux que fréquentait Régnier, le satirique, il me semble que la France en doit rendre grâce à la Providence ; « car si le roi d'Angleterre n'eût pas aimé les filles, il « n'aurait pas rendu Dunkerque à la France ! » Avec ça qu'on n'aurait pas repris Dunkerque, au roi Charles II.

Quant aux faiseurs de *poétiques*, Mercier les abhorre. Il ne veut pas d'Aristote, il ne veut pas de Despréaux, il attaque même ce pauvre Vida, il voue aux furies M. Le Batteux, enfin et surtout il a voué aux critiques, aux *soi-disants critiques*, une haine implacable ; il ne peut pas les voir même en peinture ; lui parler d'un critique c'est le mettre en fuite, et c'est le mettre en fureur. Ah ! les gredins ! ah ! les bandits ! les misérables ! les charlatans ! Le misérable écrivain, un critique, un critique ! Il y a celui-ci dont la tête grisonne et qui crie à la décadence ; il y a celui-là, *semblable à l'Antinoüs*, qui se vautre en mille adorations ; tel porte sa plume à la façon du galérien qui porte sa rame, et tel autre, accablé sous les malédictions, se pend au bout d'une corde. *Infamiam laqueo finivit !*

Tant la chose est commune et de date ancienne, cette façon des impuissants à insulter ceux qui osent découvrir une tache à leur soleil. Célèbre-moi ou je te tue ! La louange ou la mort ? Hélas ! c'est toujours la même histoire, et ce sont toujours les mêmes colères, et plus l'homme débattu comprend, au fond de l'âme qu'il marche à l'abîme et qu'il touche au néant, plus il s'emporte contre les honnêtes gens qui lui disent : *Prenez garde à l'abîme !* En a-t-on vu dans notre siècle, qui se sont emportés en mille injures, contre la critique ! En a-t-on vu qui appelaient à leur aide, la calomnie et l'injure! Ils ne voyaient pas, les insensés, que supporter la critique et l'honorer, en ses plus grandes sévérités, c'est la preuve d'une âme forte ; ils n'avaient jamais lu cette belle parole d'un philosophe couronné, Marc-Aurèle : « Regarde bien au dedans de toi-même, il y a une source qui « jaillira toujours, si tu la creuses toujours. »

Creusez la source, écoutez la critique, agissez comme a fait M. de Lamartine : attaqué par les plumes les plus violentes, il a répondu à ces attaques, par des chefs-d'œuvre. Une seule fois (il s'agissait, il est vrai, de châtier un ancien ami qui l'avait trahi), M. Victor Hugo a attaché au pilori ce malheureux indigne de sa colère, et qui vivra éternellement la corde au cou, *dans la tristesse d'Olympio!*

Ce qu'il a écrit, ce Sébastien Mercier, ne saurait vraiment se dire et se compter. Il a écrit des rhétoriques, des préfaces, des poëmes, des songes, des visions, des journaux, car tous ces insulteurs de la critique ont la manie inintelligente d'écrire des journaux, où ils se perdent plat et court, très-étonnés de n'avoir pas composé un chef-d'œuvre de journal, et de n'avoir pas eu, pour abonné, le genre humain.

Il a écrit des discours académiques, des brochures politiques, des épîtres, des poëmes en prose, et même des poëmes en vers ; il a fait des traductions de l'anglais, des *héroïdes*, des *lettres*, des amours, des romans, des contes, des histoires, des notes, une suite à l'Héloïse, des fictions. A peine avait-il proclamé son théâtre, il ajoute la preuve à la rhétorique, et il met au jour sa fameuse *Brouette du Vinaigrier*, son *Charlatan*, son *Campagnard*, son *Chilpéric I*er, son *Déserteur*, sa *Destruction de la Ligue*, son *Jenneval*, et vingt autres drames. Il empruntait son *Philippe II* à Schiller, son *Timon d'Athènes* à Shakspeare ; de *Roméo et Juliette*, il faisait tout bonnement *les Tombeaux de Vérone* ; ajoutez à ces belles œuvres toute sorte de littérature ; et des entretiens, des éloges, des portraits ; il a même écrit *la Platopodologie*, ou « l'art de connaître les hommes à l'inspection de leurs pieds ; » et les critiques, à cette occasion, l'auront appelé un *pied plat*, en disant qu'il avait un *pied de nez*, et que jamais il ne serait sur un bon pied dans le monde des belles-lettres ; malheureusement, *la Platopodologie*, elle s'est perdue. Il avait écrit aussi *le Dictionnaire néologique*, et même, pour le dire en passant, c'est Mercier qui a trouvé le mot *camaraderie*, un mot que M. Scribe croyait emprunter à M. de Latouche, et que M. de Latouche avait pris à Mercier, sans se vanter de son emprunt.

Le Tableau de Paris est le meilleur livre de Mercier, c'est son titre au souvenir ; il aimait Paris comme l'aimait Michel de Montaigne « avec ses tares et ses verrues. » — « J'aime Paris, je l'avoue,
« et je l'aime uniquement parce que c'est là que jouent toutes les
« passions [1], et que leurs rapports multipliés enfantent plus de
« scènes originales. Chaque homme que je rencontre dans les
« rues me parle sans me dire un mot, je lis sur toutes les phy-
« sionomies quel intérêt les agite ! » Elle a nourri de tout temps, cette bonne ville de Paris, des enfants qui l'aimaient et qui racontaient ses merveilles : Rabelais, d'Aubigné, Sainte-Foy, Duclos, cet homme *droit et adroit*; J.-J. Rousseau, madame de Sévigné et l'illustre auteur des *Caractères de ce siècle*, La Bruyère. Molière aussi, cher aux *gredins*, et le roi Louis XIV, ce *gredin* couronné, sans oublier le charmant railleur, d'un si sérieux génie, à qui la France doit *les Lettres persanes*. En tout temps la ville de Paris a aimé qu'on lui parlât, à elle-même, d'elle-même, et tous les écrivains qui se sont occupés de ses mœurs et de son histoire, ont été assurés de sa bienveillance. Elle ressemble en ceci aux coquettes, qui aiment à se regarder dans leur miroir. Après avoir lu les grands moralistes, qui sont les historiens excellents du monde parisien, attachez-vous aux observateurs de la rue, aux moralistes du carrefour, aux légendaires du Pont-Neuf, attachez-vous à Mercier, et lisez *le Tableau de Paris;* il est plein de faits, de renseignements, de comédies, de tragédies et de drames, ce *Tableau de Paris*, qui n'avait pas d'exemple dans aucune langue, et qui a trouvé un si charmant continuateur [2].

Le Tableau de Paris, de Mercier est tout semblable à une oraison funèbre ; lisez-le, tout s'y trouve, il est le dernier lien qui rattache au monde ancien, le monde nouveau. Il vous représente

---

1. *Essai sur l'art dramatique*, page 178.
2. M. Edmond Texier.

à la fois le fantôme de la ville passée et l'embryon de la ville à venir.

Quelle cohue, et vous voilà presque aveugle, uniquement parce que vous vous serez souvenu, tout d'un coup, de ces bruits, de ces cris, de ces misères, de ces rages, de ces rires, de ces obscénités, de ces transformations. Que d'églises, que d'hôtels, que de maisons, de ruines! Mercier, dans son *Tableau*, vous dit le nombre des prêtres, des moines, des chanoines, de la gent porte-soutane, au nombre de cent cinquante mille. Il vous raconte, et sans rougir, les obscénités publiques, les obscénités privées; il tient registre du nombre et du prix « des impures; » il vous dit le jour, où tel diacre a été canonisé, et le jour où mademoiselle Thévenin fit garnir de dentelles sa chaise percée ; il sait tout, ce Mercier, il reconnaît le son des cloches au sommet des clochers, le chant de l'oiseau dans la cage appendue aux fenêtres, le cri du crieur qui passe, courbé sous sa hotte. — Il a vu tomber les murs de la Bastille, il a compté les ossements des morts dans les cryptes, les écus des traitants dans leurs coffres ; il sait ce que chante, au coin de telle rue, un charlatan qui s'affiche; il va au théâtre à la suite de mademoiselle Duthé; il suit le prêtre qui porte le bon Dieu; il dîne avec le fossoyeur, il soupe avec le souffleur ; il sait où se trouvent les rosières, et dans quel cabaret se réunissent les chansonniers; de chaque voiture il reconnaît le maître à sa livrée, et la maîtresse à sa devise; il vous dira que les poulardes viennent de Rennes, les perdrix du Mans, les pâtés de Périgueux, les moutons de Ganges, les olives de l'Espagne.

A la chapelle de Quinze-Vingts il a entendu le prédicateur du roi qui essayait son sermon, écrit pour la chapelle de Versailles. Il sait que cette année on a vu seize mille pots d'ananas, chez le duc de Bouillon, dans les jardins de son château de Navarre. Il assistait à la prise de voile de mademoiselle Cécile de l'Opéra, si bien qu'il a jeté à la nouvelle convertie un bouquet de fleurs d'oranger, qu'il avait acheté chez la bouquetière du roi, madame Médard. Savez-vous, cependant, que le suisse du nonce du pape avait sur son habit, pour trois mille francs de broderies ? Savez-vous (tant la liberté est jeune et chancelante chez nous) que M. le cardinal de Fleury avait signé soixante mille lettres de cachet pour la Bulle seulement? Savez-vous que nos seigneurs les cardinaux se faisaient porter la queue à la procession de la Fête-Dieu, par des chevaliers de Saint-Louis, le savez-vous ?

Et savez-vous que mademoiselle Dorothée était la fille d'un porteur d'eau ? — Que M. le régent ne dédaignait pas de faire un choix galant parmi les lingères et les modistes du cimetière des Innocents, le savez-vous? Vous ne saviez absolument rien du vieux Paris, vous et les vôtres, jeunes gens et vieillards, avant les révélations du *Tableau de Paris!*

Sébastien Mercier, entre autres paradoxes très-curieux qu'il a jetés là par la fenêtre, comme le prodigue jette son or, a écrit à propos de Paris, sa ville bien-aimée, un livre intitulé : *L'an deux mil quatre cent quarante*. J'ai lu ce livre, et, chose étrange, et qui prouvera, plus que nous ne saurions dire, tous les progrès du monde parisien, c'est que le rêve de Mercier, cette fantaisie fabuleuse, et qui passait, à coup sûr, de son temps, pour le rêve d'un fou, s'est accompli, non pas comme il l'espérait, à peine dans l'espace de six cent soixante-douze ans, mais en moins de soixante années tout au plus. Quelle énigme, cette ville de Paris, dans laquelle Épiménide n'aurait pas besoin de dormir plus de vingt ans, pour ne plus reconnaître les mêmes lieux dans lesquels il s'est endormi !

Donc, Mercier suppose qu'il s'est endormi en 1768, et qu'il se réveille au milieu de Paris, après avoir dormi six cent soixante-douze années. Vous pensez si la surprise de notre dormeur est complète; il peut voir, d'un coup d'œil, ces rues bien percées, et ces maisons élégantes dans lesquelles pénètrent l'air et la lumière. Il voit le Louvre achevé, et tout brillant du luxe ingénieux des beaux-arts! A peine réveillé, son vieil habit le gêne, il trouve que la broderie en est fanée et ridicule ; il laisse là l'épée et le chapeau à trois cornes, il prend un chapeau rond, une redingote et une canne. Il secoue la poudre qui changeait ses cheveux, et ses cheveux reprennent leur couleur naturelle. Son cou est chaudement enfermé dans une bonne cravate, son pied est contenu dans une bonne chaussure ; il ne ressemble plus à un marquis, en revanche il a l'air d'un homme.

Il sort de son logis, ainsi vêtu, et il ne voit plus que des rues propres et bien lavées, que des voitures conduites avec grand soin et qui n'écrasent plus personne. Les anciennes rues qui portaient des noms obscènes ont reçu le nom des plus grands hommes de la France. Le Pont-au-Change est délivré des hideuses maisons qui le chargeaient. Il rêve aussi, quel beau rêve! que la Bastille est démolie, et que ces affreuses pierres sont éparses çà, et là, dans tout l'univers. Cependant le jardin des Tuileries est ouvert à tous les promeneurs; l'Hôtel-Dieu est délivré des immondices qui l'encombrent. Dans la maison purifiée de Bicêtre, il n'y a plus de cabanons où l'on enferme les fous, comme des bêtes féroces; le magasin à poudre est placé bien loin, hors de la ville.

Que disons-nous? O bonheur inattendu, et qui ne sera pas assez chèrement payé par une attente de cinq ou six siècles, chacun, dans toute la France, a la liberté de parler et d'écrire; un monument est élevé à Corneille, à Molière, à La Fontaine. Dans les colléges on apprend encore le latin et le grec, mais ou enseigne aussi l'histoire et la langue française. Arrivé sur l'emplacement de la Sorbonne, notre homme se demande où est la Sorbonne? Il n'y a plus de Sorbonne, c'est-à-dire plus de théologiens qui brûlent les gens, plus de philosophes qui les condamnent. On rêvait aussi, en ce temps-là, que l'Océan et la Méditerranée, que l'Angleterre et l'Italie, que la Prusse et l'Espagne, étaient aux portes de Paris... le rêve a été cent fois dépassé, le rêve est accompli : la vapeur, les chemins de fer, et ce miracle égal à tous les autres, le télégraphe électrique, ont donné à l'Europe l'unité qui lui manquait. Mercier reviendrait au monde aujourd'hui, qu'il reculerait, épouvanté et joyeux de voir ses plus hardis mensonges dépassés par la réalité.

Cependant la nuit tombe sur la ville de l'an 2440, aussitôt, grâce à mille feux brillants, il fait clair comme en plein jour. Or, la clarté qui inonde les rues, chaque soir, ce gaz flamboyant qui circule dans les airs, comme l'eau dans le fleuve, voilà ce que Mercier n'avait pas osé rêver. Il rêvait aussi (la chose s'est accomplie) que la ville était gardée par une milice bourgeoise, que les fils du roi étaient élevés avec les enfants du peuple, que l'homme mort n'était enlevé de sa maison qu'après vingt-quatre heures d'attente et de respect, que les cimetières abandonnaient l'enceinte habitée pour se réfugier sur les hauteurs. Il rêvait aussi, le bon homme, que les écrivains du royaume de l'esprit mettaient un terme à leurs calomnies et à leurs injures, et la prédiction s'accomplira.

Elle s'accomplira quand il ne sera plus question de l'an *deux mil quatre cent quarante*. — Dans un jour de désœuvrement, notre homme *deux mille quatre cent quarante* allait à l'Académie Française, *elle avait conservé son nom ;* mais le nombre des académiciens n'était plus limité. En ce temps-là, pour entrer dans la docte enceinte, il ne suffisait pas d'être évêque, duc et pair, ou maréchal de France. Le proverbe qui disait : *On ne peut pas entrer à l'Académie sans équipage*, était aboli.

Quel malheur pour ce pauvre Mercier ! Il n'a pas assisté à tant de révolutions qui ont dépassé toutes ses espérances ! Il est mort sans avoir entendu parler de la marmite autoclave, des cannes à fauteuil, du bateau à vapeur et des chemins de fer ; il est mort sans avoir foulé, d'un pied triomphant, le bitume de Seyssel, le bitume Polonceau et le pavé en bois de chêne ; il est mort sans que la clarté du gaz ou de la bougie de l'Étoile aient éclairé ses derniers jours, sans qu'il ait pu lire les *Mémoires de la Contemporaine*, les *Mémoires de Céleste Mogador* ou les *Mémoires de Bilboquet ;* il est mort sans avoir assisté à une représentation de la *Tour de Nesle* et des *Saltimbanques ;* il est mort, le malheureux ! avant que M. Gannal ait pu l'embaumer à l'essence de térébenthine ; à l'heure où M. Daguerre était loin du daguerréotype ; à l'heure où le procédé Ruolz n'était pas inventé ; à l'heure où l'on cherchait encore, dans ce grand royaume de France, le grand art de faire du café avec de la chicorée, du sucre avec la betterave, du papier avec le bois de hêtre, du thé avec des feuilles de roses ; il est mort, — et pour le coup il a bien fait de mourir, avant que M. Eugène Sue, habile à mêler *le Tableau de Paris*, aux *Mémoires de Vidocq*, les haillons de Chodruc-Duclos aux voiles de madame Lafarge, les senteurs de la Morgue aux suaves odeurs des plus nobles boudoirs, eût composé, « son Tableau de Paris, » ses *Mystères de Paris*.

Les Mystères de Paris, quelle longue traînée ils ont laissée à travers les intelligences de ce temps-ci ! Quel événement étrange, horrible, incroyable, et se peut-il, grand Dieu ! que la nation de Voltaire et de Diderot lui-même ait été assez forte et assez puissante pour ne pas succomber à cette curiosité de la fange, à cette émotion de l'abîme ? Il me semble que je vois Sébastien Mercier qui cherche à se reconnaître dans ces gémonies, et qui demande à ce confrère inattendu : Qu'as-tu fait de Paris, la ville de mes amours?

Et pourtant il faut réussir comme M. Eugène Sue a réussi, quand on réussit! Tenir pendant deux ans l'Europe attentive; faire passer le lecteur du frisson de l'épouvante à l'éclat de rire; ne pas laisser, sans en trouver l'emploi dans son livre, un lambeau de pourpre, un haillon de bure; nous promener ainsi, sans pitié et sans repos, dans les fanges de la Cité et dans les élégances infinies; mettre une main hardie à cette pâte immonde et suave, composée des éléments les plus divers : le vice et le sang, la boue et l'ambre, les baisers et les étrivières, l'orgie des bandits sous les tables des cabarets, et les mièvres dédains des jeunes femmes maladives que blesse le pli de la rose; hurlement et papotage; cris féroces et *concetti* à la façon de Marivaux; des sourires pleins de dents blanches, et des frénésies au tabac mâché; et toutes ces choses en volumes que l'on s'arrache, après se les être arrachés en feuilles volantes. Pauvre feuille volante, en effet!

Peut-être elle contenait, dans un de ses plis, la paix ou la guerre... à coup sûr elle renfermait la bonne et la mauvaise renommée de plusieurs; elle redisait les cent mille bruits que l'Europe envoie à l'oreille de Paris; vains efforts! le lecteur, parmi tous les princes de l'Europe, ne s'inquiétait que du « prince Rodolphe »; *Gérolstein* l'emportait sur la Russie, et tout l'empire d'Orient. Ce royaume de Gérolstein avait frappé, à ce point, les imaginations et les pensées, que Frédérick Lemaître (dans le drame en question), en parlant de l'autocrate de Gérolstein, s'écriait qu'il emportait *trois cents millions dans sa voiture!* Il voulait dire *trois millions;* mais venant du souverain de Gérolstein, la chose a paru toute naturelle. Qu'est-ce donc, pour un si grand prince, *trois cents millions?*

Chose infinie! histoire incroyable! étrange et curieux monument qui signale, à quel degré de spasme et de stupeur, pouvait aller l'oisiveté parisienne, une heure avant l'heure fatale qui devait tout engloutir. Sous la suprême influence de cet opium bâtard, cette grande et illustre société française se perdait, plongée en une ivresse implacable, à ce point qu'il n'a fallu rien moins qu'une révolution pour nous tirer de cette immense et incroyable stupeur.

J'ai vu l'heure où les *Mystères de Paris* passaient chez nous à l'état d'un dogme. Les enfants même, savaient les noms de tous ces héros : Rigolette, le *Chourineur*, Fleur-de-Marie, *Tortillard*, les deux Pipelet, madame d'Harville, l'*Ogresse*, Pique-Vinaigre, Jacques Ferrand ! De ces étranges héros, le dessinateur, le graveur et le sculpteur s'étaient emparés ! La rue et la halle en avaient fait des proverbes ! Le théâtre avait exploité cette mine féconde ! Une fois même le Maréchal-Général, M. le duc de Dalmatie, appela son aide de camp, bien avant le jour, pour savoir si : « la suite de l'histoire des Martial avait paru ? » et comme on répondit au vieux maréchal qu'Eugène Süe était en prison, pour avoir manqué à son service de la garde nationale, il envoya, pardieu ! chercher Eugène Süe, à main armée, afin qu'il ne fît pas attendre la suite interminable de ce récit funeste et charmant.

Ce bon maréchal ! Grâce aux *Mystères de Paris*, il n'est pas mort sans avoir épouvé une fois, dans sa longue vie, une émotion littéraire ; il n'est pas mort sans avoir compris que peut-être il y avait un certain charme à lire un autre livre qu'un livre d'histoire. Eugène Süe avec ses *Mystères*, le maréchal Soult l'eût suivi jusqu'au bout du monde. A peine s'il a lu un conte de M. de Balzac, un poëme de M. de Lamartine ! Rois, princes et porteurs d'eau, reines et grisettes, maréchaux de France et maréchaux des logis, jeunes gens et vieillards, riches et pauvres, attirés par le charme, et fascinés par la fiction, notre histoire à tous est la même. A proprement dire, c'est l'histoire des auditeurs de cet aimable *Pique-Vinaigre*, qui, pour quelque monnaie raconte aux prisonniers de sa chambrée, la merveilleuse histoire de *Coupe-en-Deux* et du *Moucheron d'or*.

Mais aussi quel merveilleux pique-attention, pique-sympathie, et Pique-Vinaigre était Frédérick Lemaître, à l'époque où le théâtre s'emparait des *Mystères de Paris!* Quel homme ! et quelle fête c'eût été de lui entendre réciter *le poëme* à lui tout seul ! Un poëme dont bien avant M. Eugène Süe, il avait été le premier révélateur.

Qui donc, en effet, sinon celui-là, a tenté le premier cette alliance étrange et d'un intérêt si cruel, de l'élégance et du crime ? Qui donc le premier a porté, d'une façon si leste et si galante, les plus vils haillons, hideuses guenilles qui, placées sur le corps de ce comédien de génie, prenaient soudain l'apparence de quelque vêtement fantastique, bizarrement cousu par la main des fées? La Cité et ses fanges, le crime et l'argot, le sourire et l'ironie au pied de l'échafaud, le cabaret servant d'antichambre au boudoir, qui a deviné tout cela le premier, sinon Frédérick? Vous rappelez-vous l'*Auberge des Adrets*, et notre homme tout déguenillé, demandant, avec indignation, une serviette que l'hôte a oublié de lui donner? — « Une serviette! » Il était charmant et terrible; il y avait, sur cette tête avinée, l'indignation d'un gentilhomme blessé dans son honneur.

Un jour (dans cette même *Auberge des Adrets*), Frédérick Lemaître avisant sur le seuil de l'hôtellerie, une jolie comparse qui le regardait d'un œil ébahi, quitte sa place, et avec un sourire du bon temps des belles grâces, il offre la main à la pauvre petite qui avait bien peur. L'orchestre jouait une valse, Frédérick Lemaître entraîne l'enfant dans cette valse, et malgré elle, cette très-jeune et très-jolie danseuse danse la valse. Chacun sur le théâtre, hors du théâtre, s'était arrêté pour les voir! Elle était tremblante, il était radieux! Son regard à elle était baissé, il la fascinait de son regard! La surprise fut grande et aussi l'émotion. La valse achevée, la jeune fille en fut malade d'effroi. Que vous semble de cette danse de l'autre monde? Dix ans à l'avance c'est Rodolphe et la *Goualeuse;* le prince sous les haillons, la jeune fille entraînée dans la ronde qui l'emporte, le beau et le laid réunis dans les mêmes bruits, dans les mêmes tempêtes et marchant au même néant!

Et ne pensez pas que drame ou roman, sur le théâtre, hors du théâtre, le seul public du parterre et des hautes loges fût le seul ému, attentif! L'autre public, le public dédaigneux et blasé, les Sarah Mac-Grégor et les comtesses d'Harville et leurs amis du monde parisien n'avaient pas moins d'impatience d'assister à cette fête-monstre d'un roman, joué et récité par tant d'acteurs. Ni vos chefs-d'œuvre, Meyerbeer, ni vos beaux vers, Casimir Delavigne, ni votre esprit, monsieur Scribe, ni votre renommée, puissante entre toutes, Victor Hugo, ni la popularité la mieux établie ne sauraient donner une idée de cette attente et de cette inquiétude.

Chose étrange... et l'explique qui pourra! tous ces hommes et toutes ces femmes, accourus au drame des *Mystères de Paris*, ne pouvaient pas, cette fois, comme à l'apparition du livre, accuser leur ignorance de ce qu'ils allaient voir. Au contraire, ils savaient à l'avance, de quel drame ils étaient menacés !

Mais ce qu'ils ont vu en récit, ils veulent le revoir en action ; ces personnages, que leur pensée avait revêtus d'une certaine forme palpable et visible, ils se demandent s'ils vont en effet les reconnaître ? En ces sortes de rencontres, si le roman a précédé le drame représenté, le théâtre est semblable à un grand bal masqué ! Que sous le masque rien ne vous indique quelle est la personne qui vous parle, bientôt vous la plantez là, pour courir une autre fortune. Mais qu'un son de sa voix, un pli de son visage, une mèche de ses cheveux, le souvenir lointain d'un être appelé cent fois, viennent à frapper votre mémoire, soudain vous voilà tout rempli d'enthousiasme et d'émotion. L'inconnu, à la bonne heure... il double de puissance et d'intérêt, quand derrière l'inconnu, se trouve quelque chose de connu. La remarque est bonne à faire, s'il est vrai que toute remarque juste soit utile dans les arts.

Silence ! Allons ! Pique-Vinaigre est à son poste ! et ça commence ! Vous en avez jusqu'à deux heures du matin, quelle joie ! En effet, pour peu qu'un livre vous intéresse, ne vous est-il pas arrivé de compter, en tremblant, le nombre de pages que vous aviez à lire ? La toile se lève, et peu s'en faut que les plus attentifs ne racontent, tout haut, la première scène du roman. Vous vous la rappelez. Cette froide nuit, cette longue suite de cavernes dans la rue aux Fèves, cette allée qui s'entr'ouvre, *le Chourineur*, la jeune fille, pâle rayon de cette nuit profonde, « l'Ogresse, » l'*arlequin* ! « L'arlequin » est une trouvaille, et cette trouvaille sort des *Mémoires de Vidocq*. Je ne crois pas avoir ressenti plus complètement les angoisses de la faim qu'en voyant ce malheureux Chourineur dévorer, d'une dent aiguisée, ce ramassis de tous les légumes, de toutes les viandes, de tous les os, de toutes les croûtes, de toutes les choses grignotées, gaspillées, perdues, ramassées, souillées, dans les assiettes dédaigneuses.

Il me semblait que je voyais passer et repasser ces reliefs, de la lèvre des belles dames, à la bouche gloutonne des laquais, jusqu'à ce qu'enfin le laquais et le chien les rejettent; alors dans le tombereau de vos cuisines tous ces restes (*Proterviæ*)! se précipitent; — on devrait les jeter aux immondices, on les fait manger à des hommes! Ce serait bien le cas de dire, comme Frédérick Lemaître : — *Une serviette!*

L'*arlequin* a manqué dans ce premier acte, et aussi ont manqué toutes ces ténèbres mal éclairées. Cette triste lueur qui sort de la caverne de l'*Ogresse*, le théâtre ne pourra jamais l'imiter avec une vérité aussi hideuse. Où est l'huile, où est le carreau frotté de blanc d'Espagne comme la joue des coquettes ridées? Où est le rideau à carreaux rouges? Où donc est tout l'effroi suintant de ces abominables murailles? Tout cela se trouvait dans notre premier chapitre. Puis enfin, dans cet univers de tous les crimes, ce jeune homme qui frappe à coups redoublés sur la tête du bandit, — marteau digne d'une pareille enclume, — nous le trouvions tout à fait le bienvenu; il était attendu comme la vengeance : la force contre la force, violence pour violence. Certes une petite patrouille n'eût pas déparé ce premier chapitre; mais il entrait dans le jeu de l'auteur de garder, pour la fin de son drame, la gendarmerie et la Providence. Laissez-le faire, ayons confiance : l'une et l'autre viendront plus tard.

Voilà donc notre public un peu désappointé dès le premier tableau; il s'était raconté à lui-même une autre histoire; il n'est pas content du *Chourineur* qu'on lui a montré; il s'était figuré une autre *Goualeuse;* son prince Rodolphe, juste ciel! donnait d'autres coups de poing! — Le bon public ne voit pas que l'imagination sera toujours plus puissante que toutes les illusions réalisées; il ne voit pas que le lecteur des *Mystères de Paris* est allé déjà beaucoup plus loin, que n'est allé le romancier lui-même dans son livre. Vous lâchez la bride à ces esprits fougueux; essayez donc de les rattraper, quand une fois ils ont pris tant d'avance!

Mais chut! le second chapitre commence. On rit.—Madame Pipelet! C'est bien elle. Est-elle assez vraie? Casaquin jadis blanc, bas de laine roulés autour du pied, des souliers qui prouvent la vérité du proverbe « les cordonniers sont les plus mal chaussés. » Jupon de laine et crasseux! le balai à la main, le cancan à la bouche, est-elle assez vraie? Fi!... elle est trop vraie, elle sent le ragoût! Madame Pipelet, ainsi faite, a quelque peu soulevé ces cœurs dégoûtés. Comment donc se tirer d'affaire, cependant? Vos bandits de la Cité ne sont pas assez vrais, votre portière l'est beaucoup trop; vous ne trouvez pas ces messieurs assez horribles; vous trouvez madame Pipelet trop mal léchée! Voilà, le danger des drames coupés, et tranchés dans les romans que tout le monde sait par cœur!

Mais quelle est cette petite fille assez jolie, assez rieuse et avenante? Quoi! vous ne la reconnaissez pas tout de suite? Cette petite fille, c'est Rigolette! — Rigolette! y pensez-vous? Mais elle est encore bien plus jeune et bien plus jolie que cela, dans le roman. Rigolette! ce petit cri d'oiseau, cette frêle et sémillante fillette, que j'ai vue dans tous mes rêves et dans toutes les mansardes? — Mais non, c'est impossible! — Rigolette est blonde, dit celui-là. — Un peu maigre, au contraire. — D'un beau petit embonpoint, rose et rieur. — Un peu grande. — Pas si grande. — Robe noire, — avec un ourlet. — La main, petite, un peu rouge, — non, non, blanche et fine. — Les dents! oh! les dents! et le pied! Ainsi ils parlent tout bas en eux-mêmes, et tout haut avec leurs voisins, et ni celui-ci, ni celui-là, ne reconnaît sa Rigolette.

Où sont-ils (sur votre plancher dramatique) ces charmants détails de la pauvreté aux prises avec la jeunesse? Qu'avez-vous fait de cette histoire du travail de tous les jours? Rigolette, notre bien-aimée, nous charmait par sa gaieté, par son vif esprit, par sa grande science de l'art d'être heureuse et pauvre, par cette consolation de toutes les misères: la jeunesse! la jeunesse innocente et calme, qui vit de peu, qui rit toujours, dont même les larmes ont un charme irrésistible. — Eh! non, eh! non! vous n'êtes pas Rigolette; ne prenez pas ce nom?

La scène féroce, dans la mansarde du tailleur de diamants, Morel, est encore une de ces scènes d'une vérité trop vraie. Au théâtre, rien n'est plus facile que de vous montrer des bois de lit rongés de vermine, de la paille à moitié pourrie, des enfants qui demandent du pain, une femme insensée qui bêle la faim, une femme jeune et décharnée, un malheureux qui se tord les mains de désespoir. Mais hélas! plus vous insistez sur ces abominables détails, et moins nous croyons à cette misère. Pour nous y faire croire en effet, il est nécessaire que cette misère soit loin de nos yeux, que nous ne la touchions pas de nos mains, et que nous ne sachions où la prendre. L'imagination abandonnée à elle-même enfante de si cruels miracles! Ah! que se passe-t-il au sommet de cette froide maison? Quelles misères languissent sous ces toits ouverts à toutes les intempéries du mois de décembre? Combien d'enfants? Quelle maladie? Quelle peste? Ainsi vous rêvez quand vous frôlez, par malheur, les vieilles masures du Paris délabré et mort de faim.

Ora senva per uno stretto calle[1]. Quand par hasard vous passez devant la Conciergerie, rien qu'à voir cette sombre entrée, cette cour pluvieuse, et dans cette cour la charrette des condamnés, votre esprit et votre cœur sont bien plus vivement frappés que si en effet la prison était ouverte, si le cheval était attelé à la charrette, si le condamné allait monter sur l'échafaud mobile, accompagné de son confesseur.

C'est le grand bonheur du romancier de pouvoir s'appesantir sur ces affreux détails, tout comme c'est le devoir de l'auteur dramatique d'y toucher à peine, et de se contenter des plus vagues indications; ici donc, moins vous nous montrez la paille et la faim, et plus nous sommes tentés d'y croire. Au contraire, entassez les sanglots sur les blasphèmes, la faim sur le froid, le fumier sur la maladie, et vous manquez le but pour l'avoir dépassé. Vous allez trop loin, je refuse de vous suivre; vous en dites beaucoup trop, je ne veux pas vous croire. Quand il s'agit de réveiller la pitié des hommes, il faut toujours que les hommes assemblés *rêvent le reste*; « si vous allez trop loin, me voilà incrédule, et je vous plante là. » C'est Horace qui l'a dit.

Certes, le romancier a ses droits, mais le lecteur a les siens. Le droit du romancier, c'est d'aller justement jusqu'à la limite où finit la vérité, où commence l'impossible; aller plus loin, ce n'est plus tenter le lecteur, c'est le mépriser. Mais de quelle triste fantaisie a été pris M. Eugène Süe à nous raconter les *crimes* de ces îles verdoyantes que baigne la Seine, au val d'Asnières? De quel droit a-t-il désenchanté ces rivages charmants; que lui ont fait ces fleurs, ces gazons, ces vieux arbres, ces flots clairs où rit le soleil de mai, pour les déshonorer si cruellement à l'heure où la fête et la joie envahissent ces belles campagnes?

---

1. *L'Enfer*. Chant X.

Le romancier n'a pas le droit de désembellir les chefs-d'œuvre de la grâce divine, et c'est vous que j'atteste, ô fontaine de Vaucluse, ô sables divins sur lesquels le poëte écrivait, en mille chiffres amoureux, le nom de Laure sa bien-aimée? Est-il juste, est-il vrai de souiller ces chastes paysages, d'ensanglanter ces herbes naissantes, de jeter à l'écho jaseur, ces rauques et sauvages malédictions?

A Dieu ne plaise que j'insiste, et que j'aille à perdre haleine, en ces malédictions, en ces corruptions, en ces sanies, de l'*Ogresse* au *Tortillard*, du *Maître d'école* à la *Borgnesse*... A quoi bon, d'ailleurs? L'épouvante est passée et le drame est mort. De ce roman-géant il reste à peine un bruit, une poussière, un écho. Pas un mot n'en reste, et pas même une palpitation. Il a passé comme l'avalanche, il s'est tari comme fait le torrent, il a brûlé à la façon d'un feu de paille : — *Pulvis et umbra sumus!*

Et voici que depuis tantôt trois mille ans avant l'*Ogresse*, et trois mille ans après qu'on ne parlera plus du *Maître d'école* aveugle aux mains de la *Chouette*, on a entendu et l'on entendra aux sommets poétiques du Cythéron, les gémissements de l'OEdipe ensanglanté :

OEDIPE.

« Épaisses ténèbres, nuit éternelle où je suis plongé sans retour,
« état cruel que je ne puis exprimer, hélas! Voyez le supplice et
« le châtiment de mes crimes ; les pointes dont ma fureur s'est
« servie et mes yeux crevés me sont doux, comparés à mes re-
« mords. »

LE CHOEUR.

« O roi, accablé de ce double malheur, vos plaintes ne sont que
« trop justes! »

OEDIPE.

« Quoi, fidèles amis, après tant d'horreurs vous daignez me
« plaindre encore, et vous n'avez pas abandonné ce criminel qui
« s'est privé de la douce lumière du jour? C'est bien votre voix
« que j'entends, et je vous reconnais, du fond des ténèbres où je
« suis plongé! — O Cythéron qui cachais OEdipe enfant! O Co-
« rinthe! O palais que j'ai pris pour la maison de mon père!
« O splendeurs évanouies! O chemin de Décalie! O forêt, buis-

« son, étroit sentier qui avez bu le sang de mon père égorgé par
« mes mains, avez-vous gardé le souvenir de mon parricide? Hy-
« men, trop funeste hymen !

> Hymen, funeste hymen, tu m'as donné la vie;
> Mais dans ces mêmes flancs où je fus renfermé,
> Tu fais couler ce sang dont tu m'avais formé;
> Et par là tu produis et des fils et des pères,
> Des frères, des maris, des femmes et des mères,
> Et tout ce que du sort la maligne fureur
> Fit jamais voir, au jour, et de honte et d'horreur ! [1]

« Mais c'en est trop! Honte à qui ose raconter cette horrible
« action ! Au nom de Dieu, mes amis, cachez-moi dans quelque
« terre écartée, ou donnez-moi la mort! Par pitié, rendez-moi
« ce dernier office! Approchez; que craignez-vous? Mes malheurs
« ne retomberont pas sur vos têtes innocentes ! Hélas! je suis
« le seul mortel qui puisse en être accablé! »

A entendre ces accents de la mâle poésie, à entendre ces doux chants qui partent de l'âme et qui vont à l'âme, on est tenté de s'écrier avec un sage de ce temps-ci, M. Joubert : « Dieu soit « loué! je reprends ma joie et mes ailes, et je vole vers d'autres « clartés ! »

Hélas ! à l'heure où régnait Sébastien Mercier, sur les ruines du XVIIIe siècle en débris, à l'heure où un pareil homme, un écrivain de boutique et de tabagie, était compté parmi les écrivains de la France, il n'y avait plus une seule espérance sur la terre, et plus une seule clarté dans le ciel. Tout était sombre, abominable, silencieux, de ce silence inquiétant qui précède l'orage et qui l'annonce; le siècle entier allait, se précipitant dans ce cloaque obscène où la fleur même est un poison, mélange hideux de l'ignoble et du sublime, de l'enthousiasme sur son trépied et de la plus basse crapule à son cabaret. Ici le *Portier des Chartreux*, et plus loin le *Discours sur l'inégalité des conditions; l'Essai sur les mœurs* et les *Aventures de Frétillon;* ô surprise! ô clartés mêlées de nuages ! *L'Encyclopédie* et *l'Almanach des Grâces*, *l'Esprit des lois* et le *Mercure de Cythère*. Ganganelli, Voltaire, Arlequin, Jean-Jacques Rousseau, madame

---

1. *Le Traité du Sublime*, de Longin, traduit par Boileau.

du Barry, M. l'archevêque de Noailles, l'athée et le chrétien, le sceptique et le croyant, Charles XII et Cartouche, Ramponneau et le Parlement, Babet la bouquetière et mademoiselle Clairon, Gluck et Piccini, M. de Buffon et l'épicier Galet!

Et maintenant qu'ils se sont gaudis, à leur bel aise, au fond de cette mare au fumier, écoutez-les qui hurlent et se chamaillent dans ce cénacle burlesque où sont représentés les cercles, les clubs, les académies, les sociétés savantes, les tyrans du parterre et les tyrans du café Procope, appelé par corruption le café des beaux esprits. Écoutez les gémissements et les plaintes de ces malheureux que rien n'a pu satisfaire, ni la gloire dans ce qu'elle a de plus exquis et de plus charmant, ni la honte dans ce qu'elle a de plus affreux!

Écoutez!... les bruits divers de ce siècle des épouvantes qui devait emporter les vieux siècles, dans son profane linceul! Voltaire ricane, et de son rire triste il fait trembler la terre et le ciel; Diderot éclate et tonne; Rousseau rage; la Du Deffant jase; mademoiselle Aïssé fait l'amour, elle est la plus sage; Fréron mord; Gerbier plaide; Linguet déclame; Le Sage sourit; d'Alembert enseigne; Montesquieu juge; Dorat roucoule; Thomas chante; Lachaussée pleure; Baculard beugle; M. le baron de Grimm obéit à cette pédante, sans tétons et sans cœur, madame d'Épinay; pendant que l'autre baron, l'Allemand, le vantard, le plagiaire, le baron d'Holbach, cet étranger qui s'amuse à briser les autels du peuple qui l'abrite, mendie à ses parasites, un blasphème inédit qu'il signe de son nom, et c'est à qui fournira à ce plagiaire bouffi, un gros blasphème contre un petit écu!

Cependant, le dernier Romain de ces années de tumulte et de deuil, hébété et perdu dans cette bagarre où Corneille eût perdu la raison, Jelyot de Crébillon joue avec ses chiens, M. de Moncrif avec ses chats, Crébillon fils avec ses danseuses; le fils de Racine expire abruti par le vin et le fanatisme; une espèce de paysan de haute encolure, Marmontel, le rival du maréchal de Saxe et de Quinault-Dufresne, emprunte, — à celui-là ses poëmes, à celui-ci ses maîtresses; Duclos écoute et se tait; Fontenelle, à l'écart de ce tumulte, rêve au moyen de se retirer de ce chaos, et il remonte jusqu'à son oncle Pierre Corneille!

Ah! poussières, plaintes, hurlement, trahisons, vanités! Disons tout en deux paroles : le vrai roi de ce cloaque, le vrai poëte de cet abîme, le poëte définitif, le monstre et la monstruosité qui vont clore et parachever ce siècle des infamies et des gloires, du suprême esclavage et de la suprême liberté, le voilà, c'est l'auteur de la *Paysanne pervertie*, c'est le fameux Rétif de La Bretonne, en plein ruisseau, en pleine fange ; et qui voudrait, ou bien qui oserait se souvenir de ces immondices, de ces hoquets, s'arrêterait, épouvanté, au bruit lointain de ces blasphèmes, de ces colères, de ces soupirs, de ces grincements, de ces frôlements, de ces frissons, de ces baisers. — C'est du Rétif ! cela sort d'une source immonde où la lèvre est baveuse, où la main se termine en patte, où la parole est tournée en argot, où l'obscénité de l'idée et l'obscénité de l'image, également souillées, luttent de barbarisme, d'infamie et de non-sens.

C'est du Rétif !... Heureusement, grâce à tant de chefs-d'œuvre accomplis depuis ces funestes journées, grâce à tant de révolutions et à ces terribles tempêtes qui ont assaini cet air souillé, grâce à l'oubli et au mépris qui attendent nécessairement ces œuvres sans nom, les livres de Rétif de La Bretonne sont devenus un mythe, un rêve, une fable... *fabulæ manes!* des ombres dont on parle, à l'état d'ombres ! On a pris cet homme, un jour, au beau milieu du ruisseau de la rue Saint-Honoré, on l'a jeté dans l'égout, et il y reste ! Son œuvre, en lambeaux, raccrochée par le chiffonnier, broyée sous la roue abominable des chariots pleins de victimes, a été le dernier amusement des *tricoteuses*, et leur faisait prendre patience, un pied dans le sang.

Après les jours horribles, la France renonça à l'œuvre entière de ce fou qui donne la main droite à Diderot, et la main gauche au marquis de Sade ; elle rejeta les cauchemars de ce mélange infime de Rousseau et de Mercier, ces lambeaux pleins de peste et ces poussières pleines de vermine ; enfin c'est à peine aujourd'hui (répétez avec moi : *Dieu merci, Rétif est mort!*) si l'on rencontre un grain de ces poussières, un fil de ces haillons. La justice est venue enfin, et elle a attaché à ses gémonies ce bohémien imbécile, ce hideux conteur, ce pornographique vieillard, qui s'était élevé à lui-même un temple où la divinité était encensée par des prêtresses dignes de lui !

Un jour viendra, bientôt, où quand par hasard, par malheur,

les honnêtes gens rencontreront quelque tome infect et déchiré de ces livres funestes, les honnêtes gens prendront avec des pincettes cette loque venimeuse, pour la rejeter dans son néant !

J'en veux à cet homme ! Il a été pour certaines gens, qui ne se sont pas vantés de la découverte, une Amérique véritable. Il a été fouillé et refouillé, dans tous les sens, comme ces vils monceaux que les galériens rencontraient dans les rues, au plus fort de la peste de Marseille. De nos jours, de nos jours, Rétif de La Bretonne a été un maître : il a fondé une école ! Certes on a caché le nom du maître ; on ne s'est pas vanté d'être de son école, c'est vrai ; mais plus le maître était caché, et plus son œuvre a porté des fruits abominables. O misère ! au moment où le Rétif était enfoncé dans le mépris des œuvres sans nom, des écrivains audacieux se sont rencontrés qui ont recousu ces haillons l'un à l'autre ; on a lavé ces chiffons, on a remis à neuf ces guenilles, on a réparé ces ruines, on a blanchi ce sépulcre, on a décloué ce cercueil !

Que de romans sont sortis de ces romans fous, pareils au ver qui sort des cadavres ! Que de *nouvelles* enfantées par ces *nouvelles* où la nuit, l'horreur et les sentiments les plus faux du cœur de l'homme, ont joué le très-grand rôle ! — Il est mort, disions-nous, cet amuseur public qui amusait le monde encore, une heure avant le monde enchanté par M. de Balzac... Il n'est pas mort ! il a la vie horriblement dure ! On le croyait mort ; il a été ressuscité ! Il est tout semblable à ce crapaud fabuleux, ce crapaud-canard, que les ouvriers démolisseurs ont trouvé, naguère, dans un morceau de chêne contemporain du roi saint Louis ! On a fendu le chêne, et l'on a vu clapotant et se détirant en bâillant, ce crapaud qui grouillait encore !... un crapaud des croisades ! La république française lui a donné asile au Jardin-des-Plantes, à ce crapaud, contemporain des Bouchard de Montmorency ! Et voilà comme rien ne meurt de ces livres-reptiles, de ces livres venimeux, de ces êtres sans vertèbres et sans nom ! Rétif mort a fait des petits ! Rétif mort a fait des livres ! Des livres se sont engendrés de ces livres, et de nos jours nous les avons vus refaits, augmentés, commentés, arrangés et disposés dans un ordre nouveau !...

Et ils disaient, ces nouveaux Rétifs, qu'ils appartenaient à

Shakspeare, à Gœthe, à Schiller, à Lewis, à Byron, à Voltaire, à Walter Scott...; ils mentaient, ils appartenaient à Rétif, ils procédaient de Rétif! Le souffle même de Rétif se faisait sentir dans ces pages emmiellées de sa vertu, de son paradoxe, de son vice, de sa déclamation! S'ils faisaient bien, ces grands messieurs, qui ont poussé si loin le grand art d'agiter les cadavres, et de donner à la mort, la forme et le mouvement de la vie, ils élèveraient un piédestal à Rétif de La Bretonne, une statue à leur maître et seigneur!

On a voulu, de nos jours, réhabiliter ce perverti de la philosophie et du roman, et des plumes honnêtes, des plumes généreuses et loyales, celles qui ne lui avaient rien pris, et qui se seraient crues déshonorées de lui emprunter quelque chose, ont tenté, par une triste manie, de composer des biographies à cette Shérazade du ruisseau. Ils ont voulu nous prouver que ce hère avait eu une enfance, une jeunesse, un âge mur, et qu'il était devenu vieux! Ils ont cherché sa vie à travers ces pages, incohérentes comme le rêve d'un fiévreux, et ils ont trouvé, ô vanité de la fange! que cet aimable mortel avait été l'amoureux de la propre fille du maréchal de Richelieu, et qu'à tout prendre il y avait dans cette hotte un homme, un cœur au fond de ces gémonies! J'admire, autant qu'on peut admirer les tours de force bien faits; devant telle tentative hardie, je m'incline profondément. Laissez-moi dire cependant que ces hommages maladroits ont eu cela de funeste que les Rétifs qui vivent et qui écrivent, de nos jours, ont dû prêter une oreille charmée à ces apothéoses qui retombaient sur eux en douce rosée!... On vante notre père outre mesure, se disaient-ils, et c'est tant mieux! Ainsi disant, ils se reposaient modestement à l'ombre du proverbe où il est dit: « Tel père, tel fils! »

Pour ne prendre ici que *la Paysanne pervertie*, avec quoi nos contemporains-inventeurs ont fait tant de romans et tant de drames, ouvrez le livre, parcourez, d'un œil hagard, ces huit tomes, ornés de leurs 114 estampes *en taille-douce*, et dites-nous si, au premier coup d'œil, vous ne jugez pas que vous voilà tombés, tout d'un coup, dans les enfers de l'imagination, du style et de la pensée? A qui en veut cet homme, et d'où vient-il? Il parle une langue étrange, un argot de sa composition, et cette langue est écrite, non pas avec les signes convenus de la langue française, mais en caractères au delà de toute convention, dans une forme et dans une orthographe qui n'appartiennent qu'à un Diogène inculte !

Eh quoi ! il écrit comme on parle aux halles furieuses, il pense comme il écrit ; il n'y a pas jusqu'au papier et jusqu'à l'encre dont il se sert à confectionner ses tomes incultes qui ne ressemblent à un art de sauvage, à une littérature de brute, à ces essais informes de quelques peuples d'anthropophages qui se placent dans les cabinets des curieux, entre des carapaces de tortues et des lézards empaillés. Rien d'humain, rien de policé, rien qui ressemble à l'ordre établi dans l'art d'écrire, d'imprimer, de composer, d'établir un livre, ne se rencontre en cette suite incroyable de pages barbouillées de noir, et pas une seule page, dans tant de milliers de milliers de pages, ne se distingue de la page voisine !

Une eau fangeuse ne coule pas avec cette obstination, elle est plus ou moins claire, elle a des nuances, et, à défaut de nuances, certains rayons la pénètrent, qui la font paraître un peu moins sale ; ici, pas un rayon ; ici, pas de nuances ; ici, la nuit et la bêtise, l'ennui et le froid ; le flasque et le gluant ; le vice idiot, le vice efflanqué, l'absurde tout nu, le néant tout cru ! Même l'ornement, quand cet homme en veut mettre, se change en disgrâce, et si parfois il veut changer cet accent monotone et ce visage de bois en sourire ou en belle humeur, sa figure se brise à sourire, et sa voix glapit quand il veut parler ! Déclamation malade, impuissant paradoxe, ignoble philosophie... un politique de ténèbres, un faiseur de lois pour les lieux malsains ; il a écrit le code des plus vils réduits ; il a fait la charte des immondices, il laissé à qui veut le lire, l'évangile des charniers !

Ce même homme, en sa préface, vous dira que l'on trouve *dans sa production* « le simple, l'attendrissant, le sublime, le terrible. » Il a en lui-même une foi singulière, « il vivra, dit-il, aussi longtemps que le royaume de France. » Il est vrai que ce *royaume de France* était bien malade, puisqu'il supportait de pareils livres ; bien malade, en effet, puisqu'il en était venu à ne plus ouvrir que ces volumes immondes, qui appartenait naguère à Voltaire, après avoir été le domaine de Bossuet !

Quoi d'étrange, hélas? A toutes les époques en décadence, à toutes les générations qui vont mourir, se rencontrent ces mêmes orgies de la parole et de la pensée, oui, mais jamais à un si haut degré qu'à la fin du siècle qui s'arrête à 1789. *Le Festin de Trimalcion* est une façon de la fin du monde... un chef-d'œuvre encore, un chef-d'œuvre du maître dernier des élégances romaines! En Thessalie aussi il y avait des folies, des superstitions et des crimes, mais crimes, superstitions et folies racontés en si beau langage! Et puis, derrière ces corruptions, même élégantes, à l'heure où la reine d'Orient avale sa dernière perle en sa dernière coupe d'or, certains murmures s'élevaient, du fond des multitudes opprimées, signes précurseurs de l'avenir... A l'heure de Rétif, il n'y a que Rétif! Il est le vrai Trimalcion de ce commencement de la fin du monde; il amoncelle les fanges, il s'y vautre à plaisir; il réforme les mœurs à sa guise, il écrit des grammaires selon son caprice; il mêle, et sans jamais se lasser, la crapule à l'élégance, entourant Dieu de blasphèmes, et couvrant la vertu elle-même de l'oripeau de ses filles de joie! On voudrait citer des textes, indiquer des passages, lire à haute voix certaines pages empreintes de la *morale la plus pure*... on le voudrait, on ne le pourrait pas!

Cependant il s'intitulait effrontément « le Richardson français! » Il avait ses Clarisses et ses Lovelaces; il avait ses heures d'enseignement et de grandes séances. Ah! si Richadson eût vécu assez longtemps pour assister à cette parodie abominable de *Clarisse*, dans *la Paysanne pervertie*, ou tout simplement s'il avait pu se voir, en un si outrageant reflet, dans *les Liaisons dangereuses* de M. de Laclos, le brave et digne homme en serait mor d'épouvante et de douleur!... Et pourtant il y a quelque chose de sa Clarisse au fond de la paysanne de Rétif; la *Paysanne* a quelque chose de cette parole, de cet accent; on y trouve avec la langueur de l'action, et la même complaisance du détail : on y trouve l'*estampe*, comme il est dit dans *la Nouvelle Héloïse*.

« *Voyez l'estampe*, » dit Rousseau; « *voyez l'estampe*, dit Rétif; rien qu'à voir ces images, un certain frisson de dégoût vous passe, et vous vous demandez à quelles créatures humaines appartiennent ces corps difformes dont les livres de Rétif sont ornés, dans leur élégance de carrefour.

C'est surtout de ces hideuses images, répandues avec une profusion insensée dans les œuvres de Rétif de La Bretonne, que peut se dire le : *Ut pictura poesis*, « telle peinture et tel poëme. » Elles sont abominables ces femmes dessinées sur les portraits mêmes du romancier. La femme n'est pas nue, elle est troussée ! La tête est souffreteuse, la gorge est étalée ; on sent à travers les cheveux relevés avec rage, circuler dans ces veines et dans ces chignons une douleur suprême ; front élevé, regard lascif. La jambe... un fil recouvert d'un bas provoquant; le pied... un point difforme enfermé dans des mules à haut talon, si bien que la fille boite et chancelle, et dans l'image et dans le livre !

Ajoutez à ces détails effiloqués où l'on sent la maladie honteuse avec le cortége de ses gangrènes et de ses palliatifs, je ne sais quoi de souffreteux, de cancéreux, un vernis de misère, une couche de rouge et de fumier, l'habit guinguet, la collerette chiffonnée, la *calèche* enrubannée, l'affiquet en bouillon, la mouche à la joue, et le jour au jupon ! Il y a certes un certain mérite de vérité et de ressemblance dans *ces estampes* malades, un mérite que l'on ne retrouve pas dans le livre ; on voit que les meubles sont bien disposés pour le vice, que les étoffes sont chiffonnées de main de maître, que l'isolement et la licence entourent ces demeures infâmes ! La lumière est blafarde, la couleur est vitreuse, la nudité ne saurait être plus nue. Il y a, dans une de ces images de *la Paysanne pervertie*, une certaine fillette *qui tombe en lambeaux*, dans ce *tordion* (voilà le style). Eh bien ! — telle est l'œuvre du graveur anonyme — à voir tomber à travers cette chemise, ou plutôt à travers ce linceul, les cendres de cette fille éteinte, il faut convenir que peu de spectacles plus horribles ont été représentés à des yeux honnêtes, habitués aux divines clartés du Louvre de nos rois !

A cet homme enfin, l'excès s'arrête ! A force d'appeler l'abîme, l'abîme a répondu ; à Rétif a répondu le marquis de Sade ; et l'abîme épouvanté, n'ose plus sonder ses profondeurs !

CHAPITRE XII

A ces spectacles de la fange en action, il me semble que je vois d'ici le lecteur qui me lit et qui me juge ; ou bien il devient pâle et tremblant d'épouvante, ou bien il sourit de contentement, il sourit comme un homme qui se sent à l'abri de l'orage qui gronde au dehors. — Bon ! se dit-il, voilà bien des haillons, bien des misères et bien des hontes qui n'ont rien de commun avec ma vie et mon rêve de chaque jour ! Alors Monsieur va se promener aux Champs-Élysées, en chantonnant une *romance* de ce même Rétif, sur *la Paysanne pervertie :*

« Enfin d'une main assommante
« Un porteur d'eau l'*écalvantra*.

— L'*écalvantra* est joli, se dit le jeune homme, et le voilà qui se met à remercier, tout bas, dans son cœur, nos poëtes charmants, nos poëtes de l'atticisme et de l'amour, M. de Lamartine, et M. Alfred de Musset, M. Victor Hugo et M. de Balzac, Béranger et Chateaubriand, Casimir Delavigne et Frédéric Soulié :

« Un porteur d'eau l'écalcantra. »

Donc il faut honorer cette reconnaissance des beaux esprits par les beaux esprits de leur temps; cependant, quiconque oserait soutenir, de nos jours, que Rétif de La Bretonne est mort tout entier, ou que du moins il n'a laissé après lui que les *Mystères de Paris*, celui-là oublierait que le haillon, l'échafaud, le bagne, le forçat et le voleur ont été, nous vivants, nos chères et criminelles délices. Rétif de La Bretonne est mort, et ses tristes héros, Dieu en soit loué! se sont évanouis dans l'ombre malsaine qui se prolonge à l'orifice des égouts parisiens, mais il n'est pas si bien mort qu'il n'ait laissé sur ses fanges, un certain Robert Macaire dont l'esprit et les souillures, dont le vol, le langage et les meurtres, dont les farces, les grâces et les gentillesses ont amusé notre génération plus que n'ont fait Agamemnon, Achille et les deux Ajax! Robert Macaire et son camarade Bertrand, inséparables autant que don Quichotte et Sancho, que Sganarelle et don Juan! Que disons-nous, et à quoi bon appeler la fiction à notre aide? La réalité même a rencontré, de nos jours, son héros porte-haillon, la réalité même a rencontré son héros de cours d'assises et d'échafaud! N'avez-vous donc pas entendu parler de l'*homme à la longue barbe*, et n'avez-vous donc pas entendu parler de M. Vidocq?

Eh bien! pour servir à votre enseignement, pour glorifier votre modestie, et afin que vous ne reprochiez pas, à nos pères, *la Paysanne pervertie* et *le Paysan perverti*, je veux écrire, ici même, l'histoire de notre illustre contemporain Chodruc-Duclos, « l'homme à la longue barbe, » comme on l'appelait avec un certain effroi, il y a déjà une trentaine d'années! Il était, de son vivant, un des événements de Paris, et j'ai vu le temps où le portrait de l'*homme à la longue barbe* se vendait, presque autant que le portrait du *Juif errant*! Dans le peuple, épouvanté de la constance et de la résignation de ce malheureux, se racontaient, à propos de Chodruc-Duclos, des aventures incroyables.

On disait donc — mais cela se disait à voix basse, en secret, — que ce malheureux avait été naguère un beau jeune homme, entouré de toutes les grâces de la jeunesse et de toutes les faveurs de la fortune, et véritablement il avait été riche, s'il faut en croire la *Gazette des Tribunaux*, qui annonça, en ces termes, la vente des biens de l'*homme à la longue barbe :*

« *Vente d'immeubles.* Maison, jardin, pré, vignes, terre
« *labourable*, fontaine, sis dans la commune de Saint-Bazile,
« canton de Marmande, département de Lot-et-Garonne. »

Que dites-vous ! La maison est simple et de bon goût, le jardin est rempli de légumes et de fleurs ; la terre est *labourable ;* le ciel, c'est le ciel du midi tempéré, tout bleu, poétique, et doucement illuminé des calmes rayons du soleil !

C'était à lui, tout cela ! C'était son bien, sa terre et son soleil ! Il y pouvait vivre heureux et libre, en maître... Il a préféré, à ces vignes en fleurs, un abominable, un hideux vagabondage, et recevoir les insultes et les immodices ! Il pouvait être heureux comme un riche et bon paysan, il a choisi le vice et la honte d'un cynique, d'un cynique muet et déguenillé. Figurez-vous ce bâtard de Diogène, le plus affreux des mendiants, — le plus déguenillé des bandits, — seul, — pauvre, — abandonné, — marchant d'un pas solennel et triste, — le bohémien de cette ville immense ! Mais comment donc les physiologistes, les moralistes, les savants, les illuminés, expliqueraient-ils cette chose étrange ? Cet homme qui va tout nu, et qui pourrait porter la laine de ses moutons ! Cet homme qui se contente d'un verre de vin frelaté, et qui abandonne, à qui la veut prendre, la récolte de ses vignes ! — Dans le froid et dans la boue, et dans l'eau des ruisseaux de Paris, il promène sa chaussure défaillante, pendant qu'il se pourrait promener sur la mousse et sous de vieux arbres qui lui appartiennent... feuillage en été, tison réjouissant en hiver, quand l'âtre resplendit sous la vivifiante chaleur !

Il avait pour abri, un affreux grenier, suspendu à une échelle vacillante, mansarde sans jour, vitre sans clarté, murailles hideuses, lit sans paille, et cet homme avait une maison à lui, fraîche en été, chaude en hiver, pelouse où pouvait se jouer un bel enfant dans sa nudité chaste et rubiconde ! — Pas un ami dans cette misère honteuse, pas un chien pour l'aimer, pas un cri joyeux qui vous attende au retour, pas un bêlement qui vous regrette au départ !... Et cet homme, s'il l'eût voulu, aurait été salué par l'hirondelle, ingénu gazouillement de son toit; par l'abeille errante, le bourdonnement de son jardin ; par l'oiseau chanteur, le chant ineffable du bosquet! — Oisif, cruellement oisif, rien à penser, rien à dire et rien à faire... pourtant il avait des terres *labourables!* Il pouvait, de sa main nerveuse, enfoncer, dans le sol dompté, la bienfaisante charrue, et confier à la terre fidèle, le trop-plein de la moisson passée; durant l'été, il se fût reposé au bord de la source limpide, et sur le frais gazon il eût pris son repas, en bénissant le ciel. — Au printemps le blé qui verdoie, aux grandes joies de l'été le blé qui poudroie, et la faucille qui abat la moisson! — le bœuf qui mugit, la campagnarde aux bras hâlés, — la fumée qui s'élève du chaume reconnaissant, voilà la vie et le labeur de cet homme avec un peu de bonne volonté !

O misère! et durant vingt-cinq ans, ce malheureux a préféré, à tous ces bonheurs, le froid, l'isolement, la faim, la boue, et pour ce domaine que lui gardaient les hommes, que lui avait donné le bon Dieu, pas un regret, pas un regard, pas un souvenir! — Rien de l'âme et rien du cœur! Il allait, chaque jour, accomplissant sa corvée infamante, et traînant, après soi, une odeur nauséabonde, une traînée horrible de loques, de trous, de taches, de fantastiques haillons arrangés, comptés et disposés avec un art abominable. Et quiconque n'a pas vu ce rendez-vous de chiffons sur le dos de cet homme endimanché de misère, ne saura s'en faire une idée !

Eh bien! de cette hotte ambulante est sorti, tout vivant et tout grouillant, un des héros du XIXe siècle, *le Neveu de Rameau* du bagne et de l'échafaud, le grand comédien Robert-Macaire ! A l'aspect du Chodruc-Duclos, Frédéric-Lemaître, qui avait le génie et la verve de l'imitation, s'était dit en lui-même : voilà mon héros ! — Il avait donc suivi, pas à pas, *l'homme à la longue barbe*, il l'avait étudié, des pieds à la tête, et de la savate au bonnet, et comme il voulait cuirasser Robert-Macaire de la cuirasse même de Chodruc-Duclos, il avait trié, dans les hottes les plus immondes, chaque pièce de son armure, et il les avait cousues, l'une à l'autre, avec une habileté incroyable dans l'art d'enchevêtrer, d'entrelacer et de conjurer les couleurs les plus criardes : la tache unie au trou, le fil à la soie et la soie à la laine ; — au coutil le coton, et la ficelle attachée à la frange, et le bouton de métal relié au bouton d'os à demi rongé, et les mille caprices et les fantaisies sans fin d'un grand artiste qui serait à la fois Callot pour le vêtement, et Murillo pour le cadavre... enfin quoi? le petit pouilleux du Louvre, habillé par le chiffonnier de l'égout...

Mais (vains efforts pour arriver à la vérité, qui n'est pas la sainte et éclatante vérité, à la vérité hideuse!) rien que l'échancrure en zigzag, la menaçante échancrure de l'habit que traînait Chodruc-Duclos (elle avait inquiété les magistrats, chargés de veiller sur les égouts de la ville), elle laissait, et de bien loin, les efforts, les recherches, les guenilles décolorées de son pâle imitateur.

Frédérick Lemaître était vaincu, vraiment, dans sa lutte avec ce géant des guenilles; mais aussi quel vêtement! Cet habit vermoulu n'avait plus de nom dans aucune langue; il échappait à toutes les formes acceptées! — Ni habit, ni veste, ni casaque, ni blouse, ni pantalon, ni gilet, ni chemise, ni manteau, ni bonnet, ni chapeau, ni souliers, ni bas, ni bottes, ni sabots, ni bretelles, ni boucles, ni épingles... il s'accrochait à toutes sortes de ficelles, il tenait de toutes les formes, il ressemblait, ou plutôt il avait ressemblé à tous les vêtements; on eût dit un arc-en-ciel boueux! et le tout ensemble traînait, hurlait, sifflait, soufflait, suait, puait, pendillait, *hiatait*, que c'était à faire reculer les tombereaux de Domange! Eh bien, ficelé de la sorte, et plongé dans cette guérite d'immondices tissées, cousues et rapiécées, infâmement, ce Chodruc-Duclos, marchait d'un pas aussi fier et la tête aussi haute, que s'il eût porté le manteau de pourpre semé d'abeilles d'or. A le voir s'avancer dans ce Palais-Royal qui était son domaine, on l'eût pris pour un roi qui a oublié, dans son taudis, son sceptre et sa couronne, et qui marche, enveloppé de sa seule majesté!

Si son haillon était magnifique, en revanche son allure était simple, sa marche naturelle; il allait comme un homme qui se promène et qui ne se doute pas qu'on le regarde. Il se promenait ainsi, du matin au soir, et du soir au matin, obstinément, les mains derrière le dos, semblable à l'Empereur lorsqu'il médite sa longue et glorieuse bataille d'Austerlitz.

Nous avons dit que, chaque jour, il s'ingéniait à corroborer ses loques d'une déchirure nouvelle, et tant et tant il se déchira, que le juge, inquiet de ce désordre sans nom, fit citer ce déguenillé à sa barre. Il obéit, et il plaida ceci : Que pas une loi ne forçait un homme à être vêtu convenablement ! Cette fois, la loi l'emporta sur la justice. Il fut relâché, et la curiosité s'augmenta pour quinze jours. Quinze jours après, il ôta une ou deux pièces de son *armure*...; il fut cité de nouveau, et de nouveau il fut *renvoyé de la plainte*. Nos lois veulent que tout citoyen ait un domicile, elles n'ont pas voulu l'empêcher de porter des compresses, en guise d'habit !

Vainqueur de la police correctionnelle, mais écrasé sous l'indifférence publique, ce malheureux se sera fait, à coup sûr, le raisonnement que voici : Me voilà devenu un gueux, en pleine gueuserie, il y faut rester, le pas le plus difficile est franchi ! Je ne suis plus une curiosité, mais je serai longtemps un original ; oui, mais par la grâce et par la vertu de ma casaque, me voilà désormais délivré de tout souci, de toute besogne ; plus d'intrigue, et plus d'inquiétude ; je n'étais rien, je serai quelque chose, je serai quelqu'un ; grâce aux trous de ma hideuse souquenille, aussitôt mes dettes sont payées, mon pain est cuit, le Palais-Royal est mon domaine, je dors à mon plaisir, je mange à ma faim, je bois à ma soif, je n'ai plus de honte, à quoi bon me gêner ?

Les gens qui savent tout (Paris est plein de ces gens-là) prétendaient savoir que ce triste monsieur avait fait partie des conspirations royalistes, qu'il avait été l'ami de M. de Peyronnet, qu'il avait rendu de grands services à madame la dauphine, et que c'était, pour étaler l'ingratitude des rois, en ces haillons purulents, qu'il avait choisi cette vie abominable et déguenillée et de marche-tout-nu. C'est un conte, cette histoire ! Si un pareil homme eût été bon à quelque aventure, il est à croire que les gens qu'il avait servis, tant bien que mal, lui eussent jeté sa pâture méritée, et qu'on ne l'eût pas laissé vagabonder sans vergogne, à travers la ville des fêtes et des fortunes, qu'il attristait par les tristes provocations de sa misère voyante ! Que diable ! M. de Peyronnet « n'était pas un Turc, » et il se serait délivré, bien vite, du spectacle et de la rencontre de cet homme, si l'aspect de cet homme eût été un reproche pour lui.

Ce qui prouve que ce ne fut pas une spéculation uniquement dictée par la vengeance, mais au contraire un besoin de famosité et de pain quotidien, c'est qu'après la révolution de 1830 Chodruc-Duclos devait se trouver, Dieu merci, assez vengé ! Le trône était brisé, M. de Peyronnet défendait sa tête au Luxembourg, l'*homme à la longue barbe* et à la longue haine devait être satisfait... On le vit plus que jamais, cet ours déguenillé, tourner dans sa cage du Palais-Royal et grevé des mêmes lambeaux.

Seulement on raconte, et l'histoire est horrible, que le 28 juillet 1830, comme il faisait sa promenade accoutumée, il rencontra de jeunes *voyous* qui tiraient sur les soldats de la garde royale, et comme un de ces enfants tirait assez mal :

— Donne-moi ton fusil, « lui dit l'homme à la longue barbe ; » en même temps il prenait le fusil, et du premier coup, il abattait un jeune sous-officier qui passait.

— Reprends ton fusil, dit Chodruc, et apprends à t'en servir.

— Gardez-le, *citoyen*, reprit le gamin émerveillé.

— Non, dit-il, cette émeute est contraire à mes opinions !

Je ne crois pas que celui qui a raconté cette histoire ait raconté une chose vraie ; il n'y avait rien qui la puisse justifier dans l'attitude et le regard de ce malheureux. Au contraire, il regardait les hommes avec bienveillance, il s'amusait, mais de loin, pour ne pas les effaroucher, à voir jouer les enfants. Quelque belle petite Parisienne venait-elle à passer, près de lui, dans ce leste accoutrement qui leur va si bien, Chodruc-Duclos se rangeait pour lui faire place ; il eût été désolé de toucher cette belle créature, de la compresse qui lui servait de manteau. Il n'était pas méchant, parce qu'en effet, une fois la honte bue, il n'était pas malheureux. Ce Palais-Royal, qui avait été le théâtre de sa misère, avait fini par lui servir de patrie, et véritablement il y trouvait de grands charmes.

Ce Palais-Royal était sa demeure souveraine, et là ce pauvre déguenillé jouissait de toutes les apparences du luxe ; cet or, cet argent, ces billets de toutes les banques du monde, ces cuisines odorantes, ce Véry brillant, ce Chevet tentateur, ces boutiques pleines de livres, d'habits, de broderies, de dentelles, de diamants et de perles, ces amours qui passent, ces musiques errantes, ces parfums passagers, voilà son domaine ; il le trouvait bien préférable à son petit bien de Saint-Basile, à tout le canton de Marmande. — En été, il avait les arbres du jardin, l'ombre des arceaux, la fraîcheur et le murmure du bassin ; les cygnes le saluaient d'un coup d'aile ; il savait le nom des plantes et des fleurs ; à son arrivée, le canon partait ; on croyait que le canon sonnait midi... il disait bonjour à ce pauvre homme !

Quoi de plus juste et de plus légal ? Vous croyez que Paris n'est fait que pour les heureux, pour les riches de ce monde, pour les habits bleus, les habits noirs, les bottes vernies et les gants jaunes ? Paris était fait pour ce pauvre diable qui n'avait pas d'autre consolation, pas d'autre amitié, pas d'autre spectacle, pas d'autres amours. Ajoutez ceci à son excuse et même à sa gloire : il avait conservé, de ses anciens jours de force et de fortune, des amitiés considérables : ce bel-esprit charmant, M. Michaud, tutoyait encore Chodruc-Duclos, et du plus loin qu'il l'apercevait, il lui disait : « Bonjour, Chodruc ! » M. Laroze, un brave et digne homme, un des rédacteurs de *la Quotidienne*, en plein jour, prenait la main de Chodruc.

Lui-même, ce digne ministre, éloquent, bel-esprit, l'atticisme en personne, M. de Martignac, s'arrêtait à Chodruc-Duclos et se plaisait à lui entendre raconter les duels et les amours de leur jeunesse. — Que de fois, moi qui vous parle, ai-je vu M. Charles Nodier, le plus bienveillant des poëtes, et le plus facile à vivre, qui faisait l'aumône d'une poignée de main, et d'une heure de conversation, à l'homme *à la longue barbe*. Et nous autres de nous presser au bras de Nodier pour entendre ce que Duclos allait dire... Chodruc-Duclos parlait comme tous les hommes qui parlent simplement, et qui se promènent, uniquement pour le plaisir de la promenade. Le public, les voyant passer tous les deux, Nodier et l'autre, ne s'en étonnait guère ; le Parisien de Paris, avec le tact qui ne l'abandonne pas, savait très-bien que le galant homme qui se promenait, en causant, avec une créature si abandonnée, faisait une bonne action.

Pendant vingt-cinq ans, cette longue promenade a duré silencieuse, austère et calme ; et ni le froid de l'hiver, ni les ardeurs de l'été n'ont fait obstacle à l'exhibition que faisait ce malheureux de sa propre misère. Seulement on a remarqué, dans les dernières années, qu'il s'était lassé de ces guenilles furieuses, et qu'il avait adopté les haillons les plus vulgaires. Il était revenu à la modestie, à mesure qu'il vieillissait.

Il a été le héros d'un mélodrame en cinq actes ; il a été le sujet d'une histoire en deux tomes ; la lithographie et la gravure ont épuisé toutes leurs ressources à reproduire cette image errante de l'isolement et de l'abandon. On a même écrit un dialogue afin de prouver qu'il était un cynique, un Diogène, et de toutes les inventions burlesques, celle-ci est la plus burlesque. Un cynique, y pensez-vous? Il faut être un homme éloquent, un philosophe intrépide, un sage, un esprit, une audace pour être un cynique ! Il faut savoir contempler en face Alexandre le Grand dans sa gloire ; il faut oser lui dire : *Ote-toi de mon soleil!* Un cynique ! Il ne suffit pas d'avoir le manteau de Diogène, encore faut-il avoir son esprit et son orgueil.

Voilà pourtant, chez nous, comme on arrive à la gloire ! On accorde à Chodruc-Duclos les honneurs du théâtre : on ne ferait pas mieux pour un homme de la race d'Agamemnon ! O surprise ! un habit percé aux coudes finit par rapporter autant de renommée et de gloire que le bouclier aux sept lames d'airain, le bouclier d'Ajax, fils de Télamon !

Depuis *l'homme à la longue barbe*, les jeunes gens de 1845 ont inventé le *réalisme* (il faut absolument trouver un mot nouveau à une chose nouvelle). Il me semble que leur réalisme n'a guère été plus loin que cette réalité vivante. Et maintenant je vais vous parler d'un autre homme qui a tenu une aussi longue place dans *le spectacle public*.

Cet homme étrange (il s'appelait monsieur Vidocq) avait été préposé à la sûreté de la ville de Paris ; il était *le chef* de notre sécurité de la nuit et du jour : il veillait sur la ville endormie, et sur la ville éveillée il veillait encore. Ce « repris de justice » avait conquis une popularité effrayante ; il était, à lui seul, tout un *mystère*, et son labeur s'étendait d'un bout à l'autre de la cité. Il tombait au milieu du crime ou de l'orgie à la façon de la foudre. Son nom était accompagné de frisson et d'épouvante. Il faisait sortir du pavé... les taches de sang ; avec un chiffon oublié sur le théâtre du crime, il faisait tomber trois têtes ! Il était *partout et nulle part ;* quand il passait, il était sûr de n'être reconnu de personne ; quiconque en effet l'avait vu une fois, celui-là était au bagne ou à l'échafaud !

— Cet homme a fait autant de bruit, dans son genre, que les

plombs de Venise, les cabanons de Bicêtre ou les quatre tours de la Bastille. Il eut l'honneur d'écrire le premier livre d'argot quelque peu complet, dont la littérature française se puisse glorifier ; c'était une langue qu'il parlait comme sa langue naturelle ; avec l'accent et le geste il en avait le truc, il en avait le tric ; il était fin, cauteleux, railleur, terrible; son épigramme faisait pâlir les plus effrontés, son coup de poing ébranlait les plus forts ; il agissait, avec une fortune égale, par la ruse et par l'audace ; il était tout ce qu'on peut être, même un bonhomme, adoré même de ses guillotinés ; — plus d'une fois, tel qu'il avait livré au bourreau, le faisait appeler, à sa dernière heure, pour être béni, *in extremis*, par ce paternel M. Vidocq !

Eh bien ! — *ingrate patrie, tu n'auras pas mes os !* — Ce terrible personnage des prisons, des cachots, des bagnes, de toute la population grouillante, quand il eut perdu cette position avancée dans les obscénités et dans les châtiments de cette ville superbe, il tomba, tout à coup, au-dessous d'un repris de justice repentant et pardonné. Ce nom-là, d'une si menaçante famosité, devint tout à coup, chez nous autres les Athéniens de ce siècle, le nom d'un bourgeois inoffensif qui ne pouvait plus faire ni bien ni mal à personne. O vanité de la gloire humaine ! La gloire avait abandonné ce personnage à lui-même ! Les voleurs ne le fuyaient plus, les beautés suspectes ne voilaient plus leur visage à son passage, les chevaliers d'industrie le coudoyaient, sans trouble et sans pâleur, les forçats libérés qui avaient quitté naguère le collier de l'Ordre, ne juraient plus, sur leurs limes sourdes, *la mort de Vidocq !* Hélas ! ce n'était plus le bon temps des malédictions, des vengeances et des menaces ! Bref, il était perdu ce grand homme ; heureusement qu'il songea à entreprendre et qu'il entreprit la conquête de l'Angleterre.

Il partit comme son prédécesseur, Guillaume *le Bâtard*, avec armes et bagages. Il partit, portant avec lui des chaînes, des carcans, des menottes, des tenailles, des clous, des marteaux, des pistolets, des poignards, des couteaux, les instruments de toute arrestation, les livrées de tout esclavage. Ajoutez une petite guillotine, un petit Bicêtre, une miniature de Conciergerie, un coutelas pour rire, un échafaud pour danser, un *mon-*

seigneur pour le badinage... « Tu portes César et sa fortune, de quoi as-tu peur? »

Comme, en ce temps-là, le théâtre était rempli de forçats et de bourreaux, la douane anglaise, en visitant l'étrange valise de cet étrange voyageur, se figura que M. Vidocq était un comédien en vacances, un amour de comédien qui portait à Londres son arc, ses flèches et son carquois, et ce fut pour messieurs de la douane, une sorte de petite fête intime de faire sonner et résonner cet arsenal de Toulon et de Brest. Ils songeaient, en eux-mêmes, que ce devait être horriblement amusant le drame qu'allait jouer, à Londres, cet épouvantable comédien.

Vraiment oui, que c'était amusant et divertissant au point d'anéantir complétement le ramassis d'horreurs entassées par Shakspeare, dans son *Histoire de Titus-Andronicus*. Vraiment oui, que c'était amusant ce drame du *grand trimar* et du *petit trimar*, de *cambrioleuses* et de *cambrioleurs*, de vol à la *graisse* et de vol à *la tire*, joué, en grand costume, avec tous les *accessoires* de son rôle, par le Tamerlan, par le Gengis-Khan de ces extraordinaires corvées, dignes de la légende de l'Ogre et du Petit-Poucet. Venez voir, Anglais, M. Vidocq décoré de toutes ses ficelles. Venez, vous toucherez de vos mains les chaînes qu'il a portées, car il a gardé ses chaînes à l'exemple de Fernand Cortez, et il veut les emporter au tombeau !

Venez, vous entendrez raconter, de cette bouche à demi sauvage l'histoire de Jean Cliquet, de Farina ou de Gaffi. — « Si je connais Gaffi, disait Vidocq, *j'ai vu de ses cheveux!* » Il savait, sur le bout de son doigt, toute son histoire de la rue de Jérusalem... *Reminiscitur Argos!* Il disait aussi : Paris délivré par ses soins, les prisons remplies, les provinces tranquilles, les *chauffeurs* en déroute, les *escarpes* reconnus. Il racontait la naissance et les filiations de l'argot, quel est le fond de cette langue à part, dans les désolations de l'abomination, quels en sont les dérivés, à quel avenir elle est réservée.

De cette langue immonde, graisseuse, à l'accent lugubre, épatée et massive, sans âme, sans couleur, sans vie, il savait toutes les chansons avec accompagnement de ferraille ; il savait tous les poëmes d'argot, improvisés au bruit du verrou qui grince, de la lime qui mord, du chien qui hurle, de la cloche qui tinte, et du couteau qui tombe. Il vous disait que, grâce à lui et à M. Guillotin, l'art d'empoigner un homme et l'art de le mettre à mort avaient fait des progrès incontestables, et même il avait composé une chanson sur l'inventeur, que disons-nous! le créateur de la guillotine, sur M. Guillotin :

> Ce savant médecin,
> Que l'amour du prochain
> Fit mourir de chagrin!

M. Vidocq, de temps à autre, il avait le petit mot pour rire ; il était de ces gaillards qui n'aiment pas à assombrir même les choses sombres ; c'était lui, le premier, qui avait découvert la joie et le contentement d'un scélérat habile à faire *suer le chêne*, lorsque tout couvert de *raisiné*, il avoue à M. le juge d'instruction le crime que le juge a découvert. On respire à l'aise, rien qu'à entendre M. Vidocq raconter cette obéissance et ce bien-être d'un coupable qui n'a plus qu'à être jugé, condamné et exécuté! Ce chapitre des fêtes de l'aveu était un de ses meilleurs chapitres et celui qu'il préférait à tous les autres. Mais qui eût osé dire ou savoir le chapitre que préférait M. Vidocq?

Cependant soyez attentifs aux récits de ce grand homme héritier de Shakspeare et de Byron. Soyez attentifs et songez quel est ce *giaour* de la cité. Certes il ne s'agit pas ici de *Lara*, de *Cymbeline* ou du *Conte d'Été*, ou de *la Reine des Fées* de Spencer, ou de la coque de noix qui sert de phaéton à la Fantaisie; il s'agit de trappes, de cabanons, de nappes tachées de vin, de hardes tachées de sang. Nous vous dirons les indices du crime, le commencement, le milieu, la fin, la joie, la peine, et quelquefois même le remords, quand ça se trouve. Tenez, voilà les costumes de notre travail ; voici les habits que portaient nos criminels ; voici les linges de leurs victimes.

Soyez tranquilles, nous sommes au grand complet. Approchez-vous et contemplez, parmi ces haillons suintants, la veste ronde, la casquette de loutre, le pantalon (pardon, Mesdames!) rapiécé, le soulier éculé que je portais, un soir de bal, dans le grand salon de la Courtille. Nous étions là vingt flambards, *orientalistes*, *Argonautes de la navigation dormante*, buvant du vin de la rue Verdelet, et mangeant du bœuf de la rue Guénégaud. Il y avait, entre autres déesses, Manon *la Blonde*, voici ses galoches à panoufles; Titine *la Gueule*, voici le fichu de Titine reconnaissable à cette mèche menaçante qui cachait son œil de travers; Fanny *la Chèvre*, morte en Grève et en odeur de sainteté. Regardez, Mylords, les cordons de taille de sa robe écarlate! Pauvre Chèvre! c'est elle qui avait coutume de dire, quand elle avait faim : — *Le soleil me luit dans l'estomac!* — Mais pardonnez, Messieurs, à mon émotion, il m'est impossible de ne pas être saisi de tristesse à de pareils souvenirs.

A propos de saisie, cette blouse bleue que vous voyez là était mon costume favori quand j'étais dans la *rousse*. Je portais cette blouse lorsque je fis arrêter mon ami Toucinet et la belle Lise sa maîtresse. La belle Lise! Voyez son gant! il est petit et mignon, les doigts en sont effilés et friands; c'est la seule main que j'ai connue qui pût mettre ce gant-là, et avec ce gant-là, la belle Lise pouvait enlever une montre d'or aussi lestement que vous autres, Messieurs, avec la main nue! Lise s'est laissé prendre, rien que pour revoir un instant Toucinet qui avait passé, l'ingrat, à Céline *la Blagueuse*. — Milady, qu'il vous plaise de ne pas toucher cette robe de prêtre catholique; elle m'a rendu bien des services; j'étais vêtu ainsi quand j'ai arrêté le voleur qui avait volé les glaces du Palais-Bourbon; j'étais déguisé en prêtre, le voleur était déguisé en colonel. Cette croix de Saint-Louis, c'est la sienne; ces décorations en brochettes, il les portait quand j'ai arrêté son cheval. — Tiens, m'a-t-il dit, je te les donne, Vidocq; toi seul désormais tu es digne de les porter.

Que regardez-vous là? ces cordes brisées, ces menottes faussées, ce cadenas rompu? c'est une des batailles de ma vie! Tout cela a été gâté par Gablin le Grincheur, un géant de cinq pieds dix pouces non anglais, et pourtant je l'ai pris, un matin que sa femme allait accoucher, et j'ai été le parrain de l'enfant.

Vous voyez bien, Messieurs, cette tabatière, une tête charmante en surmonte le couvercle; c'est une tête d'Hébé, un sourire d'enfant, quelque chose de juvénile et de tendre à la fois... Cette boîte est un présent de Raoul, à sa dernière heure; ce Raoul, c'est mon chef-d'œuvre; il avait tué, la nuit, dans une plaine de Corbeil, un malheureux voyageur, et rien qu'avec ce petit papier (j'ai mis ce petit papier sous verre comme un titre de noblesse) : *Monsieur Ra…, marchand de, — bar- de Ro…* — j'ai trouvé ce Raoul marchand de vin à la barrière Rochechouart, où il jouissait d'une assez piètre réputation. En récompense de mes bons offices, Raoul m'a laissé ce portrait de femme sur lequel il a déposé un baiser. Quant à ce *livre d'Heures*, il appartenait à l'ami Court, qui avait oublié de le rendre au respectable abbé Montès. Ces deux noms sont au premier feuillet, — c'est un autographe curieux que voulait m'acheter lord Spencer ; je le crois bien ! rencontrer sur la même page l'assassin et le confesseur !

Eh bien ! du spectacle et des récits de M. Vidocq sont sortis, qui le croirait? plusieurs passages du *Dernier jour d'un condamné*. De cette Cour des Miracles au xixe siècle est sortie, et toute grouillante, la cour des miracles de ce grand poëme épique et fatal *Notre-Dame de Paris*. Tout sert au génie, et de toute chose il fait sa proie. Il fera son profit de toutes les peines et de tous les vices ; toutes les vertus vont servir à son rêve, toutes les libertés et toutes les grâces trouveront place en son poëme ; il est la charité sans limites, il est l'espérance, il est le passé, il est l'avenir. Cherchez dans *Notre-Dame de Paris*, vous y trouverez « l'homme à la longue barbe » entre Vidocq et Mayeux.

M. Vidocq, même chez les Anglais, professait le plus profond mépris pour les plus célèbres filous de l'Angleterre ; il souriait au nom de Cartouche, et il n'eût pas donné ça, de notre célèbre Mandrin. Dans cette *Histoire de la littérature dramatique*, il était juste de conserver une des affiches de Vidocq :

« *A la demande générale de la fashion, ladys et gentlemen*,
« vous êtes avertis que tel jour, sous l'assistance et responsabi-
« lité de M. Vidocq, le roi des *cambrioleurs à la flan* et le roi
« des *caroubleurs* exécuteront leurs plus difficiles exercices, en
« compagnie de miss Annette la *cambrioleuse*, et si le public
« trouve qu'il est volé, on lui rendra son argent à la porte. »

Le lendemain, M. Vidocq donnera au public « *Julie d'Escars*,
« drame en cinq actes, où l'on verra les pinces et le *monseigneur*
« de la rue Frépillon. — On jouera ensuite une clownerie intitulée :
« *les Cureurs, les Emporteurs, les Emprunteurs*, et *les Ru-*
« *gmaïques*, exécutée par des Athéniennes de Saint-Lazare, et
« par des Grecs de la Petite-Pologne. Ainsi soit-il ! »

CHAPITRE XIII

Un peuple, ami des belles choses et du savant langage, a grand tort de jouer, comme on l'a fait, chez nous, dans tous les temps, avec l'immondice ! Au premier abord, on rit des *puffs* de M. Vidocq, on rit des *blagues* de M. Robert Macaire et de son camarade Bertrand, comme on a ri des néologismes de Mercier et de l'*argot* de Rétif de La Bretonne; on croit que ce n'est rien la langue dégradée à plaisir, et qu'on reviendra tout de suite et sans obstacle à la langue ancienne... Au contraire, il n'y a rien de si vite fait que cette corruption, et de si difficile à corriger.

A peine la langue parlée au théâtre a passé dans la langue parlée aux carrefours, rien ne l'arrête. Qui nous eût dit, par par exemple, que ce mot *blague* et ce mot *puff* s'adapteraient, si vite et si complétement, à cette langue excellente, qui fut la langue des plus grands prosateurs dont se vante, à bon droit, l'esprit humain, en comptant toutes les nations dans tous les siècles ?

La *blague* et le *puff*, deux présents qu'ont faits à la langue de Molière et de Beaumarchais, M. Vidocq en ses *Mémoires*, Robert Macaire en ses fantaisies. Il a créé une langue à part Robert Macaire, le dernier bâtard (jusqu'à ce jour) du *Paysan perverti* et de la *Paysanne pervertie*, et cette langue, enfant de son crime, de son vice et de ses lâchetés, est plus authentique, mille fois, que si elle était consignée dans les dictionnaires et dans les grammaires. Il a prêté une oreille attentive aux coassements de l'abîme, et ce qu'il a entendu murmurer autour des charlatans et des fanfarons de toute espèce, il l'a reproduit dans son discours. Il a vu la société de si bas, qu'il nous l'a montrée abominable ; il a accepté la voix rauque et le geste aviné des galériens, lâchés dans la ville et dans le commerce des deux mondes ; celui-là, certes, peut se vanter d'avoir arraché le dernier lambeau de pourpre cousu sur nos haillons.

Le premier il s'est mis à jouer en public, avec la fortune de chacun, tout comme s'il n'eût pas joué avec sa propre fortune. Le premier il a ri, tout haut, de ces sottes choses que les hommes étaient convenus d'appeler la probité, l'honneur, le devoir, la famille, le foyer domestique. Le premier il a bafoué le niais, son confident, son boute-en-train, son complice. Oui, son propre *paillasse*, celui qui fait le pied de grue aux tréteaux de Robert Macaire, ce Bertrand qui suit son camarade comme l'ombre du haillon suit le corps qui le porte, ce Bertrand insulté, roué de coups et trahi à chaque instant par son compagnon, ce Bertrand qui se couvre de souillures inutiles, qui assassine et qui tue au profit de Robert Macaire, qu'est-ce autre chose que le niais élevé à la dignité de criminel ? Singulier progrès de ce temps-ci ! le niais pur et simple a disparu. Il nous faut des niais souillés de vol, tachés de sang, il nous faut Jeannot accouplé à Cartouche... la double senteur du bagne et du patchouli, un bruit de fers avec accompagnement de guitare.

Allons, courage, un peu de boue au sourire, une gouttelette de sang à la main droite, accouplez-moi, l'un à l'autre, le chant du rossignol dans les bois et le grincement du *rossignol* dans les coffres-forts. De la pourriture et des ricanements de la cour d'assises cette langue est sortie, et si maintenant on tentait de l'effacer de notre langage, on s'écrierait : c'est impossible ! Et puis, à chaque vice nouveau, un mot nouveau qui le désigne, est-ce trop exiger?

Je ne veux qu'un exemple. Par exemple, quel mot mieux fait, plus vraisemblable et plus convenable à ce qu'il veut désigner : le *puff!* En savez-vous un qui soit plus énergique et plus digne de raconter ce qu'il raconte?

Levez la tête et tournez les yeux, le *puff* est partout : il vous appelle, il vous nargue, il vous provoque, il vous méprise; dans les murs, hors des murs, par tout ce qui va, par tout ce qui vient, sur les arbres du grand chemin, sur les murailles du hameau, dans le bateau que la vapeur emporte, en haut et en bas... il est le *puff!* Il va comme la tortue, il va comme le vent qui souffle; il a toutes les allures, rapide comme l'éclair, plus léger que le vent, plus bruyant que la foudre; il occupe toutes les places, il prend tous les noms et toutes les formes; il est de tous les temps et de tous les lieux; il s'applique aux plus grandes et aux plus futiles affaires de ce monde; il élève les fortunes les plus hautes, il abaisse les fortunes les plus humbles; il s'applique à ce qui vit, à ce qui meurt, à ce qui est immortel; il est la renommée, il est la gloire, il est tout... il est le *puff!*

Il entreprend avec un succès égal, *tout ce qui concerne sa partie*. Il a créé le *chou colossal*, le *caoutchouc*, les *dents osanores*, *O'Connell*, le *Dictionnaire de Napoléon Landais*, le *pétrin mécanique* et les *Mémoires d'un bourgeois de Paris*. Le *puff*, à lui seul il a créé et mis au jour plus de drames et plus de comédies qu'on n'en saurait compter en toute une année. Il tient la roue, et de la roue il tient la manivelle à tourner des grands hommes et des grandes œuvres, du jour au lendemain. Il s'applique à tout et à tout le reste. Il entreprend les élixirs, les pommades, les guérisons, les emprunts, les chemins de fer, les croisades, les tontines, les machines par actions, les mélodrames en vingt tableaux, les marmites autoclaves, les réputations de guerre et les renommées de tribune, les ministères, les grands hommes et les saltimbanques, les perruquiers et les artistes, les réformes et les révolutions. Que dis-je? Il entreprend même les pianistes et les chanteurs.

C'en est fait, le puff est tout de nos jours; il est le grand médecin, il est le grand législateur, il est le grand homme de guerre, il est le grand écrivain, il est le grand poëte de la France et de l'Europe et du monde. Vive donc sa majesté le Puff Ier, roi des cinq parties du globe et autres lieux. Il est la fin de l'*annonce*; il eut pour langes une affiche, il eut pour marraine une trompette, et pour son parrain un tambour.

Tout ce qui est le bruit sans art, la fumée et pas de feu, la renommée et pas de gloire, la phrase et pas de style, l'invention sans résultat, la nouveauté vulgaire, la vérité triviale, le fracas sans cause, ajoutez l'éloquence de la rue et le talent du carrefour, tout ce qui tient au raccroc, au hasard, à la bâtardise en toute chose, toute beauté surannée, et toute jeunesse douteuse, et toute décrépitude cachée, et toute autorité contestée; et tout cela c'est le domaine du puff.

Le puff, c'est l'annonce poussée au plus incroyable degré du bruit et du mouvement. — Va, mon fils, disait à un sien bâtard un des héros de l'annonce, voici un petit écu et dix mille francs que je te donne. Avec ce petit écu tu prendras un cabriolet et tu iras dans la rue des Lombards acheter une drogue; avec ces dix mille francs tu annonceras ta drogue, et... ta fortune est faite! Et le fils a fait comme l'a dit son habile père, et le fils ne s'en est pas repenti.

Le *puff*, la *blague*, les femmes *écalvantrées*, les longues histoires de bagne et d'échafaud, la fange en récit, l'immondice au langage, amenèrent bien vite et devaient amener, inévitablement, le drame de police et de gibet qui fut si longtemps un des plus aimables délassements de cette intelligente nation. Dans les drames qui sont venus après *Turcaret*, après le *Jeu de l'Amour et du Hasard*, après le *Philosophe sans le savoir*, après le *Père de Famille* et *Rose et Colas*, on n'entendait plus parler que de verroux, de poignards, de *rossignols*, de *monseigneurs*, de fausses clefs, empreintes, effractions, vols de tout genre, et autres délicieux détails à l'usage des *cambrioleurs* de grand chemin. Ce ne furent désormais, sur notre illustre théâtre, que gendarmes, espions de police, coupe-jarrets, cabaretiers, faussaires, geôliers, grinches et grincheurs, porteurs de rats de cave, de pistolets et de poignards.

Tel fut le théâtre régénéré, sauvé, ressuscité, agrandi par Robert Macaire. Robert Macaire en fut le dieu et le héros. Regardez!

les guenilles de ce fameux et jovial bandit sont suspendues aux arceaux de cette caverne dramatique ; trophées dignes du lieu qu'elles décorent. Entendez-vous ce bruit de chaînes, entendez-vous ces coups de fusil, entendez-vous le son de l'or, entendez-vous les cris des victimes qu'on égorge ? Ici, Despréaux-Robert-Macaire a tenu son école de littérature et de morale ! Ici, son théâtre et son temple. Entrez ! le dieu est absent, mais la divinité est présente, et l'on attend que le dieu de la plaisanterie et de l'égorgement se montre encore une fois à son peuple.

Tout est prêt pour le recevoir dignement : on a recrépi la prison, on a prolongé un nouveau carrefour dans la forêt ; on a rougi à neuf la guillotine ; bien plus, ô sublime flatterie ! on a trouvé le moyen de faire un nouveau trou, à ce grand trou qu'on appelle l'habit de Macaire. Que Macaire sera flatté de ces délicates prévenances ! Macaire est l'homme le plus fêté, le plus complimenté, le plus admiré, le plus respecté de notre temps. Il n'y a plus un chaînon à ajouter à sa chaîne, plus une guenille à ajouter à ses guenilles, plus une lettre à imprimer sur ses épaules.

O mes amis, l'*Auberge des Adrets* est une grande comédie, et *Robert Macaire* est un grand drame. M. Vidocq est un grand maître de langue française, ô mes amis !

Peut-être avez-vous vu, dans une suite admirable de petits drames à coups de crayon, cette étrange composition d'Hogarth intitulée : *The Harlot's progress*, et si vous l'avez vue, à coup sûr l'impression de ce drame étrange est restée au fond de votre cerveau. A coup sûr vous vous rappelez ces scènes diverses, cruelles, impitoyables, si remplies de dégoût et d'épouvante, où chaque coup de crayon est un coup de poignard, où chaque misère est une plaie, où chaque honte est une lèpre ? Quels détails effrayants dans cette suite incroyable de péripéties à peine indiquées ! Comme tout ça pleure et crie, hurle et se tord, se raccommode et se brise en mille fragments, sous la main de ce vieil humoriste qui a vécu fou, qui est mort fou, en se retraçant la fin du monde à son usage personnel ! Quels drames ! quels frissons ! quelles gémonies !

Cet Hogarth, ami de Swift, ami de Pope et d'Arbutnot, il était tout à la fois la fureur, l'ironie et la fièvre ! — Il y a du Shakspeare il y a du Molière au fond du sourire, au fond des malédictions de cet homme. Ah! l'affreux drame, ce taudis sous les toits, où va mourir la misérable Maria ! Ça suinte et ça dégouline la faim, la soif et la gale, avec mille petites circonstances d'une horreur incroyable : un brin de paille, un bout de suif, une assiette à soupe au pied du lit, un peigne immonde au goulot de la bouteille à eau-de-vie; au dehors l'orage, au dedans le râle, et pour dernière contemplation l'heure suprême qui s'arrête et qui sonne à cette montre volée... Hélas ! misérable et absurde Maria !...

Tournez la page! Un cercueil à demi cloué est posé sur des tréteaux chancelants : Ici gît Maria, morte le 3 septembre, âgée de vingt-trois ans ! Un essaim de filles à demi nues vient en riant saluer leur camarade éteinte; au pied de la boîte funèbre un enfant... son enfant, enroule à sa toupie une ficelle, pendant que le croque-mort joue avec une nymphe aux yeux éraillés.

Ainsi finit la jeunesse en ces corruptions, ainsi finit la vie abandonnée à tous les hasards. Ainsi finit la poésie elle-même, une fois qu'elle a quitté les droits sentiers. La douce villageoise du comté d'York, aussitôt qu'elle a touché les fanges maudites, elle perd sa grâce et son charme, et bientôt, son innocence et sa vertu, jusqu'à ce qu'enfin elle tombe au fond de l'abîme d'Hogarth ou de Rétif.

Telle est l'histoire, ou peu s'en faut, de la poésie française. Elle commence avec les chevaliers, avec les troubadours, avec les fées de la Table ronde; elle finit avec les tricoteuses, les bourreaux et les terroristes ! Des grâces efflorescentes du xvie siècle, à l'heure où tout chante, où tout renaît, où la muse grecque en ses fêtes, et la muse latine en ses souvenirs, appellent toutes les âmes et tous les cœurs, des majestés charmantes d'où naissait Versailles, quand madame de Montespan jette, en tout lieu, la vie et le charme, des beaux jours de Molière et de Racine, entre Corneille et La Fontaine, enfin du patriarche de Ferney, au milieu des éclairs de Voltaire et des tonnerres de Jean-Jacques, la poésie, abandonnée à elle-même, et désormais sans lois, sans frein, sans espoir qui la protège, et sans rempart qui la défende, assiste à tous les excès de la force, à toutes les violences du despotisme, et sous ce despotisme aveugle elle tombe écrasée, haletante et souillée.

The Harlot's progress, voilà le dernier progrès de toutes

nos corruptions! En vain j'hésite, en vain j'impose silence au trouble qui est en moi, en vain je cherche et j'appelle à mon aide une étoile, une lueur! Tout s'en va, tout se meurt, tout est parti, tout est mort; les rois sont égorgés, les dieux sont partis, le flot qui monte en hurlant l'immense *De Profundis*, emporte à la fois les trônes et les temples, les reines et les dieux. Il emporte même les tombeaux, et des ornements de trois races royales il se fait un hochet à son usage. A peine, en passant, si l'esprit humain, l'esprit français osera s'arrêter sur ces spectacles d'épouvante et d'horreur. Ne craignez pas que j'en parle ici, l'art n'a pas affaire avec l'œuvre des cannibales, et la critique est impuissante à balayer les étables de Robespierre; elle n'a rien à débattre avec les monstres.

La critique est l'œuvre des nations heureuses; elle vient aux heures tranquilles, après les chefs-d'œuvre; elle veut qu'on l'écoute et qu'on lui soit favorable; elle aime à causer avec les esprits difficiles, avec les lecteurs éclairés; dans un vaste auditoire, elle s'adresse, et elle parle, de préférence, aux juges les plus habiles, dédaigneuse d'imposer ses répulsions et ses sympathies à qui ne saurait la comprendre. Plus encore qu'à la poésie, il faut à la critique des jours de repos, de silence et d'attention; elle hait les crises et les violences politiques; elle hait le bruit de la rue et les tumultes du carrefour; c'est qu'en effet, elle ne vient qu'à la suite des poëtes créateurs, et des poëmes originaux. Horace lui-même, en son admirable épître[1], que l'on prendrait pour le complément de son *Art poétique,* a raconté, en très-beaux vers, comment la Grèce captive a pris sa revanche des Romains, ses vainqueurs, et, soumise à leurs armes, les a domptés, à son tour, par le génie et la toute-puissance de ses poëtes.

« L'Italie était sauvage, elle obéit peu à peu à la douce influence athénienne. Elle comprit la critique et ses leçons. Elle écouta la voix des maîtres qui lui enseignaient la poésie; elle avait l'intelligence, elle eut le goût; elle était rude, elle fut éloquente, et elle commença par dédaigner les vieux poëtes moroses qui l'avaient tant charmée. Ainsi, peu à peu elle fit de grands progrès dans le plus difficile de tous les arts, non pas sans con-

---

1. Épitre I, livre II, vers 162 et suivants.

server de fréquents retours de l'ancienne rusticité. Rome, en effet, s'était mise, un peu tard, à étudier le génie athénien, et ce ne fut vraiment qu'après l'abaissement de Carthage, et dans les premiers enivrements de cette paix qui leur avait tant coûté, que les Romains se rendirent compte, enfin, du profit que leur pouvaient rapporter les trois maîtres de l'art dramatique : Eschyle, Euripide et Sophocle; ils commencèrent par les admirer, ils finirent par les imiter, non pas sans grâce et sans charme. »

Convenons cependant que le Romain n'aime pas la lutte avec le génie étranger; il traduit un poëte comme il emporterait une redoute; il a honte d'effacer ce qu'il a écrit, comme il aurait honte de revenir sur ses pas, un jour de bataille. Il finit cependant par se connaître en bons vers, autant qu'en belles actions. *Quin tu te exornas moribus lepidis!* disait le vieux Plaute en reconnaissant, avec orgueil, que les mœurs élégantes sont, en effet, le plus rare et le plus sage ornement d'une nation.

Hélas! il était plus facile, aux Romains ignorants de Scipion, l'*Africain*, de s'initier dans l'exercice assidu de la poésie et des beaux-arts, qu'il n'était facile aux misérables, courbés sous le joug de la Convention, de se rappeler ces grâces, ces chefs-d'œuvre ces drames, ces élégies, ces fêtes de la pensée et des arts charmants que la *terreur* avait brisés, sur la place même de la Révolution. Ces Romains heureux qui voulaient connaître enfin Sophocle, Eschyle, Euripide, Aristophane, et le vieux père Homère, ils avaient le droit de s'informer de ces grands poëmes, comme un juste délassement de leurs grandes actions : *Post negotia facta;* mais nous autres, les esclaves de 1792, avilis par la peur, enfants perdus de toutes les lâchetés civiles, égorgeurs aujourd'hui, égorgés demain, de quel droit nous fussions-nous rappelé, juste ciel! les poëmes, les tableaux, les musiques, les élégances, les amours, le théâtre où naguère Voltaire et le vieux Gluck, Marivaux et Jean-Jacques Rousseau, mademoiselle Colombe et Lekain, mademoiselle Sylvia et mademoiselle Clairon, madame Favart et Vestris, mademoiselle Contat, mademoiselle Raucourt et Brisart, et Fleury, et Sedaine, et Rameau, et Ducis, et tant d'artistes, et tant de poëtes, tant de passions, tant de beautés, tenaient la ville attentive aux innombrables séductions de tous les sens?

« Maintenant que nous sommes vainqueurs de Carthage, nous voulons saluer les maîtres grecs, » disaient les Romains de Scipion. « Maintenant que nous avons égorgé l'ancienne société française, à bas Corneille! à bas Racine! à bas Molière! à bas le grand art des grands esprits et des grands siècles! » hurlaient en chœur les terroristes. Vive à jamais Marat, Babœuf, Robespierre et Théroigne Méricourt! Babœuf un dieu! Robespierre un roi! Théroigne une Muse! Ainsi ils ont agi, ainsi ils ont pensé. O les misérables! Ils ont fait du théâtre une gémonie! Ils ont fait du poëme une insulte! Ils ont traîné, sur le théâtre ensanglanté, l'orgie en habits sacerdotaux, le meurtre en manteau de pourpre; ils ont montré l'apothéose de Marat, dans ces mêmes lieux où se jouait naguère *la Clémence d'Auguste!* Ils ont coiffé Titus d'un bonnet rouge! Ils ont fait chanter *la Marseillaise* au bouillant Achille, et le *Ça ira, ça ira*, à l'Iphigénie! En ce moment horrible, il n'y a plus de Théâtre-Français, il n'y a plus de nation française, il n'y a plus que des machines dont voici les titres, que la borne a conservés, digne ornement de ces abominables carrefours :

La Journée des Dupes, la Journée du Vatican ou le Mariage du Pape, le Branle des Capucins ou le Mille et unième tour de Marie-Antoinette. (A Saint-Cloud, de l'imprimerie des Clairs-Voyants, cul-de-sac des Recherches.) *A qui sera pendu le premier, les Intrigues de madame de Staël, la France régénérée,* par Chaussard; *la Papesse Jeanne; l'Ami du Peuple ou les Intrigants démasqués,* comédie, par Camille Saint-Aubin; *A bas la Calotte ou les Déprêtrisés,* comédie; *les Salpêtriers républicains, le Modéré,* comédie, par Dugazon; *le Jugement dernier des rois,* par Silv. Maréchal; *les Crimes de la Noblesse, les Peuples et les Rois.*

Dans ces *bacchanals* patriotiques, ils chantaient des chansons pareilles à celle-ci :

> Montagne, Montagne chérie,
> Du peuple les vrais défenseurs,
> Par vos travaux la République
> Reçoit la Constitution,
> Notre libre acceptation,
> Vous sert de couronne civique!

Quand, par hasard, ils souffraient que les comédiens épouvantés jouassent Corneille, ils mutilaient Corneille à peu près comme ils avaient mutilé le roi de France; ainsi, au lieu de dire (dans le *Menteur*): Elle loge à la place *Royale*, ils écrivaient : *A la place des Piques!* Ils corrigeaient Piron :

> Et moi je vous soutiens qu'un ouvrage d'éclat
> *Ennoblit* cent fois plus que le capitoulat.

Ils effaçaient *ennoblit!*

Dans le *Déserteur* : « *Le roi* passait ! » ils mettaient : *La loi* passait; les moins modérés chantaient : « *La municipalité* passait ! » Deux hommes seuls, dans cette bagarre où succombaient également le génie et l'honneur de cette nation malheureuse, ont eu le courage, celui-ci (M. Laya) de faire jouer l'*Ami des lois*, et cet autre (M. Legouvé), d'exécrer publiquement les meurtres de Néron [1].

> Ah ! fuyez cette fête où Néron et Poppée
> Au milieu d'une cour à leur plaire occupée,
> Dont la bassesse obscène imite leurs fureurs,
> De la plus vile orgie étalent les fureurs.

Brave et digne homme ! Il osait frapper Néron, à l'heure où Robespierre était le maître absolu de ces âmes d'esclaves; Robespierre et Néron ! A la première représentation d'*Épicharis et Néron*, Robespierre était à l'avant-scène, à l'orchestre était Danton, et de sa stalle le tigre insultait le chat-huant ! O temps affreux où la tragédie est dans la rue, où le drame est sur l'échafaud, où l'on ne rencontre des poëtes que sous les voûtes des prisons !

Des crimes littéraires de la Terreur, lorsque de sa main impie elle s'attaque aux chefs-d'œuvre, il nous reste un monument étrange, irrécusable, à savoir : *le Misanthrope*, de Molière, corrigé par la censure de 1792, à l'usage des *comédiens de la nation* [2].

1. *Épitre à Néron.*
2. N° 866 du Catalogue de la bibliothèque de M. Armand Bertin. M. de Sacy a raconté cette admirable bibliothèque, où il venait aussi souvent qu'à la bibliothèque Mazarine, et qu'il connaissait presque aussi bien.
Livres charmants, qui étiez le digne objet des savantes préférences

J'eus, un jour, la fortune étrange de rencontrer, sur les quais, où il se morfondait, cet exemplaire du *Misanthrope* « revu et de notre admirable Armand Bertin, chefs-d'œuvre exquis où se retrouvait le goût du maître, éditions originales, encore empreintes du génie et de l'esprit de nos vieux auteurs, inestimables trésors des écrivains du XVIe siècle et du temps de Louis XIV, poëtes et prosateurs de la nation de Racine et de Bossuet, de Montaigne et de Sévigné, de La Fontaine et de Pascal; ô merveilles qui nous apparteniez, complaisants miracles que nous avons tenus dans nos mains profanes, inépuisable sujet de notre conversation de tous les jours, beaux livres qui donniez à notre ami toutes les joies de la propriété, et qui étiez véritablement le seul bien qu'il possédât au soleil, grâce, éloquence, esprit, consolation presque divine aux plus mauvais jours de notre vie, espérance et charme aux époques heureuses; c'en est fait, nous ne vous verrons plus, le souffle de la mort et le vent de l'orage ont dispersé, çà et là, les donnant aux plus riches, ces exquises magnificences où brillaient, d'un si vif éclat, tant de noms poétiques : Rotrou, Corneille, Hardi, Fénelon, La Bruyère, La Rochefoucauld!

Nous ne les verrons plus, ces romans merveilleux de l'ancienne chevalerie, et ces *légendes*, ces *moralités*, ces *solties*, ces *sonnets*, ces *grandes chroniques*, ces *missels*, ces *testaments*! Dans quelles mains est tombé *Gyrion le Courtois*, dans quelles mains *Mélusine* et *l'Astrée*, et tant d'autres poëmes dont la langue française s'est formée en grandissant? Villon, Coquillart, Salel, Marot, Marguerite de Valois, Mellin de Saint-Gelais, Régnier, Ronsard et la *pléiade*, sans oublier cet ami, ce héros, ce compagnon de *Notre-Dame-de-Paris*, Pierre Gringoire! Ils avaient trouvé dans ce riche cabinet un asile digne de leur génie! Ils y étaient compris, ils y étaient aimés! Le *Rabelais* s'y prélassait à côté des *Quinze joies du mariage*; le *Brantôme* effronté coudoyait Plutarque; on pouvait voir, à côté de Mézeray, la *Muse historique* de Loret... O douleur! Tout est parti! Les théologiens ont suivi les docteurs en droit, les philosophes ont suivi les poëtes!

Armand Bertin possédait sept exemplaires de Montaigne, à commencer par le Montaigne original (1580); il avait réuni les dix premières éditions originales de La Bruyère (1688-1699); il avait complété, à son usage, l'introuvable Nanteuil, échappé aux incendies, aux massacres de la bibliothèque de Neuilly. Rien n'était plus beau que son *Parnase satirique!* Il avait un admirable Corneille (Elzevier), un Racine hors de toute comparaison! Il s'était composé un Voltaire en douze cents pièces que, lui-même, il avait choisies, et que madame de Rotschild a placées parmi ses livres, en souvenir d'un homme qu'elle honorait de son amitié.

Mais la partie la plus curieuse et la plus rare de ce merveilleux cabinet, que pas un homme de lettres ne saurait refaire aujourd'hui, c'était justement ces introuvables exemplaires des trente-deux comédies de Molière, à commencer par le fameux exemplaire de M. de La Reynie. En sa qualité de lieutenant général de police, M. de La Reynie avait eu, sous les yeux, les œuvres de Molière avant que le censeur eût *corrigé* Molière. Il est unique, cet exemplaire, il porte la date de 1682. Il est relié par Beauzonnet, corrigé par les outils de Robespierre, » et je puis me vanter (ça doit être si bon un peu de vantardise!) que c'est moi qui l'ai tiré de l'oubli. Certes, la chose en valait la peine, et véritablement il eût été fâcheux que ce monument échappât, des chefs-d'œuvre inspirés par la Terreur.

Ici se présente une première question : comment donc, sous la *Terreur*, étaient vêtus Alceste, Philinte, Oronte, Célimène, Éliante, Arsinoë, et jusqu'au petit *Basque*? Évidemment ces *citoyens* et ces *citoyennes* s'étaient bien donné de garde de conserver le talon rouge, et l'habit habillé de l'Œil-de-Bœuf? Certes, je les vois d'ici : bijoux à la Constitution, appelés rocamboles; boucles d'oreille en verre blanc, portant le mot : *Patrie!* Bonnet *au compte-rendu de M. Necker*, bouquet en trois couleurs, robe *à la Camille française*, fichu en chemise de linon, ceinture nakarat, robe d'indienne et bouquets tricolores, voilà pour Célimène; Alceste est vêtu *en demi-converti :* chapeau rond, cravate de taffetas noir, habit écarlate à boutons d'acier, cheveux ras poudrés et coupés *à l'antique*, bottes à revers, canne ficelée à la révolution, cocarde en cuir vernis, gilet à la Robespierre; trop heureux Alceste de ne pas s'appeler *Brutus*, heureux Philinte de ne pas s'appeler *Scœvola!*

Quoi qu'il en soit, dès que Philinte arrive à ce vers :

Et parfois, n'en déplaise à votre austère *honneur*,

le mot *honneur* épouvante le citoyen-censeur; *austère honneur!* Alors de sa grosse main sanglante il remplace le mot *honneur*, ce mot si français, et depuis si longtemps, par le mot *humeur*. Deux vers après, on efface : *à la cour*, pour mettre : *à Paris*. Alceste-*bonnet rouge*, Philinte-*sans-culotte*, Célimène-*tricoteuse*. « Ici on se tutoie et l'on s'honore du titre de citoyen! Fermez la porte, s'il vous plaît! »

Plus loin Philinte déclame en beaux vers :

aux armes de M. de La Reynie, en marocain bleu, doublé de marocain rouge!

Ce livre-là était un des titres de noblesse du *Journal des Débats!*... Il y a vraiment des instants où l'on regrette de n'avoir pas quelque terre en Brie, ou quelque maison dans la rue de Rivoli!

> Celte grande roideur des vertus des vieux âges
> Heurte trop notre siècle et les communs usages;
> Elle veut aux mortels trop de perfection :
> Il faut fléchir au temps sans obstination;
> Et c'est une folie à nulle autre seconde
> De vouloir se mêler de corriger le monde.

Les vers sont beaux, mais n'entraient pas dans la poétique de MM. Couthon et Saint-Just. Le mot *vertu* a disparu déjà du dictionnaire de notre pauvre langue, comme le mot *honneur*, et puis le parterre aurait peut-être applaudi le dernier vers; or le comité de salut public ne voulait pas qu'on se mêlât de blâmer *ceux qui corrigeaient le monde.*

Quelquefois la correction, qui ordinairement *est toute politique*, n'est plus qu'une correction purement littéraire. Le censeur démagogique a ses scrupules grammaticaux! Ainsi Molière, et cela sans que la politique eût rien à dire, avait écrit :

> Non, l'amour que je sens pour cette jeune veuve
> Ne ferme point les yeux aux défauts qu'on lui treuve.

Molière, en écrivant ainsi, n'avait fait qu'user d'un vieux privilége de la prosodie française, qui permettait quelquefois de rimer seulement pour les yeux ; ensuite Molière, en nous montrant une belle grande dame comme Célimène, recevant chez elle grande compagnie et courtisée publiquement par un honnête homme comme Alceste, avait voulu indiquer par ce mot *veuve* que Célimène est tout à fait libre de sa main, de sa conduite, de son cœur, qu'elle n'appartient ni à un père ni à une mère. Le censeur terroriste s'est bien embarrassé de cela! il n'a pas voulu que Molière lui-même fît rimer *treuve* avec *veuve*; et sans s'inquiéter de faire jouer à Alceste un rôle qu'il n'a jamais voulu jouer, le citoyen censeur a écrit ainsi les deux vers :

> Non, l'amour que je sens pour *cette jeune dame*
> Ne ferme point mes yeux aux défauts *de son âme.*

Tels sont les changements opérés dans la scène Ire. A la scène II, quand Oronte vient dans le salon, si content de sa personne, l'Oronte de Molière dit ce vers :

> Je crois qu'un ami chaud et de ma *qualité.*

On a remplacé le mot qualité par le mot : *rareté*.

> Je crois qu'un ami chaud et de ma *rareté*

ce qui est beaucoup plus bête que tout le sonnet d'Oronte.

Ce pauvre Oronte, qui cependant joue un rôle très-ridicule, quoique marquis, est fort maltraité par le censeur. Ainsi, quand Oronte dit ce mot très-peu monarchique :

> *L'État* n'a rien qui ne soit au-dessous
> Du *mérite* éclatant que l'on découvre en vous,

le censeur met *Paris*.

Oronte, plus bas, nous apprend, en quatre vers charmants, la figure qu'il fait à la cour :

> S'il faut faire à la cour pour vous quelque ouverture,
> On sait qu'auprès du roi je fais quelque figure ;
> Il m'écoute, et dans tout il en use, ma foi,
> Le plus honnêtement du monde avecque moi !

Lesquels vers ont été remplacés par ces douze syllabes :

> *Oui, disposez de moi de toutes les manières.*

Et plus bas, le censeur (après avoir vaillamment combattu pour l'*égalité* et pour la *liberté* de son temps, il pensait sans doute à se préserver de toute allusion) a corrigé ainsi cet hémistiche :

> Monsieur je suis *mal propre* à décider la chose.

Le censeur a mis : *je suis peu propre*... et il n'a été démenti par personne.

Nous arrivons à la vieille chanson française, à laquelle Molière a fait l'insigne honneur d'une citation qui rendra cette chanson immortelle. Comme le censeur l'a défigurée, cette jolie chanson que Molière préférait *à tous les les colifichets !*

> *Si l'on voulait* me donner
> Paris la grand' ville,
> Et qu'il me fallût quitter
> L'amour de ma mie,
> Je dirais, d'*amour ravi*,
> J'aime mieux ma mie,
>   *O gay !*
> J'aime mieux ma mie.

Et voilà le bonhomme Alceste qui répète, en s'extasiant sur leur beauté, les deux vers :

> *Si l'on voulait* me donner
> Je dirais, *d'amour ravi.*

Au second acte, la comédie de Molière marche assez bien pendant quelque temps. Il est vrai que le censeur, homme scrupuleux, a retranché les mots *rubans, perruque, canon, poudre, reingrave,* par la raison que le censeur ne reconnaît dans le monde que les *vestes* et les bonnets *rouges ;* mais à la scène V la mutilation recommence de plus belle.

Ainsi Acaste, un des petits marquis, disait :

> Parbleu, je viens du Louvre, où Cléante, au levé,
> Madame, a bien paru ridicule achevé.

Le censeur septembriseur fait dire au sans-culotte Acaste :

> Parbleu, je viens de voir Cléante ; *il est trouvé,*
> Madame, en tous les points, ridicule achevé.

Bientôt le censeur (il avait vu promener, au bout d'une pique la tête de la princesse de Lamballe, et l'émulation le poussait) passe de Cléante à Célimène. Vous savez tous combien c'est chose inimitable, la conversation de Célimène, chez elle. Que d'esprit, que de verve, quelle malice, quel ton de bonne compagnie, et quelle parfaite grande dame ! Égoïste et d'une moquerie agaçante ; d'un persiflage cruel, pleine d'adoration pour le pouvoir, de respect pour le roi, de mépris pour tout ce qui n'est pas le grand monde ! Eh bien ! vous allez voir quels vers, les barbares du comité de salut public ont placés, dans la bouche de Célimène !

> Oh ! l'ennuyeux conteur !
> Jamais on ne le voit *sortir de sa splendeur,*
> Jamais on ne l'entend *citer que sa richesse,*
> *Ses fermes, ses chevaux, et sa chasse et ses chiens ;*
> Ses terres, ses maisons, font tout son *entretien*
> *Le nom de citoyen est chez lui hors d'usage,*
> *Et d'être tutoyé lui paraît un outrage.*

Et plus loin :

> Ah ! quel orgueil extrême !
> Son mérite jamais n'est satisfait de rien ;

> Récompenser un autre est lui voler son bien,
> Et l'on n'obtient *emploi civil ou militaire*,
> Qu'on ne risque avec lui de se *faire une affaire*

A la scène VI, le petit Basque de Molière arrive, annonçant :

> Un homme *à grand' basques plissées.*
> Avec du d'or dessus.

Le petit Basque du censeur dit à son maître :

> *Vos résolutions pourront être forcées ;*

et il se garde bien de parler de « jaquette et de basques *plissées.* »

A l'exempt, qui le somme au nom d'Oronte, Alceste répond un vers qui est devenu un proverbe :

> Hors qu'un commandement exprès du roi ne vienne ;

on lui fait répondre :

> Hors qu'un *décret, monsieur, décret exprès ne vienne.*

Au troisième acte, nous retrouvons notre joli marquis, le petit Acaste, un de ces enfants perdus de sa cour que Louis XIV avait livrés à Molière pour en faire justice, comme Richelieu avait pris ses grands vassaux à Louis XIII, pour les abattre ; l'Acaste de Molière est charmant : il est faquin, flaneur, heureux ; il est impossible de s'aimer et de s'approuver davantage. Du reste, c'est une figure innocente, sans malice, et qui fait rire. Le censeur révolutionnaire saigne et brise, sans pitié, le petit marquis Acaste ; il l'a broyé contre terre ; il l'a fait monter à grands coups de pied dans le tombereau fatal ; il a retranché, avec ses grands ciseaux, la broderie de son habit, le galon de son épée, l'armoirie de son carrosse, ses longs cheveux flottants, ses rubans aussi longs que ses cheveux ; il était *noble*, il *l'a fait riche;* il avait *un rang que lui donnait sa race*, il n'a plus qu'un *espoir que lui donne sa race*. Il était

> Fort aimé du beau sexe et bien auprès du maître ;

il est à présent, car à présent il n'y a plus de maître, et tout le monde est libre,

> *Adoré, recherché du beau sexe son maître!*

En même temps, voyez (ici la correction est infâme et plus significative que tout le reste), voyez comme le censeur a corrigé Molière ! Ce même marquis Acaste, ce pauvre joli petit Acaste, avant d'énumérer toutes ses qualités, commence par dire :

>J'ai du bien, je suis jeune, et sors d'une maison, etc.

Le censeur de 92, qui veut, un vers plus bas, que M. Acaste soit *riche*, ne veut pas qu'il *ait du bien*, il a changé ainsi ce vers :

>*Je suis bien*, je suis jeune, et sors d'une maison.

En effet, c'était très-imprudent à ce pauvre petit marquis de dire tout haut, en plein théâtre, dans ce temps-là : *J'ai du bien !* Le censeur, cette fois, aura eu pitié de lui.

Il faut reconnaître aussi que le censeur, tout en remplissant de son mieux ses tristes fonctions, a commis bien des inconséquences ; ainsi il a laissé subsister ce vers :

>*Et mon valet de chambre* est mis dans la gazette.

Le censeur veut bien qu'il n'y ait plus *de maître*, à condition qu'il y aura toujours des valets de chambre !

Nous sommes au quatrième acte. On a effacé ces quatre vers qui avaient l'air d'une censure de l'époque, laquelle cependant ne manque pas de *franchise :*

>Et la sincérité, dont son âme se pique,
>A quelque chose en soi de noble et d'héroïque.
>C'est une vertu rare, au siècle d'aujourd'hui,
>Et je la voudrais voir partout, comme chez lui.

Arrivent enfin le dernier acte, et la lettre de Célimène, qui a subi de grandes corrections.

Votre grand flandrin *de vicomte*. Le censeur a écrit : Votre grand flandrin de *rêveur*. — Ce sont de ces petits messieurs *qui n'ont que la cape et l'épée*. — Le censeur ne veut pas qu'on ait même *une cape et une épée* ; il a mis : qui n'ont *que l'air de la prétention*. Le censeur ne veut pas, même une fois pour toutes, *une bonne prétention* ; mais seulement *l'air* de la prétention. Cet homme-là n'aime pas la propriété. — *Pour l'homme aux rubans verts*. Vous avez vu que le censeur ne veut pas qu'on porte de rubans verts ou roses ; aussi, au lieu de *rubans verts* donne-t-il au vicomte *des humeurs noires : Pour l'homme aux humeurs noires*. Et vraiment il y avait de quoi en avoir.

Aussi Acaste furieux s'en va-t-il, en disant ces deux vers que lui prête le censeur :

> Et je vous ferai voir que *les petits messieurs,*
> *S'adressent quelquefois à de sensibles cœurs.*

O mon Dieu ! quand les places publiques sont lavées pour jamais du sang innocent, quand les bourreaux sont morts pour ne jamais renaître, quand une génération toute nouvelle s'élève et grandit sous un principe politique ami des libertés, quand on est bien sûr que de pareilles stupidités, égales aux plus grands forfaits, ne viendront plus souiller l'histoire d'un grand peuple, combien c'est un profond étonnement, et une grande leçon, de comprendre à quels excès toute une époque s'est portée, contre ce qu'il y a de plus innocent dans le monde, les chefs-d'œuvre des poëtes !

Mais quelle était donc cette rage qui avait, tout à coup, saisi la nation française, pour qu'on s'attaquât à Molière mort, pour qu'on mît en lambeaux sa comédie à lui, le peintre populaire, le moraliste du peuple, que Boileau trouvait *trop ami* du peuple? Molière, le premier qui ait fait, en France, quelque chose du bourgeois ; l'ennemi de tous les ridicules de la cour ; Molière, l'homme qui a jeté le plus d'idées dans la tête de cette nation ; il a semé d'éclats de rire les enseignements qu'il adressait à son peuple ; il lui a donné les plus utiles leçons, et tout d'un coup, le voilà mutilé, tout à fait mutilé par ces lâches valets qui se rencontrent toujours pour égorger et dégrader les chefs-d'œuvre, aux heures sanglantes des proscriptions... Cet exemplaire de Molière, sali par le censeur m'a causé une profonde émotion que je voudrais pouvoir vous expliquer.

D'abord, à la vue de ces infâmes ratures, je me suis figuré la nation française se rendant au théâtre, le soir, après une journée d'assassinat. Au théâtre on jouait le *Misanthrope arrangé ;* et la nation, hébétée et béante, ne comprenait plus rien à ce reste de mœurs élégantes que le censeur n'avait pu effacer tout à fait, à cette odeur de bonne campagnie que son *Misanthrope* conservait encore, à ces grâces infinies du style, à ces tours charmants, à ces fines reparties que les ciseaux avait laissées.

Eh! que voulez-vous que comprenne au Molière du XVIIe siècle, la nation de 93, abrutie par l'alcool et par les discours des clubs, haletante dans les rues pour voir passer les morts qui la saluent, dévergondée, hideuse, sanglante, détachée violemment de son double passé royal et chrétien? Molière en 93, déchiré en lambeaux dans la coulisse et luttant avec peine contre les mélodrames et les tragédies du *Salut public*. O la triste immolation!

Hélas! le soir funèbre où l'on jouait, au Théâtre-Français, le *Misanthrope*, ainsi mutilé, pour les plaisirs d'une population fangeuse qui avait payé sa place en assignats, était une soirée bien digne de terminer le jour où mourut la Gironde en masse, et le jour suprême de Sa Majesté la reine Marie-Antoinette, et le supplice de madame Roland! C'est ainsi que toutes les mutilations se tenaient, à cette horrible époque; on mutilait l'homme, on mutilait la pierre, on mutilait la pensée écrite et adoptée par les siècles, on écrasait les croyances sur l'autel écrasé. Et personne, ô lâcheté universelle! personne n'osait se défendre, et l'homme attaqué baissait la tête aussi bas que le monument insulté!

Quoi! dans ce temps de liberté il ne s'est pas trouvé un seul bourgeois de la bourgeoisie qui, en plein parterre, osât élever la voix pour s'écrier: *ce n'est pas là Molière!...* Il avait été plus brave, le bourgeois qui sous le roi Louis XIV, et sans avoir peur de l'hôtel de Rambouillet, avait applaudi les *Précieuses* en s'écriant: *Voici la comédie, Molière!* Hélas! quand un grand peuple est avili par la peur, il n'est pas d'excès qu'il ne supporte! Ils avaient un roi, ami du peuple, qui s'appelait Henri IV, ils ont livré ses ossements aux gémonies! Ils avaient un poëte ami du peuple, Molière, ils ont mutilé son chef-d'œuvre! Ils avaient un poëte admirable, André Chénier, qui chantait divinement le printemps et l'amour... ils ont coupé sa tête au sommet d'un échafaud!

O les malheureux, qui souillent à plaisir leurs rois, leurs héros, leurs poëtes et leurs dieux!

CHAPITRE XIV

Certes, il fallait absolument que quelque chose d'honnête et d'humain reparût dans notre littérature au désespoir, il était juste enfin que le poëme et le théâtre, arrachés à l'abîme en même temps que la société française était arrachée à la mort, fussent rendus peu à peu à la douce lumière du jour ; c'est pourquoi la critique doit préserver de l'oubli les braves et honnêtes gens qui, les premiers, ont tenté de mettre un peu d'ordre en ces misères, un peu de clarté en ces ténèbres ; parmi ces sauveurs de la première heure, il faut placer M. Népomucène Lemercier.

M. Lemercier était véritablement un de ces hommes rares à qui il n'a manqué qu'un peu de génie pour faire de grandes choses. Ces gens-là devinent, et n'inventent pas ; ils ont des idées, mais faute d'être dominée, l'idée s'en va, sans avoir rien produit.

La peinture avait été la première étude et la première ambition de M. Lemercier, et nul doute qu'en apportant dans ce grand art la même persévérance qu'il a apportée dans les lettres, il ne fût arrivé à être un émule heureux de M. Paul Delaroche, par exemple, qui, lui aussi, eût été, de son côté, un aussi grand poëte que M. Lemercier, s'il s'était adonné à la poésie... Il fut poussé par un certain instinct qui lui disait qu'il y avait quelque chose à faire au théâtre... il pressentait ce *quelque chose*, il ne l'a pas trouvé, un plus puissant que lui l'a trouvé, à la barbe de M. Lemercier.

Depuis ses premiers succès, dont on se souvient confusément, — tant les gloires modernes passent vite, M. Népomucène Lemercier a toujours été de chute en chute ; l'art moderne ne lui réussissait guère plus que la routine. Il allait de l'un à l'autre, un peu au hasard, cherchant, mais en vain, à combiner ces deux éléments contraires ; moins heureux en ceci que M. Casimir Delavigne, qui a fait heureusement de l'*éclectisme* en tragédie (il faut me pardonner ce mot barbare), et qui s'est tiré d'affaire habilement, entre Racine et M. Victor Hugo.

C'était surtout à l'écouter parler, qu'on pouvait savoir l'esprit et la verve de M. Lemercier : il était fin, caustique, plein de saillies, prêt à tout ; avec cela, il était bon, simple et sans jalousie, acceptant tous les talents, sans se plaindre que l'on se mît devant son soleil.

L'empereur Napoléon Bonaparte, qui ne faisait guère de cas de ces honnêtes créatures, avait quelque peu joué avec Lemercier, mais le bonhomme eut compris bien vite la vérité du proverbe : *Ne faites pas société avec le lion*, et contre le lion il écrivit une violente satire. Malheureusement, pour l'un et pour l'autre, quand parut cette satire, l'empereur n'était plus que l'aigle foudroyé sur la montagne, et la satire du poëte se perdit dans le malheur du héros.

M. Lemercier est du petit nombre des hommes heureux à qui la politique de ce temps-ci n'a pas touché. Tous les partis l'ont respecté, tant ils le savaient honnête, sincère et loyal. Bien plus, il avait été adopté par les diverses écoles littéraires. Les uns disaient : « Il est des nôtres ! il est du vieux drapeau poétique, il a fait *Agamemnon*. » D'autres s'écriaient : « Par Shakspeare et par Schiller, vous en avez menti ; il est des nôtres, il a fait *Pinto*. » Et chaque parti avait raison.

Il a donc vécu au milieu des orages, et cependant il est resté calme ; il a eu tous les bénéfices de l'agitation, sans en subir les désastres. A l'aide d'une certaine philosophie pratique qui est bien rare dans le métier littéraire, il ne s'est même pas inquiété de sa gloire et de sa renommée... elles lui paraissaient incontestées. Quand il mourut, le Théâtre-Français venait de refuser à M. Lemercier, une tragédie en cinq actes et en vers, sur laquelle le poëte fondait de grandes espérances, et M. Lemercier rentrait, dans sa maison, son manuscrit en poche, aussi peu étonné et chagrin que s'il eût été reçu par acclamation !

Il eut encore cette chance heureuse... avant les heures tristes de la vieillesse, il est mort entouré de louanges unanimes. On voudrait, à si peu de distance, se rendre un compte exact de cette louange funèbre, la chose serait impossible. On voudrait recueillir toutes les œuvres de cet esprit fertile, abondant, infatigable, on n'arriverait pas à faire un catalogue complet. Il a professé à l'Athénée, un cours de littérature dramatique, et ses leçons composent un livre en quatre tomes, livre obscur, diffus, pénible, et mal fait d'un homme de beaucoup d'esprit qui va, çà et là, en sens contraire, et ne sachant pas où il veut aller.

Il a fait des odes et des dithyrambes. « Le dithyrambe, disait Diderot, c'est pis qu'une ode ! » Il a fait plusieurs poëmes en quinze et vingts chants, il a fait des épîtres à *Talma*, à l'Empereur, il a fait une *comédie*... une satire, illisible : *la Panhypocrisiade*, un poëme, *l'Albigeois*, — une traduction des *Vers dorés*, de Pythagore, — un de ses poëmes est intitulé : *Nécrologues*, il ne voulait pas dire : *Dialogues des morts !*

Son théâtre est une réunion très-difficile à expliquer, de bonnes œuvres et d'ouvrages médiocres. *Agamemnon* est resté le vrai titre de Népomucène Lemercier. *Agamemnon* était vraiment une espèce de révolution, mais malheur aux révolutions avortées, un plus puissant arrive et les dévore. *Agamemnon* a pesé sur la gloire et sur le talent de M. Lemercier, comme une faute de jeune homme ; à tout ce qu'il entreprenait la critique et le monde répondaient : *Agamemnon!* Qui se souvient aujourd'hui de ces compositions étranges : *Baudouin*, *Caïn*, *Camille ou le Capitole sauvé*, *Charlemagne*, *Cristophe Colomb*, *Clovis*, *la Démence de Charles IV*, *Ismaël au Désert*, *Ursule et Orovèse*,

Louis IX, les Martyrs de Souli, Méléagre, les Serfs Polonais?
A peine s'il eut la fête, en toutes ces compositions tragiques, de voir réussir *Frédégonde et Brunehaut!*

Poëte comique, il était moins heureux peut-être; il a publié *le Corrupteur*, il a fait jouer *le Faux Bonhomme*; il a manqué un beau sujet de comédie : *Plaute*; il a obtenu un succès bruyant, avec *Pinto*.

Si l'on me demandait, de nos jours, un exemple de la vanité de la renommée et des déceptions de la gloire, je choisirais volontiers M. Népomucène Lemercier. Il fut, de son vivant, accablé ous la louange et sous les fleurs; il eut toute la popularité que la prose et la poésie ont jamais donnée, en petite monnaie, à un simple mortel. A peine mort, on poussa sa gloire à l'apothéose, un volume entier ne suffirait pas à reproduire cet amas d'oraisons funèbres; à entendre parler, sur cette tombe où s'était abîmé tant de génie, les orateurs et les plus grands parmi les favoris de l'éloquence, il n'y avait plus qu'à se voiler la face et à désespérer de tous les arts. Il n'est plus, disait-on, ce grand poëte qui osait regarder en face l'empereur Napoléon et sa fortune! Il n'est plus l'ami d'André Chénier, jeune homme, et de Lebrun-Pindare, de la duchesse d'Aiguillon et de madame Tallien, de Bernardin de Saint-Pierre et de madame de Staël! Il n'est plus, l'homme hardi qui a fait parler Shakspeare, et qui a fait taire Demoustier.

Telles étaient ces plaintes et ces doléances éloquentes : le monde était rempli du nom de M. Lemercier à cette heure suprême; sa mort fit un bruit presque aussi grand que le retour des cendres de l'Empereur... A cette distance, admirez le peu qui reste de ces bruits et de ces enfantements [1].

1. Voici un léger échantillon du style poétique de M. Népomucène Lemercier. Le lecteur peut comparer, dans la même scène, les paroles de M. Victor Hugo et celles de M. Lemercier :

LE ROI.
Vous soufflez aux voisins le feu du calvinisme.

RICHELIEU.
Oui, comme en vos États *j'en ruine le schisme*.

LE ROI.
Vous privez les seigneurs de leurs gouvernements.

RICHELIEU.
Oui, si pour vous combattre ils font des armements.

Depuis longtemps déjà l'ombre et le nuage ont pesé sur l'œuvre entière de ce poëte d'un jour, à peine si, de temps à autre, on parle encore de *Pinto;* Pinto, ce fameux aventurier qui fit peur aux hommes du Directoire. Il avait peur de tout, le Directoire, il recula devant l'épigraphe que M. Népomucène Lemercier avait choisie, et qu'il avait empruntée au roi de Prusse écrivant à Voltaire :

« On se fait ordinairement, dans le monde, une idée supersti-
« tieuse des grandes révolutions des empires ; mais lorsqu'on est
« dans les coulisses, l'on voit, pour la plupart du temps, que les
« scènes les plus magiques sont mues par des ressorts communs
« et par de vils faquins qui, s'ils se montraient dans leur état na-
« turel, ne s'attireraient que l'indignation du public. »

En vain on voulut remettre *Pinto* à la scène en 1834, au milieu des passions déchaînées, le public trouva que le pièce était vieille, et que le Directoire avait eu grand tort de l'arrêter ; il trouva pis que cela, il trouva que la pièce était sans danger, et il s'enfuit au plus vite, pour aller voir *M. Cagnard* en vaudeville. Il avait raison le public, et même quand M. Lemercier fut mort, il siffla son drame posthume, en présence d'une députation de l'Académie qui honorait ce funèbre spectacle de sa présence. Il ne suffit pas d'être né l'ennemi des règles et des entraves, encore faut-il avoir le génie, et le droit de s'en passer.

Tout briser, tout renverser, tout nier, la belle affaire, au moins faut-il mettre quelque chose à la place de ce qu'on renverse. Et puis le doute de soi-même, et puis l'exemple que l'on donne aux démolisseurs ! Ajoutez la joie et la fête de ceux que vous n'aimez guère, et que vous n'estimez pas, la tristesse et l'indignation de ceux qui vous honorent et qui vous aiment. La vie active de M. Népomucène Lemercier s'est passée à arranger des contrastes, à les expliquer, à les concilier, à refaire aujourd'hui ce qu'il avait défait la veille ; cet esprit agité allait d'un camp à l'autre, et de cette idée à l'idée opposée ; il était avec vous le matin, il vous méconnaissait le soir.

LE ROI.
Vos rigueurs ont sévi sur mes parents eux-mêmes.
RICHELIEU.
Oui, quand ils *s'alliaient à d'autres diadèmes!*

Enfin en voilà un qui ne s'est guère servi de cet admirable précepte du poëte latin, qu'il faut tâcher de « rester fidèle à l'amitié que l'on porte à soi-même. »

« Il y a deux hommes en M. Lemercier, deux hommes qui se « poursuivent et se font une guerre implacable, deux hommes qui « ne peuvent s'accorder un moment, qui passent leur vie à s'épier « et à se jouer de méchants tours l'un à l'autre, dont l'un démolit « aussitôt ce que l'autre veut édifier ; l'un jeune, l'autre vieux ; « l'un indomptable, l'autre soumis à toutes les conditions de la « société ; l'un qui sait, l'autre qui ignore ; l'un qui a fait *Pinto* « et *Agamemnon*, l'autre qui fait tantôt des discours à l'Acadé- « mie, et tantôt des drames où tout dément ses discours. Mais « voilà qu'à force de chercher, je trouve non plus deux hommes, « mais trois hommes dans M. Lemercier, et je m'arrête avant de « m'apercevoir que j'en vais peut-être découvrir un quatrième. »

Ainsi parlait ce rare et charmant esprit que nul n'a remplacé dans l'art de la critique élégante et savante à la fois, Étienne Béquet.

Maintenant elle est passée, elle ne peut plus renaître, cette lutte des deux écoles qui tenaient le monde attentif; on ne le verra plus ce heurt poétique de tant d'athlètes qui se battaient jusqu'aux morsures; un seul de tous ceux-là est resté debout après la longue bataille du drame et de la tragédie, il s'appelle Victor Hugo ; les autres combattants de cet Austerlitz, ils sont enfouis dans la poussière ou dans la mort. Les révolutions de l'esprit humain ont cela de bon qu'elles mettent bien vite chaque homme à sa place, et qu'elles donnent à chacun ce qui lui revient de toute-puissance : ici M. Cousin, là M. Laromiguière, en morale ; ici M. Guizot, et là M. Amédée Thierry, en histoire ; ici le grand Voltaire, le Voltaire insulté par les cuistres, Voltaire le maître, le héros, le libérateur et l'enchanteur du nouveau monde qui commence à 1789, plus loin, ses deux héritiers, par droit de violence et de conquête, M. de Chateaubriand et M. Victor Hugo.

Et de même que *les Martyrs* ont terrassé *la Pucelle*, *Notre-Dame de Paris* fait pâlir *le Génie du Christianisme*. Il en est d'autres, parmi les chefs des révolutions littéraires, qui marchent seuls dans leur voie : Béranger, M. de Lamartine et M. de Lamennais, et puis, dans la mêlée et dans la foule des combattants, parmi les soldats armés à la légère, au premier rang des plus intelligents, des plus dévoués à l'art nouveau, cinq ou six éclaireurs, semblables à des trompettes bien montés, qui vont au galop sonnant la charge, et qui font plus de bruit que de besogne.

On les entend de loin ; ils vont plus vite que l'armée, en avant du drapeau, faisant grand bruit et grande poussière ; on les laisse aller à l'aventure, et quand il faut livrer la bataille décisive, il arrive, par je ne sais quel stratagème, que ce vaillant homme qui marchait en avant se trouve à l'arrière-garde, et très-indigné d'être au milieu des traînards, lui qui se croyait le lieutenant général. Voilà, ou peu s'en faut, l'accident qui devait frapper M. Népomucène Lemercier, et vous jugez de son étonnement, voisin de l'épouvante, lorsqu'il vit marcher, à son soleil, entouré de l'enthousiasme et de la curiosité de l'Europe lettrée, le drapeau triomphant des *Orientales*, des *Feuilles d'Automne*, de *Cromwell*, de *Marion Delorme* et d'*Hernani* !

Ainsi, de leur côté, furent frappés, après tant et tant de légitimes espérances, les plus violents poëtes, et les plus acharnés prosateurs du *Cénacle*. Ils rêvaient la conquête universelle, ces compagnons d'Alexandre, ils se figuraient qu'ils allaient partager la gloire et les triomphes de leur chef, ils se regardaient comme les ayants-droit d'un chevalier féodal, puisqu'ils marchaient sous sa bannière, et qu'ils lui servaient d'avant-garde... c'est à peine si le public, un instant surpris par ces hommes nouveaux, consentit à les suivre un instant, puis voyant que dans la même poussière ils ne laissaient pas la même trace, le public cessa de les suivre, et ne suivit plus que leur illustre chef.

C'était justice ! Ils ne valaient pas le bruit qu'ils voulaient faire ; ils ne méritaient pas la gloire à laquelle ils aspiraient. C'est une œuvre, sans doute, une révolution littéraire, encore faut-il réunir à l'audace qui entreprend, le courage qui continue, et le talent qui persévère. A l'audace il faut ajouter le génie ; je crois bien que même en politique, une révolution est plus facile à accomplir qu'une révolution dans le monde littéraire. Il y aura tantôt dix-huit cents ans, plus un demi-siècle, qu'Horace, écrivant à l'empereur Auguste, se plaignait de l'obstacle et du danger que rencontrait nécessairement le poëte nouveau. Horace, en ce temps-là (le même homme qui est devenu la loi même de la poésie et l'arbitre absolu du goût), Horace était un révolutionnaire, un *romantique*, exposé à la haine des vieux Romains du vieux temps :

« Ils aiment l'autorité ancienne en littéraire, et qui les voudrait
« dissuader des vers de leurs pontifes et de leurs poëmes de l'âge
« d'or, entreprendrait une chose impossible Si vous leur demandez
« quelle fut la patrie et le séjour des Muses, ils vous indiquent un
« Parnasse étrange, dans les domaines de Tarquin l'Ancien. Un de
« leurs raisonnements favoris, le voici : les plus anciens poëtes
« de la Grèce ne sont-ils pas les meilleurs poëtes que la Grèce
« nous ait laissés, et pensez-vous donc que les écrivains de l'Italie
« aient en partage plus de génie et plus de talents que les Athé-
« niens d'Homère, de Socrate et de Platon ?

Il ajoute, et il parle en ceci en poëte qui parle *pro domo suâ :*
« L'antiquité, qui la nie? Il faudrait cependant savoir où com-
« mence l'antiquité, où elle s'arrête? Un siècle, est-ce assez pour
« être reconnu un grand poëte? Oui, dites-vous, un siècle! — Et
« s'il ne s'en fallait que d'une vingtaine d'années, faudrait-il
« attendre vingt ans encore? »

Il fait à peu près le raisonnement que faisait le grand Corneille en son discours *des trois unités*, le raisonnement que fait M. Hugo en sa préface de Cromwell. Même Horace ajoutait avec son rare et charmant esprit :

« Un an de plus ou de moins, c'est une bagatelle, et pourtant si
« j'ôte une année, et puis une année, et toujours ainsi, nous
« allons arriver à ce cheval dont la queue fut dépouillée, à force
« d'arracher un crin après l'autre! »

Il se moque de l'antiquité comme il se moque de l'unité ; ils ont raison l'un et l'autre. Horace et Victor Hugo ; et de même que M. Victor Hugo s'incline humblement devant Corneille, Racine, Molière, et les vieux maîtres : Ronsard, Baïf, Mathurin Régnier, Horace accepte les vieux poëtes, contemporains d'Albe *la grande ;* il accepte Névius le naïf, Pacuvius le savant, Afranius le sublime ; il s'incline devant Plaute et devant Térence, et sans oublier Livius Andronicus ; seulement avec ce goût savant qui semblait une témérité quelques jours après la république de Caton, de Cicéron et du dernier Brutus, il ajoute en souriant:

« Avouez cependant que ces vieux maîtres manquent parfois
« d'urbanité et d'élégance ! On voit la rouille, on la sent dans

« leurs livres ; leur style est dur et manque d'élévation ; est-ce
« juste, en fin de compte, de nous donner, encore aujourd'hui,
« comme des modèles inimitables, ces vers de Livius que mon pé-
« dagogue avait tant de peine à me faire apprendre par cœur ?

« Quoi donc! vous voulez que j'admire humblement ces
« poëmes informes dans lesquels apparaissent quelques vaines
« beautés ? Vous voulez tout à la fois que je condamne ce livre-ci
« uniquement parce qu'il est nouveau, et que j'admire ce livre-là
« uniquement parce qu'il est ancien! Comment donc, parce que
« je suis en doute de voir, sur le théâtre romain, rajeuni de plus
« douces senteurs de printemps, la comédie en haillons du vieil
« Atta, aussitôt me voilà en proie aux clameurs des plus fortes
« têtes du sénat ; le sénat crie à la profanation, à l'impudence,
« parce que je me serai endormi à ces mêmes rôles que jouaient
« jadis le comédien Esope ou le tragédien Roscius ?

« Hélas ! la chose est ainsi ; même elle est facile à comprendre,
« tant c'est un penchant naturel au vieillard, d'admirer ce qu'admira
« sa jeunesse ! — De quel droit voudrions-nous soumettre leur goût
« à notre goût. Ils sont vieux, nous sommes jeunes ; ils sont nos
« maîtres, ils ont raison. La jeunesse et l'orgueil — disent-ils — mé-
« chants conseillers en littérature. Voici, par exemple, un homme
« à tête chauve qui sourit aux hymnes de l'antique roi et pontife
« Numa Pompilius, que chantaient, il y a des siècles, les prêtres
« sabins ; pensez-vous donc que cette tête blanchie ait l'intelligence
« de ce qu'elle approuve en s'inclinant ? Elle n'en sait pas un mot,
« je vous jure ; elle fait l'entendue et la savante en ces antiquités
« sacerdotales, uniquement pour avoir le droit de mépriser, plus
« à l'aise, les élégies de Tibulle et les poëmes de Virgile. Ah ! si
« les Grecs, nos maîtres, avaient eu toute cette peur des poëtes
« nouveaux, quel livre des Grecs lirions-nous aujourd'hui ?

« Quant à nous, laissons dire et laissons faire les jeunes gens,
« ils ont pour eux la jeunesse et l'inspiration. La nouveauté, dont
« les vieux disent tant de mal, est la mère des plus belles choses.
« Aussitôt qu'elle se vit libre et victorieuse, la Grèce heureuse fit
« un appel à tous les arts ; elle se passionna pour les athlètes
« et pour les coureurs du stade aux jeux olympiens ; elle n'eut des
« yeux que pour l'œuvre du peintre et du sculpteur, bronze ou
« marbre, ivoire ou tableaux ! Elle aimait la musique ; elle aimait

« les jeux de la scène ; elle était semblable à ce bel enfant qui
« joue au giron de sa nourrice, inhabile à suffire à ses jeux chan-
« geants et passagers. A tout prix il fallait plaire à cette incon-
« stante ; de cette émulation entre les grands poëtes et les grands
« artistes, naquit la toute-puissance de l'art athénien, fils du goût
« et de la paix.

« Cette histoire de la cité de Minerve est tout à fait l'histoire de
« la ville de Romulus. Nos aïeux n'étaient pas, il en faut con-
« venir, de grands connaisseurs en chefs-d'œuvre. Un Romain du
« temps de Scipion se levait avec le soleil ; aussitôt levé, sa porte
« était ouverte, et le client pouvait entrer. La journée entière il la
« passait à augmenter, à protéger sa fortune, à demander conseil
« aux vieillards, à donner aux jeunes gens l'exemple de la mo-
« dération et de l'habileté. Aujourd'hui, par Jupiter ! le Romain
« préfère un beau poëme à toute chose ; il aime les vers, il les
« lit, il en fait ; on a vu plus d'un grave magistrat, la tête cou-
« ronnée du laurier d'Apollon, et dictant à un copiste ce que lui
« dicte la Muse à lui-même. Oui, voilà la passion universelle, et
« moi-même, en vain je fais le modeste, et je dis de ma petite
« voix que j'ai cessé d'écrire... il n'y a pas un jour où mes tablettes
« ne se chargent de quelque tirade longtemps rêvée. O rage poéti-
« que ! elle s'attache au savant, à l'ignorant, à tout le monde, et
« pourtant si elle a ses travers, elle a ses avantages.

« Celui-là ne sera jamais un méchant homme, un avare, un am-
« bitieux, qui aime la poésie et qui la cultive ; on lui peut confier
« sans peur, le bien d'un pupille ou la fortune d'un ami ; il est
« content de tout, il vit de peu. Sans doute un grand poëte ne sera
« jamais un grand général d'armée ; est-ce à dire qu'il sera tout à
« fait inutile à son peuple ? Il est l'ami des enfants, il les élève, il
« leur apprend à bien parler, il leur enseigne les bonnes mœurs,
« il leur rend le vice haïssable, il leur fait aimer la vertu et les
« honnêtes gens. C'est lui qui enseigne, à l'univers glorifié, la vie
« et les hauts faits des vaillants capitaines ; c'est de lui que vien-
« nent les grands livres où les rois lisent leur gloire, où les plus
« pauvres gens retrouvent un peu d'espérance et d'orgueil.

« Le poëte, enfant des muses, dicte aux jeunes garçons, aux
« jeunes filles, les hymnes sacrés qui trouvent des dieux faciles,
« des dieux cléments ! La poésie est le meilleur encens qui brûle

« à leurs autels ; le pieux cantique fait tomber la pluie en été sur
« ton champ brûlé du soleil ; l'hymne sacré, c'est la paix et
« l'abondance de nos campagnes, l'Olympe en est ému, l'enfer en
« est apaisé. »

Quelle charmante louange de la poésie et des poëtes, et comme toute justice en ces vers admirables, est rendue aux anciens, aussi bien qu'aux modernes ! Horace, en même temps, et il faut lui en tenir grand compte (de sa nature le poëte lyrique est peu disposé à reconnaître l'art dramatique, l'ode est jalouse de la tragédie, et si la comédie a ses vanités, l'épître a bien son orgueil) reconnaît, volontiers, toutes les difficultés de l'art d'écrire pour le théâtre.

« Le poëte romain, s'il fait une tragédie à la façon d'Eschyle,
« de Sophocle et d'Euripide, ne manque pas de cette espèce de
« génie et de grandeur qui conviennent aux héros ; il trouve sou-
« vent ces hardiesses heureuses qui font revivre le vieux temps ;
« mais c'est un défaut de l'esprit italien, il improvise, il a peur
« de la peine et du travail, il se croit déshonoré s'il a recours à
« la lime et à la rature [1].

« La comédie offre aussi de grands obstacles à ceux qui l'en-
« treprennent. Plus elle tire ses sujets de la vie et des passions
« courantes de chaque jour, plus la faute est grossière et saute aux
« yeux, quand le poëte est en faute. Même dans les œuvres de
« Plaute, le Romain par excellence, il y a bien à reprendre. Son
« marchand d'esclaves, son père avare et son jeune homme
« amoureux ne sont pas tout à fait dans la vérité vraie, à plus
« forte raison peut-on reprocher à Fabius Dossennus d'avoir pro-
« digué les parasites dans ses pièces, avec leur cortége obligé de
« plaisanteries monotones. A voir la hâte et le peu de souci de
« certains poëtes comiques, ne dirait-on pas qu'ils ne songent
« qu'à gagner vite un peu d'argent, et que peu leur importe la
« chute ou le succès de leur pièce [2] ? C'est que véritablement c'est

---

[1]. Je cite les vers d'Horace, ils renferment tout un enseignement pour les improvisateurs de Paris :

..... Naturà sublimis et acer :
Nam spirat tragicum satis : et feliciter audet ;
Sed turpem putat in scriptis, metuit que lituram.

[2].   Gestit enim in loculos nummum demittere ; post hoc
Securus, cadat aut recto stet fabula talo.

« un grand danger de ne songer qu'à la gloire, elle dépend des
« caprices d'une foule ignorante ; un rien la charme, un rien la
« fâche, et je ne comprends pas, pour ma part, cette impitoyable
« profession qui consiste à s'exposer, sans cesse et sans fin, au mau-
« vais goût de la multitude. Eh ! que dis-je, les chevaliers eux-
« mêmes, qui devaient imposer au peuple leur volonté et leurs
« passions, ont adopté volontiers les passions du peuple ; à son
« exemple, ils ont délaissé les belles choses écrites pour les
« oreilles savantes, et ils leur préfèrent un vain spectacle, uni-
« quement fait pour le plaisir des yeux. »

Étrange chose, on dirait, à lire d'un bout à l'autre cette admirable épître, qu'elle fut écrite, entre la représentation d'*Hernani* et la représentation d'*Angélo*.

« En effet » (ajoute Horace, et vous voyez que je le traduis moi-même, à mon usage, en homme de lettres, et non pas en pédant),
« il arrive souvent qu'au plus beau moment de la pièce, au
« moment où les trois juges vont applaudir, soudain la scène
« envahie offre aux yeux éblouis le spectacle le plus étrange :
« une armée, une fuite, une évasion, un carrousel où passent et
« repassent des chars, des carrosses, des litières... D'autrefois le
« machiniste va déchaîner la mer grondante... on voit les navires
« qui se montrent et disparaissent dans le lointain. Une fois même,
« on vit apparaître, en grande pompe, Corinthe... sculptée en
« ivoire et portée en triomphe. Ah ! quelle fête pour Démocrite le
« ricaneur s'il pouvait assister à ces merveilles que certainement
« les Grâces n'ont pas inventées, et comme il rirait à voir une
« girafe, un éléphant ou toute autre bête traverser le drame ou la
« comédie ! Il rirait surtout de la peine que se donne un poëte
« infortuné pour amuser ces intelligences blasées, pour plaire à
« ces sourds, pour remuer ces blocs de pierre !

« Entendez-les crier, ces Romains plus semblables à des ânes
« qu'à des hommes ! Ne dirait-on pas les hurlements des ours dans
« les forêts, ou des menaces de la mer en Toscane ? Écoutez-les,
« pourquoi ces soudaines clameurs ? C'est qu'on expose aux yeux
« de ces fameux juges, une étoffe rare, une arme curieuse, un
« meuble étrange, une *curiosité* des pays lointains ; voilà pourtant
« le sujet le plus vif de l'admiration de ces beaux esprits. Plus
« le comédien est richement vêtu, plus l'ardeur est grande à l'ap-

« plaudir. Ce n'est pas qu'il ait encore prononcé une bonne parole
« ou déclamé un vers bien senti, non, c'est qu'il porte une robe
« aux longs plis empourprés dans une pourpre violette. O grand
« art dont l'exercice me fait peur, pour mon propre compte!

« Il semble que celui-là qui peut marcher, longtemps, sur
« cette corde tendue au-dessus de ces précipices, est capable des
« plus grandes choses, tant c'est un art, un mérite à part et d'une
« difficulté particulière, l'art par excellence de remplir mon cœur
« de mille passions inconnues, de m'intéresser à mille intérêts
« qui me sont étrangers, de me conduire, en tout lieu, malgré
« moi, à Thèbes, à Athènes, partout où c'est la volonté du poëte
« dramatique de m'avoir à sa suite, obéissant et persuadé ! »

Jamais, depuis que les hommes, touchés des grâces et des splendeurs de l'art dramatique, se sont amusés à écrire des livres dont le théâtre est le sujet inépuisable, on n'a rien écrit qui se puisse comparer à cette admirable *épître*, et je suis bien content d'en avoir fait l'ornement de mon livre. Ce discours du poëte à qui nous devons l'*Art poétique*, nous enseigne à nous méfier des admirations de la multitude, à ne rechercher que l'approbation des gens d'un goût difficile, à nous consoler de certains désastres indépendants de la poésie, à ne pas obéir, plus qu'il ne faut, à ce qui est ancien, à ne pas résister, plus qu'il ne convient, à la nouveauté, à l'inspiration, à l'esprit *qui souffle où il veut*. Horace enfin, par son exemple, nous enseigne à rendre toute justice à ce grand art dramatique dont il avait deviné les périls.

Certes, même en nos plus grandes sévérités, respectons ce grand art, exposé à toutes les tempêtes; rendons justice aux conquérants dans ces terres inconnues, et quand la bataille est gagnée [1]... eh bien! rappelons-nous, même ceux qui l'ont perdue;

---

1. Au premier rang des opposants à la conquête de Victor Hugo, le conquérant, nous devons placer M. Victorin Fabre et son frère Auguste. Ils ont jeté un vif éclat dans ces batailles d'avant-garde; ils étaient républicains, ils étaient classiques; ils haïssaient d'une haine égale, les doctrinaires et les romantiques, M. Victor Hugo et M. Royer-Collard. Des deux frères, Victorin était l'homme de génie, et son frère Auguste avait pour mission ici-bas, de se prosterner devant ce frère adoré. Ils avaient joué un certain rôle dans la littérature militante, ils s'étaient partagé plus d'une couronne dramatique, ils avaient été désignés, par l'Empereur, pour faire l'éloge funèbre du maréchal Bessières; ils brillaient par leur jeunesse et par leurs talents dans les

soyons justes, même envers le trompette de l'armée : il n'a pas gagné la bataille... il en a donné le signal.

Dans l'abîme de la Terreur, où la tragédie et la comédie, et tous les arts étaient tombés, et quand à peine quelque lueur humaine commençait à poindre au milieu de ce ciel orageux, il faut entourer, de nos louanges, les rares esprits qui ne désespérèrent pas de la république lettrée, au point de croire que Saint-Just, Danton, Marat, Collot-d'Herbois, Robespierre et Camille Desmoulin fussent la dernière expression du génie et de l'esprit français. En vain la honte et la peur tombent sur cette illustre nation comme la pauvreté sur les poëtes, en vain les grosses voix imposent silence aux clameurs poétiques, en vain les bottes fortes chassent la muse aux lointains pays, en vain le champ paternel de Mélibœ et la cabane de Tytire sont envahis par les porteurs de piques et de bonnets rouges, toujours se rencontre, au fond de ces misères, une pensée, une éloquence, un charme. En voilà un qui raconte au monde attentif (vingt-quatre heures avant les tempêtes) une touchante histoire de *Paul et Virginie*.

En voici un qui parle au peuple de 93 de clémence et de liberté ; — celui-ci rit et se moque, en piquant dans les *Actes des Apôtres*, du bourreau qui le tuera demain ; — cet autre, en pleine terreur, rêve à quelque doux poëme : *le Printemps d'un Proscrit*.

salons de M. de Fontanes, de l'abbé Delille, de M. Suart, de M. Andrieux !

Un jour, sur le Rhône, emportés dans une barque, ils étaient perdus, Auguste arrache son frère à la mort. — Ils étaient les fondateurs d'un violent journal politique, appelé *la Tribune*. Ils combattirent avec des armes véhémentes, pour les principes de l'extrême liberté; leur violence et leur talent leur firent trouver des lecteurs. La lutte dura deux années ; au bout de ces deux années, les deux frères se sentirent à bout de force et de courage, le moins dévoué des deux frères mourut à la peine, c'était Victorin Fabre ! — Resté seul (sa sœur Euphémie avait perdu son bon sens, peut-être à contempler ces excès littéraires, spectacle en effet rempli de dangers), Auguste Fabre, pour pleurer son frère, et pour célébrer dignement cet ami de sa vie et le compagnon de ses travaux, institua de véritables fêtes funèbres en l'honneur de son frère, à savoir : un buste en marbre, une louange publique, une médaille en bronze, et pour lui-même, Auguste, une pierre au cimetière, avec cette inscription : *Ci-gît le frère de Victorin Fabre !*...

Hélas ! — O vanité de la gloire et de la prévoyance ! On ne sait pas où est le tombeau, le buste a été vendu à l'encan, la médaille n'a jamais été frappée, et personne encore n'a prononcé cette oraison funèbre... le nom même est parti, de ces deux frères amis, du retentissement !

Cet autre, — un sage! — est à l'abri de l'échafaud, dans une cachette impénétrable; là il pouvait vivre, là il était sauvé, mais quoi! le ciel est si beau, l'air est si pur, la douce campagne est si clémente, et ça doit être si charmant de lire une ode d'Horace au milieu de la forêt verdoyante! — A ces invitations du mois de mai, le jeune philosophe ne saurait se contenir; sa cachette lui pèse et l'étouffe; il sort de chez lui d'un pas furtif; il va longeant la rue et rasant le mur, enfin, ô bonheur! le voilà lancé dans la libre campagne. — Ah! c'est toi, cher printemps, c'est toi, le mois de mai, c'est toi l'aubépine en fleur; je vous reconnais, vieux chêne du parc de la duchesse du Maine, et je vous salue eaux bienfaisantes, chênes séculaires, douce vallée! Ainsi tout le jour, le dernier jour, Condorcet s'abandonne à cette extase, et le soir venu, comme il rentrait, par la barrière observée et curieuse, un *sans-culotte* lui vit en main le beau petit *Horace* in-32 de l'imprimerie royale; le livre était couvert d'un beau vêtement de pourpre et d'or, il sentait son aristocrate et son galant homme. Un livre aux yeux de ces brigands, c'était comme un roi sur son trône. On arrêta l'homme, on lui prit son livre, on le jeta dans un cachot de barrière en attendant que le tombereau le ramassât!

Le lendemain Condorcet fut trouvé mort sur la paille de sa prison. Il était mort de la façon de cet homme chanté par Horace et célébré par Pascal. Le monde peut crouler, le sage, assis sur le monde en débris, contemple ses ruines sans pâlir.

Ce bon pays de France! En vain vous le voulez écraser sous la honte et sous la peur, soudain il se relève; on le croyait mort, le voilà qui sourit de plus belle! On le croyait châtié... c'est lui qui châtie à son tour! Entendez-vous, le lendemain de nos hontes et de nos misères (à peine si le sang des échafauds était essuyé), entendez-vous ces éclats de rire inespérés? D'où vient cette fête inattendue et pourquoi ces figures épanouies? Quel est-il, ce poëte si gai dans une époque si triste, et quelle chanson il chante à ces bourgeois qui rient de si bon cœur? Voyez-les tous, les uns et les autres; ils vont, en toute hâte, au spectacle que leur offre, en se jouant, ce bel esprit, échappé aux fureurs des discordes civiles.

Le mari a mis son habit neuf, la femme attache à sa plus large boucle en or, sa plus large ceinture; la jeune fille, attentive, heureuse et jolie, oublie un instant de regarder son petit voisin placé derrière elle, et, de son côté, voici dix minutes que le cousin n'a effleuré les fins cheveux de sa cousine. Eh ! je comprends ; cet enchanteur du monde anéanti s'appelle Picard ; il s'agit d'une comédie de Picard, et d'une comédie toute parisienne. — *La Petite Ville*, c'est-à-dire la louange de Paris, le complet éloge de la liberté, de l'urbanité, de la bonne grâce à Paris.

Par le ciel ! c'est là-dedans que l'on se moque tout haut de la province, que l'on rit de son égoïsme, de sa hâblerie, de ses fades plaisirs, de ses tristes amours, de ses vieilles filles à marier, de ses chapeaux de l'an passé ! Aussi le Parisien écoute ces admirables détails du crétinisme départemental, sans se douter que lui aussi, le Parisien, il est un crétin dans son endroit. Petite ville, dites-vous ; mais cette rue, cette maison, ce quatrième étage de la maison que vous habitez, sont autant de petites villes. J'ai rencontré, tout à l'heure, dans l'escalier de ma maison, tous les héros de *la Petite Ville*, madame Senneville, mademoiselle Flore, madame Guiberti, et surtout la fameuse Diane de Vernon, y compris monsieur son chien Brisquet. Cependant ne troublons pas le Parisien dans sa joie ; laissons-le se moquer tout à l'aise de ces malheureux êtres de la province ; laissons-le rire avec Picard son ami, son flatteur, son camarade ; un bon compagnon, ce Picard, aimable railleur, facile à vivre, ne prenant de la comédie que la fine fleur de ses vices et de ses ridicules, s'inquiétant peu de corriger les hommes, haïssant à outrance la moralité hors de saison. Il a été notre esprit le plus charmant au moment le plus difficile et le plus ahuri de notre histoire, entre les folies sanglante de la Terreur et la gloire naissante de l'Empire ; le premier, il a osé rire, et de tout son cœur, dans ce charmant pays qui avait oublié les plus aimables traditions de la comédie et de la gaieté.

Bonhomme, actif, ingénieux, plein de ses comédies ; inventeur, imitateur, poëte et comédien ; il se contentait de sa fortune et de sa gloire de chaque jour ; il ne rêvait guère les honneurs de la postérité, qui sont douteux pour tous les hommes de ce siècle ; et cependant, avant que d'entreprendre une nouvelle comédie, il cherchait avec soin une idée comique ; il voulait tout d'abord avoir à sa disposition un certain petit côté ridicule qu'il traitait avec sa bonhomie accoutumée ; ou bien, quand le ridicule lui manquait (il était si bienveillant qu'il ne le voyait pas toujours !), alors il imaginait une fable attachante, un roman facile à suivre, *les Marionnettes,* par exemple, et le public d'applaudir.

Ce galant homme a été ainsi, à lui seul, toute la comédie de son temps. Son style est très-net et très-varié ; son dialogue est plein de vivacité et de gaité ; on sent que cet homme-là savait par cœur son *Gil Blas ;* il est en effet l'enfant de Le Sage, mais un enfant de bonne humeur, aussi gai que son père, et moins profond¹ ! Sa bonne humeur était semblable à cette gaieté que dit Shakspeare, *errante dans les nues!* Il avait l'abondance, il avait l'entrain, le dialogue et la repartie, avec mille traits piquants qu'il lançait à merveille !

Improvisateur charmant, bohémien tout rempli de l'ivresse et des hasards de la jeunesse ; il était né à vingt ans, sur un théâtre, il est mort au bout de cinquante ans, comme il n'avait encore que vingt ans ; esprit bien portant, plein de naturel, de bonne grâce et d'heureux caprices ; sa comédie et lui-même, ils n'ont pas vieilli d'une minute ; ils sont restés nets, francs, gais, intacts, contents. Sa comédie est une fête, une joie, un conte bien fait ; cela s'écoute en toute confiance et le sourire à la lèvre ; enfin, pour tout dire, cet homme excellent n'a été vaincu et surpassé que par le plus habile et le plus populaire esprit de ce temps-ci ; il était juste, en effet, que l'auteur des *Marionnettes* et des *Ricochets* ne cédât le pas qu'à l'auteur de la *Camaraderie* et des *Premières Amours!*

---

1. A l'exemple de Corneille, à l'exemple de Molière, Picard écrivait de puissantes et correctes préfaces à chacune de ses comédies, et sa préface est vive, accorte, ingénue. On peut beaucoup apprendre à lire avec soin ces courts et incisifs traités de l'art dramatique ; il y a telle préface de Picard qui vaut, pour le moins, sa comédie, et fort souvent il s'y traite assez mal : « Il y a de grands défauts dans cette comédie, » est un mot qui revient souvent dans les préfaces des comédies de Picard.

CHAPITRE XV

Ce fut ainsi qu'il y eut, chez nous, dans cette lacune abominable qui sépare la *Terreur* des calmes et honnêtes journées, au moment où M. de Chateaubriand était dans l'exil, à l'heure où naissait M. de Lamartine, enfant d'un père proscrit et d'une mère condamnée, une espèce de *Renaissance*, que dis-je? une façon de crépuscule où quelque chose d'humain se fit sentir à cette terre éplorée! « Ce n'était plus la nuit, ce n'était pas le jour; » la barbarie était en fuite, et la civilisation n'était pas revenue; on ne jouait plus, sur nos théâtres déshonorés, la *Mort des Aristocrates*, on jouait *la Forêt d'Hermanstadt ou la Fausse Épouse*, ornée du dialogue que voici :

OLFRIDE ET KARLL (*Olfride, enveloppée de son manteau qui couvre une robe blanche, va pour sortir.*)

KARLL. « Quoi, madame ! vous voulez donc parcourir tout le château ?

OLFRIDE. Je veux voir...

KARLL. Quelle femme ! rien ne l'effraie. Pour moi, la vue de ces ruines me gêne singulièrement la respiration. Que cette affreuse solitude est bien faite pour l'exécution de sinistres desseins! »

Et la dernière phrase de la pièce :

ALMARIC à *Elisen*,

« Chère épouse, une secrète inspiration du ciel semblait avertir mon cœur du choix qu'il devait faire, entre vous et votre indigne rivale : l'imposture a beau faire, elle peut abuser un instant, mais elle n'aura jamais les charmes de la vérité. »

On jouait aussi *le Temple de la Mort ou Ogier le Danois*.

OGIER, *seul (il examine ce qui l'entoure avec une satisfaction secrète et toujours croissante)*.

« Lieux chéris ! témoins de mes premiers jeux, dépositaires des premiers sentiments de mon cœur, qu'avec plaisir je vous revois, et que les souvenirs de l'enfance ont de charmes ! Cette terrasse vit mes premiers exercices guerriers : je défendis mon Edwa, je la sauvai de l'outrage de ses ravisseurs... Là, je reçus pour récompense cette écharpe brodée de ses mains. Enfin, dans ce bosquet, le premier amour, le premier aveu !... Que vois-je ? un monument funèbre ! Quel est donc l'être infortuné qui repose sous ces arbres qui jadis ombrageaient la jeunesse, l'espérance et l'amour ?... »

ADINE, *jeune villageoise*,

« Infortunée Edwa ! c'est l'amour qui causa ses malheurs... et cependant on dit qu'il est le charme de la vie... Jusqu'à présent, j'ai ignoré ce bonheur, et je tremble de le connaître... Si j'allais être malheureuse !... »

On était loin, vous le voyez, de *Tancrède* et du *Père de Famille*; on était loin de *la Métromanie* et du *Philinte de Molière*; en ce temps-là, lui-même, Victor Ducange, il eût été le Shakspeare de ce théâtre ressuscité. Ça vous étonne, « Victor Ducange ! » il vous semble que vous avez entendu prononcer ce nom-là, et vous cherchez à vous souvenir ! Ne riez pas, il a précédé... il a annoncé M. Victor Hugo lui-même; il a fait beaucoup plus, pour l'acceptation du drame moderne, que tous les Messieurs du *cénacle*. Il est vrai qu'il a été bien vite oublié, ce grand homme qui, de son vivant, a fait verser plus de larmes que n'en firent jamais verser à eux trois : Corneille, Racine et Voltaire ! Quoi d'étonnant? Les émotions passent et le style reste ; les plus intéressantes inventions n'ont qu'un jour, si elles ne sont pas soutenues par le quelque chose qui ne meurt pas : la poésie.

A tout prendre, Victor Ducange était une imagination puissante. Il était le maître absolu de ce parterre en veste courte, et en bonnets ronds, qui l'applaudissait comme un apôtre ; son nom seul était sonore comme sa renommée : Victor Ducange ! On l'aimait pour sa verve insolente, et pour le profond mépris qu'il témoignait à son parterre : évidemment il était né pour le drame, et rien qu'à vous nommer ses œuvres principales, vous allez le reconnaître ! Il a fait *Calas*, il a fait *Thérèse ou l'Orpheline de Genève* ; il a donné à Frédérick Lemaître, un jeune homme sans nom, ses deux rôles de début dans la vie et dans la gloire : *la Fiancée de Lammermoor* et *Trente ans ou la Vie d'un joueur*. Eh ! la surprise, eh ! la joie, au moment où, sur le théâtre de M. Stocklet et de M. Tautain, dans *la Fiancée de Lammermoor*, jeunes gens que nous étions, tout disposés aux émotions de la vingtième année, nous vîmes apparaître ces deux comédiens de la même famille, madame Dorval et Frédérick Lemaître, qui portaient, lui dans le pli de son manteau, elle dans un coin de son voile, Victor Hugo et sa fortune !

A ces deux nouveaux inspirés de toutes les passions du drame, Victor Ducange eut l'honneur de donner le signal du départ ; ils partirent, du même pied, pour les conquêtes à venir, étonnant, épouvantant et charmant, de leurs naissantes splendeurs, les poëtes de l'art nouveau qui avaient peur de Talma, et qui faisaient peur à mademoiselle Mars ! En attendant qu'ils fussent devenus, de miracle en miracle, lui *Ruy-Blas*, elle *Marion Delorme*, ils acceptaient Victor Ducange, et ils le trouvaient grand comme Shakspeare, tant ils étaient loin de comprendre la toute-puissance de la poésie et de ses gloires ! — Rien qu'à les voir, ces deux-là, ignorants de toute chose, et surtout ignorants d'eux-mêmes, les jeunes poëtes se sentirent délivrés d'une angoisse secrète ; ils venaient de trouver leurs deux interprètes ; rien qu'à les voir le public devina qu'une révolution allait venir. Ils étaient, eux-mêmes, toute une révolution.

Le nouveau venu, Frédérick Lemaître, était un beau jeune homme, hardiment taillé pour son art, vif, hardi, emporté, violent, superbe ! La naissante madame Dorval avait dans sa personne de quoi justifier les plus vives sympathies.

Elle était frêle, éplorée, timide ; elle pleurait à merveille, avec une désolation, avec des spasmes, un délire à tout renverser ; elle excellait à contenir les passions de son cœur et à dire comme les héros de Corneille : *Tout beau, mon cœur !* Rien qu'à les voir l'un et l'autre, ces enfants de Victor Ducange, qu'attendait une adoption meilleure, une adoption royale, unis dans la même action dramatique et parlant déjà... comme on parle et comme il faut parler, il était facile de comprendre qu'ils avaient été créés et mis au monde, celui-ci pour exprimer tous les emportements de l'âme humaine, celle-là pour en dire les douces joies intimes et bienveillantes ; celui-ci tout prêt à tout briser et magnifique dans ses colères, celle-là humble et résignée et toute courbée sous le poids d'une immense douleur qui se faisait jour de toutes parts.

C'étaient là, en un mot, deux beaux comédiens, madame Dorval le rêve des rêveurs, et Frédérick mon bel acteur ! Mais aussi comme ils étaient populaires ! Comme la foule aimait à les entendre, à les voir ! Que de pensées terribles il soulevait dans l'auditoire ! Que de larmes elle faisait répandre ! Comme il savait la tenir haletante et ployée sous le feu sombre de son regard ; elle, cependant, comme elle savait l'arrêter dans ses violences, d'un mot, d'un geste, d'un sourire plein de larmes ! Ils étaient admirables tous les deux. Ils étaient complets, ils se faisaient valoir l'un par l'autre. Trouvaille heureuse, et qui devait contenter les poëtes les plus ambitieux ! Mademoiselle Mars, elle-même, unie à Talma, ne faisait pas si complétement l'affaire de la jeunesse éloquente, que madame Dorval unie à son grand compagnon.

C'est qu'entre Talma et mademoiselle Mars, ces deux artistes éminents, ce n'était pas le même ensemble ; ils étaient loin de s'entendre comme s'entendaient Frédérick Lemaître et madame Dorval. Talma, une fois en scène, tirait à lui tout l'intérêt, toute l'attention du parterre, sans trop s'inquiéter de son illustre voisinage ; de son côté, mademoiselle Mars, qui ne cédait rien à personne, redoublait de grâces et de coquetterie, afin d'effacer, s'il se pouvait, ce héros bourgeois. Dans ce duel à armes courtoises, ni Talma, ni mademoiselle Mars n'ont jamais voulu s'avouer vaincus. Tout au rebours, nos admirables bohémiens de tout à l'heure, une fois lâchés dans le drame, ils s'en emparent de toutes leurs forces, par la pitié, par la terreur, par les larmes, par l'ironie, par tous les excès de l'âme, de l'esprit et des sens ; et ceci fait, peu importe à madame Dorval que ce soit Frédérick Lemaître qu'on applaudisse ; peu importe à Frédérick Lemaître que ce soit madame Dorval qui soit trouvée admirable ; il ne s'agit pas d'être applaudi, chacun de son côté, il s'agit de produire l'effet attendu; il s'agit de donner la vie à tout un drame, il s'agit de réaliser toutes les passions et tous les rêves du parterre attentif, il s'agit que tout à l'heure, quelque chose... un drame, un mélodrame... était là inerte, immobile, muet, à demi-mort, et qu'à nous deux nous allons dire à ce cadavre étendu là : — Lève-toi, et marche ! Ceci fait, vous nous applaudirez, si vous voulez.

A coup sûr, comparé au maître et à tous ceux qui ont marché dans le même sentier dramatique, ce n'est pas un grand poëte Victor Ducange. Eh bien ! tout inconnu et tout oublié que le voilà, il a rendu plus de services au drame moderne, que tous les déclamateurs à la suite du maître. Il a ouvert la voie, et quand il l'a trouvée ouverte, il l'a élargie ; il a découvert, le premier, les deux interprètes, Frédérick Lemaître et madame Dorval; il a donné l'exemple, à de plus grands que lui, d'unir le drame au roman, et ses romans ont été lus, comme les avants-coureurs, non pas, certes, de *Notre-Dame de Paris*, mais de *Han d'Islande* et de *Bug-Jargal*.

Parfois même, de ses romans (il n'y a rien de nouveau sous le lustre et sous le soleil), il tirait un drame; de *Léonide ou la Vieille de Suresne*, il a fait un mélodrame *à grand spectacle : Lisbeth ou la Fille du Laboureur !* Il était calme, sérieux, posé, solennel ; rien qu'à le voir passer dans la rue, on devinait l'écrivain longtemps persécuté par le pouvoir ! S'il était admiré dans la rue, on s'en est longtemps moqué dans le salon ; mais il fallait que cet homme d'un esprit peu cultivé, d'un style grossier, d'une imagination puissante, fût enlevé au théâtre dont il était le soutien, pour que nos faiseurs dramatiques demeurassent convaincus qu'il y avait, dans cet homme, beaucoup d'art, d'habileté et de savoir-faire.

Il était véritablement passé maître dans l'art de produire, par des moyens ingénieux et vraisemblables, beaucoup d'intérêt, de pitié, de terreur.

Esprit tout positif — pour aller droit au but de son drame, il n'était pas arrêté, en son chemin, par ce fardeau pénible à porter, qu'on appelle la poésie. Dans le choix de ses *héros*, dans l'arrangement de son *poëme* et de ses discours, il ne songeait qu'à plaire aux spectateurs les plus infimes, aux imaginations incultes, aux cœurs ignorants, aux esprits primes-sautiers, tant il était sûr que s'il parvenait à être compris par ces intelligences imbéciles, à faire trembler ces consciences peu timorées, à toucher ces cœurs endurcis, il ne trouverait plus d'intelligences, plus de cœurs et plus de consciences qui lui fussent rebelles. Ce qu'il n'avait pas en style, en poésie, en bel esprit, il le remplaçait par quelque chose de plus puissant (au théâtre), par la passion, par le fanatisme, par la déclamation surtout, qu'il maniait en véritable tribun de faubourg Saint-Antoine. Homme singulier, qui se soutenait au niveau des imaginations les plus éclairées, à force de hardiesse, de sauvage énergie et de résolution.

Comment il était parvenu à s'emparer ainsi de l'émotion, de l'intérêt, de la pitié de la foule ignorante, c'était le résultat obligé des études les plus longues et les plus difficiles, non pas dans les livres et dans les théories littéraires, qui ne se sont jamais occupées de cette partie infime de la littérature dramatique, mais bien à force de voir et de deviner comment le peuple écoute et comprend une action dramatique, comment il pleure, pourquoi il pleure, et à quel instant de l'émotion il faut que le drame s'arrête pour ne s'arrêter ni au delà, ni en deçà de la douleur.

Il savait que le peuple n'aime ni ne comprend les longues phrases, qu'il hait les arrangements de la parole, qu'il aime un parler net, bref, clair, brutal, insolent, et c'est pourquoi il allait droit à son but, sans périphrase, à la façon d'un coup de poing. Il savait aussi que le plus magnifique égoïste qui soit au monde, c'est le peuple, et il ne parlait à son peuple que des misères, des vertus, des haines et des amours, des croyances et des superstitions du peuple. — Il était l'apôtre du peuple, il en était le flatteur assidu, le courtisan infatigable. Tous ses drames se passent plus souvent dans la chaumière que dans le palais, sur les grands chemins que sous le toit domestique ; il a usé dans ses drames, plus de blouses que d'habits, plus de bure que de velours, plus de sabots que de souliers. Son drame sentait la barricade ; on y pouvait entrevoir la lutte intime du pauvre et du riche, du fort et du faible, des derniers venus contre les nouvellement arrivés.

Il était, sans le vouloir, que dis-je ? et sans le savoir, un niveleur ; — les auditeurs qui lui appartenaient s'enivraient à ces présages qui échappaient également au censeur dans son antre, à la critique dans son trou. Ce terrible homme, qui était un danger, était resté un des derniers descendants de Voltaire ; il aimait tout ce que son maître avait aimé d'un si juste amour, il haïssait tout ce que son maître exécrait d'une haine si violente et si vrai.

Et quel merveilleux accord entre lui et son parterre ! Ils avaient, son parterre et lui, les mêmes haines, les mêmes sympathies, les mêmes instincts, les mêmes rancunes, les mêmes pressentiments d'une révolte lointaine et d'un triomphe certain ; ils parlaient le même langage ; ils étaient remplis des mêmes passions.

Cet homme, si bien fait pour être regretté par ce peuple qu'il aimait, il a été oublié bien vite, et nul ne l'a regretté parmi tous ces cœurs qu'il faisait frémir, excepté peut-être quelques-uns des esprits les plus élevés, grands amateurs de la pitié, de la terreur quelles qu'elles soient, qui venaient de bien loin, des Tuileries, de l'Institut, de la Bibliothèque royale ou de la Chambre des Pairs, tout exprès pour partager, un instant, les inventions bien senties de Victor Ducange, pour s'abandonner, en toute liberté, à ses sentiments énergiques de révolte, de liberté, de patriotisme et de révolution.

Cependant, lorsque nous disons que ce grand écrivain d'un jour est oublié tout à fait, nous avançons une proposition malsonnante. Il n'y a pas déjà si longtemps que fut élevé, au savant du Cange, dans sa ville natale, Amiens, une statue, hommage glorieux et mérité par tant d'entreprises savantes accomplies en soixante ans d'un travail assidu de toutes les nuits et de tous les jours. Eh bien, ce savant homme, Charles du Fresne, sieur de du Cange, antiquaire, historien, jurisconsulte, géographe, arrivé à l'admiration unanime du monde savant, à la sueur de ses livres, *ad pœnam libri*, disait Bayle... en vain il a laissé une bibliothèque entière d'histoire, de traités, de dissertations, de découvertes ; en vain il a mis son nom à son admirable *Glossaire* de la langue bâtarde que parlaient les barbares du moyen âge, en vain son *Glossaire grec*, et son *Histoire bizantine*, il arriva qu'au nom seul de du Cange un cri partit, de ce peuple ignorant, et ce grand cri disait que c'était justice d'élever un bronze à l'auteur d'*Agathe*, de la *Famille morave* et de la *Maison du Corrégidor!*

Que cet hommage de l'airain monumental s'adressât à un autre du Cange qu'au fameux Ducange, à peine si quelqu'un y songeait, dans ce Paris prostitué aux autels du mélodrame, de la comédie et du vaudeville : — tant il est vrai que pour mériter la reconnaissance des hommes, et pour vivre en leur souvenir, mieux vaut encore les amuser que les instruire. Une chanson populaire a plus tôt fait connaître un poëte qu'un poëme épique ; une simple comédie a plus de chances de récompense, qu'une longue histoire. Inventez une charrue, à peine si l'on sait votre nom ; écrivez les livres insipides et niais de Ducray-Duminil, vous voilà célèbre. Et que de grands capitaines, que de magistrats illustres, que de navigateurs infatigables dont la gloire et le nom se perdent dans l'ingratitude et dans la ruine des temps, pendant que ces noms profanes, ces noms qui tiennent au théâtre, à la citadelle de tous les vices, les noms mêmes de la licence et de la comédie, uniquement parce qu'ils auront été imprimés longtemps sur une affiche, au coin de la rue, et proclamés, publiquement, au parterre enthousiaste, obtiennent je ne sais quelle immortalité malsaine, qui les fait vivre, et les recommande longtemps après que l'œuvre a disparu. Tel qui ne saurait que vous répondre au nom du chancelier d'Aguesseau, vous dira dans quel rôle excellait le comédien Fleury ; tel autre qui ne saura pas un seul mot de l'histoire de la reine Élisabeth, vous dira, sans se tromper, les moindres *créations* de mademoiselle Contat. Les plus infimes comédiens laissent une trace ; il y a des gens qui savent le nom de Vanhove et celui de la petite Luzzy, qui ne diraient pas le nom de l'amiral qui gagna la bataille de Lépante !

O misère, ô vanité de cette gloire ingrate et charmante... Et cependant les comédiens se plaignent d'être oubliés, disant que rien n'en reste..... Il en reste le meilleur : le bruit, l'écho, le parfum le vice, le *frou-frou*, la vanité !

Pendant que je parle, un peu plus qu'il n'en faudrait parler, de Victor Ducange, une ombre irritée et violente arrête soudain ma plume au passage, et se plaint de mon imprudence et de mon injustice. — Il n'y a que moi, dit-elle, il n'y a que moi qui sous le prédécesseur véritable de M. Victor Hugo lui-même ; c'est moi, et moi seul, qui leur ai ouvert la carrière, à ces beaux-esprits qui m'ont voulu réduire au néant! Tant pis pour eux s'ils sont ingrats, et malheur à toi, l'historien inexact de mes actions pacifiques et de mes actions militantes : *Bella et paces*. Maintenant, me reconnais-tu? me vois-tu? m'entends-tu? Disant ces mots, il secoue, en criant, son épaisse chevelure, et, bonté divine ! je le reconnais, c'est bien lui, le héros, le roi, le dieu, le révolutionnaire, le *Corneille*, le Shakspeare et l'enchanteur du boulevard, c'est bien lui, maître Guilbert de Pixérécourt!

Était-il assez vif et assez impétueux, de son vivant ! S'est-il assez tourmenté et torturé lui-même, sans compter les éclaboussures qui retombaient sur les autres ! Il me semble que je le vois encore, têtu comme une mule, emporté comme un cheval sans frein, volontaire comme un enfant gâté, riant, criant, mordant, plein de caprices, irritable ; avec cela des qualités excellentes, ingénieux, bel-esprit, inventeur, d'une loyauté à toute épreuve, tirant de son propre fonds les imaginations les plus incroyables, peintre, poëte, artiste, machiniste, musicien, administrateur, et traitant les comédiens comme des nègres. La vie de cet homme est la mieux remplie qui se puisse imaginer ; il menait de front toutes les passions, tous les labeurs. Administrateur pacifique de l'enregistrement et des domaines, directeur guerrier de l'Opéra-Comique, maître absolu de l'Ambigu-Comique, poëte et prosateur, rimant le couplet et poursuivant la tirade tragique dans les profondeurs infinies d'une prose rédondante, sonnant de la trompette à pleine poitrine, et chalumélant sur le pipeau rustique, que c'était un plaisir ; je ne sais rien de plus amusant à étudier que cet homme-là.

Savez-vous, cependant, que tout admiré qu'il était *sur le boulevard du crime*, il n'y avait pas un meilleur appréciateur du beau langage et de la belle poésie ; il aimait les livres comme un prince qui serait très-riche et qui aurait beaucoup de temps à perdre ; il tenait, dans ses grosses mains, les plus délicats chefs-d'œuvre avec une grâce charmante ; vous eussiez dit un ours mal léché qui cueille une violette cachée dans l'herbe ! Et pour quoi comptez-vous les larmes qu'il a fait répandre, les cœurs qu'il a remplis de ces vives et brûlantes sympathies?

Pour qui donc comptez-vous ce peuple attentif, ces âmes recueillies, ces passions excitées à un degré tel, que jamais les maîtres dont nous parlons, jamais Corneille, le vrai Corneille, aux grands mouvements du *Cid*; jamais Shakspeare, le vrai Shakspeare, racontant la guerre acharnée des deux Roses; jamais Sedaine et ses chansons, Diderot et ses éclairs, Lachaussée et ses larmes, jamais personne parmi ceux qui parlent aux terreurs, aux bons sentiments, aux sympathies de la foule, n'a excité de pareils transports?

Pour ma part, je ne sais rien de comparable à la popularité de l'illustre auteur des *Ruines de Babylone*; les hommes, les enfants, les jeunes filles, les vieillards le suivaient de loin, et les mains jointes, quand il daignait se promener, lui-même, sur le boulevard du Temple, enveloppé dans le velours de son manteau, et décoré de sa croix de la Légion d'honneur. On le suivait en silence, on se le montrait d'un geste passionné : C'est lui ! le voilà ! le grand punisseur de tous les crimes, le haut justicier qui lit dans les cœurs pervertis[1] ! — Lui cependant, la tête haute, l'œil étincelant, le front pensif, il passait lentement à travers ce flot prolongé de murmures, de louanges, d'admirations, de malédictions ! Il portait, à un si haut degré, le respect de sa mission sur la terre, il était entré si avant dans son rôle de poëte dramatique, qu'il était impossible de l'étonner, l'eussiez-vous comparé à Jupiter tonnant : *Cœlo tonantem credidimus Jovem.* — « Pixérécourt, tu fais un drame, et nous croyons en Dieu ! »

Il n'y avait pas jusqu'à ce nom sonore, éclatant, véritable nom créé au bruit de l'ophicléide infernal : *Pixérécourt !* qui ne contribuât à la fascination universelle ! Les incrédules (ils se glissent dans les croyances les plus respectables) racontaient qu'il était impossible qu'un mortel vînt naturellement au monde sous ce nom-là : *Guilbert de Pixérécourt !* C'était, disaient-ils, un nom fabriqué à loisir, dans lequel les voyelles et les consonnes s'étaient entendues, pour arriver à quelque résultat retentissant et

---

[1]. Malheureux! disait une mère à son fils qui lui avait volé son argent, c'était bien la peine de te conduire, si souvent, au théâtre de Pixérécourt!

fabuleux ! Eh bien ! cette fois encore, les sceptiques se trompaient ; ce grand nom-là, *Pixérécourt*, était en effet un nom patronymique ; ce n'était pas même, comme l'ont dit d'autres sceptiques, le nom d'un village de la Lorraine, auquel le jeune Guilbert aurait emprunté son terrible *Pixérécourt*; Pixérécourt, c'est le vrai nom, c'est le nom sans réplique, il s'appelaient Pixérécourt, comme Shakspeare s'appelait Shakspeare, avec moins d'incertitudes choquantes dans l'orthographe, et dans la prononciation de ce grand nom.

Lui-même, M. Guilbert de Pixérécourt, il prend soin de nous informer de toutes ces particularités. Il savait très-bien que la critique moderne n'a pas de temps à perdre en toutes ces recherches importantes, et il a voulu nous mettre en même temps le doigt sur la plaie, et sur la gloire de sa maison. La gloire la voici : Sa famille est née en effet sur les bords riants de la Moselle, la rivière chantée par Ausone, un fanatique de Virgile. Regardez, tout au sommet de ce rocher où nichent les aigles, ce rocher quelque peu romain, c'est le nid des Pixérécourt. Là il vint au monde, entre deux orages, l'orage sur sa tête, l'orage à ses pieds ; ici le feu, là-bas la foudre, il était donc bien facile de prévoir ce que chanterait ce terrible oiseau !

Les commencements furent cruels : le père était un père de l'ancien régime, plus disposé à frapper qu'à embrasser monsieur son fils ; les grands parents peu pitoyables, la mère absente ; les maîtres étaient versés dans toutes les tortures de l'école ; plus d'une fois le jeune Guilbert se vit cruellement fustigé, et il bondissait sous le châtiment, grinçant des dents et retenant ses cris, par orgueil. Un jour enfin on le veut envoyer passer ses vacances dans la maison de correction d'un certain frère Jean-Marie, qui était la terreur du pays, mais avant de le traîner chez le frère Jean-Marie, il aurait fallu le tuer sur place ; le frère Jean-Marie lui-même, tout bourreau qu'il était, renonça à corriger ce petit mécréant ; d'ailleurs le mécréant s'était enfui à travers les bois, les plaines, les torrents débordés ; il faisait nuit, l'eau grandissait sur le rivage attristé ; la pluie tombait, il fallait passer le torrent, il franchit le torrent comme s'il eût été poursuivi par Jean-Marie !

Eh ! que de fois, dans ses drames, il va se rappeler cette eau grondeuse, cette forêt sombre et ces vêtements qu'il faut porter au-dessus de sa tête ! Ce qui est très-curieux à dire, c'est que de l'autre côté de la rive se tenait, justement, comme pour jouir de ces tortures, goguenard, et déjà peu sensible aux souffrances d'autrui, un méchant gamin nommé Hoffmann, le condisciple du jeune Guilbert. Cet Hoffmann avait un assez mauvais cœur, un vif esprit ; il était railleur et malin, il pinçait sans rire, il riait en dedans, tant il avait peur de montrer même sa bonne humeur ; toute sa vie il a traité son ami Guilbert avec une partialité cruelle, niant son génie. Je ne crois pas que jamais deux condisciples se soient rencontrés, d'un caractère et d'un esprit plus opposés !

Laissons rire Hoffmann, il ne prend, en vérité, rien au sérieux ; le jeune Guilbert, au contraire, passe sa vie en plein sublime. Il est comme cet homme de Shakspeare, le Pixérécourt anglais qui s'écrie :

« J'étais si content et si fier, que de temps à autre j'ôtais mon chapeau pour savoir s'il n'avait pas pris feu aux étoiles. » Cependant l'heure était affamée et sanglante, les mauvais jours étaient arrivés menaçants et sombres ; la famille Pixérécourt venait d'être violemment frappée, non pas dans sa fortune, mais dans sa vanité, ce qui est un malheur sans remède. C'était le rêve de M. de Pixérécourt le père de devenir marquis, ou tout au moins d'avoir un marquis dans sa famille, et, le maladroit (on était en 1787), le voilà qui change sa jolie petite seigneurie près de Nancy, sa gentilhommière un peu bourgeoise, il est vrai, mais qui nourrissait son homme, vaille que vaille, contre un grand diable de château dans les Vosges. C'était le château de Saint-Vallier, une masure, un délabrement, une chose très-noble ; point de récoltes, mais le droit de chasse ; point de revenus, mais des redevances féodales ; pas un œuf, pas un fruit, mais haute et basse justice ; un toit qui croulait, mais une potence toute neuve ; il y avait là de quoi faire un marquis et un mendiant tout à la fois. Le 5 août 1789 enleva tout ce vernis féodal, et le château de Saint-Vallier ne fut plus qu'une masure. Certes, M. de Pixérécourt a bien fait de ne pas raconter cet accident-là à son condisciple Hoffmann, *le bon* Hoffmann en eût fait une comédie qu'il eût pu intituler le *Roman d'une heure*.

Pourtant on ne riait guère, dans ce bon pays de Lorraine, frappé de tant de passions convulsives; les choses se précipitaient avec une rapidité qui tenait du désespoir.

Nancy même, Nancy, honnête cité du bon et sage monarque Stanislas, avait ses clubs et ses bonnets rouges! — A Saint-Vallier, messire Guilbert, le ci-devant seigneur, expiait par d'atroces délations cette belle potence inutile, hélas! sur laquelle il avait fondé son marquisat. Que faire alors? que devenir? Pour un vrai marquis, la chose était toute simple, il fallait quitter, à l'instant même, cette ingrate patrie, et rejoindre, en clopinant, l'armée de Condé à la frontière. Certes, bien volontiers, s'écriait le jeune Guilbert; s'il ne s'agit que de renoncer aux tourelles du château de Saint-Vallier, à nos fourches patibulaires, à notre four banal, à nos vassaux révoltés, et aux beaux droits du seigneur, passons en toute hâte; — il passe, — il arrive, avec son grand nom de Pixérécourt, à l'armée des princes. Pixérécourt! voilà un renfort! Le prince de Condé en est tout ému, et la révolution française se demande si elle ne fera pas bien de revenir sur ses pas?

En attendant, il fallait vivre, et surtout il fallait être jeune. Paix ou révolution, monarchie ou république, ce qu'il y a de plus pressé pour un jeune homme, c'est d'être jeune, ou, ce qui revient au même, c'est d'être amoureux; il n'y a que cela de vrai et de bon dans le monde. Soyez Condé, soyez d'Artois, soyez Barnave, à la bonne heure! mais soyez amoureux. Le digne fils du seigneur de Pixérécourt, le petit marquis de Saint-Vallier, ne fut certes pas infidèle à cette loi charmante de la jeunesse. Mais déjà, par pressentiment sans doute, sa passion naissante prenait la teinte du mélodrame; même pour ses amours, le jeune homme arrange et dispose, avec soin, ses effets, sa décoration, sa surprise; il lui faut des ruines, une vieille abbaye, un ruisseau jaseur et discret, une belle petite personne toute blanche, qui meurt, à seize ans, en appelant le beau jeune homme!

Que dis-je? Il ne se prive même pas, pour son premier rendez-vous, d'un bon prêtre nommé Müller. En effet, sur la rive *gauche* de la Moselle, au milieu d'une *sombre forêt*, s'élève le couvent d'*Engelporte*. Ce couvent d'Engelporte a pour abbesse la baronne de ***, d'une *très-grande maison* d'Allemagne; la nièce de l'abbesse s'appelle Clotilde, elle est orpheline et *pourvue d'une grande fortune!* Clotilde et Guilbert ont bientôt compris, en chantant et en jouant du *clarecin*, qu'ils sont faits l'un pour l'autre. Bien que l'abbesse et M. Müller ne fussent pas trop cruels, Clotilde confiait au *ruisselet* du couvent, une carte roulée sur laquelle elle écrivait ses rêves d'amour, et le ruisselet (petit ruisseau) déposait la carte au pied du *vieux saule*. — *Assise au pied d'un saule !*... Et même je m'étonne que cette petite Clotilde n'ait pas fini par être, tout bonnement, madame Malibran !

Mais, hélas ! il fallut partir pour les *Ardennes*. Les deux amants échangent *un chaste baiser*. Le soldat de Condé passe par *Bertrick, Penise, Stavelot, Malmedi*, enfin on se replie sur la *Marche-en-Famine*. Guilbert ne dit pas quels furent ses exploits, il est probable qu'il n'a pas peu contribué à toutes les victoires mémorables remportées par l'armée de Condé contre la République ; mais quand tout joyeux et couvert de lauriers, il revient au couvent d'Engelporte, la digne abbesse était morte âgée de *quatre-vingt-trois ans ;* Clotilde, qui attendait des nouvelles de son *cher émigré*, expira le 15 octobre, le jour de la Saint-Charles : *âme céleste !* Et M. de Pixérécourt ajoute : *Cinquante ans n'ont pas effacé mes regrets !* Je le crois bien que cinquante ans n'ont pas pu faire oublier, à cet homme sensible, cette charmante petite Clotilde, morte le jour de la Saint-Charles, en retrouvant son *cher émigré*.

Je vous raconte tout ceci, d'abord parce que c'est le patient lui-même qui le raconte, ensuite pour vous montrer comment, en certains esprits, chaque événement, chaque accident prend une teinte singulière qui rappelle, tout à fait, les habitudes de ces sortes d'esprits. Ovide, enfant, est un drôle de corps qui, à tout propos, même quand il veut parler sérieusement en prose, écrit des vers érotiques ; M. de Pixérécourt, jeune homme, se conduit et se comporte comme un mélodrame. Sa vie est une suite de précipices inattendus, d'événements incroyables, d'accidents qui n'arrivent qu'à lui seul. Après la mort de Clotilde, Guilbert rentre en France, et tout d'abord il rencontre des gendarmes qui le poursuivent de toute la vitesse de leur cheval ; pour leur échapper, il se couche à plat ventre dans la berge pleine d'eau. — Tékély lui-même ne sera pas poursuivi, avec plus d'acharnement, par les gendarmes du théâtre de la Gaîté.

Arrivé dans ce Paris de 1792, qu'on pouvait appeler *Paris en famine*, il se met à lire *les Nuits d'Young* au bruit formidable des mourants qui passent, à pleines charretées, pour aller à la Grève. — Il est secrétaire de Carnot aux Tuileries, et il voit de près Saint-Just, Fouquier-Tinville, Robespierre ; à telle enseigne que Robespierre, ennemi des grands noms, ne serait pas fâché de faire tomber la tête d'un Pixérécourt. — Quant à la façon dont il a vécu, il coloriait des éventails, et il vendit au prix de 600 fr. une pièce en quatre actes intitulée : *Sélico ou le Nègre généreux*. Ça reposait Paris du *Misantrope* corrigé par Saint-Just ! *Sélico !* Si cette pièce était terrible et remplie de péripéties délirantes, un mot suffira pour vous en donner une juste idée ; Sélico est un des héros de M. de Florian !

Eh bien, ces événements surnaturels, ces choses inattendues, bizarres, cette enfance brutalisée, cette jeunesse aventureuse, ces péripéties, ce besoin d'émotions et de narrations violentes, tout cela ce sera bientôt l'homme à part, qu'on appellera par excellence monsieur Guilbert de Pixérécourt. Ce que cet homme-là a produit, le savez-vous, et pouvez-vous seulement en avoir le soupçon ? Vous est-il possible de vous figurer cette longue suite de succès non interrompus, ces longs bonheurs, ces poitrines oppressées, cet enseignement de tous les soirs, ce succès que pas un ne pourra nier, cette popularité incroyable ?

Quand on disait à M. de Pixérécourt que Sophocle avait composé cent vingt-trois poëmes, M. de Pixérécourt prenait son petit sourire qui voulait dire : — *La belle affaire !* Et soudain il vous récapitulait la liste infinie de ses propres drames. Depuis *Sélico*, joué en 1793, jusqu'à *Bijou*, représenté en 1838, savez-vous combien de fois l'œuvre de M. Pixérécourt a été représentée à Paris, et sur les théâtres de province ? *Trente mille fois !* Le compte est authentique. Pendant trente mille fois quatre heures, cet homme a tenu le public de France attentif ! Il a parlé, tête à tête, disant tout ce qu'il avait au fond de l'âme, trente mille fois, à douze cents auditeurs des deux sexes. Où est l'orateur qui ait jamais entassé autour de la chaire ou de la tribune, un pareil auditoire ? Sans compter qu'à le suivre en ses sentiers les plus escarpés, les âmes n'était pas boiteuses, non, mais au contraire alertes et dévouées, en même temps que les regards étaient attentifs, les oreilles toutes grandes ouvertes, et qu'il agissait sur ces multitudes avec plus d'autorité, mille fois, que le père Bridaine en personne. — *Trente mille fois!* « sans compter vingt-six pièces qui n'ont pas été représentées. »

Il faisait de tout, il était bon à tout, prêt à tout ; il a rimé deux tragédies, il a inventé des ballets, il a tourné plus d'un vaudeville d'une façon leste et galante ; l'opéra-comique n'avait pas de secrets pour lui, il était à l'aise dans le drame, il tenait, sans la briser, la baguette des fées ; mais sa grande force, son autorité incontestable, son vrai domaine, c'était le mélodrame. Là il excellait, là il était passé maître ; il avait des inventions devant lesquelles le machiniste tombait à genoux. Protecteur passionné de la vertu, infatigable ami de l'innocence, implacable adversaire du vice et des vicieux, jamais, au grand jamais, non pas même pour obtenir quelqu'un de ces succès fabuleux qui retentissent jusqu'à la fin du monde et des drames, quand l'heure était arrivée de punir et de châtier le coupable, il n'eût consenti à suspendre un seul instant, le coup de foudre sous lequel il écrasait les indignes scélérats. « Tout père frappe à côté ! » disait le fabuliste en parlant de Jupiter. — « Je ne suis pas le père de ces bandits ! » s'écriait Pixérécourt, et Dieu sait qu'il ne *frappait pas à côté !*

Il était, avant tout, bon justicier, et l'on voyait que c'était pour lui une immense joie de tirer la vertu du cachot où le crime l'avait plongée, pour y plonger le crime et le laisser seul avec ses remords. Ainsi il avait relevé cette fameuse potence, ainsi il avait rétabli, à son bénéfice et au bénéfice de la vertu, ce droit de haute et de basse justice qui avait donné tant de souci à monsieur son père. Mon Dieu ! les exemples ne manquent pas, qui l'avaient fait surnommer Pixérécourt *le cruel*. Dans *Cœlina*, par exemple, jusqu'au dernier instant, nous croyons que Traquelin est le maître, nous regardons, inquiets, éperdus, de quel côté viendra la foudre..... Laissez faire le poëte, Traquelin va payer tous ses crimes et tomber dans le traquenard du grand justicier Pixérécourt. Je sais bien que ce misérable Traquelin, à force de crimes et de succès, est monté lâchement au faîte des prospérités humaines ; mais tout d'un coup ce malheureux se trouve suspendu entre le moulin et le torrent ; pas un moyen d'échapper : ici un archer dont le sabre est levé ; plus loin, des paysans qui accourent, prêts à frapper ; de toutes parts, l'eau qui gronde... Il faut mourir !

Et dans *le Pèlerin blanc*, Richard n'est-il pas *entraîné par les gardes*, à l'heure même où il s'applaudit des succès de ses crimes ! — Que dis-je entraîné ? — Il est empoisonné par le poison *subtil* qu'il avait préparé pour les enfants de son maître ! « Va, *misérable*, rendre à la terre que tu *souilles* de ta présence, *les restes* d'une vie *exécrable !* » D'où je conclus d'abord que le grand caractère du drame de M. de Pixérécourt, c'est la justice ; le second caractère de ses compositions, c'est l'intérêt. Dame ! on n'y épargne absolument rien : le ciel, la terre, les étoiles, les tempêtes, les souterrains, les fleurs, les poignards, les prières, les blasphèmes, le velours et les haillons, le sceptre du roi et le bâton du mendiant, le vice et la vertu, et les meubles forcés, et l'humble cabane sur la lisière du bois, et la ruine qui dresse encore sa tête superbe dans les ronces : c'est à ne pas le croire, c'est à n'en pas finir.

Dans *l'Homme à trois visages*, une des compositions les plus simples de l'auteur, le théâtre représente tour à tour une grotte, un bosquet, une salle magnifique ; que serait-ce donc si vous vouliez compter les aspects et les paysages divers des *Ruines de Babylone*, de *l'Aigle des Pyrénées*, des *Compagnons du Chêne*, des *Ruines de Pompéi ?* Il avait cela de commun avec son rival d'un instant, Shakspeare, il aimait à parler aux yeux ; il frappait fort, sauf à frapper juste ; il ne comprenait pas le drame, nu et dépouillé de ses ornements, de ses accessoirs, de ses reposoirs ; ne nous parlez pas, en effet, de ces voyages en caravanes, où l'on ne trouve pas une fontaine. — Il aimait les haltes vives et les repos pittoresques ; il se serait jeté dans quelqu'un de ses propres abîmes, la tête la première, plutôt que de ne pas amener ingénieusement quelque petite fête où les paysannes du village... du hameau, où les beaux messieurs de la ville prenaient innocemment leurs ébats. Il aimait la belle société, les grandes dames, les grands seigneurs, les comtes, les marquis (sans allusion à son père), les archiducs ; au besoin il créait des duchés et des empires pour en affubler les héros de son choix : Édouard, *comte de Ferrare*, Edwinski, *palatin de Rava*, le duc de Belmonte, *président des États de la Sicile*, et tant d'autres.

Tout bourru qu'il était, et marchant dans l'ombre, dans la terreur, dans toutes les épouvantes, il avait cependant toujours le petit mot pour rire ; on pleurait d'un côté, on riait de l'autre. Les grands dramaturges de nos jours ont supprimé le niais et le bouffon de leurs drames ; ne soyez pas dupes de cet excès de bonté ; c'est tout simplement impuissance, et parce qu'il est devenu impossible à ces messieurs d'égayer leurs sombres tragédies.

C'est pourtant un mérite, ce me semble, un mérite d'autant plus grand, que notre auteur a inventé plus d'un bon homme qui ne gâterait rien à la gaieté de plus d'une comédie ; enfin, et c'était là un grand sujet de vanité pour M. Guilbert de Pixérécourt, il se vantait d'être resté le fidèle disciple d'Aristote et de Boileau, de n'avoir « que rarement violé la règle imposante de l'unité ; » et quand l'auteur des *Templiers*, M. Raynouard, lui disait, en parlant de ses mélodrames : « Monsieur de Pixérécourt, si vous voulez entrer à l'Académie, commencez *par légitimer* vos bâtards, » il se fâchait tout rouge ; il répondait à cet académicien rétif que tous les genres sont bons, pourvu qu'on amuse ; il prouvait, par des exemples récents, que le cothurne et l'escarpin se crottaient également ; enfin il se demandait si l'art poétique défendait aux gens, les sentiers que lui-même il avait choisis pour arriver à la pitié, à la terreur ?

Quels succès, messieurs et mesdames, étaient contenus dans ces cent vingt pièces de théâtre, et quelles péripéties originales nous tenaient émus, charmés, attentifs ! Certes, *la Femme à deux maris* m'a fait passer de bien mauvais rêves.

L'annonce seule de *Tékéli* fut un événement ; il y avait surtout une scène, entre le *premier dragon* et le *deuxième dragon*, qui me donne encore la chair de poule, rien que d'en parler. Dans *la Citerne* il y avait un moment, où les bandits parcouraient, au pas de charge, ces ténèbres mal éclairées, pendant que la pauvre Clara, éperdue et tremblante, appelle en vain à son aide le ciel et la terre. — Et c'était à n'en pas dormir.

Donc ne riez pas, ne faites pas les fiers, ne levez pas vos épaules dédaigneuses, cet homme avait une qualité sérieuse et bien rare, il était un inventeur. Il était absurde, faux, puéril, qu'importe ? Il inventait. Il vous avait une certaine façon d'arranger son banc de gazon, de disposer sa forêt de vieux chênes, de préparer son kiosque au bout du jardin, qui faisait que bon gré, mal gré, dès que la toile était levée, on regardait, on s'inquiétait.

Il vous avait de petites ressources sans nombre qu'il disposait à vermeille : — le tic tac du moulin, un rayon de la lune, une amorce mal brûlée, un pont qui croulait à propos, un cri inattendu, un gémissement du vent, des riens, des misères... Mais ces riens remplissaient la scène d'un frisson inattendu? Et puis quelle merveilleuse façon de trouver d'admirables sujets de drame? Savez-vous, par hasard, une histoire mieux faite pour attirer l'attention publique que l'histoire de *Robinson Crusoé?*

Quand il parut ce Robinson avec son grand bonnet, son habit de peau de chèvres, tout l'attirail de ses armes, la salle entière poussa un cri de joie ; surtout on applaudit un perroquet *vivant*, et qui se tenait sur le poing de son maître, les ailes déployées. Le perroquet de Robinson fut délaissé pour *le Chien de Montargis.* Avec une habileté très-rare, M. Pixérécourt pousse l'intérêt du drame jusqu'à sa dernière limite, et cette fois, un mot, un geste, un regard suffisent pour faire reconnaître l'assassin. — *Il a une tache de sang à sa ceinture!* s'écrie le chevalier Gontran ; puis, comme Macaire baisse la tête avec effroi : — « *Voilà l'assassin!* » Un véritable poëte tragique en beaux et bons vers alexandrins, n'aurait peut-être pas si bien trouvé.

Après tant de triomphes qu'il avait remportés à lui tout seul, et tant d'honneurs qu'il s'était décernés à lui-même, à l'heure où le monde entier attestait sa gloire et sa fortune, M. de Pixérécourt, plein de vie et de chevance, entendit retentir à son oreille prudente, cette sage parole du poëte : « Il faut dételer un peu avant que ton cheval refuse d'avancer ! » et il *détellait* en effet, lorsqu'il eut la chance heureuse de finir par un dénoûment digne de tous les dénoûments qu'il avait inventés.

Nous l'avons vu enfant, qui franchissait la Moselle, tout nu, par l'hiver, au milieu des tonnerres et des éclairs ; jeune homme, son premier amour se passe à l'ombre démantelée d'un monastère ; vieillard, sa carrière dramatique se termine au milieu d'un immense incendie. C'en était fait, il venait d'écrire sa dernière tragédie, *Latude*, et sa dernière comédie, *Bijou*. Encore un jour, et il va se retirer de la scène plein de gloire et plein de jours... l'incendie du théâtre de la Gaîté (le 11 février 1835) vint dévorer, en quelques heures, *Bijou*, *Latude*, et tout le répertoire de M. de Pixérécourt, et, qui plus est, le portrait, la scie, le marteau de

Latude, et cette échelle plus merveilleuse encore que l'échelle de Jacob, à l'aide de laquelle le malheureux Latude, captif depuis trente-cinq années, parvint enfin à s'échapper de la Bastille !

Tout brûla, tout périt ; cette fois, sur les ruines de son théâtre, M. de Pixérécourt comprit enfin le néant et la vanité de la gloire.

Les destins sont contents, Oronte est malheureux !

Écrasé par ce coup de foudre, M. Guilbert de Pixérécourt resta debout dans cette ruine, au milieu de cette fumée, et l'univers, attentif à tant de malheurs, vit alors que rien ne pouvait abattre un pareil homme, et que rien ne pouvait faire plier la charnière de ses genoux, pas même l'horrible goutte qui l'a torturé toute sa vie. Hélas ! il avait eu une douleur plus grande le jour où il avait assisté à *Marion Delorme*, ce jour-là il avait véritablement compris qu'il était mort ; mais s'il se l'avoua tout bas, il n'en convint avec personne ; il fit mieux, il se consola en se rendant à lui-même cette justice, qu'il avait été, toute sa vie, un châtiment pour le crime, une récompense pour la vertu ; qu'il avait été indulgent aux faibles, implacable aux superbes ; qu'il s'était plutôt fié aux bons sentiments qu'aux belles phrases, et que par un travail acharné de trente années, il avait tenu le monde attentif !

Homme prévoyant et courageux, il eut le courage brutal, avant de mourir, de vendre ses beaux livres, sa joie et son orgueil. De cette blibliothèque exquise, Charles Nodier lui-même écrivit l'oraison funèbre, après quoi, et comme pour diminuer ses regrets, M. de Pixérécourt devint presque aveugle ; mais pas une plainte ne sortit de cette âme forte et fière. Il est allé finir ses jours à Nancy, sa ville natale, au milieu des tendresses et des respects d'une famille bien aimée, à l'ombre même des ruines du château des Pixérécourt, qui resteront désormais non moins célèbres que *les fameuses ruines de Babylone !*

Des regrets nombreux et sincères ont accompagné l'homme ingénieux qui dans les soirées des affreux jours, après des heures de sang et de meurtre, savait arracher au spectateur de douces larmes de pitié, en leur parlant tout haut d'humanité, de pardon, de vertu.

CHAPITRE XVI

Si bien... qu'il était temps quand M. Victor Hugo s'est révélé, que le grand poëte se révélât enfin à ce monde attristé par tant de grandes funérailles : Gœthe en Allemagne, Byron et Walter Scott en Angleterre, Cuvier et M. de Sacy parmi nous ! M. de Chateaubriand, vaincu du temps et frappé d'une incurable agonie, en était venu déjà à ne plus vivre à l'aise que dans la contemplation de sa propre gloire ; si le nouveau maître du monde poétique, M. de Lamartine, aux sommets enchantés des *Méditations*, brillait de toutes ses splendeurs, l'étoile de M. Victor Hugo mêlait enfin ses clartés à toutes les clartés du siècle nouveau :

> Ultima Cumæi venit jam carminis ætas,
> Magnus ab integro sæclorum nascitur ordo !

L'églogue entière que Virgile applique à son jeune prince, enlevé si vite aux amours de l'univers, je la voudrais appliquer aux odes de M. de Lamartine, aux drames naissants de M. Victor Hugo. Ces deux hommes, venus au jour à dix ans de distance; ils ont vu la fin du monde ancien, ils sont été le commencement d'un monde nouveau; ils ont donné le signal à toutes les renommées, à toutes les gloires de ce siècle à ses premiers jours de liberté et d'espérance. Ils sont venus à l'heure où la France était de gloire assouvie, et tout aspirante aux libertés pressenties. Poëtes nouveaux dans la forme, et nouveaux dans la pensée; habiles inventeurs, effrayants quand l'inspiration arrive et qu'il faut obéir, comme faisait la prêtresse antique sur son trépied : — « Le dieu! voici le dieu! » Quiconque, à cette double aurore poétique aura vu le jour, s'en souviendra toute sa vie; à son heure dernière, il se rappellera, dans cet Olympe nouveau, les nuages et les étoiles qu'il a foulés à ses pieds [1].

O nos amis! ô nos maîtres! Nos guides inspirés dans cette nuit profonde d'un moyen âge nouveau, tel que la servitude et la peur en savent produire! Ils avaient tout ce qui charme et tout ce qui séduit les hommes, un grand génie, une grande jeunesse, une vaste ambition; leur vivifiante et féconde parole, çà et là, jetait au monde ami des intérêts vulgaires, des images, des larmes, des sourires, des espérances ineffables; ils accomplissaient à eux deux, sur ces âmes stériles, sous un ciel attristé, les enchantements et les miracles des anciens poëtes de Rome et d'Athènes, tout enivrés de la grâce et de la beauté surnaturelles de ces rivages aimés des cieux. Cette difficulté même

..... Un sol sans ombre et des cieux sans couleur!

quand elle fut (avec tant d'abondance et d'éclat) franchie et dépassée, ajoutait à notre intime reconnaissance, à notre respect juvénile pour M. Victor Hugo, pour M. de Lamartine! En voilà deux au moins qui, par leur gloire et par leurs passions, par leurs poëmes et par leurs amours, par leur audace et par leur mépris pour les sentiers connus, donnent un éclatant démenti à ce siècle d'avocats, de soldats, de savants, de députés et de professeurs. Ils ont en eux-mêmes la poésie, elle est leur âme, et leur force, et

1. Candidus insuetum miratur limen Olympi
  Sub pedisbusque videt nubes, et sidera Daphnis.

leur espoir; elle les domine, elle les éclaire, elle les féconde, elle évoque à leur gré un trésor inépuisable; de la poésie elle-même ils savaient tirer un précieux trésor de vengeance, de vie et de résurrection :

> . . . .
> Sortez, ô mânes de nos pères,
> Sortez de la nuit du trépas!...
> Que vois-je? Ils détournent la vue,
> Et, se cachant sous ses lambeaux,
> Leur foule, de honte éperdue,
> Fuit et rentre dans ses tombeaux!
> Non, non; restez, ombres coupables!
> Auteurs de nos jours déplorables,
> Restez ! ce supplice est trop doux.
> Le ciel, trop lent à vous poursuivre,
> Devait vous condamner à vivre,
> Dans ce siècle enfanté par vous!

A eux deux, Lamartine et Victor Hugo, ils représentent la poésie universelle, et du poëme épique à l'ode amoureuse, et du sublime au grotesque, de l'histoire au roman, de la poésie à la prose, de la croyance au doute, de l'élégie au drame, de l'épître à la chanson, du Rhin à la mer Morte, et des Pyramides à la cathédrale de Cologne, toutes les résistances, toutes les libertés, toutes les passions, tous les amours; toutes les couleurs d'ici-bas, tous les enchantements de là-haut. A eux deux ils résumeraient toutes choses....... quoi d'étonnant? Chacun d'eux les résumerait..... à lui seul !

Que M. Victor Hugo domine en ce livre, où sera contenu, en bref, l'œuvre entière de cette bonne et grande moitié du xixe siècle, il n'y a rien qui doive ou surprendre ou paraître injuste. Si M. de Lamartine a pour lui tant de livres et tant de poëmes qui ne se comptent plus (et pourtant ils vivent; ils ont leur charme et leur domination), M. Victor Hugo a pour lui son théâtre et son exil, sa tragédie et ses malheurs! A M. Victor Hugo revient l'insigne honneur d'avoir écrit et composé le plus rare et le plus touchant de tous les drames de ce siècle : *Marion Delorme*, et c'est une gloire. On pourrait dire, il est vrai, que *Jocelyn* est un drame intime, et l'on ne ferait guère (parlant ainsi) une injustice.

Quand le poëme de *Jocelyn* parut pour la première fois, il se fit, autour de ce livre, un grand silence, et ce fut, parmi les esprits les plus distingués de ce siècle, un doute immense. A quelle œuvre appartient (se disait-on) le nouvel ouvrage de M. de Lamartine? Il nous avait habitués, jusqu'à ce jour, à l'élégie, qui était son plus vaste poëme. Il avait recueilli dans son âme, pour nous les rendre au centuple, les mélodies du vallon et de la montagne, les chants du deuil et de la joie, les bruits du lac et de la mer, les reflets de l'Italie et de la Grèce. Chemin faisant, il avait ramassé, dans leur gloire, les deux héros de ce siècle, lord Byron et Bonaparte. Il avait commenté la mort de Socrate à la façon d'un disciple de Platon ; il avait achevé la vie interrompue de Childe-Harold ; en un mot, cet homme, si jeune encore, avait déjà fait deux parts de sa vie : ici les *Méditations poétiques*, c'est-à-dire le doux rêve de la vingtième année, le premier cantique de l'amour, l'adorable vagabondage autour du manoir paternel, le jeune homme qui pleure et qui chante sur le ciel bleu ; plus loin, les *Harmonies poétiques*, c'est-à-dire le souvenir et déjà le regret.

Cette fois, le poëte est entré sérieusement dans la vie, la contemplation s'est faite sérieuse et active ; l'action a remplacé le rêve. Il y a, déjà, dans ces vers charmants moins de soleil, moins de sources limpides, moins de rossignols qui chantent, moins de buissons en fleurs. Dans ces plaines d'un autre ordre, l'horizon est plus rétréci, la montagne est plus haute ; un nuage s'est glissé sur ce beau ciel. Bien plus, le poëte est absent du vallon natal, les larmes de ses yeux sont devenues amères, la ride est venue à son front, la pâleur à sa joue ; écoutez :

> Montagnes que voilait le brouillard de l'automne,
> Vallons que tapissait le givre du matin,
> Saules dont l'émondeur effeuillait la couronne,
> Vieilles tours que le soir dorait dans le lointain,
> Murs noircis par les ans, coteaux, sentiers rapides,
> Fontaine où les pasteurs, accroupis tour à tour,
> Attendaient goutte à goutte une eau rare et limpide,
> Et, leur urne à la main, s'entretenaient du jour;
> Chaumière où du foyer étincelait la flamme,
> Toits que le pèlerin aimait à voir fumer,
> Objets inanimés, avez-vous donc une âme
> Qui s'attache à notre âme et la force d'aimer ?

Mais quoi? le souvenir a pour le poëte, sinon autant de charmes, du moins autant de pouvoir que l'espérance. Son cœur est tiède encore, et cependant il est triste ; autour de lui flottent les cent mille harmonies qui l'arrêtent au passage ; il remonte, d'un vol léger, les jours, les mois, les années ; il revoit le vieillard, la maison, le jardin, la prairie, la treille chargée de fruits, l'orme chargé d'ombrages, le verger aux mille couleurs ; il se rappelle son doux sommeil, au bord de la fontaine, et les songes qui effleuraient son jeune front de leurs blanches ailes : lectures, rêveries, vieux livres, moissons jaunissantes, et plus loin, sous les cyprès, cette tombe respectée, soixante ans de bienfaisance et de vertus qui dorment ensevelis sous les tertres. Le moyen de n'être pas touché d'un pèlerinage dans lequel se rencontrent de pareils repos?

Arrive alors (en 1830), au milieu du retentissement des *Harmonies poétiques*, une révolution subite, immense, incroyable, une révolution qui n'a duré que trois jours, et, cependant, ces trois jours ont suffi à séparer, de la façon la plus tranchée, la Restauration de tout ce qui l'entoure. Il se fait, aussitôt, un grand abîme autour de ces quinze années de prospérité, de gloire, de poésie, de croyance. Vous sentez bien que M. de Lamartine n'est pas le dernier à se découvrir devant cette royauté qui s'en va, lui le poëte chrétien, lui qui arrive tout droit de saint Louis, aussi bien que le roi Charles X. Quand le roi de France et de Navarre fut parti, quand il eut traversé, d'un front si calme cet Océan, à l'usage de tous les rois qui s'en vont, M. de Lamartine, lui aussi, voulut s'éloigner pour s'interroger, lui-même, avant que d'entrer dans la lutte des partis ; il voulut reprendre haleine de tant de secousses, il voulut méditer sur ce qu'il devait croire enfin de ces révolutions inattendues, et il partit pour l'Orient.

« Mon corps, disait-il, comme mon âme, est un enfant du
« soleil ; il lui faut la lumière ; il lui faut ce rayon de vie que cet
« astre darde, non pas du sein déchiré de nos nuages d'Occident,
« mais du fond de ce ciel de pourpre qui ressemble à la gueule
« de la fournaise ; ces rayons qui ne sont pas seulement une
« lueur, mais qui pleuvent tout chauds, qui calcinent en tombant
« les roches blanches, les dents étincelantes des pics des monta-
« gnes, et qui viennent teindre l'Océan de rouge comme un incen-

« die flottant sur ses lames. J'avais besoin de remuer, de pétrir,
« dans mes mains, un peu de cette terre qui fut la terre de notre
« première famille, la terre des prodiges. »

Celui-là aussi, il écrit ses *Orientales*. (Hélas! à l'Orient, sous
ce soleil de feu, il a laissé sa fille unique, et vous verrez bientôt
que *l'autre* a perdu sa fille aînée au milieu de l'Océan, tant le
parallèle arrive sans qu'on le cherche!). Celui-là aussi, donnant
l'exemple à M. Victor Hugo, son camarade, il rêve (au plus fort de
sa poésie, aux dangers éloquents de la politique), et tout de suite,
emporté par cette passion nouvelle, il songe à quitter le désert,
Jérusalem, les villes mortes de l'Orient. Ce voyage était un caprice ! Ce voyage était une obéissance à l'exemple de M. de
Chateaubriand. Puis quand il eut perdu sa fille, il se dit : à quoi
bon? Que faire encore dans le désert? Il n'avait plus sa fille à ses
côtés, pour lui montrer tous ces grands spectacles.... Il revint
donc : les affaires de ce pays l'appelaient à leur tour, et il comprenait, confusément peut-être, combien la France avait besoin
d'entendre quelques-unes de ces grandes voix qu'elle écoute et
qu'elle aime.

On aime à voir la France secourue en ses moindres intérêts
par de si grands hommes, qui arrivent de si loin, tout exprès pour
parler et pour entendre parler de chemins vicinaux et de sucre de
betteraves! Mais ce fut vraiment un spectacle à part, un grand
exemple, M. de Lamartine entrant à la chambre des députés, à
l'instant même où tant de viles passions sont soulevées, à l'instant
où les ambitieux du plus bas étage montent à la surface, comme
fait l'écume après l'orage, à l'instant où tout est désordre dans la
langue politique, dans la langue morale et quand tous les mots
de la prose française ont changé d'acception!

Aussi, la postérité seule saura dire l'influence d'un pareil
homme sur l'histoire de son temps; il apportait dans ces tumultes
une âme calme et sereine ; parmi ces lâchetés, un esprit fort;
une conviction généreuse et désintéressée au milieu de tous ces
doutes égoïstes. De même qu'il s'était fait une poésie à son
usage, il s'était fait une politique à son usage, planant fièrement
au-dessus des intérêts médiocres, laissant de côté les petits hommes, les petites choses, les petits événements vulgaires de cette
arène misérable où piétinaient les partis. Il s'était fait un vaste

champ de bataille où il marchait, enseignes déployées, sans souci de l'émeute honteuse du carrefour, ou de la clameur obscure du journal; et après tout : *Qui m'aime me suive! Dieu et mon droit!*

Aussi, c'était merveille de voir M. de Lamartine et de l'entendre parler, quand il s'élevait au milieu de ces orages; vous vous rappeliez alors le *forte virum quem* de Virgile, et le *conspexére silent*. En effet, l'orage se taisait, et les bourgeois, entassés dans cette enceinte, se sentant dominés par cette intelligence d'élite, n'osaient pas l'interrompre ; au contraire, ils le suivaient, d'un regard timide et incertain, dans les magnifiques développements de sa pensée.

A ces hommes qui l'écoutaient malgré eux, se disant en euxmêmes : *Ce n'est qu'un poëte qui parle!* M. de Lamartine parlait de toutes choses et dans un langage admirable; il parlait « de l'avenir de l'humanité, » comme il eût parlé des destinées de la poésie. Il parlait de l'Orient, comme un homme qui en revient et qui l'a vu, de l'âme et des yeux; il parlait de la vieille royauté, en fidèle sujet qui l'a défendue, aimée et pleurée, qui l'a servie et qui voudrait la servir encore; il parlait de la royauté nouvelle en bon citoyen, qui reconnaît volontiers les services qu'elle a rendus, et qui fait passer, même avant ses affections, l'ordre, le devoir, la règle, l'autorité, le bon sens.

C'était une immense joie à l'entendre, une intelligente curiosité de le voir; même à la chambre des députés, les femmes accouraient pour le saluer du geste et du regard ! Il était si beau et si fier ; tant de majesté dans l'attitude et d'intelligence dans les yeux; une voix sonore, un homme inspiré. De temps à autre, il rencontrait des paroles qui faisaient bondir l'âme humaine. Il dit un jour que l'empereur Napoléon était « un grand homme moins la liberté, » et l'Europe d'applaudir. Un autre jour, ô lutte à jamais mémorable entre deux grands esprits que l'on ne reverra jamais réunis (non jamais!), comme Arago le grand était monté à la tribune, où il était maître autant qu'à l'Observatoire, il se mit à faire la louange extrême de la science, et il la fit en termes magnifiques.

Avec ce geste impérieux, et de sa voix écoutée, Arago proclamait l'excellence de la science, et peu s'en faut que sur cet autel de fer, il ne lui ait sacrifié sans pitié les belles-lettres et les beaux-arts! Il s'attaquait, l'ingrat! aux deux plus belles langues que les hommes aient parlées, à la langue d'Homère, à la langue de Virgile; il rayait, de sa grande autorité, les chefs-d'œuvre de la grande antiquité, et nos maîtres éternels : Euripide et Sophocle, Horace et Cicéron; à l'aide... à l'appui de son paradoxe, il appelait Vauvenargues, Quinault et Shakspeare, *qui ne savaient pas le latin*, et quand il aurait dû s'affliger de cette ignorance, il en tirait une espèce de triomphe! Il triomphait aussi de Béranger, *qui ne sait pas le latin;* mais, ce qu'il aurait pu dire aussi, ce sont les regrets de Béranger, lorsqu'il songe aux odes d'Horace et d'Anacréon, ses deux maîtres.

A M. Arago lui-même on pouvait répondre aussi que les illustres savants, l'objet de son légitime enthousiasme et de sa juste passion, Descartes et Pascal, Bacon et Leibnitz, Buffon et Cuvier, Herschell et M. Arago lui-même, avaient fait de grandes études dans la double antiquité, et que c'étaient justement ces études en pleine langue grecque et latine, qui les avaient rendus si dociles à l'austère enseignement de la science...

Une fois lancé, Arago n'écoutait guère l'observation, et peu s'en faut qu'il n'ait conclu à la façon de ce digne chevalier de Malte, chez madame Geoffrin, qui disait : « Que la poésie et les lettres donnent plus de grâce à la galanterie et plus de délicatesse au plaisir. »

Dans son discours contre les lettres, M. Arago racontait avec sa grâce habituelle une anecdote assez jolie, et qui vaut la peine qu'on la conserve, même en se méfiant de cet argument contre l'éloquence.

« Euler était très-pieux. Un de ses amis vint lui dire un jour : — La religion est perdue, il n'y a plus de foi; les cœurs ne se laissent plus émouvoir par le spectacle des beautés merveilleuses de la création. Pendant que je prêchais sur ce grand sujet, la moitié de l'auditoire dormait. » Euler lui répondit : « Eh bien, prêchez-leur le monde des astronomes : au lieu d'exalter la splendeur du soleil, dites-leur qu'il est un million de fois plus gros que la terre; montrez-leur comment les astres circulent dans l'espace, et quelles distances nous séparent de ces grands corps. Vous ne leur avez parlé des planètes que comme des espèces d'étoiles, dites-leur comment nous arrive leur lumière, qui traverse quatre-vingt mille lieues par seconde ; dites-leur que certaines étoiles sont si éloignées de notre monde, que si elles étaient anéanties, nous les verrions encore un million d'années après. » Fort de ces conseils, Euler attendit l'effet qu'avait pu produire le prédicateur. Il arriva bientôt ; tout dans sa tenue annonçait le désespoir. « Dieu me pardonne, s'écria-t-il, ils ont oublié le respect dû au saint temple ; ils m'ont applaudi ! »

C'est très-joli tout cela, mais que devient, en ces admirations, le sublime cantique (*Cœli enarrant gloriam Dei*) : *Les cieux racontent la gloire du Créateur?*

A ces véhémentes philippiques contre l'esprit d'Athènes et de Rome, applaudissaient hautement les hommes de l'opposition : — La gauche (on parlait ainsi en ce temps-là), la gauche, c'est-à-dire la bourgeoisie, aime assez peu les études qu'elle n'a pas faites, et les chefs-d'œuvre qu'elle ne sait pas lire. Elle a honte (en secret) de ses études négligées, et volontiers elle s'en venge en les rabaissant. A quoi bon le latin? à quoi bon le grec?... à quoi sert le linge blanc, et pourquoi donc, avec tant de recherche et de soins, peignez-vous ces cheveux bruns ou blonds, il serait si facile de les raser? C'était l'âme autrefois, c'étaient l'esprit et le cœur du peuple de François Ier et de Louis XIV, des disciples d'Amyot et du bon Rollin, cette étude assidue et charmante des chefs-d'œuvre de l'esprit humain ; les bourgeois les ont proscrits, oubliant, les ingrats, que ce fut, par excellence, une œuvre bourgeoise : l'étude et l'intelligence de ces grands maîtres du siècle d'Auguste ou du siècle de Périclès. Homère, à quoi bon ? — A quoi bon Phidias ? — Euripide, à quoi bon ? — A quoi bon Racine ? — Aristophane, à quoi bon ?

Éternel conflit des anciens, des modernes ; de l'utile et du charmant, de la poésie et de la machine, de la vapeur et du soleil, du diamant et du charbon, de la dentelle et du torchon, de Maritorne et de Dulcinée, de don Quichotte et de Sancho Pança !

A l'attaque habile de M. Arago répondit soudain M. de Lamartine ; après une accorte et courtoise explication de cette unanime adoption de la Grèce et de Rome, chez tous les peuples civilisés, et jusque chez les barbares, il conclut, en ces termes : que le beau et la vérité ne se séparent pas ; que le sentiment du beau contient aussi le sentiment de l'honnête et du juste, et qu'en effet (voilà le mystère!) les nations du monde nouveau avaient compris « que le beau se trouve avec plus de splendeur et d'éclat dans « les monuments littéraires de l'antiquité. Cela se sent, mais ne « s'explique pas. *Lisez Sophocle, Homère, lisez la Bible*, et j'en « appelle à vos consciences! »

Arago et Lamartine aux prises dans un si magnifique sujet oratoire, c'étaient là, avouez-le, de glorieuses journées, et bien dignes que l'on s'en souvienne. Au reste, en défendant les poëtes contre les mathématiciens, non-seulement M. de Lamartine a plaidé « pour sa maison, » mais encore il a soutenu la thèse juste et vraie, à savoir que les grands poëtes sont les véritables législateurs du genre humain. D'ailleurs, ne savait-il donc pas, lui-même, que la poésie est à la fois la matière et l'esprit du monde, la langue complète et par excellence qui saisit l'homme par son humanité tout entière? Langue divine et primitive, elle a été le premier enseignement de l'humanité. Elle lui parle de Dieu à son berceau, elle lui parle de la guerre et de l'amour dans sa jeunesse, de philosophie et de politique dans son âge mûr, elle endort le vieillard et l'ensevelit de ses mains bienfaisantes.

Lui-même il a dit ceci : *Autant l'idée est au-dessus du fait, autant la poésie est au-dessus de la politique!* Hélas! il ne croyait pas si bien dire, et quand, dans un jour d'orage, il a voulu réunir l'idée et le fait, la politique et le poëme, il ne croyait pas si mal faire. Où donc est-elle cette immense révolution de 1848, lorsqu'aux premiers jours de ce délire (il était parti le roi de juillet... *Rex erat Æneas nobis!*), moi qui vous parle, j'ai entendu M. de Lamartine qui s'écriait en montrant le soleil : « Je vous fais quelque chose de plus beau que le soleil! » De ce quelque chose, il reste à peine une cendre, une fumée, un souvenir! Au contraire, invoquez Laurence et Jocelyn, aussitôt vous apparaît, dans sa grâce un peu voilée, et sous l'auréole des neiges, le doux poëme empreint de charme et de tendresse. O poëme! un seul de tes vers vivra plus longtemps que toute la Constitution de ce bel esprit Armand Marrast, contresignée Arago et Lamartine! O poëme! il n'y a pas un drame que je préfère à tes douleurs!

Le drame ici commence tout de suite et sans préambule. Hier un prêtre est mort, on l'a emporté, de son presbytère des montagnes de Grenoble, et dans son grenier où se jouent tous les vents du nord, une main pieuse a ramassé ces feuillets épars.

Ce drame a commencé en pleine terreur, aux heures sombres, à l'accomplissement des temps prédits par Voltaire ! Avant d'être un prêtre, l'homme enseveli dans ces glaces, était un jeune homme, un jeune homme amoureux, qui avait arraché à la mort Laurence, une admirable fille noble, qui fuyait loin de Robespierre et de ses échafauds. Laurence est une des plus touchantes créations de l'amant d'Elvire. Elle est blonde, elle a seize ans, elle aime Jocelyn, et dans la mort elle l'appelle !

Il me semble que je la vois, que je l'entends, à l'ombre du balcon, pousser ce grand soupir de regret et de remords. Mais, Dieu soit loué ! l'heure du repos approche pour Jocelyn ; le calme arrive pour cette âme en peine. Une fois qu'il a compris qu'il est utile, Jocelyn est sauvé ; maintenant qu'il puise son courage là-haut, il est invincible. Dans cette vie austère, il y a tel chapitre qui vous arrache des larmes ; par exemple, la visite de la mère et de ses deux enfants, à la maison paternelle que la révolution a vendue. La mère expire ; c'est son fils qui l'enterre. Cet homme est seul dans les frimas, dans les neiges ; il n'a pour l'aimer qu'une vieille femme et un chien ; mais, perdu dans ce désert de glace, il devient le laboureur, le législateur, le médecin, le roi et le pontife de ce misérable univers. Il soutient, il console, il protége, il bénit ; il enseigne l'Évangile aux petits enfants. Un jour, Dieu lui ramène Laurence, et lui, il la réconcilie avec son Dieu ; elle meurt ; il pleure sur elle et sur leurs péchés. A la fin, son heure arrive aussi. Maintenant l'expiation est complète, et l'ange retourne au ciel.

Quel chef-d'œuvre ! Et comme il avait raison M. Cuvier d'adresser ces belles paroles à M. de Lamartine : « Vous avez dignement « éclairé cette profonde nuit où nous laisse souvent la Provi- « dence ! » Et que cela aussi était beau, Cuvier comparant Lamartine au rossignol qui chante dans l'ombre du bois : « Il est « saisi d'une sympathie bienfaisante, il sent vibrer de nouveau « ses fibres que l'abattement avait détendues ; et cette voix qui « peint ses souffrances, y mêle par degrés de l'espoir et des conso- « lations. »

Vous le voyez, nous voilà déjà bien loin des courtisanes amoureuses ou non amoureuses, bien loin des fêtes dramatiques, bien loin, grâce au ciel ! des spectacles de la Terreur, des échafauds de la Grève et des romans de Rétif de la Bretonne. Un nouveau jou resplendit sur la France de Lamartine et de Victor Hugo.

L'un et l'autre, enfin, ils ont donné le signal, non pas seulement au nouvel art poétique, mais encore à la vie et à la conduite des poëtes contemporains, et tout de suite ainsi s'est rehaussée, aux yeux mêmes des plus difficiles, la profession poétique qui fut si longtemps en suspicion à nos pères. Du debraillé d'autrefois, des amours de cabaret et d'hôpital, de ce poëte-ci qui s'appelle Robé, et qui ronfle en rêvant à l'étrange poëme de *Fracastor*, sur la paille des chevaux du prince de Soubise, à celui-là qui s'appelle Regnier et qui fréquente, en plein jour, l'habitation de Macette, en un mot, dans tout l'espace qui sépare le roi Henri IV du roi Louis XV, misères des poëtes, quelle honte et quel abandon !

On n'entend que leurs plaintes, on ne voit que leurs génuflexions : pas de pires mendiants ; pas de flatteurs plus serviles, et dans leurs jours de gaudriole à quelles ivresses ils s'abandonnent ! Telle chanson de Piron, tel rondeau de Regnier, suffiraient à déshonorer un poëte, aujourd'hui.

> Comment, il nous faut donc, pour faire une œuvre grande
> Qui de la calomnie et du temps se défende,
> Qui trouve quelque place entre les bons auteurs,
> Parler comme, à Saint-Jean, parlent les crocheteurs !

Ainsi se plaint Regnier lui-même ; à qui la faute pourtant, et qui donc a mis à la mode ces guenilles ? Et de celui-là à celui-ci, de Clément Marot à *Jan* Marot, son père, de Philippe Desportes à Joachim Dubellay, de Baïf à Remi Belleau, de Dubartas à Saint-Gelais, à peine en pouvez-vous trouver, un ou deux qui se respecte en respectant sa propre poésie. Ils aiment le cabaret, ils courent volontiers et publiquement après les jupons courts, ils se plaisent à la rime obscène, ils ont en grand honneur le tour de force, ils se vantent de la mendicité, ils se glorifient de l'hôpital.

Autour d'eux l'espèce humaine reste exposée à la guerre, à la peste, à l'esclavage, à toutes les misères de la force ; que les Bastilles soient remplies, que l'on se tue et que l'on s'égorge en l'honneur de quelque hérésie imaginaire, qu'importe à ces chanteurs ?

Ils ne savent rien de ce qui les entoure; ils n'en veulent rien savoir; pour peu que le prince et sa maîtresse aient daigné sourire à leurs petits vers, leur ambition est satisfaite et leur sympathie est contente; ils n'ont pas d'autre joie et pas d'autre espérance. O la belle idée, en effet, se mêler aux douleurs de son temps, lorsqu'on est, à ce point, préoccupé du tour, de la forme et du son des paroles cadencées :

> Car un petit sonnet qui n'a rien que le son,
> Un dizain à propos, ou bien une chanson,
> Un rondeau bien touché, ou bien une ballade
> Du temps qu'elle courait vaut bien une Iliade ! [1]

Des excès de la muse en haillons, des fanfaronnades du poëte aviné dont il est parlé dans *l'Art poétique* d'Horace (*et potus et exlex*), les poëtes de ce siècle ont délivré l'art divin. Ils ont été, tout ensemble, et des poëtes et des honnêtes gens. Ils se sont respectés également dans leurs habits, dans leur conduite et dans leurs ouvrages; ils ont prouvé, par leur exemple, à la foule attentive, que le poëte savait garder, intacts, tous les droits du citoyen, et remplir tous les devoirs du galant homme; et comme heureusement ils avaient à choisir leurs exemples, car les bons exemples produisent surtout les bons ouvrages, ils ont marché sur la trace des vrais maîtres.

Dans une épître où brille la grâce même du bon sens, Horace le poëte (il buvait, lui aussi, mais dans la coupe sabine ou dans la coupe d'or, il buvait comme un sage) s'inquiète avant tout, tant il est loin *du débraillé*, de rendre à chacun ce qui lui est dû dans ses hommages et dans ses respects : « Pauvre, j'ai des devoirs à remplir envers le riche; sujet, il me faut obéir à mon roi. » Celui-là aussi, il était de l'avis de Cicéron lorsqu'il disait que plus la moquerie est légère et plus elle est charmante, *temperatæ suaves sunt argutiæ !*

« Écoute-moi, cependant, disait le grand poëte Ronsard » (je cite ici cette belle page avec un juste sentiment d'orgueil pour

---

1. Despréaux lui-même :
> Un sonnet, sans défaut, vaut seul un long poëme !

Et pas un commentateur ne lui a dit qu'il avait pris son vers à Joachim Dubellay!

les poëtes d'autrefois), « écoute-moi, et retiens bien ce que je vais te dire ici :

« Sur toutes choses tu auras les Muses en révérence, et ne les feras
« jamais servir à choses déshonnêtes, à risées, à libelles injurieux,
« mais les tiendras chères et sacrées commes les filles de Jupiter,
« c'est-à-dire de Dieu lui-même, qui de pleine grâce a première-
« ment, par les Muses, fait connaître aux peuples ignorants, par
« fables plaisantes et colorées, les secrets qu'ils ne pouvaient
« comprendre. Et pour ce que les Muses ne veulent loger en *une*
« *âme*, si elle n'est bonne, sainte et vertueuse, tu seras de bonne
« nature, non méchant, renfrogné ou chagrin ; mais animé d'un
« gentil esprit, tu ne laisseras rien entrer dans ton entendement
« qui ne soit surhumain ou divin ! — Tu auras les conceptions
« hautes, grandes et belles ; — tu converseras doucement et hon-
« nêtement avec les poëtes de ton temps ; tu honoreras les plus
« vieux comme tes pères, les jeunes comme tes frères, les moin-
« dres comme tes enfants ! »

Les nobles conseils ! Mais ils furent entendus de peu de gens dans le domaine poétique, et si vous vouliez vous rappeler le nom de tant de pauvres diables sans feu ni lieu, et pas plus de morale dans la tête que dans la tête d'un brochet, vous vous demanderiez à quoi servent l'exemple et le conseil ? Ils ont été des poëtes, un instant, tous ces illustres dont les vers sont relégués sur les tablettes des curieux : Jean de Boissières, Nicolas Delmier, Descalis, Pierre de Broët, Claude Gauchet, Pontus du Tyard, Antoine Mesnier, Jean de La Taille, Jean-Sébastien Garnier, qui a fait *la Henriade*, Louis Godet, Claude Morel, Paul Constant, apothicaire à Poitiers, Jean Desplanches, Michel Quilian, Julian Taureau, François d'Hervé, Robert Angot, et même M. de Neufgermain, « poëte *hétéroclite*, disait-il, de Monseigneur, frère unique de S. M. »

En voilà quelques-uns de ces poëtes inconnus. Du nom seul des poëtes inconnus de notre siècle on composerait deux gros tomes. Mais nos poëtes légers, de nos jours, sont restés des hommes honorables ; ils n'ont tendu la main à l'aumône de personne, ils ont vécu de leur profession ou de leur fortune personnelle, ils ont évité la honte du vasselage de la courtisanerie ; ils ont fait des vers pour leurs amis, pour leurs maîtresses, pour leur passion, et leur passion satisfaite, ils sont redevenus des hommes de chaque jour. On les coudoie et l'on ne se doute guère que voilà un poëte qui passe — vêtu comme un rentier. Quel miracle, autrefois, un poëte habillé :

> Regnier ayant sur ses épaules
> Satin, velours et taffetas...

Or, tous ces biens : la dette évitée, l'honneur sain et sauf, l'habit et le chapeau en bon état, la bonne renommée et l'estime de ses voisins, tous ces rares bonheurs des Jean Desplanches, des Claude Morel et des Quilian de ce temps-ci, ils en sont redevables aux bons et honnêtes écrivains, leurs maîtres, qui leur ont enseigné la ligne à suivre, entre le péché et le devoir, entre l'honnêteté et la passion. De ces gloires de la plume, de la parole, est-il besoin de vous dire ici les noms honorés? Encore à cette heure, ils sont restés, ou tout au moins ils sont redevenus, ce qu'ils étaient... des gens de lettres; ils s'appellent Villemain, Guizot, Thiers, Amédée Thierry, Sacy, Saint-Marc Girardin, Vitet, Rémusat, Scribe, Sainte-Beuve, Salvandy, Lamartine, Béranger, de Vigny, Victor Hugo, Casimir Delavigne, Balzac, Frédéric Soulié, M. de Lacretelle, un ancêtre!

Encore à cette heure, M. de Lacretelle est aussi laborieux que son voisin M. de Lamartine! *Fervet opus*. La fournaise est allumée, et de cette lave, à chaque instant, vous voyez sortir des œuvres puissantes, des œuvres glorieuses! Comptez les histoires, comptez les romans, comptez le journal, cet enfantement de chaque jour; comptez le drame et comptez la chanson; comptez la satire et comptez l'étude où l'antiquité rajeunie apparaît dans ses voiles nouveaux; comptez les résurrections et les découvertes, comptez, en bloc, tout le travail du siècle nouveau, et de tant d'écrivains chéris de la prose et du vers; prêtez l'oreille aux bruits de la double tribune, et pour tout dire enfin, en tenant compte de l'œuvre entière aux échos de la chaire, aux philosophies, aux catéchismes, aux grammaires, aux rhétoriques, convenez que ces beaux-esprits, livrés à eux-mêmes, sans autre appui que l'appui naturel de la liberté, sans autres faveurs que la faveur de la foule obéissante et charmée, ont dépassé toutes les espérances qu'ils donnaient au départ !

Hélas ! plusieurs sont morts à la peine, et plusieurs ont succombé au désastre de leurs sens : celui-ci a perdu la vue à la poursuite du moyen âge, et celui-là est tombé, comme il allait atteindre au faîte de la *Comédie humaine*; il y en a qui se sont tués de leurs mains ; d'autres ont abusé du talent qui était en eux, et ils ont avili, comme à plaisir, les produits de leur pensée.

Celui-ci s'est abîmé en quelque rêve impossible ; celui-là s'est fait tuer, sur les bords du Tibre romain, par les balles françaises. — Les prisons, les supplices, l'exil, la nécessité ou bien la tristesse et l'isolement et la ruine, et toutes les phases de la misère ! Et le deuil qui a frappé les plus jeunes, et l'incendie, et les voyages dont on ne revient pas !

> O bois, ô prés, ô monts, qui me fûtes, jadis,
> En l'avril de mes jours, un heureux paradis !

Ces vers ont deux siècles, on dirait qu'ils sont faits d'hier. O France ! et comme on t'aime, à te voir ainsi représentée, et comme on se prosterne (en songeant à tes poètes) à tes pieds adorés !

« La France est la mère majestueuse de toutes les idées qui « sont aujourd'hui en mission chez tous les peuples. Depuis deux « siècles elle nourrit le monde du lait de ses mamelles intaris- « sables. La grande nation a le sang généreux et riche ; elle a les « entrailles fécondes ; elle est inépuisable en génies ; elle tire de « son sein toutes les grandes intelligences dont elle a besoin ; elle « a toujours des hommes à la mesure de ses événements, et il ne « lui manque, dans l'occasion, ni des hommes pour commencer « ses révolutions, ni des hommes pour les finir. »

Certes, avant M. de Lamartine, avant M. Victor Hugo, et dans la période même qu'ils ont illustrée, il y avait des poètes et des exemples. M. Casimir Delavigne était un poète, il était un exemple, un exemple admirable des plus douces et des plus chastes vertus. Lui aussi, lui, le premier dans son siècle, il a mêlé la grande voix, la grande consolation de la poésie aux événements du monde historique, et, n'eût-il écrit que les *Messéniennes*, le lendemain de 1815, il resterait au premier rang des poètes noblement inspirés.

Pourtant de celui-là aussi l'ombre s'est emparée, elle l'a traité avec plus de respect sans doute, mais aussi cruellement que les grands tragiques de l'intervalle qui sépare Talma de mademoiselle Rachel, et voilà le poëte des *Vêpres siciliennes* et de *Louis XI* réduit à l'état de fantôme ! Il appartenait, par son style et par ses instincts, à l'art ancien, modifié, tout au plus, par les hardiesses de J.-M.-J. Chénier et de Népomucène Lemercier, avec un peu de sir Walter Scott par-dessus le marché.

A ce compte, on ne vit pas longtemps dans l'admiration du peuple littéraire ; il aime, avant tout, l'audace et la nouveauté ; cette nouveauté il la veut surtout dans la langue et dans l'accent du poëte qui lui parle. Or, jamais poëte, ici-bas (Ronsard a remonté la Seine jusqu'au Tibre), ne fut plus nouveau dans la forme que M. de Lamartine, sinon M. Victor Hugo lui-même, et Dieu sait que d'idées M. Hugo a remuées, et combien d'hommes il a heurtés dans cette langue de son génie ! Il avait la fièvre, et de ces fièvres sortaient, tout armés d'ironie et de paradoxes, *Han d'Islande*, *Bug Jargal*, *Notre-Dame de Paris* et le *Dernier Jour d'un Condamné*. Il me plaît, disait-il :

> Il me plaît de cacher l'amour et la douleur
> Dans le coin d'un roman ironique et railleur.

Inhabile ! il croit les cacher, il les montre, on les voit dans sa souplesse et dans son abondance ; on les voit dans son vide et dans sa gloire ; on les voit dans cette éloquence attristée, aussi bien que dans ces joies soudaines ; admirable bouillonnement dans un cerveau viril, des passions extrêmes poussées jusqu'au délire.

> Æstuat infelix angusto in limite mundi !

Ce qu'on disait d'Alexandre, on peut le dire, à plus forte raison, du poëte dont je parle..... Il y a dans un sermon de Bossuet une image qui convient davantage à mon discours, c'est la comparaison que fait l'évêque de Meaux du poëte inspiré de Dieu avec : « une cire pénétrée et fondue par une divine chaleur ! »

« Un poëte, disait, de son côté, Denis Diderot, est un homme « d'une imagination forte qui s'attendrit ou qui s'effraie lui-même ! » Il disait juste, il disait vrai. Que de larmes ont versées sur eux-mêmes M. Victor Hugo et M. de Lamartine !

> Quand la feuille des bois tombe dans la prairie,
> Le vent du soir se lève et l'arrache aux vallons,
> Et moi je suis semblable à la feuille flétrie,
> Enlevez-moi comme elle, orageux aquilons !

Or, M. de Lamartine avait vingt ans quand il s'abandonnait à ce désespoir..... M. Victor Hugo en avait trente à peine, lorsqu'il s'abandonnait aux *Tristesses d'Olympio* :

> Eh bien ! oubliez-nous, maison, jardin, ombrages !
> Herbe, use notre seuil ! ronce, cache nos pas !
> Chantez, oiseaux ! ruisseaux coulez ! croissez, feuillages !
> Ceux que vous oubliez ne vous oublieront pas.
>
> Car vous êtes pour nous l'ombre de l'amour même !
> Vous êtes l'oasis qu'on rencontre en chemin !
> Vous êtes, ô vallon, la retraite suprême
> Où nous avons pleuré nous tenant par la main !
>
> Toutes les passions s'éloignent avec l'âge,
> L'une emportant son masque et l'autre son couteau,
> Comme un essaim chantant d'histrions en voyage
> Dont le groupe décroît derrière le coteau.
>
> Mais toi, rien ne t'efface, Amour ! toi qui nous charmes,
> Toi qui, torche ou flambeau, luis dans notre brouillard !
> Tu nous tiens par la joie et surtout par les larmes ;
> Jeune homme on te maudit, on t'adore vieillard...

Tous deux ainsi ils peuvent se rendre le témoignage : « *qu'ils ont bien accompli la loi de leur être !* » Ils ont été, chacun dans son domaine, des écrivains pleins d'audace et d'inspiration ; ils ont écrit des poëmes où la vie et l'amour circulent dans chaque vers, comme fait le sang dans les veines d'un homme bien portant ; ils ont merveilleusement représenté, dans leurs vers, *la somme des idées de leur temps ;* ils ont vu, ils ont jugé toute chose de très-haut ; ils se sont communiqués à toutes les intelligences ; ils ont pénétré dans tous les cœurs ; ils ont été fiers et superbes, et, ce qui vaut mieux, ils ont été simples et bons :

> Et de ce triple aspect des choses d'ici-bas,
> De ce triple conseil que l'homme n'entend pas,
> De mon cœur où Dieu vit, où la haine s'émousse,
> Sort une bienveillance universelle et douce,
> Qui dore comme une aube et d'avance attendrit

> Le vers qu'à moitié fait j'emporte en mon esprit,
> Pour l'achever aux champs avec l'odeur des plaines
> Et l'ombre du nuage et le bruit des fontaines.

Ajoutez ceci que, dans leurs grandeurs éphémères, ils ont été modestes, que dans leur abaissement rien n'a pu les humilier. Le grand spectacle que M. de Lamartine a donné, depuis sa chute, au monde étonné de tant de constance! Il a rétabli, par un travail énergique et passionné de toutes les nuits, de tous les jours, sa fortune délabrée; il a demandé, à sa plume vaillante, la réparation de tant de misères que la politique amène avec elle; et tout seul, avec l'aide et l'appui de son génie, il a racheté les champs et la maison de son père!

Un jour d'été je l'ai vu (naguères), dans son doux vignoble où mûrissent tous les fruits de la création; Monceau, situé à mi-côte dans la vallée, entoure d'un pourpre vert, cet enclos de vendange. On entre, au milieu des vignes, par un sentier que traça la main poétique, et ce sentier vous mène au pied d'une illustre et grande maison où respire encore l'âme de la mère, et l'esprit de l'aïeul. Dans le coin où il abrite sa muse, et sur un lit grossier, était couché M. de Lamartine. Il était malade, et cependant il écrivait une histoire, une élégie, un poëme... un livre! Eh quoi! pas un jour de repos, pas une heure?... Et tout le long de l'enceinte il y avait des merles qui chantaient; au pied du balcon des chiens jappaient joyeusement; dans l'écurie abondante et tiède, un jeune cheval arabe hennissait appelant son maître; ici le coq provoquait son sérail, la poule menait ses poussins; dans la vallée, on voyait des vignerons, leurs femmes et leurs enfants; ils travaillaient sans peine et sans efforts, confiants dans la bonté de leur maître.

Ainsi tout chantait, tout souriait ou rêvait dans cet enclos béni du ciel... Alors enfin je compris que ce grand homme eût écrit, en si peu d'années, ses terribles *Girondins*, l'histoire de la *Restauration*, ses *Constituants*, *Geneviève* et *Raphaël*, le *Tailleur de pierres*, la *Révolution de 1848* et *l'Histoire de l'empire ottoman*. Vous valez bien tout ce travail, ô vallons! ô montagnes, ô Saint-Point! ô Monceau! Vous valez bien que le poëte vous rachète, au péril de sa vie... Il était le seul homme, ici-bas, qui n'avait pas à redouter de laisser un seul lambeau de sa gloire, aux épines d'un pareil labeur!

Enchanteurs, celui-ci et celui-là ; force égale, et même génie ! Au moment où M. de Lamartine rêvait à *Jocelyn*, M. Victor Hugo mettait au jour son formidable poëme en prose du moyen âge, terrible, et courbant la tête sous le joug de fer de la nécessité. *Notre-Dame de Paris*... une œuvre ! Et maintenant laissons là toute modestie, et parlons à cœur ouvert : Est-ce que par hasard quelqu'un, ici-bas, oserait comparer la littérature des dix premières années de la révolution de Juillet, au résultat même des époques les plus fécondes ? La révolution de 1830 se glorifie, à bon droit, de nous avoir donné *Notre-Dame de Paris*. Ce fut même, s'il m'en souvient, le premier livre de cette France rassurée, en si peu de temps, sur son avenir et sur ses destinées ! A peine 1831 eut sonné, que soudain, au milieu de ce monde agité par la tempête, à demi calmée, ce grand poëme tomba, du haut des tours de l'antique cathédrale, tout rempli de science, d'histoire, de croyance, de terreur, de style, de jeunesse, de poésie ardente et convaincue, en un mot de toutes les qualités et de tous les défauts de cette âme, en peine et en quête de l'idéal !

Le roi Louis-Philippe, à peine assis sur son trône, aux acclamations de l'Europe (ingrate depuis), a pu saluer, de son premier regard, cette œuvre immense, dans laquelle fermentent l'orgueil, le christianisme, les vices, les servitudes, les libertés et les amours de l'ancienne nation, un instant ressuscités à la lueur des soleils, tombés depuis longtemps, et des étoiles à jamais disparues ! Ce fut donc, non-seulement un grand livre, mais un grand événement ; et comme chez nous c'est l'intelligence qui est reine, on salua avec transport cette œuvre hardie, et d'une vérité implacable, ce drame sans pitié, cette terrible histoire de la nécessité inflexible.

En vain les esprits mécontents se plaignaient de ce terrible *ananké* qui faisait douter de la Providence, — comment changer le destin ? répondait le poëte aux objections tirées de cette Providence endormie (sérieuse objection !). — Est-ce donc à dire que jamais le destin n'a changé ? répondaient les esprits, plus disposés à la bienveillance et à l'indulgence, qui ne croient pas à la nuit sans étoiles, aux ténèbres sans flambeaux, à la royauté sans pitié, à la populace sans cœur ! Cependant le succès dépassa toutes les espérances ; chaque personnage de ce poëme des géants devint populaire, autant que les héros de la Légende dorée ou de la chevalerie errante. Esméralda l'emporta sur Marie Egyptienne, sa chèvre bien-aimée fut plus connue et plus fêtée que le lion de Florence ou le lion d'Androclès ; personne, dans toute la France, qui osât dire que le poëte Gringoire ne fût pas l'abominable déguenillé de la cour des Miracles, non, et personne ne réclama, parmi les heureux possesseurs du *Casteau d'amours*, ou des *Folles entreprises*, en faveur de ce Pierre Gringoire, qui fut le favori de Louis XIII et le héraut d'armes du prince de Vaudemont, le même à qui fut dédié ce fameux livre : le *Jeu du Prince des Sots!*

Il y eut aussi, à la première lecture, un grand mouvement d'admiration pour Quasimodo, et même pour le bellâtre capitaine Phœbus! En un mot, *Notre-Dame de Paris* obtint tous les honneurs de la popularité. L'architecture en éprouva la secousse ; les vieilles cathédrales n'eurent jamais tant d'admirateurs, l'art gothique jamais tant de partisans ; les marchands d'antiquités y firent leur fortune ; on grava cette longue complainte sur le bronze ; un sculpteur, nommé Faure, en composa une arme admirable ; le peintre, le statuaire, le maître de ballets, le faiseur d'images pour les imagiers de la rue Saint-Jacques, s'emparèrent de cette longue histoire des douleurs de la France naissante ; *Notre-Dame de Paris* obtint même les honneurs de l'Opéra ; mademoiselle Louise Bertin avait trouvé cette belle musique ; M. Victor Hugo avait écrit ces beaux vers, et pas un de nous qui ne se souvienne (air et paroles) de cette plainte touchante de Quasimodo :

> Combien j'aime,
> Hors moi-même,
> Tout ici!
> L'air qui passe
> Et qui chasse
> Mon souci!

Touchante et poétique vision! Complainte immense qui résumait, dans une harmonie suprême, toutes les douleurs que contenait ce merveilleux livre! Et quelle gloire, savez-vous, plus éclatante, plus pure et plus digne d'envie que ce long cri d'une admiration purement littéraire, qui s'élève, du sein immense de cette nation à peine échappée aux angoisses d'un trône qui tombe, et d'un trône qui s'élève, entre ce Roi exilé et ce Roi venu, tout exprès, pour calmer ces tempêtes, pour apaiser ces angoisses, pour relever ces débris?

Un jour que Boileau allait toucher sa pension au Trésor royal, il remit son ordonnance à un commis : « *La pension que nous avons donnée à Boileau, à cause de la satisfaction que ses ouvrages nous ont causée.* » Telle était la formule, et le commis, très-intrigué, demanda au poëte quelle espèce d'ouvrages il avait faits pour le compte de Sa Majesté? — « Des ouvrages de maçonnerie, répondit Boileau, je suis architecte ! »

J'imagine que cette réponse de Despréaux aura fait grande envie à M. Victor Hugo lui-même. Il est, en effet, un architecte. En songeant aux drames de M. Victor Hugo, Henri Heine a pu dire excellemment : « Les décorations étaient peintes dans le haut style du romantisme; il avait un manteau de chevalier étincelant d'or et de broderies; son cœur était parfumé des sentiments les plus délicats. »

Il est architecte, il est costumier, il est machiniste; il écrit son drame avec l'énergie et la légèreté du graveur qui jette sa pensée et son art sur une planche d'acier que recouvre l'eau forte; il est peintre; il sait donner une vie nouvelle à ces personnages que nous sommes habitués à contempler, tantôt au fond de l'abîme et tantôt au sommet des airs, voisins du ciel et voisins du néant; il sait l'histoire, il sait le blason, il sait merveilleusement cet art dont on a fait tant d'abus, le grand art de la *mise en scène* (un barbarisme qu'il faut employer). Or cette mise en scène, il l'a trouvée, et toute faite, dans les diverses cérémonies de la scène la plus changeante de toutes, la scène politique.

Entassez, en effet, tous les miracles du troisième acte d'*Hernani*, sur les terreurs du quatrième acte d'*Angelo, tyran de Padoue*, et sur les palpitations du cinquième acte de *Lucrèce Borgia*, dans ces détails où rien ne manque, pas une broderie au fichu, pas une fleur au pourpoint, pas une ciselure à l'épée, et pas une ogive à la façade, vous ne trouverez rien, en fait de détails de cérémonie, à comparer au détail que voici :

Chambre des députés, 10 *août* 1830.

« Ici un cérémonial inusité jusqu'à ce jour, frappe et émeut

« l'assemblée. Quatre maréchaux de France, placés près du bureau
« à droite, où sont déposés les insignes de la royauté, saisissent
« ces emblèmes et les offrent à S. M.

« M. le maréchal Macdonald présente la couronne.

« M. le maréchal duc de Reggio présente le sceptre.

« M. le maréchal duc de Trévise présente le glaive.

« M. le maréchal Molitor présente la main de justice. »

Et le prince, en qui se résumait tout l'espoir de la nation, étendit une main solennelle aux cris de : *Vive le Roi!*

Singulière concurrence que fait parfois l'histoire, au poëme, au drame, à la tragédie. — Il n'y a rien de plus terrible et de plus grand, sur aucun théâtre, que l'*Oraison funèbre de Henriette d'Angleterre* par Bossuet.

Cependant le poëte (il attendait l'heure de *Marion Delorme*) allait songeant, à travers ses Espagnes bien-aimées, à la poursuite de son drame, et cela le charmait à l'avance, de chercher sa proie et sa fête aux mêmes lieux où, pour la première fois, le grand Corneille l'avait trouvée. Il aimait l'Espagne autant qu'il aimait la vieille France; il aimait le Cid et Chimène autant que les avait aimés le grand Corneille; il avait appris, de bonne heure, et dans leur langue maternelle, ces trois grands mots qui sont vraiment le *principium et fons* du drame espagnol : « aimer, tuer et se venger (*amar, matar et vengar se*). Et quelle fête pour un aventureux de cette espèce, aller en pleine comédie et revenir en plein drame !

O mes amis, puisqu'il faut attendre encore que *Marion Delorme* ait vu le jour, puisque je suis jeune et beau, amoureux et libre, souffrez que j'attache mon échelle de soie à quelque fenêtre amoureuse, ou bien laissez-moi me construire, dans cette Espagne imaginaire, un château à ma fantaisie; et mon château une fois bâti dans les nuages de ce beau ciel, je le veux peupler de belles créatures vivantes, dont je sais les amours et les transports.

Donc salut à vous, mes héros, mes frères, don Antonio de Isunza, don Juan de Gambera, poëtes amoureux et beaux esprits; j'aime votre magnificence, votre courage et vos vingt-quatre ans; j'aime vos aventures dans ces rues pleines de mystères et de sérénades; je sais le nom de vos maîtresses, et pour quels motifs vous avez tiré vos épées de si grand cœur! Votre maîtresse s'appelle Cornélia, elle est la plus belle du monde ; laissez-moi tenir un instant le bout de sa mantille brodée :

> Tandis que pâle et blonde
> La lune ouvre dans l'onde
> Son éventail d'argent.

En même temps qu'il se construit, à lui-même, ce beau théâtre en Espagne, il étudie, avec une grâce exquise, l'allure et le ton de notre comédie à l'espagnole. Il a deviné qu'en remontant plus haut que Molière, il ferait plus d'une intéressante découverte. Là il a vu

> .... Ces jeunes cavaliers relevés de panaches,
> La botte blanche en jambe, et la gaule en la main,
> D'un cure-dent de rose entretenant leur faim.

Là il a entrevu le beau monde, à la nouvelle mode d'autrefois, et il apprend comment on se conduisait, en ces comédies à la vieille marque :

> .... Le joli passe-temps
> D'être auprès d'une dame et causer du beau temps,
> Lui jurer que Paris est toujours plein de fange,
> Qu'un certain parfumeur vend de fort bonne eau d'ange,
> Qu'un cavalier regarde un autre de travers,
> Que dans la comédie on dit d'assez bons vers,
> Qu'Aglante avec Philis dans un mois se marie!...

Ainsi, dans cette langue à part qu'il étudie avec amour, il est tout ensemble et très-espagnol, et très-français, et quand enfin il fut le maître absolu de l'œuvre qu'il avait tant étudiée, et de la langue qu'il avait faite avec cet art et ce génie, il se hasarda enfin à ajouter une tragédie aux six mille tragédies (tout autant!) dont le Théâtre-Français, depuis sa fondation, a tiré vingt-cinq ou trente chefs-d'œuvre... en trois siècles. *Hernani* fut donc sinon le premier drame, au moins le premier succès de M. Victor Hugo dans cette arène où il allait entrer, à peu près comme est entré le jeune roi Louis XIV, en son parlement de Paris, botté, éperonné, le chapeau sur la tête et le fouet à la main.

D'*Hernani* on peut dire hardiment (vingt-quatre ans nous séparent de cette bataille de notre jeunesse!) qu'il n'a rien perdu de la vie et de la passion qui étaient en lui. Cette fois encore (ainsi dans le *Cid*) le poëte va vous dire ce conte d'amour, rehaussé d'*honneur castillan*. Quelles journées c'étaient alors, t'en souviens-tu, mon poëte, et quel empressement à conquérir, dès le matin, une place en ce champ-clos de ton génie! On se présentait au théâtre avec un mot d'ordre, on se plaçait fièrement sous le lustre, au beau milieu de la mêlée, où les applaudissements, les exclamations et les extases ont élu leur domicile.

On arrivait à jeun, on attendait, six heures, que la toile fût levée, et dans cette ombre, où l'on eût dit autant de conspirateurs, trois cents fanatiques se parlant à voix basse, cherchaient à prophétiser l'avenir du chef-d'œuvre à peine éclos.

Peu à peu cependant le lustre éteint s'allumait, la porte était ouverte, et soudain, dans cette salle haletante, s'entassaient tous les grands noms, toutes les beautés, tous les pouvoirs. A contempler ces figures, animées de tout le feu de l'impatience, à soutenir ces regards où se reflète à l'avance une admiration énergique, on se serait cru transporté dans quelque hôtel de ville, à l'heure où tout le monde attend une révolution qui va venir. C'étaient des cris sans cause, et du silence sans motif. A chaque porte qui s'ouvrait, nous portions les yeux sur l'homme ou la femme qui allait se montrer, et, pour peu que cet homme ou cette femme fussent reconnus pour appartenir à la littérature hostile, on les sifflait sans pitié; au contraire, ils étaient couverts d'applaudissements et de murmures favorables, s'ils étaient du côté de *Cromwell*.

Dans cette foule, on s'exaltait, on se poussait, on se provoquait l'un l'autre. Il y avait des Frérons de cent ans qui n'osaient pas montrer leur tête chenue; il y avait des druidesses de quinze à seize ans qui volontiers eussent brisé leur couronne de verveine odorante, afin d'en jeter les débris à la jeune engeance poétique. O fantômes! ô mensonges! ô jeunesse! ô visions!

Et... quand enfin la toile était levée et que l'œuvre allait, à son but splendide, éclatante, à travers ses sentiers plus que divins, quel misérable eût osé, je ne dis pas pousser un murmure, mais seulement fermer un œil? Ah! le malheureux, qu'il eût été bien à plaindre! Damnation! il n'a pas écouté *Hernani!* Il est resté froid à *Hernani!* « Haro sur le baudet! » Il y allait véritablement de la vie et de la mort. « Quand nous étions si malheureuses, c'était là le bon temps, » disait une jeunesse du siècle passé !

Ce n'est pas à cette première représentation d'*Hernani* que fut dansée, en présence du buste glorieux de Racine, cette sarabande où l'on criait : « Enfoncé Racine ! » Mais ce fut véritablement à cette première représentation d'*Hernani* (à ce beau moment du troisième acte, on croit le drame achevé et dénoué, soudain il se renoue et recommence) qu'un jeune fanatique entendit : *Vieil as de pique!* au lieu de « Vieillard stupide ! »

.... Vieillard stupide, il l'aime !

Et notre homme se mit à applaudir le *vieil as de pique,* et à le défendre avec fureur.

Toutefois, la bataille fut longtemps disputée, et il ne fallut rien moins que l'autorité, le charme et le sang-froid de mademoiselle Mars, pour qu'enfin la victoire restât à la bonne cause. Paris, la bonne ville, ne veut pas être violentée ; elle se méfie assez volontiers de ces admirations furibondes ; dans toutes les choses où le goût français est intéressé, *la ville* veut garder son libre arbitre, et elle nous trouvait un peu trop furieux, à son compte. Ce fut ainsi qu'à plus d'un passage, applaudi par l'armée active des tirailleurs, les bons et sages esprits qui se glissent partout, et qui sont l'autorité même, se révoltèrent ; le silence de quelques-uns l'emporta, plus d'une fois, sur l'applaudissement de tous.

Pendant quarante jours, *Hernani* fut représenté avec une opposition égale au succès de l'œuvre ; et quarante fois de suite, au milieu de cette salle remplie, à la façon même des plus belles soirées du *Mariage de Figaro*, les deux parties adverses, les fanatiques et les opposants, furent sur le point d'en venir aux mains ; le jour même où il semblait que force resterait à l'œuvre et la victoire à ses nombreux admirateurs, reparaissaient plus violentes l'ironie et l'opposition. Ça tenait à si peu, cependant, que cette opposition devînt bienveillance ! Un mot à ajouter, un vers à supprimer, et le drame allait, désormais, poussé par les vents favorables de la bonne déesse de la fortune.

Qui donc avait tort ? — Bien des fois la pièce, interrompue, avait reparu à de longs intervalles ; de Paris elle avait passé à la province, et toujours, toujours, en province aussi bien qu'à Paris, en présence de cet élégant public, ou bien de ces parterres grossiers qui tiennent à nos frontières, dont ils parlent le patois ; en haut et en bas du monde dramatique ; récitée avec la plus étrange habileté par nos seigneurs les comédiens, ou déclamée avec emphase par les pauvres diables qui s'en vont, représentant à bas prix, les demi-dieux et les héros dans les hameaux les plus reculés, ces passages proscrits avaient été signalés de la même façon, avaient soulevé les mêmes murmures.

Encore une fois, à qui la faute ? — Et pourquoi cette réprobation unanime ? J'en suis bien fâché, mais c'est Voltaire lui-même qui l'a dit :

Quand tout le monde a tort, tout le monde a raison.

Dans l'art comme dans la morale, il faut reconnaître l'autorité de l'assentiment universel. Cependant le poëte d'*Hernani* ne s'avouait pas convaincu ; il persévérait... il a persévéré, douze ans dans cette lutte contre le goût général ; il a heurté à plaisir toutes ces répulsions involontaires ; en vain on lui disait :

Mais enfin, par déférence du moins, pour le goût public, sinon par conviction, corrigez ces mots qui le chagrinent ; arrangez quelque chose à ces vers qui heurtent les habitudes reçues, donnez cette satisfaction au parterre le plus bienveillant et le mieux disposé à vous applaudir ! Que vous importe d'ailleurs ? Que signifient ces expressions auxquelles vous tenez si fort ? Pourquoi vous-même, dérangez-vous votre œuvre, et comment donc se fait-il que vous entendiez si mal les intérêts de votre popularité et de votre gloire ? »

Rien n'y faisait, les vers proscrits restaient tels qu'ils avaient été écrits d'abord ; entre le poëte qui les voulait maintenir et le public qui ne voulait pas les entendre, c'était une lutte sans fin. Ah ! c'était bien le même homme qui signa ainsi ses billets de répétition : — IERRO (*barre de fer*).

Ce ne fut que bien plus tard, et lorsque le parterre lassé ne songeait plus à exiger... ce qu'il avait le droit d'exiger, que le poëte enfin convaincu, se corrigea de lui-même, et d'une main ferme et sage enfin, retrancha ces malheureux détails qui fronçaient la foule, et qu'il eût bien fait d'effacer le premier jour.

Je ne saurais vous dire à quel point le parterre se sentit content et délivré, lorsqu'aux passages proscrits, comme il s'apprêtait à murmurer, selon son usage, il découvrit que l'auteur d'*Hernani* s'était amendé! A dater de ce moment glorieux disparut toute contrainte, et l'œuvre amendée obtint enfin le suffrage universel. Tel spectateur renfrogné qui était arrivé, en ce lieu de lutte et de combat, à son corps défendant, et se disant qu'il achetait, peut-être un peu cher, de très-beaux vers, s'estimait si heureux de cette condescendance, que maintenant il pleurait, de tout son cœur, aux infortunes amoureuses d'Hernani et de Dona Sol.

De ces corrections que M. Victor Hugo fit attendre si longtemps, et qui apportèrent un si grand profit à son œuvre, j'en puis citer quelques-unes. Vous souvient-il, par exemple, des murmures que soulevait ce vers du monologue :

Si j'allais ressortir avec des cheveux blancs!

Le vers a été retranché, et le monologue n'a rien perdu de sa beauté.

Vous rappelez-vous aussi le vers qui terminait ce fameux troisième acte :

Oui, de ta suite, ô roi! *de ta suite, j'en suis!*

De ta suite, j'en suis, à tort ou à raison, excitait au plus haut degré, l'hilarité du parterre. Il oubliait, d'un seul coup, toutes ses émotions passées; la toile se levait de nouveau, que le parterre riait encore, au grand préjudice du drame entier. — M. Victor Hugo, avec le plus simple changement, avec moins que rien, a mis un terme à cette hilarité malséante; il a changé le terrible : *De ta suite, j'en suis!* par ces deux mots : *Oui, tu l'as dit, j'en suis.* Et grâce à ces deux mots si naturels, la position, de ridicule qu'elle était, est devenue terrible.

Eh! mon Dieu! cela ne vous est-il pas arrivé souvent, à vous-même, de trouver laid, un beau visage, pour un ajustement disgracieux, pour une boucle de cheveux qui n'était pas à sa place? Un rien vous fait belle, un rien vous trahit! Prenez le plus bel enfant du monde, et cependant que sa bouche souriante soit barbouillée du jaune de l'œuf qu'il a mangé à son dejeuner, avant de l'embrasser, vous direz qu'on le débarbouille. Heureux l'enfant, heureux le drame, dont on peut faire un bel enfant, dont on peut faire un drame touchant, en leur ôtant un peu de jaune d'œuf.

> J'écrase dans son œuf ton aigle impériale!

« Le vieillard stupide » a disparu aussi, dans cette révision suprême, et la chose était si facile à remplacer :

> ...... Oh! qu'as-tu fait... il l'aime!

Je sais bien aussi tout ce que la critique a pu dire, et bien dire, à propos d'*Hernani*. Elle a dit que le roi d'Espagne amoureux comme un page de *Gil Blas*, n'annonce guère l'empereur Charles-Quint; elle a dit qu'Hernani, le bandit, avait trop complétement ses grandes et ses petites entrées chez le bonhomme don Diègue... je veux dire Ruy-Gomez. Elle a dit qu'Hernani, jeune homme, agit d'une façon malséante, lorsque, tiré d'un très-mauvais pas par don Carlos, son rival, il l'accable de cette subite imprécation. Elle a dit aussi, la critique (et je m'incline), qu'au second acte don Carlos a grand tort d'user du déguisement qui lui sert au premier acte; que dona Sol, avertie, a grand tort de ne pas s'enfermer davantage; que la scène entre Hernani, *surgissant tout à coup*, et don Carlos, est la même scène du premier acte, entre ces deux terribles rivaux...

Ceci dit, la critique a dit aussi, par ses larmes, qu'Hernani et dona Sol, dès la première scène, ont parlé un divin langage. Elle a dit que don Carlos, menacé de l'épée, est un vrai prince; qu'Hernani, qui peut tuer son rival et qui brise son épée, est un héros. Elle a trouvé que le vieux Ruy Gomez était bien à la taille des héros de Corneille, et même elle a appelé, plus d'une fois, Corneille à son aide, afin de ne pas trop céder à M. Victor Hugo :

> Pour posséder Chimène, et pour votre service,
> Que peut-on m'ordonner que mon bras n'accomplisse?
> Quoi qu'absent de ses yeux, il me faille endurer,
> Sire, ce m'est trop d'heur de pouvoir espérer.

Ou bien ces beaux vers qui terminent le *Cid* :

> Espère en ton courage, espère en sa promesse;
> Et, possédant déjà le cœur de ta maîtresse,

Pour vaincre un point d'honneur qui combat contre toi,
Laisse faire le temps, ta vaillance et ton roi.

Oh! le beau drame, *Hernani!* Dans cette œuvre éclatante de tous les feux du printemps de la vie, on trouve en abondance tout ce qui est grand, noble, illustre et généreux. Tout comme le *Cid*, *Hernani* est un admirable pêle-mêle des sentiments les plus héroïques et les plus tendres. A peine avez-vous vu deux actes, que déjà don Carlos a fait grâce de la vie à son rival, que déjà Hernani s'est incliné devant le roi, son rival et son maître. Héros tous deux, chacun à sa façon! Ici encore, à peine Carlos *pardonné*, a-t-il été chercher main-forte, que recommence entre Hernani et dona Sol cette tendre conversation de l'amour qui sera le chaste, poétique et touchant refrain de ce *discours dramatique*, pour parler comme eût parlé Corneille.

Jusque-là cependant, reprend la critique, on ne sait guère quel est véritablement le héros de cette tragédie... ils sont tous des héros, ils seront tous des héros, chacun à son tour. Le premier qui se présente pour être un héros, c'est Ruy-Gomez, le vieillard du premier acte. Ce vieillard, taillé évidemment sur le noble patron du père du Cid, est une belle création. Il est amoureux, il est éloquent, il est plein d'esprit, de grâces, d'élégance, un vraiment beau gentilhomme qu'on plaint, qu'on respecte et qu'on aime. M. Hugo s'est plu à prêter à ce digne vieillard, autant de poésie douce et légère, qu'il en a pu trouver dans sa pensée.

Dans la maison de Ruy-Gomez, arrive Hernani, poussé par la jalousie et par l'amour. Avouons que de la part d'Hernani, c'est être hardi au delà même de la témérité, et qu'il méconnaît singulièrement ce fier Ruy-Gomez, un des plus illustres gentilshommes de l'Espagne. Quoi! non content de lui avoir échappé, ce matin même, Hernani s'en vient chez le duc, le braver chez lui! A peine le duc l'a-t-il nommé son hôte, qu'Hernani se jette aux pieds de dona Sol, la fiancée de son hôte! Quoi! ces deux imprudents jeunes gens, déjà surpris deux fois, une fois par Ruy-Gomez et par don Carlos au premier acte, une seconde fois par don Carlos au second acte, ils se laissent surprendre, une troisième fois, au troisième acte, par ce même Ruy-Gomez!

L'imprudence est grande, et d'autant plus grande qu'Hernani vient de déclarer hautement qu'il est le bandit Hernani; que sa tête est mise à prix... Et voilà comme un poëte heureux, dans le bel âge de poésie, aime à jouer avec le feu.

Ici commence l'héroïsme du vieux seigneur Ruy-Gomez. Cet homme, ce rival, ce bandit qu'il a surpris tout à l'heure aux pieds de sa fiancée, il le cache dans sa propre maison, il le défend au péril de sa tête contre le roi lui-même : ainsi le veut l'honneur espagnol ! — Cet homme est son ennemi, mais il est son hôte. En même temps, il appelle en témoignage de son action généreuse, tous ses ancêtres, et l'apostrophe est belle ; c'est bien là la déclamation d'un vieillard qui se parle haut à lui-même, pour s'encourager dans une action pénible et qui lui coûte. En ce moment, la critique a relevé, comme une faute dramatique, l'action de ce roi de toutes les Espagnes, qui se laisse écraser sous cet héroïsme imprévu ; et quelle action peu héroïque, lorsque le roi Charles, qui sera tantôt l'empereur Charles-Quint, enlève par surprise, à ce vieillard, cette fille charmante que Ruy-Gomez eût défendue jusqu'à son dernier souffle ! — Avant peu, don Carlos prendra sa revanche ; au quatrième acte, il sera, à son tour, un héros.

La véhémence d'Hernani, en ce moment du drame, est d'un grand effet ; son désespoir, en apprenant l'enlèvement de dona Sol, est juste ; sa colère, cette fois, est bien à sa place ; il est vraiment tragique et amoureux ; mais ici la critique s'est demandé par quel changement inattendu, après avoir sauvé à ses risques et périls, et même aux risques et périls de dona Sol, Hernani le bandit, uniquement pour ne pas violer les lois de l'hospitalité, Ruy-Gomez, à peine le roi est-il parti, se prépare à tuer, sur-le-champ, ce même hôte, si précieux tout à l'heure, et qu'il plaçait fièrement à l'ombre solennelle de ses grands aïeux ? L'objection est grave et vaudrait l'honneur d'une réponse... Est-ce qu'on a le temps de répondre avec des larmes dans les yeux, avec des palpitations plein le cœur ?

> Non, non, à toi — vieillard,
> Frappe-moi ; tout m'est bon, dague, épée ou poignard !
> Mais fais-moi, par pitié, cette suprême joie !
> Duc, avant de mourir, permets que je la voie !

Et Ruy-Gomez, à la façon de l'orage qui gronde, se dit à lui-même :

LITTÉRATURE DRAMATIQUE. 351

.... La voir!
HERNANI.
... Au moins, permets que j'entende sa voix
Une dernière fois, rien qu'une seule fois!
RUY-GOMEZ.
L'entendre!

La voir! l'entendre! ô l'ineffable frémissement!
Le quatrième acte d'*Hernani* ne tient guère à l'action, que par la volonté du poëte; mais sa volonté est toute-puissante. Ici la critique a trouvé qu'elle ne voyait pas bien, comment et pourquoi don Carlos, ce jeune homme qui vient d'enlever dona Sol, descendait, si vite et si brusquement, sous ces voûtes funèbres. Elle aime à se rendre compte de toutes choses, et elle s'étonne, en ce moment, de retrouver don Carlos plongé dans les plus hautes spéculations de la politique, après l'avoir vu, tantôt, uniquement occupé des intrigues et des enlèvements de l'amour?

Le monologue de don Carlos, au tombeau de Charlemagne, n'est encore qu'un hors-d'œuvre admirable, mais un hors-d'œuvre. Cette fois l'action est tout à fait suspendue. Il ne s'agit plus ni d'Hernani, ni de dona Sol, ni de Ruy-Gomez, il s'agit d'un jeune serpent qui fait peau neuve, d'une altesse qui va devenir empereur, du jeune et amoureux Carlos qui va s'appeler Charles-Quint. Les vers de ce monologue sur Charlemagne sont de très-beaux vers, qui en doute? Cependant permettez que l'on rende ici, à la prose française, les honneurs qui sont dus à la langue que parlaient Pascal et Bossuet, Fenélon et Montesquieu; et puisqu'on invoque ici l'empereur Charlemagne, et sans quitter l'empereur que nous montre le poëte en son drame, allons ensemble au-devant du Charlemagne de Montesquieu :

..... C'est un spectacle à ravir la pensée
Que l'Europe ainsi faite et comme il l'a laissée! (*M. Hugo.*)

« Il mit un tel tempérament dans les ordres de l'État, qu'ils
« furent contre-balancés et qu'il resta le maître. » (Montesquieu.)

Un édifice avec deux hommes au sommet,
Deux chefs élus, auxquels tout roi né se soumet. (*M. Hugo.*)

« L'Empire se maintint par la grandeur du chef; le prince
« était grand, l'homme l'était davantage. » (Montesquieu.)

> D'une foule d'États, l'un sur l'autre étagés,
> Être la clef de voûte et voir, sous soi rangés
> Les rois, et sur leur tête essuyer ses sandales! (*M. Hugo.*)

« Vaste dans ses desseins, simple dans l'exécution, personne
« n'eut à un plus haut degré, l'art de faire de grandes choses avec
« facilité, et les difficiles avec promptitude. — Il fit d'admirables
« règlements; il fit plus, il les fit exécuter. Son génie se répandit
« dans toutes les parties de l'Empire. » (Montesquieu.)

> Laisse en ta paix profonde,
> Carlos étudier ta tête comme un monde. (*M. Hugo.*)

« Je ne dirai plus qu'un mot. Il ordonnait qu'on vendît les œufs
« des basses-cours de ses domaines et les herbes inutiles de ses
« jardins, et il avait distribué à ses peuples toutes les richesses
« des Lombards et les fameux trésors de ces Huns qui avaient
« dépouillé l'univers! » (Montesquieu.)

Les œufs! la basse-cour et les herbes des jardins! à propos de Charlemagne, voilà une simplicité dans la grandeur, qui était digne de M. Hugo!

Je ne parle pas de la conspiration inutile qui termine ce quatrième acte. Cette conspiration ne doit faire peur à personne. Ces conspirateurs sont des maladroits qui ne savent pas leur métier, et qui font, comme on dit, *plus de bruit que de besogne!* On est fâché de voir le vieux Ruy-Gomez, le modèle excellent de la loyauté chevaleresque, tenir sa place en cette intrigue. On aime cependant l'action d'Hernani se déclarant gentilhomme, et fils de gentilhomme! On était déjà fatigué de ne s'intéresser qu'à un bandit. Mais quoi! renoncer au bandit, renoncer ainsi à son exception... il faut en savoir gré à M. Hugo; c'est là une concession qu'il ne fera pas plus tard.

Vous remarquerez encore que le collier de la Toison-d'Or passé au cou d'Hernani serait d'un plus grand effet si Hernani lui-même n'avait pris soin d'affaiblir ce grand prestige, en disant au premier acte :

> C'est quelque mouton d'or qu'on va se pendre au cou.

Grâce au ciel, l'action tragique reprend toute sa vigueur au cinquième acte. Cette fois nous sommes tout entiers au drame qui va se passer ; vous ne verrez plus ni don Carlos, ni Charles-Quint ; et quand les deux ou trois jeunes seigneurs qui se promènent, sur le devant de la scène, en disant des folies comme on en dit dans *Lucrèce Borgia*, auront disparu, nous appartiendrons tout à fait à ce dénoûment admirable où la terreur et la pitié se disputent l'âme avec tant de sanglots et tant de grâce enchanteresse ! Alors vraiment se révèle la tragédie.

Alors le poëte, qui n'est qu'un poëte d'élégies, un poëte lyrique, s'efface et fait place au poëte tragique. Alors vraiment la terreur se fait jour dans cette action, déblayée de toute la belle poésie qui l'offusquait. Et vraiment, à ce moment solennel, on comprend toute la puissance du grand inventeur qui vous fait croire, malgré vous, à la tragédie qui va se passer. Un vieillard qui vient dire à son rival heureux : « Tu l'as juré, il faut mourir, et tout de suite, à ma volonté, à mon ordre ! » Un jeune homme amoureux, la nuit de ses noces, qui se tue, à l'instant même, au pied du lit nuptial, pour accomplir son serment. Une jeune fille, entre cet homme et ce vieillard, éperdue, égarée et tremblante, qui ne peut échapper à ces angoisses que par la mort. Oui, sans doute, nous faire croire à cette rage implacable et froide, à ce dévouement désespéré, à cette obéissance passive, c'était accomplir un des plus terribles tours de force qu'ait jamais accomplis la tragédie !

Ainsi l'a fait M. Victor Hugo. Le cinquième acte d'*Hernani* expie, et au delà, les quatre premiers actes, de même que la poésie qu'il a jetée, çà et là, à pleines mains dans tous ces hasards, accumulés les uns sur les autres, fait qu'on les oublie et qu'on les pardonne. Le cinquième acte d'*Hernani* est véritablement une chose très-belle, accomplie, impérissable ! On y retrouve le souvenir lointain de l'admirable scène matinale de *Roméo et Juliette*, quand l'alouette va chanter, quand le rossignol chante encore. La passion de ces deux jeunes gens est bien vraie et bien sentie. Leur bonheur est au comble, leur amour n'a plus rien à demander ni à Dieu ni aux hommes... tout à coup, dans le lointain, entendez-vous cette triste fanfare ? C'est la mort ! Le vieillard se venge : le jeune homme obéit, la jeune fille expire.

Fatalité! s'écrie Ruy-Gomez. *Fatalité!* C'est le mot d'ordre de *Notre-Dame de Paris*.

Quelle voix divine et touchante c'était pourtant, dans cet abîme, mademoiselle Mars récitant ces beaux vers :

> Calme-toi. — Je suis mieux. — Vers des clartés nouvelles
> Nous allons, tout à l'heure, ensemble ouvrir nos ailes.
> Partons, d'un vol égal, vers un monde meilleur.
> Un baiser seulement, un baiser !
>
> RUY-GOMEZ.
> O douleur !

Il y avait aussi, dans ce drame enchanté, des vers prophétiques que nous récitons souvent à l'étoile du soir :

> .... Que m'importe
> Les haillons qu'en entrant j'ai laissés à la porte !
> Voici que je reviens à mon palais en deuil.
> Un ange du Seigneur m'attendait sur le seuil.
> J'entre, et remets debout les colonnes brisées ;
> Je rallume le feu, je rouvre les croisées ;
> Je fais arracher l'herbe au pavé de la cour,
> Je ne suis plus que joie, enchantement, amour.
> Qu'on me rende mes biens, mes donjons, mes bastilles,
> Mon panache, mon siége au conseil des Castilles,
> Vienne ma dona Sol, rouge et le front baissé,
> Qu'on nous laisse tous deux, et le reste est passé,
> Je n'ai rien vu, rien dit, rien fait, je recommence !

Prophète ! Ah ! prophète ! Et ne dirait-on pas, que dans ce comble de la poésie et de l'honneur (le monde parfois l'accorde aux poëtes), à travers ces lauriers et ces roses, dans cette foule enivrée où l'enthousiasme et le rêve circulaient, comme un rayon du soleil, il entrevoyait déjà, l'infortuné ! les nuages, l'isolement, l'exil *éternel* sur ce rocher de l'Océan, battu de tous les vents du Nord ?

« Quant à moi, cher Atticus, disait l'orateur romain, le véritable jour de ma naissance est le jour qui me rappela de l'exil. » *Eum diem quo ab exilio reversus sum, natalem meum appello.*

CHAPITRE XVII

Qu'êtes-vous devenues, brillantes journées de la poésie? Heures favorables à nos poëtes aimés, où vous êtes-vous envolées? Dans ce brillant carrousel qui sépare la révolution de juillet de la révolution de février, quand les poëtes glorieux ne rêvaient que les luttes et les triomphes poétiques, quand le théâtre était à M. Victor Hugo une tribune suffisante, où se déployaient, à l'aise, son génie et sa parole, on chercherait en vain, dans l'Europe entière, un prince, un roi, un capitaine, plus dignes d'envie et plus heureux en effet que le poëte des *Orientales*, de *Notre-Dame de Paris*, d'*Hernani*, de *Marion Delorme* et d'*Angelo*.

En ce moment, il était le maître absolu des âmes, des esprits, des consciences; il régnait; il régnait seul, du droit de sa poésie, et même les esprits rebelles le reconnaissaient pour leur maître. Ah! que de joie! Ah! quelle fête! Il voyait, chaque jour, grandir sa renommée; il assistait, enchanté des grâces de la vie, à sa conquête universelle. Il s'était fait sa voie, il avait tracé son sillon, à côté de la voie et du sillon de Lamartine, et d'un pas fier il marchait, sans peur, à ses brillantes destinées.

Au milieu des écrivains de son temps, ce poëte était un dieu ; et les plus bruyants, et les plus célèbres, et ceux qui avaient commencé avant lui, et ceux qui déjà chantaient après lui, les hommes charmés de sa force, et les femmes charmées de sa grâce, exaltaient à plaisir ce nouveau maître ! En vain, les prudents et les sages, en vain les gens du roi, chargés de mettre obstacle à cette verve ardente, à cette passion sans bornes et sans frein, tentaient d'arrêter quelqu'une de ces œuvres au passage, il arrivait que l'œuvre accusée et condamnée à l'avance, était plus forte que le censeur, et *qu'elle brisait du crâne les pierres de son tombeau*, pour parler comme le vieux Job. Ombres terribles ! spectacles triomphants... Hélas ! dans cette incroyable prospérité du génie et de la gloire, nous avons vu pénétrer le fantôme... *Enter Gost*, disait Hamlet.

Et chaque jour M. Victor Hugo, ce conducteur de son siècle, était à son œuvre éclatante, inspirée ; et du Nord au Midi, du moyen âge au roi Louis XIII, de l'homme au fantôme, du rêve au *réalisme*, il allait, infatigable, à son travail de réhabilitation, de vengeance et de destruction. Sous un aspect qui n'appartenait qu'à lui seul, il étudiait l'histoire, et de l'histoire étudiée ainsi il faisait surgir les révélations les plus inattendues et les plus étranges : tantôt le voilà dans l'histoire d'Angleterre, aux temps de la sanglante Marie, et tantôt dans l'histoire de France, au temps de François Ier ; plus tard, il veut savoir quelles passions remplissaient, du vivant de Charlemagne, les vieilles citadelles du Rhin allemand ; ainsi l'Espagne éblouissante lui apparut comme un vertige où ce qu'il y a de plus grand et de plus abject dans les conditions humaines, se mêle et se confond dans la poésie et dans le poëme de cet homme, enivré de sa propre inspiration.

Il n'y a pas, dans le monde entier des rois, de position qui soit plus belle et plus digne d'envie : une louange éclatante, une obéissance incroyable, une admiration sans conteste, l'attention de l'Europe, et tout ce que l'intelligence a d'intimes trésors, tout ce que l'âme a de vives clartés, tout ce que le cœur enferme en soi de mystère, de tendresse et de passion !

Jamais plus beaux rêves d'enfant n'ont été réalisés, plus complétement, dans les espérances du jeune homme et dans les succès de l'âge viril.

De sa renommée en 1830, à sa gloire en 1848, M. Victor Hugo, lui seul, pouvait écrire la légitime histoire..... et il ne l'écrira pas !

Figurez-vous un visage aimable, un sourire facile, une opulente gaieté, un grand rire, une santé de fer, rien qui pût fatiguer cet athlète infatigable. Autant il était de bonne humeur aux heures de délivrance, autant il était silencieux, caché et laborieux aux heures de l'inspiration. Peu de gens l'ont vu à l'œuvre, il se cache pour travailler, comme on se cacherait pour mal faire ; et quand il est en mal d'enfant tout lui convient : la douce promenade à l'ombre, et la marche haletante au soleil éclatant. Dans sa tête, il arrange, il écrit toute chose, et il ne s'arrête que si l'œuvre entière est accomplie. En ces moments pénibles et charmants, il ne reconnaît plus guère que les êtres qu'il aime le mieux, et qui s'enfuient à son approche, tant c'est un grand respect qui entoure un pareil labeur. Comptez donc que de poëmes, que de drames, que de livres, que de romans, que de chansons ! Sans compter ce que l'heure emporte, et ce qu'il jette, en courant, aux quatre vents du ciel !

Cet homme, ami des grandes choses, s'est entouré, de bonne heure, des amitiés les plus considérables et les plus charmantes. Il aimait les jeunes femmes d'origine antique ; il aimait d'une égale passion, les vieux noms de l'histoire, et les noms récents de la nouvelle poésie. Il recherchait, avant tout, la société des lettrés de son temps ; après les lettrés venaient *les honnêtes gens* de Paris, dans le sens de La Bruyère, les femmes bien disantes, dans les salons ouverts à la causerie accorte et vive, où rien n'est perdu des grâces de l'imagination et de l'esprit. Ah ! le merveilleux causeur, quand il était en train d'être aimable, et que bien à l'aise, au milieu d'un cercle enchanté de son génie, il s'abandonnait à ses innocentes et bruyantes gaietés !

J'ai beau faire, hélas ! rien ne le rendra tel que nous l'avons vu, calme et frileux, en hiver, au coin de son feu, et suivant d'un regard ému, les mille fantaisies qui s'échappent du hêtre enflammé, ou que le bois pétillant de la vigne fait jaillir sous les coups de la pincette complaisante. Ou bien le soir, si, la tête nue, il va au-devant des orages de l'été.

C'est surtout quand il était au milieu de tous les siens que rien ne manquait à sa joie, à sa fortune. Il possédait, de si bonne heure, (à l'âge où les prévoyants osent à peine songer au mariage) une femme adorable, adorée, et quatre enfants qu'on eût dit éclos à la même heure du mois de mai, quatre de ces beaux enfants comme on en rêve. Ils étaient deux garçons, elles étaient deux jeunes filles, et tout ce petit monde heureux et déjà fier du nom paternel se montre, à chaque instant, dans ces divines élégies sorties de ce noble cœur. Cette innocente famille était son charme et sa force; elle lui donnait le courage, elle le maintenait au travail; abattu, elle le récréait; triomphant, elle ajoutait au triomphe.

Avec quelle admirable sollicitude paternelle et quelle prévoyance infinie il se mit, tout de suite, à *économiser*, pour sa femme et pour ses enfants! Il gagnait si peu d'argent en commençant, et déjà il pensait à la dot de sa fille! Comme il avait appris de bonne heure à être pauvre, il ne voulait pas que ses enfants fussent exposés aux privations qui avaient pesé sur son enfance; à l'âge où le poëte imprévoyant gaspille et jette aux fantaisies l'argent de ses chansons, il mettait cet argent en réserve. Et puis il voulait avoir le droit de n'appartenir à personne, et d'être absolument son maître! Hélas! il n'y a pas de pire esclave ici-bas, que l'esclave lettré, et rien, que je sache, n'est aussi digne de la pitié des honnêtes gens. Voyez donc tant et tant de malheureux esclaves de la plume que leur imprévoyance a condamnés et condamne, jusqu'à la fin de leur dernier jour, à produire un livre, un drame, une comédie, une page empreinte, le plus souvent, des misères d'un pauvre diable sans feu ni lieu!

M. Victor Hugo a donné cet excellent exemple aux poëtes contemporains; il leur a appris à ne pas dévorer tout le présent, à avoir honneur et souci de l'avenir, à regarder la dette comme une honte, et la pauvreté comme une embûche. Hé! que de gens de lettres se sont déshonorés, faute d'un morceau de pain? *Paupertas impulit audax!* La triste muse, la pauvreté! La honteuse muse, le poëte Martial aux pieds de Domitien!

Ainsi il faisait, heureusement, sa fortune, et tout de suite il se mit à l'abri de l'ordre et de la commande des libraires. On ne l'a pas vu, cet homme inspiré, accepter toutes les propositions qui lui étaient faites, courir après l'argent à travers les pages de son livre, et renoncer, par besoin, au droit d'écrire lentement, de corriger, de revoir et souvent d'effacer la chose écrite. Il était né, plus que tout autre, un improvisateur (on dit qu'il a fait *Han d'Islande* en huit jours), et plus que tout autre il s'est méfié de l'improvisation stérile. A quoi bon ce poëme, qui n'ira pas jusqu'à la fin de la journée, et pourquoi donc voulez-vous que je me tue honteusement à ce métier de conteur de fariboles? Son art était donc un art glorieux, calme et bien portant ; ce qu'il s'était promis d'écrire, il le voulait écrire à loisir, et pas une fois les plus fortes sommes d'argent ne le purent distraire de cette conscience.

— Grand artiste, avec tous les instincts du père de famille ! O l'homme de lettres par excellence, et qui n'a rien de commun avec les enfants besogneux de l'improvisation, de la pauvreté et du hasard !

Deux hommes, ici-bas, l'ont aimé, principalement, qui étaient deux intelligences et deux forces : S. A. R. le duc d'Orléans, le prince royal, aimait notre grand poëte, et dans un avenir lointain (*o vanas hominum mentes!*), il comptait sur lui, comme sur une des merveilles de son règne à venir. Le prince royal était un bon juge de cet esprit austère et d'un accent viril. Il aimait cet art nouveau qui devait être compté comme une des gloires de son père ; il se plaisait à cette vibrante parole où se laissait deviner l'éloquence; c'est le prince royal qui avait marqué la place de M. Victor Hugo à la pairie... Hélas ! que de temps perdu, mon poëte, à commenter des lois que le temps emporte, à prononcer des discours dont il reste à peine l'écho! Que d'heures inutiles, mon poëte, et quelle envie a pris votre âme, éprise des immortelles grandeurs, de se mêler à ces infiniment petits détails dont le plus glorieux ne vaut pas un bon vers?

L'autre ami et protecteur de M. Victor Hugo (grande perte aussi que fit le poëte, en perdant celui-là!), ce fut cet homme admirable à qui le *Journal des Débats* doit la vie et la durée, et qui est mort emportant toutes nos bénédictions, j'ai nommé M. Bertin l'aîné! M. Bertin l'aîné, le premier, avait deviné M. de Chateaubriand ; j'ai tenu dans mes mains un manuscrit des *Martyrs*, corrigé par cette plume intelligente et dévouée à cet ingrat

Chateaubriand, qui parle à peine, en passant, de cet ami de sa vie et de ce frère intelligent de son génie. Il aimait les beaux-arts, comme il aimait l'honneur et le dévouement, M. Bertin.

Fils de Voltaire, et son digne fils; il avait vu Voltaire, un jour que le grand vieillard entrait au Palais-Royal, où il bénissait le jeune prince qui devait être (entre deux tempêtes) S. M. le roi Louis-Philippe. En dépit de son origine, il était le premier à adopter toutes les nouveautés qui étaient dignes de son adoption; s'il aimait la poésie, il l'aimait en tout ce qu'elle a de jeune, d'éclatant, d'inspiré. Dans ce grand *Journal des Débats*, dont il était l'âme et le bon sens, que de fois il a lutté, lui tout seul, en aveur des poëtes nouveaux et de la naissante poésie, contre un Hoffmann entêté, un Duviquet opposant, un Dussaulx rigoriste, un Feletz plein de goût, mais de réserve aussi, tremblant, comme Ulysse, de percer l'outre où mugit le vent du Nord! Que de fois M. Bertin l'aîné, quand le *Journal des Débats* se déchaînait contre les poëtes nouveaux, apaisait la tempête, et, lisant tout haut le livre attaqué, démontrait aux plumes hostiles, les beautés que ces entêtés ne voulaient pas voir!

Il fut donc le premier à reconnaître, à saluer le poëte naissant; comme en cette églogue de Virgile, il demandait pour lui des couronnes :

Pastores hederà crescentem ornate poëtam!

bientôt après les premières attaques (il ne disait jamais : Je ne veux pas!), il chercha, dans son journal même, un défenseur à M. Victor Hugo. Comme le poëte avait une intelligence exquise, il eut bien vite deviné que dans cette maison souveraine il avait un protecteur, et bientôt ces deux hommes se rencontrèrent : celui-ci qui commençait une vie illustre, au milieu des plus splendides batailles, celui-là qui achevait une vie admirable dans une ombre éclairée à demi; l'un enfant du bruit et de l'action en toutes choses; l'autre actif et laborieux pour le compte des gens qu'il estime, amoureux du silence pour lui-même.

M. Bertin eût tenu la gloire entre ses mains, il l'eût donnée à qui l'eût voulu prendre, en échange d'un jour de bonheur. C'était la grandeur du bon sens même. Il avait tant vu, il avait tant deviné! — Son regard était ferme et son cœur était fort; il cachait sous une apparence hautaine un cœur accessible aux plus tendres et aux plus délicates tendresses ; avec autant de soin que les hommes mettent d'ordinaire à montrer leurs plus humbles mérites, il en mettait à cacher la plus rare et la plus éloquente habileté dans ce double domaine de la politique et de la littérature : un mot va tout vous dire, il était le meilleur de tous les hommes, et le digne père de son fils, Armand Bertin.

Il adopta tout de suite, avec joie, avec orgueil, M. Victor Hugo et sa jeune famille de jeunes garçons et de poëmes, de jeunes filles et d'élégies. Il avait créé dans une vallée, ignorée avant lui, à Bièvre, un parc admirable où il passait, sans jamais se lasser de ces ombrages, de ces eaux claires, de ce ciel enchanté, de ce silence éloquent, les six beaux mois de l'année ; et quand il vit dans ses jardins ce grand poëte, il lui sembla que sa vallée en était agrandie.

Il me semble encore que je les vois errants, l'un et l'autre, à travers ces méandres fleuris, et que je les entends causant des merveilles du poëme et de la création divine. Ici le poëte écoutait volontiers, car il avait reconnu, dans cette parole auguste, une si grande et si bienveillante sagesse, qu'il en restait comme ébloui. Et nous aussi, les uns et les autres, jeunes gens à peine éclos à l'art d'écrire, nous nous pressions à cette ombre salutaire, et nous écoutions, attentifs et charmés, ces sages et douces leçons d'un homme excellent qui nous portait une tendresse paternelle. O belles journées trop vite envolées! Spectacle encourageant d'un si grand esprit qui se verse abondamment dans toutes les âmes qui l'entourent! Conseils si faciles à suivre ; exemple accompli de tout le bien que peut faire l'intelligence unie à la bonté !

Quand il nous venait attendre au perron de sa maison, le grand vieillard, la tête nue, et vêtu de sa houppelande en velours violet, quand avec son sourire il gourmandait notre paresse, étions-nous heureux de vivre et de l'entendre! Était-il content, lui aussi, de nous ouvrir cette intelligente maison, remplie excellemment de toutes les vertus hospitalières : tant de joie au festin, tant de calme au sommeil, tant d'idées aux discours, tant de gaietés à l'étude, tant de baigneurs dans ce lac d'argent ; et son inquiétude à nos moindres travaux, et la louange à qui la mérite, avec un blâme à peine indiqué! De cette vie à part dans les belles-lettres de tous les temps, et dont je ne vois nulle trace même dans le Ferney de Voltaire, et dans les dialogues de Diderot, de cette exquise paternité d'un galant homme qui pousse à l'œuvre commune d'un honnête et éloquent journal, les jeunes esprits que lui-même il a devinés, il a choisis, l'auteur des *Orientales* et d'*Hernani* prenait sa bonne part. Véritablement il était un des nôtres ; il était de notre famille, un enfant de l'adoption de notre maître ; il était aussi curieux, aussi charmé, et presque aussi docile que nous l'étions nous-mêmes ! Comme nous, il allait chez M. Bertin l'aîné, toujours plus avide et plus heureux de l'entendre ; il en revenait toujours plus fort et plus étonné... tout comme nous !

Dans ces bois, dans ces jardins, sur ce lac où il s'abandonnait à la brise de mai, sur ce lac où j'ai vu M. de Lamennais promené par M. Bertin lui-même, le poëte a composé un de ses plus beaux recueils, son plus doux et son plus intime recueil : *les Feuilles d'Automne*, et dans ce livre il n'a pas oublié le jardin de Bièvre :

> Une rivière au fond, des bois sur les deux pentes,
> Des carrés de blé d'or, des étangs au flot clair,
> Et l'aqueduc au loin qui semble un pont en l'air !

Enchantements, extases, rêveries, cris d'enfants, chants d'oiseaux, liberté de la vie et de la pensée, honnête et puissante maison où chaque soir la musique et la poésie, Hugo le jeune homme et le vieux Gluck se faisaient entendre ! Espoir de la jeunesse et souvenir du jeune âge, à la fois le passé et l'avenir, et le temps présent sous un sceptre pacifique !

> Et dans ce charmant paysage
> Où l'esprit flotte, où l'œil s'enfuit,
> Le buisson, l'oiseau de passage,
> L'herbe qui tremble et qui reluit,
> Le vieil arbre que l'âge ploie,
> Le donjon qu'un moulin coudoie,
> Le ruisseau de moire et de soie,
> Le champ où dorment les aïeux,
> Ce qu'on voit pleurer ou sourire,
> Ce qui chante et ce qui soupire,
> Ce qui parle et ce qui respire,
> Tout fait un bruit harmonieux.

Véritablement, à voir notre heureux patron, le péripatéticien, tout occupé d'art et de poésie en ces enchantements de printemps, d'été, de fleurs, de gazon, d'eaux plates et jaillissantes, de musique et de vers, d'enfance et de jeunesse, de politique et de jardins, il me semble assister à ce doux récit que fait Platon lui-même d'un vieillard, ami des chants sacrés :

« Cébès alla voir Socrate le jour de sa mort. Socrate lui dit que
« les dieux l'avaient averti, plusieurs fois, pendant son sommeil
« qu'il devait s'appliquer à la musique avant qu'il mourût. Il
« n'avait pas entendu d'abord ce que ce songe signifiait, car,
« comme la musique ne rend pas l'homme meilleur, à quoi bon
« s'y attacher ? Il fallait qu'il y eût du mystère là-dessous. Si bien
« qu'en songeant aux choses que le ciel pouvait exiger de lui, il
« s'était avisé que la musique et la poésie ont autant de rapport
« que possible. Était-ce de la dernière qu'il s'agissait ? Il n'y a pas
« de bonne poésie sans harmonie, il n'y en pas non plus sans
« fictions, et Socrate ne savait que dire la vérité. — Enfin il avait
« trouvé un tempérament : c'était de choisir des fables qui con-
« tinssent quelque chose de véritable, telles que sont celles
« d'Ésope. Il employa donc à les mettre en vers, les derniers mo-
« ments de sa vie. »

M. Hugo lui-même, non plus dans ses vers, mais en belle prose sonore et ferme, il a raconté la grande et heureuse position du poëte et de l'écrivain, tant qu'ils se tiennent éloignés de la chose politique, tant qu'ils n'ont pas d'autre ambition que celle-là :

Aimer, rêver, chanter!

« Certainement des choses immortelles ont été faites, de nos
« jours, par de grands et nobles poëtes, personnellement et direc-
« tement mêlés aux agitations quotidiennes de la vie politique ;
« mais, à notre sens, un poëte complet, que le hasard ou sa voca-
« tion aurait mis à l'écart, et préservé de tout contact immédiat
« avec les gouvernements et les partis, pourrait faire, aussi lui,
« une grande œuvre ! »

Ainsi il parlait, ainsi il pensait, il agissait ainsi, grâce à sa bonne et poétique nature, et grâce aussi à la clémence de ces heures favorables où toute révolution faisait silence, où les *Marseillaises* oubliées se taisaient devant le charmant et inspiré chanteur des nuits pacifiques, mon ami Pierrot.

Un soir même où nous étions très-nombreux, M. Bertin, selon sa coutume, était assis sur sa terrasse, il souriait au soleil couchant, et de temps à autre il s'écriait, montrant sa vallée : « Il n'y a rien de plus beau sous le ciel ! » Un des nôtres, qui venait de Paris, nous annonça la mort de Rouget de Lisle, l'auteur de la *Marseillaise ;* alors on vint à parler, à propos de ce mort, des tempêtes de la poésie et de la révolution sous la Terreur.

Je compris que notre bon patron (il exécrait les bourreaux d'autrefois) s'attristait, en son par dedans, à ces horribles souvenirs, et j'essayai de l'en distraire ! Certes, vous avez beau dire, ô poëte, disais-je à M. Victor Hugo, et porter envie : *Aux armes, citoyens !* j'aimerais cent fois mieux avoir écrit les quatre premiers vers de votre sérénade : *Ouvre-moi, pourquoi sommeiller ?* que d'avoir fait hurler, à tout un peuple, les fureurs de *la Marseillaise.* Oui, et je vais plus loin, j'aimerais mieux pour mon repos, pour ma consolation à l'heure suprême, et quand il faudra répondre au juge d'en haut, m'appeler tout bonnement « mon ami Pierrot, » que Rouget de Lisle.

A ces mots, vous entendez d'ici le murmure et les clameurs. Tout ce grand *Journal des Débats* avait à peine vingt-cinq ans à l'heure dont je parle, et la plupart de ces conservateurs aimaient la révolution française, au moins comme on aime *une belle horreur !*

Bon, voilà qui va bien ; j'étais criblé de quolibets : et M. Hugo de chanter :

> Au clair de la lune !

et tous les autres d'ajouter :

> Mon ami Pierrot !

et le piano voisin, par la porte ouverte du grand salon, d'accompagner... jusqu'à l'*amour de Dieu !* M. Bertin souriait, et comme j'aimais à le voir sourire :

Messieurs, disais-je, vous avez tort de vous moquer de l'ami Pierrot, qui était cependant un *sans-culotte !* L'ami Pierrot, oui-dà, il ne fait peur à personne ; il ne demande la tête et le bien de personne ; il n'a jamais crié : *Aux armes, citoyens !* Il n'a pas d'armes, l'ami Pierrot ! Il est calme, il est heureux, il est paisible et bonhomme, il est la ressource de son voisin dans la peine, il dort quand les autres veillent ; il n'est pas comme vous, la plume toujours taillée et chargée d'encre, il est la plume oisive qui ne sert que tous les trimestres, pour donner un acquit de quatre ou cinq cents livres.

Et comme ils chantaient toujours : *Au clair de la lune*, en ricanant. — Je maintiens mon dire, m'écriais-je, il vaut mieux être Pierrot : *Au clair de la lune*, que Rouget de Lisle aux échos de la *Marseillaise !* A bas l'un, et vive Pierrot ! L'honnête et l'heureux chansonnier, mes amis, quelle vie heureuse et quelle mort satisfaite ! Il n'a pas écrit *la Marseillaise*, il a chanté : *Au clair de la lune*, et que de fois ce brave homme nous est apparu dans nos songes de l'été ! Plus calme était la maison, plus transparent était le banc de pierre, plus pur et plus doux glissait le rayon sur ces murailles endormies, et plus nous disions : — A coup sûr, c'est là que vit, que respire, et c'est là que dort mon ami Pierrot. Il dort, il est seul. Son chat est croupetonné sur lui-même, son chien est étendu aux pieds de son maître, une lampe veille, douce lueur dans cette obscurité bienveillante.

Rêve, Pierrot ! rêve ! non pas d'amour, non pas de gloire, non pas d'ambition ou de batailles, mais de douces promenades, de vergers pleins de fruits, de joyeuses chansons, de belles rivières bien limpides, de gazon et de fleurs. Ce n'est pas moi qui voudrais troubler tes beaux rêves, ce n'est pas moi qui voudrais crier à tes chastes oreilles une chanson de haine et de mort !

Voilà cependant, ami Pierrot, un grand poëte de ce temps-ci, qu'on appelle Victor Hugo, et qui porte envie au plus sanglant, au plus terrible *de Profundis !* qui soit sorti de la tête d'un mortel. Que dites-vous de cela, ami Pierrot, et qu'en pense aussi monsieur *votre ami*, qui doit être un poëte élégiaque, un faiseur d'*odes et ballades*, un chanteur d'*Orientales* et de *Feuilles d'Automne*, entendez-vous ?

Tel était mon discours ; M. Bertin riait aux éclats, le poëte riait aussi ; madame Hugo, si charmante, mais qui ne veut pas qu'on joue avec sa gloire, ne savait pas tout à fait si elle devait rire ou se fâcher. — L'ami de Pierrot, l'ami de Pierrot, disait M. Hugo, ne prêtait pas sa chandelle ; il était un membre de l'Académie, et il n'a pas fait *les Feuilles d'Automne*.

Et que diable, repris-je, a-t-il donc fait, mon poëte, cet ami intime de Pierrot, s'il n'a pas fait au moins une ballade? Comment donc, il dormait du sommeil du juste, tout à coup l'inspiration le réveille: ô fortune! ô bonheur! dans son rêve arrive la rime rebelle qui le fuyait toujours. Soudain il se jette à bas de son lit et — ô désespoir! son vers révolté lui échappe; un instant de plus, et la rime s'en retourne au pays des chimères, d'où viennent les rimes. C'est alors que le poëte, frappant à coups redoublés à la porte de son ami Pierrot, se met à chanter : — Ouvre-moi ta porte — pour l'amour de Dieu. — Ta porte, — ta plume; — prête-moi ta plume! — Pourquoi faire? — Pour écrire un mot! rien qu'un mot!

> Au clair de la lune,
> Mon ami Pierrot,
> Prête-moi ta plume
> Pour écrire un mot.

— En ce cas, Pierrot a bien fait de prêter sa plume à son voisin, mon confrère, reprenait Victor Hugo, et content, il improvisait une chanson sur Pierrette et sur Pierrot.

Voilà comment nous échappâmes, ce soir-là, à *la Marseillaise* et au poëte infortuné qui l'écrivit!

De ces folies, que j'en savais donc; mais je les oublie; on ne sait plus rire à notre âge, en dépit d'Aristote, qui recommande à qui veut être sage, d'entretenir en soi-même la gaieté et la joie.

Aristote a raison, un peu de gaieté, c'est la vie; un applaudissement naïf et qui se perd, dans les airs, comme un oiseau échappé de sa cage, c'est le bonheur!

Nous autres, les dédaigneux, les difficiles et les faiseurs de critique, il ne faut pas nous en faire accroire, nous comptons un peu moins dans la vie et dans la gloire d'un vrai poëte, que le spectateur naïf qui pleure et qui rit, fidèle et docile à la volonté du grand enchanteur! Ce n'étaient pas seulement les grands connaisseurs qui applaudissaient à M. Victor Hugo, c'était tout le monde, et de ce monde-là il retirait mille justes contentements.

Or s'amuser, uniquement pour le plaisir de s'amuser, et non pas pour la joie de tout savoir, de tout deviner, de tout prévoir, voilà en effet ce qui s'appelle se conduire comme un animal que l'analyse n'a pas dépravé, mais, au contraire, qui s'est endormi sur le sein de la synthèse, cette bonne et bienveillante créature, la mère nourrice de tous les esprits bons enfants! Heureux donc, trois fois et quatre fois heureux et même davantage, les esprits incultes qui s'en venaient au drame le plus compliqué de tous les drames, au drame de M. Victor Hugo, et qui s'abandonnaient, sans arrière-pensée, à cette impulsion toute-puissante! Oui, je vous loue et je vous approuve, vous tous les enfants gâtés de la Muse, à qui l'on dit : « Venez demain, vous verrez mademoiselle Mars jouer la Thisbé, vous verrez madame Dorval jouer la Catarina! » Ils viennent, — ils applaudissent, — ils pleurent, et le lendemain, demandez-leur pourquoi ils ont pleuré? Ils vous montrent leurs yeux, rouges encore des larmes de la veille.

Huit jours après on leur dit : « Arrivez! mademoiselle Mars jouera la Catarina, et madame Dorval la Thisbé. » Ils accourent, et les mêmes transes, les mêmes larmes, la même pitié, la même terreur! — Pourquoi encore? Au diable votre *pourquoi!* Le fait est que cette terrible histoire de la Venise antique, remplie des souvenirs lointains de l'*Othello* de Shakspeare, des souvenirs du caveau de Roméo et Juliette, ce drame d'*Angélo*, écrit avec la plume jeune et vivante d'un poëte, ce drame qui a servi de prétexte aux meilleures comédiennes de ce temps-ci, n'a jamais manqué son effet, en dépit des plus violentes louanges, en dépit des plus violentes critiques.

C'est du Shakspeare! dit la louange; — c'est du Pixérécourt! dit la critique... C'est du Victor Hugo! reprend la vraie et sage critique. Or du côté de la louange, c'est dire assez, et du côté de la censure, c'est assez dire, il n'en demandait pas davantage. Pour peu que l'on reconnût qu'il était un grand inventeur dans le drame en vers et en prose, il s'estimait un homme heureux, et maintenant qu'il était le maître, il laissait disserter sur son œuvre. Il n'y a que les poëtes dont la foule doute encore, et les poëtes qui ne doutent de rien (ce qui est la même chose absolument), qui ne souffrent pas qu'on les discute. On avait beau dire à M. Victor Hugo : Prenez garde, plus d'une fois vous touchez au fantôme, à l'abîme... Il répondait sans se troubler : Qu'importe, pourvu que l'on croie à mon fantôme, et si l'on tombe au fond de l'abîme que j'ai creusé?

La foule, en effet, s'abandonnait aux plus sauvages caprices du poëte qu'elle avait adopté ; la foule était frémissante à ces guitares, à ces poisons, à ces baisers.

La foule, qui, dans un pays libre, a l'instinct de toutes les grandeurs, prêtait une oreille attentive à ce grand style taillé à pic, comme on disait que Louis XIV avait taillé à pic sa monarchie. Elle aimait d'instinct cette recherche savante, cette harmonie imitative, ce sombre appareil, en un mot, toutes les rares qualités et tous les rares défauts d'un grand écrivain, et puis le moyen de se défendre contre un enchanteur de cette force ? Que l'on se fâche contre ses hardiesses sans limites, ou qu'on les admire, il faut le suivre, il faut sourire, il faut trembler, et l'attention marche ainsi, doublement excitée par le fonds même autant que par la forme de ce drame puissant.

Mais (disaient les critiques pendant que la foule écoute et se fond en sanglots), tant de clefs, tant de passages, tant de portes cachées, tant d'embûches, tant de puits, tant d'espions, tant de parenthèses entre la vie et la mort, est-ce possible? est-ce vrai? est-ce d'un bon drame? A quoi le poëte eût répondu volontiers : Y croyez-vous? y croyez-vous, là, tout de suite, aussitôt qu'on vous en parle?... Tenez! vous y croyez; je le vois, vous y croyez, et ce n'est que plus tard, quand vous êtes revenus à votre sang-froid, quand vous avez parlé avec vous-même, quand vous avez calculé à la façon de ce bandit de Casanova sous les plombs du palais ducal, la hauteur des fenêtres et l'épaisseur des grilles, que vous vous mettez à douter de la réalité de ces stratagèmes; mais alors, mon enfant, il est trop tard pour douter de mon œuvre, et vous voilà pris à la glu de ma fiction.

C'en est fait, en dépit de vos reproches, vous êtes mon esclave, et je vous tiens, malgré votre résistance! Quoi donc, vous avez tremblé, vous avez eu peur, je n'en veux pas davantage, et si vous n'êtes pas content de moi, je suis content de vous! J'ai eu de vous tout ce que j'en voulais avoir, votre premier mouvement, votre première surprise; à présent, hurlez en chœur si vous voulez, le poëte n'entendra pas vos rétractations. Un homme s'embusque au coin du bois où vous passez rêvant à rien; cet homme vous demande brusquement la bourse ou la vie? Vous lui donnez votre bourse... cet homme n'a pas volé votre bourse, et l'eût-il volée, eh bien, jusqu'à nouvel ordre elle est à lui!

Tel était le débat, entre la foule et M. Victor Hugo, et ce débat se renouvelait à chaque œuvre nouvelle, et les critiques d'accuser cet homme obstiné, de le comparer à l'homme heureux que le succès a toujours trouvé bienveillant et fidèle, à M. Scribe.

Oh! disait-on, quand M. Scribe a déplu à son peuple, aussitôt il efface, il retranche, il ajuste, il obéit. Il ne veut pas de murmures, il ne veut pas du sifflet, M. Scribe; il veut être à tout prix loué, applaudi, fêté, joué souvent, joué toujours; c'est pourquoi il évite l'excès en tout, cherchant *le moins*, comme l'autre cherche le *plus et le trop-plein*, et se tenant quelque peu en deçà des grands mouvements, des fortes paroles, du grand éclat. L'autre, au contraire, Hugo, est un tranche-montagne, un emporte-pièce, un boulet de canon.

On a fait des centaines de volumes insipides avec ce thème-là; le seul mystère en tout ceci, c'est que le poëte du *Roi s'amuse* et des *Burgraves* tient à son œuvre, quelle que soit son œuvre, bonne ou mauvaise. Les personnages qu'il amène, qu'il pousse, qu'il traîne, qu'il jette et qu'il écrase sur la scène, vrais ou faux, grands ou petits, héroïques ou absurdes, M. Victor Hugo les a tous vus dans son âme, comme Desdémone a vu le visage d'Othello.

Par Dieu! Messieurs les détracteurs, convenez-en, une bonne fois, c'est une assez belle chose que la conviction dans l'art pour qu'on y applaudisse, et c'est une chose assez rare un homme convaincu, pour qu'on se mette à sa suite, heureux de tenir à lui par le bout de son manteau! M. Victor Hugo a foi dans lui-même; il a foi en nous tous; il croit en nous; nous croyons en lui; il marche, et nous le suivons. Après quoi, est-ce à dire que tout ce qu'il verra nous le verrons comme lui? Le dévouement, certes, ne va pas à croire, en dépit de sa propre conviction; mais n'est-ce rien que d'être au pied de la tour, et de savoir, au sommet de cette tour, une haute intelligence qui regarde au loin, prête à vous dire enfin ce qu'elle a vu dans le tourbillon de la terre et du ciel étoilé?

Regardez, je vous prie, ô sœur Anne, regardez de toutes vos forces, et ne vous lassez pas d'attendre si longtemps, entre le soleil qui flamboie et le chemin qui poudroie?

Un homme arrive au galop, et si vous finissez par le découvrir dans cette poudre et dans ce soleil, ô ma sœur Anne, vous n'aurez pas perdu votre journée! Que m'importe aussi que M. Victor Hugo, du sommet où il est placé, découvre souvent des monstres auxquels je ne puis pas croire, et que je ne verrai jamais comme lui? Bug-Jargal tout crépu, Han-d'Islande buvant l'eau de la mer dans un crâne, Quasimodo, d'une si belle âme, tout couvert de pustules, Triboulet, le bossu, à la porte d'une taverne du dernier degré, que sais-je encore? toutes les hallucinations de ce cerveau de fer qui se plaît surtout dans les extrêmes, et qui souvent essaie du barbarisme comme d'un effet sublime!

Que m'importent les visions funestes de mon poëte? Ne sais-je pas que lorsqu'il y a génie, tout se compense, le beau par le laid, l'absurde par le sublime. Ne sais-je pas que Desdémone est près d'Othello, que le gentil Ariel est à côté de Kaliban, l'enfant Joas près d'Athalie, et le petit Arthur près de Richard III?

En revanche, ne sais-je pas aussi qu'à côté de Quasimodo vous trouverez la divine Esméralda? Cet homme, à qui vous reprochez les empoisonnements et les meurtres, n'a-t-il pas donné le jour à Dona Sol, la douce fiancée d'Hernani? N'a-t-il pas purifié, autant que cela est au pouvoir de la poésie, Marion Delorme la prostituée? Il a fait de Ruy-Blas (un valet) le héros de la politique et de l'amour! Il a fait tout ce que peut faire un poëte en soudant, l'une à l'autre, les fibres les plus délicates et les plus rudes du cœur humain : *Tres imbris torti radios!* En tout ce qu'il a tenté, il a toujours franchi la limite, s'il ne l'a pas dépassée; il a été absurde et violent, qui le nie? Absurde à la façon de ce fanatique qui croit, justement parce que *croire* est absurde; violent à la façon de celui qui a dit que le ciel appartient aux violents qui le ravissent.

De ces meurtres, de ces violences, de ces excès, M. Victor Hugo est sorti le maître et le vainqueur! Il a accompli, en héros, ses plus difficiles entreprises; politique, il a expliqué Charlemagne; poëte satirique, il a montré François Ier; antiquaire, il s'est comparé, faisant le portrait de sa ruine, à l'amant qui fait le portrait de sa maîtresse. « Il se charme lui-même, et risque d'ennuyer les autres. »

Ici M. Hugo se vante, il n'a jamais ennuyé personne; au contraire, il a tenu le monde attentif ; il a soulevé autour de son œuvre les plus grandes batailles ; il a remporté des victoires impossibles en présence des spectateurs avides de se partager les épis et les fleurs de ses moissons ; il a été terrible et vrai, fantasque et cruel ; d'autres fois il appelait la fantaisie à son aide, et elle accourait du pas léger de l'été, en belle robe, diaprée de toutes les couleurs de l'arc-en-ciel !

Ainsi par sa prose et par ses vers, par ses théories et par ses drames, par sa préface et par son discours, par ses romans, par ses passions, par son silence même, il a occupé, jusqu'à la démence, la nation de Molière et de Pascal, de Voltaire et de Béranger. Rappelez-vous, vous qui aviez alors vingt ans, ces batailles, plus longues, certes, et plus furieuses qu'Austerlitz et Waterloo, dont M. Victor Hugo donnait le signal ; rappelez-vous nos transes, nos peines, notre inquiétude, et nos cris, et nos bravos, et nos *vivat !* et parfois aussi nos défaites humiliantes, quand le public, qui est le maître, enfin, de ces grandes journées, imposait silence à notre admiration !

Encore une fois, c'était le bon temps. Comme on s'aimait, comme on se haïssait, comme on s'exécrait, comme on se soutenait alors ! On se battait jusqu'aux morsures ; on résistait avec acharnement ; on applaudissait avec délire ; on se déchirait, on s'élevait des autels. La foule ardente profitait des loisirs que lui faisaient ce roi prévoyant et paternel, pour se mettre de moitié en toutes ces rages plus ou moins contenues ; bientôt du drame représenté, la foule allait aux écrivains qui règlent et qui soutiennent l'opinion, et c'était encore une fête heureuse, le lendemain de ces victoires si cruellement disputées, de voir la foule se ruant sur le journal, prête à le déchirer en mille parcelles pour peu que le critique ne fût pas de l'avis du lecteur. Belles journées des combats poétiques, heures charmantes, hélas ! on ne vous verra plus !

> Du Paradis il coulait un ruisseau
> Dans la prairie : il était clair et beau ;
> Il n'est vieillard à la ville, au château,
> Qui, s'y baignant, n'en sortît jouvenceau.

CHAPITRE XVIII

Et puisque nous voilà au chapitre des bonheurs de M. Victor Hugo (ne craignez pas que nous laissions dans l'ombre *Angélo*, *Lucrèce Borgia*, les *Burgraves*, le *Roi s'amuse*, ils viendront à leur place, à leur moment, à propos des drames de la même école), il me plaît de raconter, tout de suite, un des plus grands bonheurs de notre poëte, c'est-à-dire un des plus terribles dangers qu'il ait évités au théâtre; je veux parler d'un tour de force incroyable, *Ruy-Blas*, « cette œuvre faite pour les femmes, pour les penseurs, pour la foule. » Il a gagné à vieillir, plus que tous les drames de M. Victor Hugo, ce *Ruy-Blas*, et cependant jamais, dans ses démonstrations les plus audacieuses, le poëte intrépide n'avait tenté une pareille aventure ! A ces drames qui sont restés une révolution, ce n'est pas la hardiesse qui manque; l'esprit humain reste confondu à compter les divers et étranges problèmes que notre poëte a démontrés.

Il a démontré, dans *Hernani*, la supériorité du bandit de grand chemin sur le gentilhomme ; dans *Marion Delorme*, il a pris la défense de la fille de joie ; dans *le Roi s'amuse*, il vous a montré comment le roi le plus élégant et le plus amoureux de l'Europe, à la plus belle époque de notre histoire, n'était qu'un misérable coureur de mauvais lieux, comparé à Triboulet le bossu, le fou de cour. Allons encore ; il a fait mieux, il a dénoncé Marie Tudor, la chaste et sanglante catholique, comme une femme sans mœurs qui avait un amant italien à ses gages. Quand il jetait dans l'univers de sa création, et dans l'histoire de sa fantaisie, *Angelo, tyran de Padoue*, il rendait supportable un jeune homme aux gages d'une comédienne, entretenue elle-même par le podestat de Padoue ! Oui, c'est cela (nous revoilà dans les objections, ce qui prouve qu'elles ne nous inquiètent guère), cet intrépide a fait de la vertu le vice, du roi l'esclave, du sujet le roi ; il a plié, selon son caprice de fer (*ferrea vox*), toute l'histoire, et il la fait entrer, de vive force, dans son drame. — Maintenant qu'il a accompli ce singulier panégyrique de toutes les misères humaines, voici le nouveau problème, l'étrange problème que se propose M. Victor Hugo, dans *Ruy-Blas*.

Il s'agit, cette fois, de prendre un homme, non pas parmi les voleurs de grands chemins, non pas parmi ces *rufiani* italiens dont la race est perdue, amoureux de qui les paie, et vénals qui vendaient à des femmes vénales, leurs baisers et leurs épées ; il s'agit de chercher, dans une antichambre remplie de laquais, et sous la livrée des laquais, un laquais, et de faire de ce laquais l'amoureux, l'amant aimé, l'amant pleuré de la plus grande dame qui soit au monde, la reine de toutes les Espagnes !

Est-ce assez dire, et pensez-vous qu'à ces scènes il n'ajoutera pas d'autre scène, entassant l'obstacle sur l'obstacle, Pélion sur Ossa ? Cet homme est amoureux de l'obstacle, et il n'est jamais si content que lorsque d'un grain de sable il a fait un promontoire contre l'Océan furieux ? Il faut donc pour que cette démonstration funeste soit poussée aussi avant qu'elle peut l'être, que la reine sache, aussi bien que nous, que son amant est un laquais, qu'elle le puisse voir, tout comme nous, dans son habit bariolé, et qu'enfin cet étrange héros se drape dans sa livrée afin de mourir aussi royalement que Mithridate.

Voilà en effet tout ce drame; et vous pensez quelle implacable volonté il a fallu pour l'imaginer, quelle constance pour le disposer d'une façon convenable, quel talent et quelle puissance poétique pour nous faire supporter, que dis-je? pour nous faire écouter, avec un grand charme, une pareille fable qui donnait un impitoyable démenti à toutes les habitudes de notre âme et de notre esprit !

Le héros de ce drame s'appelle Ruy-Blas ; il est né paresseux et poëte comme un Espagnol ; il est pauvre, il est sans nom ; il ne peut pas être un grand seigneur, il se fait valet. Ruy-Blas est au service d'un grand d'Espagne, don Salluste, qui vient d'être disgracié, tout à l'heure, par la reine, pour avoir déshonoré une de ses femmes. Don Salluste cherche une vengeance, il la veut terrible. D'abord il fait appeler un sien cousin, perdu de dettes et de débauche, un bandit de carrefour, un voleur, un escroc, un nommé don César de Bazan, souillé de toutes les fanges de Madrid.— Qui le croirait, pourtant ! ce don César, ce don bandit, quand son cher et honoré parent, le marquis Salluste, lui veut donner une bourse, un manteau, un palais, un chapeau, voire un haut-de-chausse dont ce pauvre diable a grand besoin, ce voleur sans conscience refuse net et ferme. Ce monsieur a des scrupules : il rejette les offres de son bon parent, tant il le méprise. Aussitôt don Salluste fait saisir monsieur son cousin ; on le jette à bord d'un corsaire, et nous voilà débarrassés de ce trop honnête bandit.

Ruy-Blas reste seul à la merci de son maître ; son maître, caché comme Néron derrière un pilier, sait déjà le secret de son valet.

> Invente, imagine, suppose,
> Fouille dans ton esprit, cherches-y quelque chose
> D'étrange, d'insensé, d'horrible, d'inouï,
> Une fatalité dont on soit ébloui !

C'est le secret de Ruy-Blas, et déjà don Salluste a pénétré dans cet abîme

> Plus sourd que la folie et plus noir que le crime!

Ici la scène s'engage vite et bien. Il faut, en vérité, que ce don Salluste soit un habile homme pour avoir, en si peu de temps, derrière la porte où il se cache, trouvé, deviné, arrangé, disposé le commencement, le milieu, la fin, les moyens de la plus horrible intrigue qui se puisse imaginer. — D'abord il dicte à son laquais une lettre d'amour; — il lui dicte ensuite le billet suivant qui produira un plus terrible effet que la lettre tant reprochée à *Tancrède* :

> Moi, Ruy-Blas,
> Laquais de monseigneur le marquis de Finlas,
> En toute occasion ou secrète ou publique,
> M'engage à le servir comme un bon domestique.

Quand il a ses deux lettres en poche, le marquis « de Finlas » donne à Ruy-Blas le manteau, l'épée, la maison qu'il voulait donner tout à l'heure à son coquin de parent don César; le marquis fait plus ; il donne à Ruy-Blas, son laquais, le nom, les armes, la généalogie de don César; puis, en cette qualité, et sous les apparences quasi royales d'un grand d'Espagne, il le présente à la cour; cependant la reine paraît : — Qu'ordonnez-vous, monseigneur? dit Ruy-Blas à son maître :

> *De suivre cette femme et d'être son amant,*

répond le féroce marquis de Salluste.

Aussitôt que le mendiant don César est ôté de nos yeux, nous sommes à l'aise. Reste, il est vrai, la livrée du héros ; mais du moins Ruy-Blas porte noblement sa livrée ! M. Hugo, qui sait à merveille animer de son souffle puissant, une grande scène, habilement et fièrement posée en plein drame, a introduit dans son drame un vieux gentilhomme à demi aveugle, entêté de sa noblesse et très-amusant à entendre. Nous acceptons, de très-bon cœur, ce vieux gentilhomme, et même tout à l'heure nous allons accepter aussi le matamore don Guritan, autre type emprunté à la vieille comédie de cape et d'épée, et d'échelle nocturne !

S'il s'arrête à temps, le poëte-gentilhomme, on ne peut lui comparer personne pour la grâce et le charme. Il est vif, ingénu, charmant, tant qu'il ne sort pas de ses domaines naturels. Et quel beau domaine, à qui sait s'y tenir ! On dit à M. Hugo : le monde est à vous ! Soldats, jeunes gens, vieillards, reines, femmes du peuple, bourreaux, victimes ; la nourrice et l'enfant, la coupe et lss lèvres, le poison et les fleurs, le palais et la chaumière, la prison et la citadelle ; prenez tout ce qui est grand, tout ce qui est beau, tout ce qui est jeune ; prenez même, si vous le voulez, les ridicules, les vicieux, les débauchés. Seulement, laissez là le grotesque, respectez ô poëte amoureux, cette adoration de la beauté humaine, cette grâce de la forme extérieure, cette inépuisable inspiration de l'amour que vous avez dans l'âme, dans l'esprit et dans le cœur !

L'action ainsi engagée entre ces divers personnages bien posés et bien compris, chacun à sa place, à son ombre, à sa clarté et dans le relief qui lui convient, ne craignez pas que Victor Hugo laisse languir la curiosité, l'intérêt, le charme.

Le poëte sait à merveille comment une idée se met à profit, comment on tire d'une situation dramatique tout ce qu'elle peut donner, enfin, comment de beaux vers, bien amenés, peuvent au besoin remplir admirablement une scène vide. Au second acte, nous sommes chez la reine d'Espagne, la femme de Charles II ; ce second acte pourrait très-bien s'intituler — *la Reine s'ennuie*. En effet, l'auteur a disposé très-habilement toutes choses pour que cet ennui soit profond. La reine, pauvre jeune femme, est entourée de vieilles dames d'honneur qui travaillent à l'aiguille, en grand silence, attendant que l'heure de parler ait sonné à cette horloge qui règle les moindres actions de Sa Majesté.

O tristesse ! ô grandeurs ! Sur le devant de la scène se tient, raide, empesée et malveillante, la camerera mayor, cet espion solennel des reines d'Espagne. M. Victor Hugo comprend et devine l'histoire, avec ce profond sentiment poétique qui ne le tromperait jamais, s'il ne lui résistait pas si souvent. Grâce à cette intelligence exquise des moindres détails, qu'il reproduit souvent, la plume à la main, dans une suite ingénieuse de petits dessins d'un trait vif, animé, réel, il devine non-seulement ce qui se passe dans l'intérieur de ces murailles, mais encore il voit toutes choses, les habits, les mantilles, les meubles, les plus imperceptibles mouvements de cet amas d'habits brodés et de robes de soie qu'on appelle une cour. Cette grande science des détails ajoute un vif intérêt aux drames de M. Hugo ; non-seulement il est l'inventeur de son drame, il en est aussi l'architecte, il en est le maître des cérémonies.

Il vous dira, aussi bien que M. d'Hosier ou M. de Chérin, les armes, les alliances, les marques, le blason, la généalogie de chaque personnage ; il connaît à fond tout ce qui désigne, appuie et concerne son héros, son geste, sa belle prestance, son air à cheval, sa façon de porter l'épée et de se battre en duel ; et plus il aime les personnages de sa création, plus il entre ainsi dans les plus minutieuses recherches de meubles, de costumes, de demeures ; souvent même il perd tant de soins, de temps et de peine à cette besogne, qu'il oublie d'animer ce peuple si bien vêtu ; il a donné des habits à ses héros, il n'a plus le temps de leur donner des passions ; il les a armés de pied en cap, et il oublie de les faire agir. C'est ainsi que plus d'une fois le minutieux antiquaire nuit au poëte et à son drame.

Les tragédies de Pierre Corneille se passent devant la même toile, ses héros sont habillés comme autant de marquis, ils sont armés à la diable, une chaise de paille leur suffit et au delà. C'est vrai ; la passion qui les anime sauve toute chose, et vous pleurez aux malheurs de ces héroïques va-nu-pieds, sans avoir eu le temps de réfléchir sur la forme de leur tunique, ou sur la couleur de leur manteau.

Par exemple, cette représentation des futilités de la cour d'Espagne, au second acte de *Ruy-Blas*, pour être exacte et complète et pour amener de charmantes répliques, de fines reparties, n'est tout au plus qu'une délicate peinture posée dans un salon, et dont on admire la finesse, sans demander pourquoi ce tableau est placé là ? Le grand poëte Schiller avait retracé, avant M. Victor Hugo, un grand et sévère tableau historique avec le même sujet dont M. Hugo n'a voulu, il est vrai, faire qu'un tableau de genre. Vous souvient-il de cette éclatante scène du *Don Carlos* de Schiller, dans ces mêmes jardins d'Aranjuez, quand la reine, la jeune femme du terrible Philippe II, se promène en ces allées droites et rigides comme l'étiquette, accompagnée et surveillée par la duchesse d'Olivarès ?

A peine êtes-vous entré dans ce terrible harem d'une seule femme entourée de tant d'esclaves muets, de tant d'esclaves impuissants, que déjà vous sentez le frisson parcourir votre veine émue ! On a peur, on a froid, rien qu'à voir cette duchesse d'Olivarès marchant, à pas comptés et d'un visage d'enterrement, derrière cette femme jeune et imprudente qui n'a pu se faire encore à la terrible étiquette. La scène est la même, dans le drame de Schiller et dans le drame de M. Hugo; mais quelle différence pour l'émotion, pour la terreur, pour la pitié!

Quand la reine de Schiller dit à madame d'Olivarès : *Allez me chercher ma fille*, la duchesse regarde à sa montre : *Ce n'est pas l'heure, Madame!... Ce n'est pas l'heure* fait frémir! Quand la reine de Schiller reçoit une lettre, et que la duchesse *demande la permission de se tenir éloignée*, on devine que la reine se perd; cette froide duchesse d'Olivarès est ainsi posée : elle est l'amie du roi, l'ennemie de la reine; cette duchesse d'Olivarès est pour nous la représentation vivante du prince le plus soupçonneux et le plus terrible, et, tout à l'heure, le roi va paraître et s'écrier : « Seule, Madame! pas une de vos femmes pour vous accompagner! où donc sont vos femmes? — Où est la première dame? où est la seconde?... *Si une fois je commençais à craindre, ma crainte cesserait bientôt!* »

Sur l'entrefaite (dans le drame de M. Victor Hugo) passe, en chantant au loin, une troupe de bohémiens; ainsi chante le batelier de Venise au dernier acte d'*Otello*; mais dans l'*Otello*, ce chant funèbre, que répète en gémissant la lagune attristée, porte au fond de l'âme une tristesse mortelle : vous êtes en présence d'une jeune femme qui va mourir; au contraire (dans *Ruy-Blas*), cette chanson lointaine des bohémiens, qui longent le parc d'Aranjuez, n'est qu'un aimable épisode... un prétexte aux vers les plus charmants :

> A quoi bon entendre
> Les oiseaux des bois?
> L'oiseau le plus tendre
> Chante dans ta voix!
>
> Que Dieu montre ou voile
> Les astres des cieux,
> La plus pure étoile
> Brille dans tes yeux.

Arrive alors, au milieu de cet ennui, sous l'habit d'un grand seigneur, l'amoureux Ruy-Blas; il est porteur d'une lettre du roi à la reine; le roi écrit à Sa Majesté, ce billet célèbre dans les annales de la monarchie espagnole :

> Madame, il fait grand vent, et j'ai tué six loups!

Et le voltairien, assis au parterre, à entendre cette missive royale, ne peut s'empêcher de sourire! Ce roi-là, le roi de M. Victor Hugo (convenez-en!) est un peu moins terrible que Philippe II, le roi de Schiller. C'est ainsi que chez M. Hugo la fantaisie l'emporte souvent, même sur l'intérêt de son œuvre. L'intérêt de cette scène entre la reine et l'amant étrange qui lui arrive, demandait qu'au moins le roi d'Espagne, qui va être tout à l'heure si indignement trompé, fût quelque peu un homme redoutable et redouté ; au contraire, M. Hugo fait de ce roi-là un prince de comédie :

> Madame, il fait grand vent, et j'ai tué six loups!

Quoi d'étonnant que le loup s'introduise dans cette royale bergerie? En revanche, il faut dire que la rencontre entre la reine et Ruy-Blas est touchante! A cet endroit de son poëme... de son rêve, le poëte est plein de sentiment et d'éloquence : il parle à merveille le divin langage de la passion la plus charmante, et les premiers transports de ces deux amants lui inspirent de très-beaux vers. Malheureusement rien de ce qui est simple ne saurait durer longtemps, dans un drame de M. Hugo. A peine Ruy-Blas est-il sorti qu'on nous montre, de nouveau, le matamore dont le public des belles choses se plaignait tout à l'heure, et non pas sans quelque juste motif. Cet homme, qui est une charge, veut pourfendre le nouvel écuyer Ruy-Blas. La reine, pour sauver Ruy-Blas, qui ne court guère un grand danger, envoie le matamore porter une lettre à trois cents lieues d'ici ; dans cette lettre est écrit : « *Retenez cet homme!* » Que si vous me demandez ce que fait la camerera-mayor, tantôt si méchante, et si vous vous écriez comme le Philippe II de Schiller : « *Où est la première dame? où est la seconde dame?* » je vous répondrai que cette dame d'atours n'était là que pour amuser le tapis. Madame d'Olivarès n'est plus chez M. Hugo que *madame l'Étiquette*, pour nous servir d'un mot de la reine de France, Marie-Antoinette, plus malheureuse certes (et moins contrainte) que la femme de Philippe II.

Nous arrivons ainsi au troisième acte. Ruy-Blas, poussé par son propre génie aux grandes affaires, et par la faveur toute-puissante de la reine, est devenu le premier ministre du roi d'Espagne.

Ruy-Blas est grand d'Espagne et chevalier de la Toison-d'Or. — Il est surtout un honnête homme. M. Hugo lui-même a rarement écrit de plus belles choses que le discours de Ruy-Blas aux hommes d'État de l'Espagne. Cette fois le grand discours de Charles-Quint au tombeau de Charlemagne, dans *Hernani*, a trouvé son digne pendant. Voilà pourquoi M. Hugo a raison quand il écrit ses drames en vers. Le vers le soutient et le protége, le vers lui fraie abondamment la route, et surmonte l'obstacle. Enfin M. Victor Hugo n'est jamais si grand politique que lorsqu'il parle en vers ; il n'est jamais si amoureux dans sa prose que dans ses vers. Quand il écrit en vers, il domine la langue, et il lui fait véritablement exécuter toutes sortes d'incroyables tours de force.

Après que Ruy-Blas a gourmandé si justement tous ses confrères, les ministres d'État (et c'est ici vraiment que M. Hugo a commencé à se révéler un partisan de la démocratie), survient la reine heureuse et fière de son ministre, et alors commence, entre elle et lui, une de ces scènes d'amour toujours les mêmes, toujours nouvelles, dans lesquelles excelle, à ravir, ce poëte excellent.

Pas un des hôtes nombreux de l'Océan n'est heureux dans le vaste élément, autant que notre poëte, lorsqu'il raconte une scène d'amour! Vous souvient-il de la scène d'amour entre Hernani et dona Sol, entre Didier et Marion Delorme, entre les deux amants de *Marie Tudor*, la nuit, sous cet arbre propice, entre la femme du podestat et celui qu'elle aime? Quels tendres soupirs! Quels doux murmures! Quel délire mal contenu! — C'est la gloire de M. Hugo, il croit à l'amour. C'est là sa force, il respire l'amour. L'amour lui fait pardonner tous les excès de son drame, il en sauve les invraisemblances.

La scène entre Ruy-Blas et la reine d'Espagne est belle, éloquente, et très-touchante. — Cela dit, arrive le personnage mystérieux que M. Hugo affectionne et sans lequel il ne saurait faire un pas, survient ce terrible *ananké* sur lequel il a fondé son œuvre complète. C'est toujours la même puissance implacable, fatale, sans regard, sans oreilles, sans entrailles, presque sans voix : la foudre qui tombe, la tour qui s'écroule, le nuage qui crève, une espèce de force inerte que vous retrouvez dans les tragédies de Sophocle, justifiée par la croyance religieuse.

Moins dramatique et moins habile que le poëte grec, le poëte français a dépouillé *la nécessité* de tout l'appareil religieux ; c'est la violence du vent qui souffle, de la tempête qui gronde, de la mer qui déborde, jusqu'à ce qu'elle ait rencontré le grain de sable au delà duquel : « Tu n'iras pas plus loin ! »

Notez bien que l'homme fatal arrive toujours dans la même circonstance, à l'instant le plus heureux — dans la chambre nuptiale d'Hernani, dans la maison du podestat, quand les deux amants sont aux bras l'un de l'autre, entre Didier et Marion Delorme qui le croit sauvé. — Aussi bien, pas un spectateur de *Ruy-Blas*, connaissant le maître et sa manie, n'a été surpris de voir revenir le marquis Salluste, au moment, où l'attendaient le moins, les spectateurs ignorants des procédés du poëte.

Salluste est proche... nos deux amants viennent de s'avouer leur amour... l'*homme fatal* doit nécessairement arriver pour détruire et pour briser ces enchantements. — Cette fois le marquis Salluste porte lui-même sa propre livrée ; il entre insolemment chez son valet, le premier ministre, et il le traite avec un mépris incroyable. — Ferme la fenêtre, lui dit-il, et l'autre ferme la fenêtre ! — Ramasse mon mouchoir, et l'autre ramasse le mouchoir ! La scène est étrange, elle était difficile à faire, elle était difficile à sauver. Pourquoi donc ce Ruy-Blas, amoureux d'une reine qui l'aime, ministre tout-puissant dans son palais, se laisse-t-il insulter par ce proscrit? Ruy-Blas n'a qu'à appeler ses valets, et l'homme meurt sous le bâton ! A défaut de bâton, nous comprendrions que cet amant d'une reine, ce grand homme insulté, se délivrât de la honte et de l'insulte par un coup de poignard.

A tout prendre, je comprends très-bien qu'Hernani, le Castillan, lié par l'honneur et fidèle à son serment, obéisse à ce vieillard offensé qui lui ordonne de mourir. Ce vieillard est dans son droit ; Hernani s'est donné corps et âme à cet homme ; il a promis ; il a juré ; plus sa maîtresse est présente, et plus il tient à l'estime, au respect de celle qu'il aime... une âme espagnole :

Et plus grande encore que folle !

disait La Fontaine ; aussi Hernani est condamné, le signal est donné, à l'instant même il faut qu'il meure. Mais Ruy-Blas, il ne doit rien à son maître ; son maître lui a tendu un affreux guet-apens ; Ruy-Blas est le maître de son maître ; autant l'obéissance d'Hernani est généreuse, autant la soumission de Ruy-Blas est peu motivée. Il obéit cependant, ou plutôt il promet d'obéir ; son maître lui ordonne de tenir toute prête sa petite maison, et d'avoir, dans cette maison, une voiture attelée. En un mot, le guet-apens conçu, il y a six mois, il y a trois actes, va tout à fait s'accomplir.

Ici s'ouvre et s'achève, en pleine folie, en plein grotesque, avec un accent, une verve, une ardeur, un mépris de toutes les choses reçues, le plus étrange et le plus étonnant quatrième acte que cet homme intrépide ait jamais osé concevoir. Le quatrième acte de *Ruy-Blas* me rappelle tout à fait ces tours de force dont il est parlé dans les *Proverbes*, « la difficulté ajoutée à l'obscurité, » *Non obscuritate substractâ, sed difficultate conditâ*, et je ne crois pas que la hardiesse et l'hilarité d'un simple mortel ait jamais rien produit de plus étrange, de plus grotesque et de plus charmant.

Donc, au quatrième acte de *Ruy-Blas*, nous sommes dans cette petite maison, la caverne, dont il est parlé au premier acte :

> Mais il a quelque part un logis inconnu
> Où jamais en plein jour, peut-être, il n'est venu.
> A cent pas du palais, une maison discrète...
> .... par la porte secrète
> Dont il a seul la clef ; quelquefois à la nuit
> Le marquis vient, suivi d'hommes qu'il introduit ;
> Ces hommes sont masqués et parlent à voix basse.
> Ils s'enferment, et nul ne sait ce qui se passe.

La maison est sombre et terrible ; les fenêtres en sont grillées, une fois entré on n'en saurait sortir. Vous pensez donc, à voir tous ces apprêts, ces domestiques mystérieux, ces *noirs-muets*, tout cet attirail, que vous allez assister à une action terrible.

L'action n'est qu'étrange ! — On voit d'abord un homme tombé par la cheminée ; il est couvert de suie, il est en haillons, il a faim, il a soif, il a les dents aussi longues qu'il a les ongles noirs : c'est notre sacripant du premier acte, don César de Bazan, comte de

Garofa, cousin du marquis Salluste, le même homme scrupuleux qui n'a pas voulu servir les projets de son cousin, et que son cousin a fait déporter en Afrique ; et maintenant que ce gueux-là revient à Madrid, poursuivi par les alguazils, il escalade justement la terrible maison où se font tous ces apprêts mystérieux, et naturellement il entre par la cheminée ; à peine entré, il ouvre toutes les armoires, et il s'habille de pied en cap.

Bon ! il ouvre les buffets, il boit, il mange, il jase, il fabrique toutes sortes de verbes et d'adverbes inconcevables[1]. A la fin entre un valet du marquis. — Le valet du marquis prend notre coquin pour le premier ministre ; il lui donne l'or de son maître ; il boit avec lui, il le *saoule*, c'est le mot. Le valet *saoulé*, entre une vieille entremetteuse qui se tient d'ordinaire à l'église, au troisième pilier. Cette *compagnonne* :

Dont le menton fleurit et dont le nez trognonne!

remet un billet au bandit, un billet doux, et le bandit promet de se trouver au rendez-vous. Revient alors, de son grand voyage, notre matamore du second acte, ce fier-à-bras qui veut pourfendre tout le monde. Don César va se battre avec cet homme dans le jardin, et il le tue. Revient enfin le marquis Salluste lui-même, et vous pensez s'il est bien affligé de voir sa vengeance si fort compromise dans ce grand désarroi ! Quoi ! son argent volé ! son pâté mangé ! son manteau gaspillé ! son vin bu ! son rendez-vous manqué ! son cousin don César à la place de son valet Ruy-Blas ! un homme mort dans son jardin ! Comment faire ?

C'était bien la peine de tant haïr et de tant hasarder pour perdre une reine ! — Heureusement une idée vient au marquis, il appelle le guet qui passe, il dit aux hommes de la police en montrant monsieur son cousin : — « Arrêtez ce bandit ! il a ses poches pleines de mon or, il a mon manteau sur ses épaules, et

---

(1) Que M. Hugo était jeune alors ! Il a poussé la charge jusqu'à se moquer de lui-même ! Il avait, disait-il, à se plaindre de deux beaux esprits qui avaient fait des objections à son drame ; aussitôt il met leurs noms dans ce quatrième acte, et les trois hommes de rire aux éclats : M. Hugo, M. Cuvillier-Fleury, M. Trognon.

...... Affreuse compagnonne
Dont le menton *fleurit* et dont le nez *trognonne!*

tout à l'heure il vient d'assassiner un homme dans mon jardin ! »

Aussitôt le guet entraîne don César ; le marquis Salluste, délivré de cet importun, se rassure quelque peu, il remet tout en ordre pour que sa vengeance ait son cours, et le drame, qui cesse de rire, recommence de plus belle, et sur un ton plaintif.

— Mais cependant pourquoi donc l'avoir si malheureusement interrompu, ce drame ? Pourquoi jeter ainsi, sans respect et sans pitié, ce quatrième acte au milieu d'une pareille action ? Que voulez-vous que nous fassions de ce bouffon à côté de vos héros ? Comment attrister nos oreilles de ces plaisanteries de taverne, quand tout à l'heure nous étions en si illustre compagnie, dans le palais du roi d'Espagne ? Eh ! la volonté ! Eh ! la fantaisie !

A force de réussir, ce grand poëte avait conquis le droit de tout oser, et il usait de tous ses droits. Encore s'il n'y avait, dans ce quatrième acte, que l'impossible, il y a l'odieux, malheureusement, et c'est là l'affliction véritable.

Quoi donc ! parce que la reine a pris la défense d'une femme insultée par le marquis Salluste, le marquis Salluste se croit en droit d'entraîner cette infortunée dans un abîme sans fond de honte et de désespoir ! Quoi ! un grand d'Espagne se vengera de sa reine, tout comme s'est vengé l'espion Omodéi de la Vénitienne qu'il aimait ! Un infâme guet-apens tendu à la reine, un valet jeté dans son lit, et quand ce valet est dans le lit de Sa Majesté, arrive le marquis, un flambeau à la main, qui déploie au pied de cette femme une horrible livrée. — Voilà pourtant ce que coûte la maladresse ! Sans ce quatrième acte, qui nous donne le temps de la réflexion, tant nous sommes forcés de porter nos regards ailleurs, nous n'aurions pas remarqué l'infamie exécrable de cet affreux marquis Salluste. Heureusement le cinquième acte est digne des trois premiers. Sur le point de finir, le drame recommence comme s'il n'y avait pas eu de quatrième acte, et vous revoyez, intègres, la reine et Ruy-Blas.

Cette reine adorée de son amant, qui cependant la laisse exposée à toutes les fureurs du dernier des misérables, a reçu tantôt le billet, écrit il y a six mois, par Ruy-Blas, sous la dictée de son maître ; appelée, elle est accourue, et la voilà prise au piége de Salluste ! Alors revient, pour la dernière fois, l'homme terrible, l'insulte à la bouche, et proclamant tout haut que la reine d'Espagne est perdue et déshonorée! De son côté, Ruy-Blas jette aux pieds de la reine son manteau, comme fait le comte Almaviva à la dernière scène du *Barbier de Séville*; seulement le manteau de Lindor cache un grand d'Espagne, un comte Almaviva, tout brillant de l'esprit français et de la grâce espagnole, et cette fois le manteau d'un grand d'Espagne cache un laquais!

Ainsi s'accomplit le paradoxe! Ainsi sont rapprochés violemment par une intrigue basse, et par une honteuse vengeance, ces deux êtres, placés aux deux extrémités de l'échelle sociale, la reine et le valet; ainsi vous venez de pousser à bout une des plus étranges révolutions qui se puissent voir; mais arrivé à votre but, et quand la royauté sortira de vos mains, chargée d'outrages, quels seront la moralité de votre œuvre et le résultat de votre tentative? Tout simplement, ô poëte ami des grands dangers, vous aurez réhabilité le laquais : le trône et le lit de la reine d'Espagne lui auront servi de piédestal!

Heureusement que ce dernier acte est sauvé, à force de talent et d'énergie. Quand le marquis Salluste a poussé assez loin son insulte, Ruy-Blas se relève enfin. Il comprend alors que son tour est venu d'être un homme, et de déchirer ses langes souillés. Aussitôt il va fermer, en dedans, cette porte, qui le laisse tête à tête avec cet abominable don Salluste, et rien qu'à voir Ruy-Blas révolté, pousser ce verrou inflexible, on comprend que le marquis Salluste est perdu. Enfin donc!

> Je crois que vous venez d'insulter votre reine!

et Ruy-Blas le laquais, semblable à Spartacus lorsqu'il a brisé sa chaîne, revient soudain sur cet homme, l'épée à la main. Dès ce moment l'homme est perdu! Ruy-Blas à cet instant se relève de toute la profondeur de son abjection; il écrase à son tour ce misérable, et comme nous voulions le voir écrasé :

> Je vous écraserai sous mon talon de fer;

il lui rejette toutes ses injures à la face :

> J'ai l'habit d'un laquais, et vous en avez l'âme!

Cette fois, enfin, à l'heure où s'achève ce drame funeste, nous respirons plus librement; la dignité humaine est relevée : le laquais disparaît, la souquenille devient manteau, le galon de laine devient broderie, l'habit rouge de Frontin devient pourpre; telle est la puissance du drame qui se passe devant nous, que nous oublions que le héros sort de l'antichambre.

Le marquis mort, et restée seule avec son terrible amant, la reine détourne les yeux pour ne pas voir cette livrée infâme. Aussitôt Ruy-Blas s'empoisonne, il meurt de ce même poison classique qui a tué Rodogune, Phèdre, Britannicus, Zopire et tant d'autres héros du drame antique qui ne meurent pas autrement. Mais ceux-là ils expirent dans la toge romaine ou sous le manteau grec; Ruy-Blas expire dans la souquenille du valet — la belle et étrange nouveauté !

Allons ! puisque le sort en est jeté, enivrons-nous de paradoxe ; jetons aux vents la plus belle poésie ; servons-nous du drame comme d'une torche ardente jetée sur des gerbes de blé ; renversons tout sur notre passage : les lois, les temples, l'histoire, les reines, les rois et tous les grands de ce monde. Qu'importent toutes ces choses ? Elles seront payées et au-delà, par une larme, par un frisson, par un simple battement du cœur !

Hélas! c'est la loi des grands bonheurs d'ici-bas, ces grands bonheurs ont un terme. Dans une de ses admirables compositions, le poëte invoquait, ou plutôt provoquait la Providence. — « Et maintenant, expliquons-nous tous deux, » lui dit-il. Ne vous semble-t-il pas, qu'en ce moment de sa vie, il arrive à M. Victor Hugo que la Providence lui dit à son tour :

Et maintenant, poëte, expliquons-nous tous deux !

Expliquons-nous ; je t'ai fait naître à l'époque excellente pour la poésie, d'un père glorieux, d'une mère admirable ; je t'ai donné la force, la beauté, la jeunesse, l'esprit, le génie et la volonté de t'en bien servir. A vingt ans, je te donnais une épouse longtemps rêvée, et belle à ce point que toi-même tu ne l'as pas assez chantée! Et je t'ai donné des filles d'une grâce accomplie et des fils de ton nom, pleins de flamme et d'intelligence! Je t'ai donné, pour ta jeunesse et pour ton âge mûr, de vrais amis, des disciples fidèles, des fanatiques de ce grand art dont tu es le créateur! Tu as été un poëte, à l'âge où c'est à peine si l'on est un jeune homme! M. de Chateaubriand, ton digne parrain, t'a nommé *l'enfant sublime!* Le roi Charles X t'a voulu voir, et t'a confié son inquiétude et sa peine, au seul nom de Louis XIII, son aïeul. Pas une fleur n'a manqué à ta couronne poétique ; de l'ode au sonnet, de la ballade à l'élégie, de Louis XIV à Bonaparte, de la guerre à l'amour, toute chose a réussi à ton génie !

On a vu même les débris d'un autre âge ressusciter à ta voix puissante, et *Notre-Dame de Paris*, c'est toi qui l'a sauvée ! Enfin, tu as voulu tenter le théâtre, et ton premier essai a été un coup de maître ; tu as été un grand poëte en prose, un plus grand poëte en vers ; à cette heure, on t'ouvre, à deux battants, la porte de la pairie, et tant qu'il te plaît tu peux parler du haut de la tribune, attentive à ta moindre parole ! — Orateur, poëte, historien, romancier, père de famille, es-tu content ?

Et maintenant, poëte, il faut compter tous deux !

Or, ce compte terrible, il était fait, à l'avance, dans les trésors de la Providence, dans les trésors de sa colère et de sa vengeance ! — Le compte, était fait, et dans ce compte, au milieu des plus abominables douleurs et des plus terribles misères qui puissent frapper un galant homme, il entrait... ô fortune implacable, la mort d'un enfant, la mort de sa fille aînée, et pour lui-même un exil éternel !

L'Océan, à cette heure, le salue et le voit, tous les jours, à son œuvre, le poëte des *Orientales* et des *Feuilles d'Automne*, et il se demande, en grondant, ce que fait ce grand poëte sur cette plage désolée ? Océan ! Océan ! célébré par Bossuet ! Océan traversé par tant de rois et par tant de reines « dans des appareils si divers et pour des causes si différentes, » tu as dévoré l'enfant, tu emprisonnes le père, et avec celui-là la mère et sa fille, et ses deux fils assis à ton rivage, les yeux tournés du côté de la France !

La France est là-bas, dans la brume, après le nuage ; et le soleil de septembre l'éclaire, en ce moment, de son calme et doux rayon ! O gloire inutile ! O promesses passées ! Nuages de l'avenir ! Menaces du temps présent ! Quelle peine et quelle tristesse pour nous, qui avons vu naître, à cette ombre heureuse et dans ce jardin béni du ciel, ces beaux enfants (nos fils auraient leur âge), de les savoir attachés là-bas, par le malheur et par l'exil de leur père... Hélas !

Mais à nos plaintes rien ne répond que le bruit confus de ces flots qui montent toujours et qui reculent toujours ; et c'est en vain que je te salue en m'inclinant, ô mon poëte désolé :

> La vaste mer murmure autour de ton exil [1] !

---

[1]. Qu'on nous permette ici de copier quelques lignes d'une lettre admirable et touchante que nous écrivait madame Hugo, de sa terrasse, en l'île de Jersey ; il me semble que dans l'antiquité même, dans ce monde ancien rempli d'exils il ne s'est rien dit, à propos de cette peine abominable, de plus simple et de plus touchant :

« ..... Quelles tristesses nouvelles ! La mort d'Armand Bertin, qui nous a « tant aimés, la mort de sa femme qui était une sainte, à la distance d'une « année et jour par jour ! Donnez-moi des nouvelles de ces deux beaux « enfants que je confondais, avec les miens, lorsqu'ils étaient petits, et que « je les menais promener sur les bords du lac, dans la vallée de Bièvre !

« Hélas ! que vous dirais-je ? notre vie est la même ; « l'exil est impie, « il est monotone. Mon mari se lève avec le jour, et tout le matin il tra- « vaille ; on ne se réunit qu'à midi pour le déjeuner, alors on se dit bon- « jour, alors commence la causerie. Il s'est trouvé que mon fils Charles est « un beau parleur, qui parle tant qu'on l'écoute, et son père et moi nous « l'écoutons volontiers. Après le déjeuner, chacun s'en va de son côté, « mon mari dans les champs, mon second fils dans la ville (il est l'élégant « de la compagnie), et Charles, à bout d'éloquence, s'étend sur un mauvais « canapé en crin et rêve en fumant... Ce piano qu'on entend là-haut, c'est « celui de ma fille. Pour moi, j'embrasse ces grands enfants, et je songe « aux moyens de leur donner un dîner qui vaille au moins celui de la veille.

« Au premier rayon de soleil, je m'en vais sur notre immense terrasse « au bord de la mer, et je pense... aux absents, à mon ange qui est là-haut. « Le chat qui me suit comme un chien, vous le connaissez, ou du moins « vous avez été très-lié avec sa grand'mère ; c'est le petit-fils de la chatte « née à la Conciergerie, et qui vous faisait tant d'amitiés.

« Et nous aussi nous avons nos chances heureuses, nos bonheurs ines- « pérés : une course à cheval, une promenade en bateau, un ami qui vient « nous voir. Voilà le facteur ! Quelle fête, la lettre, et peut-être aussi la « consolation d'un ami ! »

CHAPITRE XIX

Mais avant de compter avec le grand poëte de la France moderne, la Providence avait aussi un compte à demander au vieux roi, qui depuis tantôt quinze années, la menait d'une main si bienveillante et si juste, à travers tant d'écueils. Certes, je ne veux pas faire ici un parallèle impie, et comparer à aucune misère la misère de ce grand roi que la tempête enlève au peuple sauvé par lui ; cependant, en voyant ce roi et ce poëte exilés sous le même ciel et frappés dans leurs affections les plus chères, bien avant les rudes heures de l'exil, on ne saurait s'empêcher de remarquer, par quelle rencontre, en ces grandes misères, ce fut M. Victor Hugo qui porta la parole, au nom de l'Académie, le jour où la France s'inclinait devant ce trône, veuf de Marcellus.

O vanité de la gloire ! Ce poëte entouré de louanges, d'honneurs, de prospérités... ce roi, voisin de l'auréole et digne d'être appelé le père de la patrie! ils étaient réservés avant peu, au même deuil, à la même misère, à la même épouvante. L'un et l'autre ils avaient un compte à rendre à la fortune ; ils avaient à expier le bonheur qu'elle prête aux mortels, et qu'elle leur fait payer si cher.

Mais si la mort funeste et regrettable à jamais de monseigneur le duc d'Orléans devait compter à la monarchie française, elle devait entrer aussi dans le compte définitif de M. Victor Hugo. Il perdit, en le perdant, un prince éclairé, intelligent de toutes choses, surtout des choses poétiques, et tout-puissant sur les volontés de son esprit. Il perdit un prince qu'il aimait et qu'il honorait de toutes les forces de son intelligence ! O misérable accident la mort de ce grand prince ! O royale infortune !

Enfants précieux sur qui madame la duchesse d'Orléans devait répandre les trésors de sa grâce maternelle ! Illustre et excellente princesse, à jamais inconsolable ! O deuil éternel ! Reine infortunée, et Roi malheureux [1] !

[1]. On ferait un gros tome des élégies auxquelles la mort de S. A. R. monseigneur le duc d'Orléans a donné le jour. Parmi ces poëtes élégiaques, il faut citer M. Belmontet, et ces belles strophes qui, Dieu merci, ne sont pas les seules du même auteur à madame la duchesse d'Orléans.

> Plus jeunes, plus aimés, lorsque tu les rappelles,
> Seigneur ! les Marcellus ont les morts les plus belles ;
>   Tout l'horizon leur fut riant.
> Ils n'ont vu des grandeurs que leur belle surface,
> Et s'ils s'en vont trop tôt, leur jeune éclat s'efface
>   Dans les splendeurs de l'orient.
>
> Ce qu'ils promettaient d'être, est de la renommée.
> Au fond des cœurs émus leur mémoire embaumée
>   Y garde un parfum précieux.
> Leur gloire est plus limpide ; *on la croit sur parole ;*
> Et sans avoir connu les tourments d'un beau rôle,
>   Ils vont l'achever dans les cieux.
>
> Mais toi, qu'un si beau sort flatta d'un si beau leurre,
> Ta haute mission, prince que l'État pleure,
>   Ne te suivra point au tombeau !
> Tes fils, c'est encor nous ; les tiens, les douces joies,
> Auront, pour les guider dans l'honneur de tes voies,
>   Leur mère, leur plus pur flambeau.

Que d'élégies en ce temps-là ! Que de poëmes ! Quelle couronne au jeune comte de Paris ! Nous avons sous les yeux une épître que lui adressait M. Belmontet, un peu avant 1848 !... O poésie ! Elle a des ailes, et c'est donc pour aller de Pompée à César ! *Musa ales!* La prose est moins souple et moins obéissante au vent qui souffle, à la grandeur qui s'incline ! On a vu, cependant, des prosateurs se conduire en poëtes, écrire des cantates, après avoir exalté dans leur prose sonore et tendre, les puissances des plus mauvais jours de notre histoire, oui, mais ils écrivaient leur cantate dans la langue des dieux, en ce moment ils n'étaient plus d'humbles prosateurs, ils étaient de sublimes poëtes :

> Touchant les cieux
> D'un front orgueilleux !

Laissons-les faire, ces enfants de la fantaisie et du caprice, ils obéissent, à tout propos, au *Mens divinior;* ceux-là parlent moins haut, et sont plus calmes en leur douleur, dont la douleur est plus durable.

Monseigneur le duc d'Orléans est resté pour nous, ses contemporains, qui l'avons pleuré en prose, un deuil éternel. De beaucoup d'entre nous il avait été le condisciple. Dans les luttes du collége, sa présence et son nom avaient été, de bonne heure, un encouragement précieux, et plus d'un qui n'eût pas poussé jusqu'au bout ces difficiles travaux de la jeunesse, les avait, au contraire, acceptés avec joie, en voyant le petit-fils de tant de rois, porter si légèrement le lourd fardeau des premières études.

A le voir, tout d'abord, tel qu'il était dans ces premières années, à peine échappé de l'enfance, un admirable écolier (je le vois encore au Raincy, dans ces vastes jardins, quoique un peu négligés, qu'il remplissait du son de sa voix d'un beau timbre et d'un loyal accent), vif, animé, heureux, plein de grâce et d'intelligence, ses condisciples se prenaient à aimer le jeune prince ; ils l'admiraient tout bonnement, sans emphase et sans délire, honnêtement, loyalement, car ni lui ni les autres ne pressentaient ses grandes destinées ; il était, comme nous tous, le sujet du roi Charles X.

Après le collége il devint un soldat, et ses condisciples se dispersèrent pour chercher leur vie en quelque utile et rude travail.

Les rangs étaient pressés, le chemin difficile, le travail sévère; il fallait suivre la voie tracée, et nous la suivions sans nous plaindre, lorsqu'un jour, le jour des trois jours, en 1830, au milieu des pavés soulevés et des esprits en courroux, parut aux portes de Paris révolté, le jeune duc de Chartres, à la tête d'un régiment que précédait le drapeau tricolore. Les vainqueurs de la journée aussitôt reconnurent leur ancien condisciple, et lui firent place à leur côté; ils allèrent ainsi, tous ensemble, au Palais-Royal, où le duc d'Orléans vint recevoir son fils aîné, d'un air aussi calme, que s'il lui revenait tout chargé des couronnes du collége! Douces et paisibles couronnes, bien disputées et bien gagnées! palmes saintes! Jusqu'aux jours de pleurs et de deuil, ces couronnes, remportées par ses fils au doux collége, firent le plus bel ornement de la maison de notre Reine, en son calme château de Neuilly!

Ainsi le prince royal devint, tout d'un coup, par le droit de sa naissance et par toutes les qualités de son esprit, de sa grâce et de son précoce bon sens, le vrai prince de la jeunesse française. Il était notre prince et notre roi, bien avant que son noble père ne devînt le Roi des Français. Le prince royal savait tous les noms de la jeune France, comme Jules César savait le nom des soldats de son armée. Il pouvait dire, à coup sûr, quelle était la jeune génération qui allait venir. Il en savait les vœux et les espérances, les chagrins, les ambitions; il était lié, d'une amitié sincère, avec les jeunes intelligences du xixe siècle; il était innocent, comme elles, des crimes passés, des servitudes acceptées, des lâchetés accomplies!

Quel feu, quel grand courage et quelle grande âme! Comme il regardait, d'un air calme et tranquille, les nouvelles grandeurs de sa maison! Comme son père était toujours son père, et non pas le Roi! Jamais le prince royal n'a été plus aimable et plus beau que dans ces premiers jours d'une royauté qui sauvait la France, et chacun de lui dire dans la langue de ce Virgile qu'il savait si bien : — *Tu Marcellus eris!*

Bientôt vint une guerre, ou tout au moins une citadelle à prendre. La citadelle était forte et bravement défendue. Voilà le jeune prince bien heureux. Il arrive, un des premiers, sous les murs d'Anvers! Il ouvre la tranchée, il attend fièrement les boulets et les balles qui passent au-dessus de sa tête riante ; il apprend, sous un bon maître, le difficile métier de la guerre ; en même temps il se fait aimer du soldat par son courage, par sa présence d'esprit, par son art de tout dire, d'encourager, de blâmer, de récompenser, de consoler, de soulager. Sous les murs d'Anvers, il se montre tout à fait un soldat hardi et modeste.

Le maréchal Gérard, dans ces glorieux bulletins où chacun est à sa place, excepté le prince lui-même, prononçait à peine le nom du prince royal, et c'était une grande joie pour le jeune capitaine de n'être pas plus loué que s'il n'eût été qu'un simple soldat de l'armée, ou que s'il eût été le maréchal Gérard en personne. Ainsi ses premiers commencements militaires furent sérieux : une citadelle à renverser, une révolution à soutenir, un trône nouveau à élever — tous ces travaux militaires, si voisins de la France, et sans se mêler en rien aux luttes des partis, qui déjà commençaient à gronder.

Il a eu ses beaux jours de gloire, il a eu sa bonne part dans les jours de misère. Quand la ville de Lyon se souleva, comme si elle eût été une ville capitale, quand il fallut se défendre contre les *barbares* (un des plus grands mots que la presse française ait prononcés en toute sa vie) dans ces murs révoltés, quand il y eut guerre civile au milieu de cette France qui avait besoin de tant de concorde, le prince royal fut envoyé, dans ces flammes, par le Roi, son père, afin qu'il vît de près, comment grandissent ces terribles colères des peuples, et qu'il apprît, de bonne heure, comment elles se calment à force de fermeté généreuse et de sage compassion. Il était humain, charitable, sérieux, patient, modeste, modéré ; il comprenait déjà tous ses devoirs qui étaient immenses ; il revint à Paris, la paix rétablie, l'ordre sauvé et les vaincus eux-mêmes le bénissant. Difficile victoire et pénible ; mais il acceptait toutes les victoires. Ces sortes de victoires sur les populations ameutées étaient dans la destinée de son père, et dans la sienne, hélas !

Aux jours du choléra, quand les hôpitaux étaient encombrés de malades, quand le passant tombait dans la rue, frappé d'une mort subite, inexplicable ; quand les médecins prenaient la peste au lit des pestiférés; le premier qui ait osé accourir, dans ces hôpitaux au désespoir, ce fut le prince royal. Il touchait les malades de ses mains, il avait pour eux toutes sortes de consolations et d'espérances ; ainsi se montrait-il au niveau de sa fortune : « Ceux qui vont mourir vous saluent du fond de l'âme, monseigneur. »

La mort, qui l'a respecté dans ces tristes jours de peste et de misère, quand il était encore un tout jeune homme, quand l'œuvre paternelle commençait à peine, le devait-elle prendre ainsi, lui marié à la plus admirable fille de l'Allemagne intelligente, lui père de famille, avec tant et de si grandes parties d'un capitaine et d'un homme d'État, à l'instant même où la France s'était habituée à le regarder comme le Roi de l'avenir ?

L'Afrique, domptée enfin par nos armes, se souviendra toujours du prince royal comme d'un vainqueur. Dans cette terre romaine et barbare, il a laissé sa trace vraiment royale; et cette fois, il s'est abandonné, tout à fait, au courage qui le poussait, à l'instinct militaire qui était en lui, aux nobles hasards qu'il aimait le plus, les hasards d'une guerre où chacun payait de sa personne, pleine de dangers et de périls, et dans laquelle chacun jouait sa tête, à l'infini.

Devant lui se sont abaissées les Portes-de-Fer. Seule l'armée d'Afrique pourrait dire combien le prince royal avait toutes les vertus des grands capitaines. Il avait conquis tous les cœurs par la vivacité et l'énergie d'une éloquence naturelle qui lui faisait trouver, à l'instant même, ce qu'il y avait de mieux à dire. Quant au danger, il le recherchait comme un homme qui n'a pas longtemps à se donner les vives joies des coups de fusil, des surprises, des siéges, des glorieuses misères de la bataille. Peu s'en fallut que plus d'une fois il ne mourût sur cette terre désolée. Cruelle mort! mais que le ciel en eût été loué, si la France avait pu prévoir que son prince bien-aimé serait brisé, à deux pas de la maison paternelle, et que son vieux père, et sa mère au désespoir, et tous ces jeunes gens qui aimaient tant leur frère, n'auraient plus qu'à ramasser un cadavre, dans la poussière des avenues de Neuilly !

Quelle mort pénible, imprévue, inexorable! En moins de douze années, que de batailles au dedans et au dehors! que d'assassins et de parricides ! Que de calomnies et d'injures!

Le prince royal a porté sa part et sa bonne part de ces guet-apens et de toutes ces cruautés. Il a été exposé à tous les coups qui ont menacé son père. Il était partout où se trouvait le danger, au dedans, au dehors; une fois, comme il revenait de l'Afrique, il fut exposé à la balle de l'assassin. Et l'on demande d'où lui venait, à trente-deux ans, tant de calme et de sang-froid, ce grand air de commandement qui lui allait si bien, cette application aux choses du gouvernement, et ce soin scrupuleux sur lui-même? Cela lui venait de la gravité des événements et de l'importance qui s'attachait aux moindres paroles du prince royal. Il était comme le roi son père : il vivait sous le regard de tous, sous la calomnie et sous le poignard de plusieurs.

Quant aux parties de sa vie privée et pacifique, elles sont charmantes. Le prince royal était un noble jeune homme qui avait, en lui-même, le germe heureux des plus douces, des plus honnêtes et des plus élégantes passions. Un vif sentiment de l'art, de la beauté, de la forme, s'était développé en lui de fort bonne heure [1]; il avait tous les goûts savants de l'antiquaire; il aimait toutes les recherches ingénieuses des beaux-arts; il marchait, par son goût et son instinct, un peu en avant de tous les artistes, ces heureux passionnés de la forme et de la couleur.

Jeune homme, il était du côté de l'esprit et de la jeunesse; prince royal, il prenait parti pour les persécutés. Il aimait les lutteurs, les novateurs et les chercheurs de nouveaux-mondes en tout genre; il les encourageait, il les soutenait de toutes ses forces. Son appartement des Tuileries était un véritable musée où brillaient surtout les artistes méconnus, ceux dont la foule ne veut pas encore, et ceux que le bourgeois dédaignera toujours!

Dites-nous le nom de quelque artiste nouveau autour duquel se

---

1. De tous les arts, la musique était l'art qu'il aimait le moins (*je ne la crains pas!* disait le bon roi Charles X), et cependant il faisait, comme on dit : *contre fortune bon cœur!* Un soir, à l'Opéra (on entrait alors à l'Opéra, pour peu que l'on fût un écrivain de quelque mérite, et la porte était grande ouverte aux honnêtes et bienveillantes renommées), j'eus la chance heureuse de rencontrer le prince royal. Il sortait de sa loge au moment où Nourrit allait chanter son grand air. — Ah! lui dis-je, Monseigneur, vous n'avez pas le droit de sortir de votre loge tant que Nourrit n'a pas chanté! — Chût! dit-il, et le voilà qui rentre, au moment où le grand air commençait.

sont livrées des batailles, et vous trouverez ce nom-là parmi les noms protégés du duc d'Orléans ! — Il a été le soutien d'Aimé Chenavard, à qui il a confié le célèbre surtout de table dont Barye a fait les figures. Il a été le protecteur d'Antonin Moine, le patron d'Ary Scheffer : « Mon ami Ary Scheffer ! »

Ceci est écrit de sa main, dans le testament du prince royal, et voilà votre titre de noblesse, ô grand artiste qui êtes l'honneur de votre art; Jules Dupré, Marilhat et Louis Cabat étaient ses peintres chéris. Quand la ville de Paris se mit en quête d'un artiste pour exécuter l'épée du comte de Paris, le prince royal désigna pour ce difficile et précieux travail, un artiste dont peu de gens savaient le nom, et l'épée du comte de Paris fut confiée à Klagmann !

Que ne lui doit pas un des artistes les plus violemment contestés de nos jours, Eugène Delacroix? Vous savez tous les tumultes qui se sont élevés autour des tableaux d'Eugène Delacroix? C'étaient des cris, c'étaient des batailles, c'étaient des rages, c'étaient des exclamations à ne pas s'entendre, on eût dit de M. Hugo en personne ! L'Institut même prit parti, plus d'une fois, contre l'artiste attaqué de toutes parts. Au milieu de la dispute arrivait M. le duc d'Orléans, et soudain il *passait à l'ennemi*, comme disait l'Institut ; le tableau accusé, il l'achetait, et il le mettait à la plus belle place de sa maison ; la toile chassée du Louvre était exposée chez le prince royal.

Que nous en avons vu, d'artistes au désespoir, tendre leurs mains à M. le duc d'Orléans, et revenir consolés, encouragés, sauvés par lui ! — Il était en ceci le digne frère de ce grand artiste nommé Marie d'Orléans, un révolutionnaire de génie. Elle et lui ils s'entendaient à merveille à aimer, à défendre, à secourir les beaux-arts. Ils savaient, ces deux nobles esprits, ce qu'il faut de sympathie aux gens qui luttent ; l'un et l'autre ils étaient pour les choses nouvelles, pour le mouvement, pour les esprits animés et impatients. En les perdant tous les deux, les artistes de nos jours ont perdu un maître dans la princesse Marie, un Mécènes dans M. le duc d'Orléans.

C'est ainsi que le prince royal avait trouvé le moyen, à force de bon goût et de bons conseils, d'être le plus grand protecteur des beaux-arts de ce temps-ci. Il devinait à merveille tout ce qui était le génie ; il le découvrait partout où il était, il le suivait à la piste, il le forçait dans ses retranchements d'isolement ou de modestie. Il est un des premiers qui aient donné aux tableaux de Decamps la grande valeur qui leur était due ; il s'était passionné pour ce mouvement, cette couleur, cette chaleur tout africaine ; et comme l'artiste insouciant ne produisait pas assez au gré du prince, le prince allait chez lui, il grimpait dans son nuage. Un jour on frappe à la porte de Decamps. — Entrez... Ah ! monseigneur, que de grâces et que de pardons pour tous ces étages ! — Tenez, dit le prince, voilà votre habit neuf que monsieur votre portier m'a chargé de vous monter ! — Et de rire.

J'en connais cent, qui sont prêts à dire ces bontés, ces encouragements, ces louanges, à propos du prince royal.

Parmi ces artistes que je nomme au hasard, il en est un, le plus éminent de tous, mais non pas le moins persécuté, la gloire de l'Institut qui l'a renié plus d'une fois, M. Ingres, pour qui la mort du duc d'Orléans fut un coup terrible. Quand M. Ingres partit pour Rome, le prince royal lui commanda un tableau, *la Stratonice*, un chef-d'œuvre que nous avons admiré aux Tuileries ; quand M. Ingres fut de retour, M. le duc d'Orléans voulut avoir son portrait de la main de l'illustre artiste. Il n'est pas facile d'obtenir un portrait de M. Ingres, surtout lorsqu'on est un prince royal. Cela demande tant de patience, tant de persévérance, et d'exactitude ! Ce n'est pas l'artiste qui est aux ordres du modèle, c'est le modèle qui est aux ordres de l'artiste. Donc M. Ingres représenta humblement à S. A. R. qu'il allait lui demander bien du temps et de la patience, qu'il faudrait venir poser chez lui, à l'Institut, dans son atelier, et tête à tête et dans un grand silence ! — « Il n'y a que M. Bertin, disait M. Ingres au prince royal, et peut-être aussi madame de Rothschild qui aient eu tout le courage nécessaire.

« Et je ne crois pas qu'ils s'en soient repentis, répondait le prince royal. » Bref, il accepta toutes ces conditions auxquelles pas une petite maîtresse, de nos jours, ne voudrait se soumettre ; il fut exact, il adopta le petit uniforme que demandait M. Ingres ; il vint aux heures qui lui furent désignées, il se conduisit, en un mot, comme un gentilhomme qui sait très-bien la déférence qui est due aux grands artistes.

De cette déférence est résulté un excellent portrait de M. Ingres, œuvre à peine terminée. Oui, certes, voilà bien cette taille élancée et svelte, cette tête bienveillante et fière, cette noble main qui tenait si bien une épée, ce vif et limpide regard qui voyait d'un coup d'œil tant de choses! Il est là tout entier sur cette toile à jamais vivante; ne croirait-on pas qu'il va, d'un mot, agiter encore tous ces bataillons obéissants à sa voix? A chaque bruit qui se fait à sa porte, le grand artiste n'est-il pas tenté d'aller ouvrir, et de dire comme autrefois : « Entrez, monseigneur, nous sommes seuls ! » Noble prince !

Le voilà bien, dans sa beauté, dans sa jeunesse, dans sa belle et loyale nature. — Portrait d'une ombre ! image d'un mort ! Le peintre qui l'a fait se demande encore s'il n'est pas le jouet de quelque illusion funeste, de quelque rêve impossible, et si en effet il ne reverra plus jamais ce beau jeune homme qui est resté là, si longtemps, debout et calme sous son regard ému et charmé?

A peine ce portrait était achevé, que le prince dit à M. Ingres : « Une grande dispute s'élève, monsieur Ingres. A qui sera ce portrait? Mon père le veut, ma femme le désire. » — Hélas! ce portrait de famille est devenu un tableau d'histoire, et c'est à l'histoire qu'il appartient désormais.

Le prince royal honorait aussi l'art, plus dangereux, de la parole. Cet art d'écrire et de parler, il n'est guère aimé des princes, et pour plusieurs motifs. Un peintre, un musicien les rassure, un écrivain les gêne, un vrai poëte leur fait peur. Ils savent que la renommée et la gloire n'ont pas d'ouvriers plus justes et d'auxiliaires plus puissants que les écrivains d'une nation. Ajoutez le peu d'obéissance et l'indépendance d'esprit, naturels à ces gens-là, depuis surtout qu'ils n'attendent rien que d'eux-mêmes et de leur travail légitime. Eh bien! les écrivains et les poëtes de ce temps-ci, non moins que les artistes, ont aimé le prince royal, et plus d'un poëte est resté fidèle à son souvenir. Un jour, dans une foule, M. le duc d'Orléans reçut une pétition signée Béranger. A l'instant même le voilà qui se fait présenter au grand poëte, le désignant comme un des amis de sa jeunesse, comme son Tyrtée inspiré et inspirateur, le saluant par ses plus beaux vers, comme il faut saluer les poëtes.

Il honorait Balzac; il aimait Frédéric Soulié; il lisait tout ce qui s'écrivait d'honorable et d'utile. Qui donc a lu, le premier, les vers de M. Alfred de Musset ? le jeune duc d'Orléans ! Le prince aimait cette façon cavalière et leste d'être un poëte ; il se plaisait à voir cette Muse court vêtue, et il l'aida à faire son chemin dans le monde. — Il avait pour M. de Lamartine un véritable respect.

Il l'aimait en sa qualité d'amoureux, d'homme inspiré, de grand poëte. — Il avait adopté M. Victor Hugo, et du fond de sa tombe il lui donna la pairie ! Il y a des vers, et de très-beaux vers, adressés à plusieurs reprises au duc d'Orléans, dans le recueil de M. Victor Hugo :

AU DUC D'ORLÉANS.

Prince, vous avez fait une sainte action.
Loin de la haute sphère où rit l'ambition,
Un père et ses enfants, cheveux blancs, têtes blondes,
Marchaient enveloppés de ténèbres profondes,
Prêts à se perdre au fond d'un gouffre de douleurs,
Le père dans le crime et les filles ailleurs...
Je vous ai dit : Voici tout près du précipice
Des malheureux perdus dont le pied tremble et glisse !
Ah ! venez à leur aide et tendez-leur la main !...
Vous vous êtes penché sur le bord du chemin ;
Sans demander leurs noms, vos mains se sont tendues.
Puis à moi, qui de joie et de pitié saisi
Vous contemplais rêveur, vous avez dit : Merci !
C'est bien, c'est noble et grand........
Jeune homme au cœur loyal, soyez toujours ainsi.
Soyez l'abri, le toit, le port, l'appui, l'asile !
Faites aux malheureux, sans cesse, nuit et jour,
Verser sur vos deux mains bien des larmes d'amour.
. . . .
Heureux le prince empli de pieuses pensées,
Qui voit, du haut des cieux sombres et flamboyants,
Tout son or s'en aller aux mains des suppliants !

S'il était, en effet, rempli d'une bienveillance inépuisable, il faut le demander à quiconque l'a imploré pour soi-même ou pour les autres... En un seul mot, disons toute sa louange, il était le digne fils de cette mère admirable : « Une sainte, disait le pontife... une reine, disait M. Royer-Collard au vénérable Madier de Montjau, qui a surpassé tous mes rêves de la majesté royale ! »

Quelle place il tenait dans l'armée, au conseil, dans la famille, et partout! Il passait sans effort d'une question politique à un vaudeville de M. Scribe, d'un projet de tableau à une discussion de la chambre des pairs; il se jouait des sciences les plus abstraites (il était un des bons disciples du grand Arago), demandant à chacun ce qu'il savait le mieux, tirant de tous les hommes, les instructions et les lumières qu'il en pouvait espérer : en toute chose il allait droit au fait, sans compliment, sans périphrase, ne disant rien sans cause, et ne faisant rien sans raison. Ajoutez un grand travail de toutes les heures, un progrès de tous les jours, une attention scrupuleuse à se rendre compte de tout ce qui était grand, utile, ingénieux, en France, à l'étranger, partout, connaissant les hommes, rendant à chacun ce qui lui était dû d'approbation et de déférence.

Tel était ce prince que nous avons perdu et qu'il nous faut pleurer, comme les Romains ont pleuré deux ou trois de leurs princes... *Breves et infaustos populi romani amores!*

Mais aussi comme on l'a pleuré! que de larmes! que de regrets! Pendant que les politiques défendaient la chose publique autour de ce tombeau où l'avenir de la France était enfoui, les poëtes, les artistes, les soldats ses frères pleuraient à l'envi tant de jeunesse, d'intelligence, de bonté, de courage! Le désordre même de cette louange ne la rendait que plus naturelle et plus touchante. Dans un champ de la Normandie, tout brûlé par le soleil, une pauvre femme coupait de l'herbe en poussant de gros soupirs. « Mais, lui dit-on, qu'avez-vous à être si triste? — Hélas! reprit-elle, des voyageurs m'ont dit en passant que le duc d'Orléans était mort, et je le pleure! Lui et moi nous étions du même âge, il est mort, je suis vivante, et cela me console de le pleurer. »

Cette bonne femme a révélé, sans le savoir, le motif de tant de regrets, de tant de pitié, de tant de larmes. Quoi de surprenant, en effet, que la France nouvelle ait pleuré le prince royal! Elle et lui ils étaient nés le même jour.

CHAPITRE XX

Un an après la mort de S. A. R. le duc d'Orléans, et jour pour jour, il arriva que M. Victor Hugo, à son tour (il portait encore le deuil de son prince), fut frappé dans un être adorable et charmant qu'il aimait de toutes les forces de son cœur.

Sa fille aînée, un de ces rares enfants que Dieu ne donne pas deux fois à un mortel, se perdit dans les vagues de l'Océan, entre Villequier et Caudebec. Elle avait à peine dix-neuf ans ! Elle était belle comme un beau jour. Elle périt au moment où la Normandie était en fête, à l'heure où la reine d'Angleterre arrivait au château d'Eu pour rendre sa visite au roi Louis Philippe, son hôte. On n'entendait, sur ces rives de l'Océan apaisé, que le bruit des fanfares et des cantiques, et la jeune femme, en ces enchantements de la vie heureuse et de l'honnête encens, ne se doutait guère des dangers de cette mer féconde en naufrages.

Quelle heure, hélas ! mal choisie, et comment cette enfant, née au berceau même de l'art moderne, pouvait-elle songer à la mort ?

L'horrible jour dont je parle et dont je me souviens comme si c'était hier (c'était un dimanche, un beau dimanche de l'été, qui finit dans les splendeurs du printemps), elle était venue au Havre même, dont sa maison était voisine, et dans la petite église elle avait entendu la messe à deux genoux, car elle était pieuse et chrétienne! A cette messe assistaient, venus du château d'Eu, quelques-uns des hôtes de cette illustre maison, si bien que la jeune femme a salué, avant de mourir, les deux plus belles princesses du monde, madame la princesse de Joinville et madame la duchesse de Nemours, qui assistaient aux régates du Havre. En admirant la fille, elles se souvenaient du père. Enfin, laissez-moi vous parler d'elle, j'en ai le droit, je l'ai connue enfant, et je suis le dernier qui l'ai vue au rivage, de cette mer brillante qui devait l'engloutir.

La pauvre enfant souriait à côté de sa mère, — sa mère belle, heureuse et fière. On les saluait l'une et l'autre de l'âme et du regard. Quand le prince de Joinville a passé tout à côté d'elles, tenant sa femme par la main, — il lui a dit : « Saluez la mère et la fille, » et la princesse a salué avec un charmant sourire. Dans l'Océan tout était joie et tout était fête. Le plus beau soleil inondait, de ses feux divins, ce vaste miroir. — Sur l'Océan réjoui par la lutte et les cris de ces joyeux rameurs, c'était à qui dompterait, d'une rame plus agile, cette onde pacifique. L'onde s'était faite humble et complaisante. A peine si quelque souffle d'un vent tiède et doux osait enfler la voile, au loin blanchissante. Hélas! c'est peut-être en voyant la mer si calme que la pauvre enfant n'aura pas hésité à se confier à l'onde perfide. En effet, comment se dire : « Là-bas est la mort! » quand là-bas tout fait silence, quand le seul nuage au ciel c'est la fumée ondoyante du bateau à vapeur, quand de ces côtes anglaises, perdues dans le ciel bleu, une Reine de vingt ans doit venir?

Oui, la malheureuse enfant, elle a été trompée, elle a été séduite par les calmes magnificences de ce beau jour. Devant elle, sous ses yeux, se balançait la barque fatale; la barque était blanche, et parée, et elle bondissait si légère! Ainsi se balançait la *blanche nef*, quand périt dans ce même Océan, toute la famille du roi d'Angleterre, Henri *Beauclerc*, l'ami des poëtes et de leurs œuvres, que rien depuis n'a fait sourire!

Pourtant il était si joyeux ce petit navire; il était si calme cet Océan, il y aura tantôt mille années, et comment se croire sur le bord d'un abîme, au milieu de tant de bonheur?

Hélas! quand mourut madame Vaquerie, il nous semblait que nous perdions notre enfant.—C'était le premier enfant qui nous ait réunis autour de son berceau;— berceau poétique, — entouré de tout ce qui est l'art et la poésie ici-bas.—Quel âge elle avait? Elle avait l'âge — à peine des premières ballades du grand poëte qui était son père. Elle avait l'âge de la jeune poésie, des inspirations puissantes, de la langue nouvelle, des divines inspirations. — La vie de cette enfant, — cette enfant si cachée et si modeste, — qui l'ignore? Le monde entier la sait par cœur. Cette biographie est écrite à chaque poëme, à chaque vers de son père. Hélas! hélas! une élégie en deuil!

Remontons plus haut, — plus haut que vingt ans, — remontons à 1820, assistons aux premiers transports du poëte; entendons-le qui célèbre ses jeunes amours, — beaux rêves! destinée brillante! nom inconnu qui sera bientôt célèbre :

> O Vierge! à mon enfance un Dieu t'a révélée!
> . . . .
> Mes chants ne cherchent point une illustre mémoire,
> Et s'il faut me courber sous un fatal honneur,
> Ne crains rien, ton époux ne veut pas que sa gloire
> Retentisse dans son bonheur.

O père infortuné! à peine savait-il, en ce temps-là, s'il était un poëte! Il rêvait qu'il était un soldat. Il se rappelait les jours de sa jeunesse, ses courses sur les champs de bataille, à la suite de son père; les feux des haltes militaires; la tente du soldat, les ruines, les saints monastères livrés au pillage, enfin toute la misère et tout le bruit de cette gloire de la ruine et de la mort!

> J'aurais été soldat, si je n'étais poëte!

Mais enfin (Dieu soit loué, qui nous a donné tant de maréchaux de France, et qui n'a pas voulu que le poëte fût un général d'armée) la poésie était la plus forte et l'emporta sur la bataille. La poésie était venue avec l'amour. La muse appelait ce jeune homme, il obéit à l'appel; en revanche, la muse lui a donné l'inspiration, l'éclat, le style, le courage, la patience, tous les nobles instincts, tous les honnêtes amours :

> Il m'est venu du ciel un guide au front joyeux,
> Pour moi l'air le plus pur est l'air qu'elle respire;
> Je vois tout mon bonheur, Muse, dans son sourire,
> Et tous mes rêves dans ses yeux.

C'est ainsi qu'il parlait de la mère de son enfant, de cet enfant précieux qui va mourir. — O mes amis (disait-il encore), prononcez son nom tout bas, ainsi qu'une prière !

> Hélas! je l'aime tant, qu'à son nom seul je pleure!

En ce moment, il cache sa vie, il cache son bonheur. Il aime, il rêve, il espère. Il attend l'enfant qui va venir. — Et quels beaux vers pour préparer la naissance de sa petite Léopoldine ! Et quel plus beau moment pour mettre au jour ses premiers vers :

> Mes odes, c'est l'instant de déployer vos ailes !

En ce moment, on voit déjà qu'il s'inquiète de l'avenir. A-t-il bien le droit, en effet, de n'être qu'un poëte, et peut-il, pour obéir à l'inspiration qui est en lui, abandonner sa famille aux destins poétiques? Quelle vie, en effet, heureuse et pleine de périls, n'être rien ici-bas que l'homme qui chante, et vivre au hasard de l'inspiration ! Ainsi il se parle à lui-même, hésitant, pour les siens, à accepter cette existence inquiète et pauvre des belles-lettres qui le charme et qui l'épouvante !

Alors aussi, — et cette fois pour la dernière fois, — il s'explique à lui-même, la mission du poëte. Il comprend que, lui aussi, il aura sa place au soleil, et qu'il aura le droit de se mêler à toutes les grandes choses de son siècle.... Ce fut donc au moment où il venait de prendre enfin son parti de la pauvreté mêlée à la gloire, de l'existence gênée et superbe à la fois, que vint au monde, dans le petit nid que lui avait arrangé le poëte, la jeune enfant que nous avons tant pleurée, et que sa noble mère pleure encore tous les jours... « Mon ange, dit-elle en regardant le ciel ! — Un ange, en effet, un si beau petit être attendu, avec tant d'impatience, accueilli avec tant d'amour !

Quand les yeux de cette enfant s'ouvrirent à la douce lumière du jour, il n'y eut parmi tant d'amis qu'un seul cœur pour la bénir! Son père venait d'écrire l'*Ode à la Colonne!* et le *Chant du Tournoi!* Déjà la France attentive et charmée à ces nouveautés puissantes, prêtait l'oreille à ce nouveau venu, dans la carrière frayée par lord Byron et par M. de Lamartine. Jeune fille tant aimée, quel plus beau moment pour venir au monde : la gloire de son père commençait !

Gloire difficile ; popularité longtemps débattue ; doutes amers ; luttes sans fin ; duel étrange de ce nouveau-venu, avec l'art, la poésie, la langue, tout le génie d'autrefois! Ah! qu'il rende grâce à sa femme, à ses enfants, à cette vie amoureuse et innocente, et qu'il pleure à sanglots la mort qui lui enlève, en si grande hâte, cette perle et cette fleur de sa maison... Sa femme, ses enfants, son foyer domestique, ont servi à merveille sa poésie au dedans, sa poésie et sa renommée au dehors. Dans cette douce et calme sphère des émotions intimes du cœur de l'homme, où le poëte s'est renfermé, il a trouvé, sinon ses plus belles inspirations, du moins ses plus naïves et ses plus touchantes ; il a trouvé les émotions qui vous rendent populaires, les vers que retient la mémoire des jeunes gens et des mères ; l'élégie honnête et chastement vêtue, dont le souvenir vous poursuit dans les plus heureux moments de la journée. Sa femme, belle et charmante, son premier-né mort si vite, ses *quatre* enfants, son orgueil ; hélas! sa fille aînée perdue au milieu de l'Océan, les belles années de cette enfance fleurie, ont été pour le poëte une source inépuisable de consolations, d'espérance et de beaux vers. Elle était encore un bien petit enfant, l'humble Léopoldine, que déjà son père écrivait le portrait de sa petite bien-aimée :

> Oui, ce front, ce sourire et cette fraîche joue,
>   C'est bien l'enfant qui pleure et joue,
>   Et qu'un esprit du ciel défend !
> De ses doux traits unis à la sainte phalange,
>   C'est bien le délicat mélange ;
>   Poëte, j'y crois voir un ange ;
>   Père, j'y trouve mon enfant.
>
> On devine, à ses yeux pleins d'une pure flamme,
>   Qu'au paradis d'où vient son âme,

Elle a dit un riant adieu !
Son regard, rayonnant d'une *joie éphémère*,
Semble en suivre encor la chimère,
Et revoir dans sa douce mère
L'humble mère de l'enfant-Dieu.

On dirait qu'elle écoute un chœur de voix célestes,
Que de loin, des vierges modestes,
Elle entend l'appel gracieux ;
A son joyeux regard, à son naïf sourire
On serait tenté de lui dire :
Jeune ange, quel fut *ton martyre*,
Et quel est ton nom dans les cieux ?

Joie éphémère ! — ton martyre ! ne dirait-on pas que le poëte (*vates !*) est un prophète en effet, et sait prédire l'avenir ?

Ainsi nous pouvons retrouver, une à une, toutes les mélodies qui enveloppèrent, d'une harmonie divine, l'enfance de la petite Léopoldine. Elle est là, présente à chaque pensée, à chaque labeur de son père. Déjà elle reconnaît ses vers, par un sourire. Lui, cependant, il est tout rempli du saint amour paternel. Partout où il va, il emporte avec lui son enfant. Un jour, dans ses *Rêves*, il revient à l'époque féodale, il se construit un donjon gothique sur quelque rocher de Bretagne. Le château construit, il place tout de suite sa famille dans l'âtre assise, *toute rouge au grand feu !* — A ces enfants, quand la famille augmente, à mesure que grandit la fille aînée, il faut des contes ; et lui, il se plaît à leur inventer toutes sortes d'admirables récits !

Tantôt le sylphe qui pleure à la porte du vieux donjon ; tantôt c'est le lutin d'Argail ; tantôt c'est le géant, ou bien la fiancée du timbalier, qui cherche son amant parmi l'armée de monseigneur le duc de Bretagne. Les beaux récits ! ils nous ont initiés dans les premiers et mélodieux mystères de la moderne poésie ; ils nous ont fait peur ; ils nous ont fait sourire. Vous avez cru, bonnes gens, que ces contes merveilleux étaient faits pour vous... Ils étaient faits pour ces quatre enfants !

Qui n'a pas entendu, dans le petit jardin, toute enfant, Léopoldine aux pieds blancs, qui récitait la *Ballade des Deux Archers ?*

Elle commençait ce funeste récit avec sa petite voix douce et limpide... arrivée à l'instant où il faut dire : — C'ÉTAIT SATAN !

— la voix de l'enfant prenait un ton funèbre ; la terreur était dans son geste, la pitié dans son regard ; et M. Hugo — embrassant sa fille — Oh ! disait-il, que tu me fais là de beaux vers !

Quelquefois le poëte s'arrêtait au milieu de son enthousiasme, il reculait devant son propre bonheur. Il se demandait ce qu'il avait fait au ciel pour être si heureux? Et alors lui venait à la lèvre — et au cœur — *Enfants, si vous mouriez!* C'est le début de cette touchante élégie, « la Fée et la Péri » : — *Viens! jeune âme!*

> Et l'enfant hésitait, et déjà moins rebelle,
> Écoutait des esprits l'appel silencieux ;
> La terre qu'il fuyait semblait pourtant si belle !
> Soudain il disparut à leur vue infidèle...
> Il avait entrevu les cieux !

Au reste, ce n'est pas seulement dans les vers de son père que vous retrouverez l'histoire de cette belle et chère enfant. — Cette enfant, elle est dans les vers de tous les poëtes et dans toutes leurs chansons. Elle a été élevée sur les genoux de tous les rois de la poésie. M. de Chateaubriand l'a bénie en naissant ! Nodier l'a pleurée ! Ah ! que de larmes chez M. Bertin, qui appelait cette enfant l'orgueil et la Flore de ses jardins. Mademoiselle Bertin en est restée inconsolable, et ni la musique, ni la poésie, ces deux sœurs, n'ont pu consoler ce grand artiste de la mort de cette petite Léopoldine qu'elle avait tenue, si souvent dans ses bras, qui s'était si souvent endormie sur son cœur !

Que voulez-vous ? *C'est le destin !* — *Ananké !* — Ah ! quand il parlait ainsi, le malheureux poëte, il ne croyait pas si bien dire ! Ah ! quand il entourait son enfant de ses sages conseils : — Méfie-toi du bal et de l'enivrement de la fête ! Veille sur toi ! j'en ai vu tant mourir... l'une était rose et blanche, l'autre avait le front d'un poëte ; celle-ci avait un honnête amour dans le cœur... elles sont mortes, déjà, comprends-tu la douleur de leur père ?... Morts, tous ces êtres charmants, évanouis ces gracieux fantômes ! — Et cette fille à l'œil noir... *c'est le bal qui l'a tuée !*

Bijoux, colliers, tissus, merveilleux éventail, danse et musique, les fleurs, la valse enivrante, les lustres d'or, la fête enchantée, le bruit des voix, le bruit des pas... Elle est morte... à quinze ans... entends-tu ma fille, à quinze ans !

> Sa pauvre mère... hélas! de son sort ignorante,
> Avoir mis tant d'amour sur ce frêle roseau,
> Et passé tant de nuits à l'endormir, pleurante,
> Toute petite en son berceau!

« *A quoi bon?* » Ainsi il prévoyait, il s'inquiétait, il se débattait quinze ans à l'avance, hélas! contre la mort à venir! Il prédisait les moindres accidents qui peuvent frapper une fille adorée! « Enfant! prends garde à toi, ma fille! Prends bien garde! » Le froid! l'épaule nue! le souffle du matin! le manteau que l'on attend au seuil de la porte!... Après quoi, pour ajouter à l'épouvante, il racontait comment ce n'était plus la mère de la fille morte qui présidait à sa toilette... C'est un spectre au rire affreux! — Le spectre passe ses longs doigts de squelette dans ces cheveux longs et flottants; le spectre mène la jeune fille à la danse des morts... Ou bien, autre terreur! — Être enfermée si jeune dans le plomb du cercueil! — Être la proie du ver! Avoir froid et peur! — Puis enfin quand lui-même la peur le gagne, en pensant que peut-être lui aussi, il sentira cette grande misère de sa fille morte... le voilà qui fait le stoïque : — *C'est le destin! — A quoi bon?* — Le malheureux! Il avait tout prévu, excepté cette horrible, cette épouvantable, cette impitoyable mort dans les flots de l'Océan!

> La pauvre enfant, de fête en fête promenée,
> De ce bouquet charmant arrangeait les couleurs;
> Mais qu'elle a passé vite, hélas! l'infortunée.

La douleur de cet homme, si cruellement frappé « et qui ne veut pas se consoler! » tous ceux-là la comprendront, qui ont lu *les Feuilles d'Automne* : — *Laissez, tous ces enfants sont bien là!*

> Qui vous dit que leurs voix, leurs pas, leurs jeux, leurs cris
> Effarouchent la muse?
>
> Venez, enfants, venez en foule,
> Venez autour de moi; riez, chantez, courez,
> Votre œil me jettera quelques rayons dorés.
> Votre choix charmera mes heures...
> Fâcheux! qui les vouliez écarter...

A coup sûr, plus que jamais son inspiration, son bonheur, son génie, c'est la famille! Ici-bas, il n'a peur que d'une chose, c'est de trouver la maison *vide et muette!* Même avant le rayon de soleil, il place le sourire de l'enfant. La gloire! l'ambition! la foule! qu'importe, pourvu que son enfant joue et soit heureux? Et puis l'inspiration n'est pas si farouche et si mal-apprise qu'elle s'envole à ces petits cris adorables des petites filles et des petits garçons. Au contraire, quand son enfant joue aux pieds du poëte, l'image est plus fraîche, la pensée est plus vive, la couleur a plus d'éclat, la forme a plus de grâce, l'ode s'élance avec plus d'énergie sur la strophe ailée :

> O mes amis! l'enfance aux riantes couleurs
> Donne la poésie à mes vers, comme aux fleurs
> L'aurore donne la rosée!

Et plus loin, cette hymne sainte à force d'amour paternel :

> Lorsque l'enfant paraît, le cercle de famille
> Applaudit à grands cris; son doux regard qui brille
> Fait briller tous les yeux.
> Et les plus tristes fronts, les plus souillés peut-être,
> Se déridant soudain, à voir l'enfant paraître
> Innocent et joyeux,
> Quand l'enfant vient, la joie arrive et nous éclaire!

C'est à ce moment là, et c'est pour sa fille aînée, qu'il écrit un de ses plus beaux poëmes : *Pour les pauvres*, et la *Prière pour tous! Ma fille va prier!* Et tout le reste de cette admirable invocation au Dieu des indigents et des misérables! Voici tout le poëme : il est tard; il fait froid; le soleil s'est caché dans son nuage; le sillon, les sentiers, le buisson, tout se mêle; la nuit est grave et sereine; le vieux pâtre, les étangs, les troupeaux, le vent aux brèches de la tour, tout se plaint : prions, ma Léopoldine!

C'est l'heure où les enfants à genoux demandent grâce pour les coupables au Père universel! — « Ma fille va prier! » — Prions pour ta mère qui a pris ta jeune âme dans le ciel! — Prie aussi pour ton père, il a grand besoin des prières de son pieux enfant! Laisse aller ta parole où va ton âme! Et le voilà qui s'enorgueillit, et qui se repose dans la prière de sa fille :

> Quand elle prie, un ange est debout auprès d'elle,
> Caressant ses cheveux des plumes de son aile.
> . . . .

> Enfant dans ce concert qui d'en bas le salue,
> La voix par Dieu lui-même entre toutes élue,
> C'est la tienne, — ô ma fille! — elle a tant de douceur!
> Sur les ailes de flamme elle monte si pure;
> Elle expire si bien, en amoureux murmures,
> Que les vierges du ciel disent — c'est une sœur!

Enfin, le malheureux père, cette enfant bien-aimée, il la confie à son patron qui est au ciel!

> Dieu te l'a confiée et je te la confie!
> Soutiens, relève, exhorte, inspire et fortifie
> Sa frêle humanité!
> Qu'elle garde à jamais, réjouie ou souffrante,
> Cet œil plein de rayons, cette âme transparente
> Cette sérénité.

Mais, je vous prie, par quelle étrange misère, les deux plus grands poëtes de ce temps-ci, M. de Lamartine, et M. Victor Hugo, ont-ils été frappés, à si peu de distance, dans leurs affections les plus tendres? L'Europe entière a pleuré la mort de Julia, l'unique espoir, tout l'avenir de son père. La mort de cette enfant, la plus belle du monde, a été un deuil universel. Celui-là aussi, comme il aimait sa fille! Quand il part pour ce long voyage, d'où son enfant ne devait pas revenir, M. de Lamartine, recommande son enfant à sa mère qui est au ciel.

Veille sur nous! Place-toi comme une providence entre le ciel et les tempêtes, ô ma mère! Protége la jeune fille, la dernière et la plus belle espérance de tes nombreuses générations! — Ils partent. — Pendant tout le chemin, le beau visage de Julia garde sa fraîcheur et son doux sourire. — Bientôt cependant le père s'afflige et s'inquiète:

« Que je serais heureux si un esprit céleste emportait Julia sous les paisibles ombrages de Saint-Point! » Cependant la mer est calme; le ciel est d'un bleu pâle et tiède; ô quel enchantement! bientôt l'enfant pourra jouer et dormir tout à l'aise, sur quelque colline fraîche et verdoyante, à l'ombre des orangers et des palmiers.

Qu'elle était belle alors, la tête parée du turban d'Alep! avec quel transport elle se précipitait dans les bras de son père, — ses beaux yeux étaient tout brillants de larmes et de joie ! « Oh ! que Dieu est grand et bon pour moi ! » disait-elle. Elle était si heureuse d'aller, de voir, de sentir !... Quinze jours après, le père infortuné se promenait, seul et pleurant sous ces mêmes arbres, n'ayant plus que dans le cœur cette ravissante image de la céleste créature qui avait été son enfant !

> C'était le seul débris de ma longue tempête,
> Seul fruit de tant de fleurs, seul vestige d'amour,
> Une larme au départ, un baiser au retour,
> Pour mes foyers errants, une éternelle fête...

Le jour où Léopoldine Hugo épousa M. Vacquerie, elle voulut avoir des vers de son père ; il écrivit ces quatre vers sur son album :

> Aime celui qui t'aime, et sois heureuse en lui ;
> Adieu ! sois son trésor, ô toi qui fus le nôtre !
> Va, mon enfant chéri, d'une famille à l'autre
> Emporte le bonheur et laisse-nous l'ennui.
>
> Ici l'on te retient, là-bas l'on te désire.
> Fille, épouse, ange, enfant, fais ton double devoir :
> Donne-nous un regret, donne-leur un espoir ;
> Sors avec une larme, entre avec un sourire !

Moi, qui vous parle ici de cette enfant, des larmes dans les yeux, tant je songe quelle consolation elle eût apporté à l'exil de son père, de sa mère et de tous les siens, je suis le dernier qui l'ait vue et le dernier qui lui ait parlé ! J'ai emporté son dernier sourire et son dernier regard ! Quelle fête elle m'avait faite, la veille de sa mort, lorsqu'au sortir de l'église, elle me rencontra :

— Ah ! dit-elle, voilà J. J. ! et elle me tendit une main si bienveillante, avec tant de grâce et de charme qui étaient en elle, un si gai sourire, un accent si doux, tant d'aise et de bonne grâce à la fois, se voyant jeune, aimée, heureuse, honorée, escortée à plaisir de toutes les fêtes du printemps, de la poésie et de la jeunesse ! En ce moment (je l'ai déjà dit, mais laissez-moi me souvenir, c'est si beau et si bon, le jeune passé) la Normandie était en fête ; au château d'Eu, le roi Louis-Philippe attendait la reine d'Angleterre et toute sa cour ; les fêtes du Havre avaient attiré tous les habitants d'alentour, et Léopoldine Hugo faisait les honneurs de sa ville adoptive. Elle était là riante et parée à ravir, elle était calme et tendre comme toujours; ah ciel! c'était une de ces chastes et touchantes beautés d'une grâce et d'une pureté angéliques. Quand elle marchait, on faisait place par admiration et par respect!

Ainsi elle assista à ce tournoi de l'Océan, et la barque pavoisée, en passant, saluait à la fois la fille du roi et la fille du poëte, belles toutes les deux, et du même âge. Quoi d'étonnant qu'on leur rendît les mêmes honneurs? — Après la fête, elle nous voulut emmener avec elle dans sa maison, j'étais rappelé à Paris par mon labeur de chaque jour; il fallait partir, je partis... le lendemain fut le jour même de sa mort!

Voyez cependant la prévoyance des mères! Ce soir-là, le dernier soir, poussée par un instinct merveilleux, madame Victor Hugo, voyant sa fille, à la douce clarté d'une lampe à demi-voilée, et la trouvant si belle, en ce moment, dans sa robe blanche, prit son crayon, et d'une main habile, elle traça le portrait de cette enfant qu'elle ne devait plus revoir!

O misère! Elle était la joie et la parure de ces rivages, elle habitait, non loin de l'Océan qui l'a tuée, une aimable maison où chacun la venait saluer! Chère et précieuse enfant si cruellement enlevée à tant d'hommages! Son mari, qui n'a pas pu la sauver, a voulu périr avec elle! On n'a trouvé, dans les flots qui les engloutit, qu'un grand silence, une grande misère et quatre cadavres. On sait seulement que la jeune femme ne voulait pas partir. D'abord son mari était parti seul; puis, comme elle l'aimait de tout son cœur, elle le rappela, en disant: — « *Je vais avec toi! Partons.* » — Ils partirent. Pas un flot dans la mer, pas un souffle. Le bateau glissait, il n'allait pas. — On fait à Caudebec un séjour d'une heure. — On repart. — Au retour, la mer était tranquille... Soudain un coup de vent s'abat sur la voile, le canot chavire, tout s'abîme et tout meurt! — Seul, le mari de Léopoldine, Charles Vacquerie, se débat et se défend contre la mort. Il appelle, il crie, il plonge, il cherche sa jeune femme, il la retrouve, il veut la sauver... Il pouvait la sauver, mais de ses deux petites mains elle s'était attachée à la barque, et rien n'a pu la détacher!

Que d'efforts! quelle lutte et quel désespoir! Alors le jeune homme ne songe qu'à mourir... on les a retrouvés se tenant embrassés l'un l'autre! Lui, ne le plaignons pas, il est mort, pour ne pas la quitter. Il est mort pour ne pas la voir morte entre ses bras. Les vivants n'ont pas séparé ce qu'avait réuni la mort. On les a portés tous les quatre, dans l'église de Villequier. On pleurait, on priait. La ville du Havre a ressenti la commotion de cette immense douleur, car elle avait adopté, comme un précieux ornement de sa vie intime, cette jeune femme dont elle aimait l'esprit, la bonne grâce, la bonté, la beauté.

Quel malheur cependant qu'Alphonse Karr, le gardien de ces parages, ne soit pas passé par là, juste à temps pour sauver cette enfant de notre famille et de notre adoption !

Ici s'arrête, en effet, la fortune de M. Victor Hugo ; ici son bonheur. Après la mort, l'exil est venu frapper à cette citadelle éclatante du génie, et nous nous demandons, à cette heure, où se tient la poésie, et ce que devient le drame? Hélas! voici déjà bien longtemps que nous n'avons entendu cette voix puissante, et que notre poëte nous manque à toutes les heures, tristes ou joyeuses de notre âge déclinant!

L'avons-nous aimé, ce grand poëte de notre âge, l'avons-nous entouré de nos déférences, et maintenant que de larmes, que de regrets, quelle profonde et sympathique pitié, mêlée à tant de douleurs, à tant de respects! La dernière fois que je l'ai vu, ce démon poétique, dont le souvenir se mêle à toutes les fêtes de notre jeunesse, à toutes les douleurs de notre âge mûr, c'était dans une ville étrangère, une ville d'exilés, le matin, à cinq heures, le soleil montait dans le ciel, dissipant les dernières vapeurs de la nuit. Sur la place où d'Egmont et le comte de Horne sont tombés, pour satisfaire aux rancunes de l'inquisiteur, s'ouvrait, dans une boutique sombre, une porte étroite ; on montait, par une échelle, au réduit où se tenait ce pair de France, ce tribun, ce chevalier de la Toison-d'Or... car celui-là est véritablement chevalier-né de la Toison-d'Or, et grand d'Espagne, qui a mis au monde *Hernani* et *Ruy-Blas*.

La porte était ouverte, on entrait, chez le proscrit, comme on entrait naguère chez le poëte. L'homme était étendu sur un tapis, à terre, et dormait. Il dormait, si profondément, qu'il ne m'entendit pas venir, et je pus admirer tout à l'aise ces membres solides, cette vaste poitrine où la vie et le souffle occupent tant d'espace, ce front découvert, ces mains dignes de tenir la baguette de la fée, en un mot, je le vis tout entier, ce vaillant capitaine des grandes journées... on eût dit le sommeil d'un enfant, tant le souffle était calme et régulier.

A la fin il se réveilla, comme autrefois, de ce réveil heureux que la pensée apporte avec elle ; il me sourit, et comme je me jetais dans ses bras, retenant mes larmes, il m'embrassa à m'étouffer. Le voilà donc ici, dans ce lit d'emprunt, dans cette chambre étroite, inconnu et sans nom! Que nous étions loin, mon poëte, des grâces et des splendeurs de la Place Royale, quand vous remplissiez, à vous seul, cet antique berceau de la poésie et de la prose française, au moment où commence Molière, où Corneille a toute sa gloire, où le jeune Bossuet, à dix ans, remplit l'hôtel de Rambouillet de son éloquence naissante... A la Place Royale cet homme là était vraiment, chez lui, dans son jardin, dans sa maison.

Un jour vint l'émeute, en ce lieu du grand Carrousel, et des terribles duels qui faisaient tomber la tête même des vainqueurs. Désormais la retraite du poëte était violée, et il se mit en quête d'une autre maison, située aux sommets de la ville neuve, *Lyrnessi domus alta!* Il aime, on le sait, les recoins écartés, les grandes maisons silencieuses, la rue *pleine d'herbe*, et le jardin plein de soleil! Il lui faut l'espace, il lui faut un coin de verdure où le printemps le salue en passant, le matin et le soir.

> J'aime les soirs sereins et beaux, j'aime les soirs.

Dans cette rue, entre la solitude et le silence, il avait bien choisi son gîte : une cour, un jardin, à ses pieds la ville immense, dans son bruit, sa fumée et ses splendeurs. — *Fumum et opes!* De ces hauteurs, il pouvait dire à chaque printemps, sa chanson du mois de mai :

> Louis, voici le temps de respirer les roses
> Et d'ouvrir bruyamment les vitres longtemps closes ;
>   Le temps d'admirer en rêvant
> Tout ce que la nature a de beautés divines
> Qui flottent sur les monts, les bois et les ravines
>   Avec l'onde et le vent.

Sur ces hauteurs que, le premier, il a découvertes, entre ces jardins où tout fleurit, où tout chante, il avait porté tout ce qu'il aimait : sa femme et ses deux fils, et sa jeune fille, une Muse, et ses vieux livres, et ses vieux meubles, et tant de ruines, de fragments, de poussières, de saintes reliques, restes sacrés des temps d'autrefois, reliques, vestiges et souvenirs de ces vieux âges dont il écrivait, d'une plume vivante, l'histoire et le poëme.

Ah ! si les vieux siècles étaient justes pour ce grand écrivain d'un siècle ami des choses tombées, des sceptres brisés, des religions abolies, si le débris avait une âme et si la ruine avait un cœur, quel musée il eût ramassé dans ces pierres qu'il a sauvées ! Comptez donc que de chefs-d'œuvre il arrachait à la démolition imminente ! Que de féodalités vermoulues il sauvait de la bande noire et de la spéculation des vandales !

Hugo est le *lord Protecteur* du moyen âge. Tout ce qui avait échappé, par miracle, aux guerres civiles, aux guerres religieuses, à la révolution et au conseil municipal, ces énergiques débris des temps passés qui avaient résisté aux balistes, aux catapultes, aux haches, aux couleuvrines, au boulet, au feu des hommes, au feu du ciel, ces délicates merveilles d'un art aboli, ces vestiges d'une poésie oubliée, il les a protégés de sa main puissante, et cette génération l'a pu voir, jeune homme hardi, réclamer les droits des tours du Palais-de-Justice, de la vieille église de Saint-Germain-des-Prés, et de la tour de Saint-Jacques-la-Boucherie. On la lui doit, cette tour ; il l'a protégée, il l'a défendue, à la façon de Du Gesclin et de Bayard, et maintenant qu'elle reste debout, à sa place, comme pour nous reposer de ce long cordon de pierres blanches et taillées dans le même bloc, il faut que Paris se souvienne que ceci est l'œuvre et le monument de M. Victor Hugo lui-même ! Il a été vraiment le roi de ces palais brisés, le dieu de ces autels renversés !

Il a tenu tête à l'abîme ! Il a dénoncé la dégradation ! Il a fait honte au spéculateur ! Il a recherché, dans leurs saintes ruines, l'église de Saint-Magloire et le cloître des Jacobins ; il a relevé la nef de Saint-Pierre-aux-Bœufs, la façade de l'hôtel de Sens, la chapelle de Cluny ; il a proclamé la résurrection de la Sainte-Chapelle ; il a fait de Notre-Dame, un poëme, de Saint-Landry une élégie.

Au sacre du roi Charles X, quand les décorateurs dégradaient la pierre de l'Église de Reims pour y poser leurs draperies d'un jour, il a ramassé les belles sculptures que le marteau avait démolies, et pour sa part il a rapporté dans sa maison, la tête du Christ au jardin des Olives.

Si donc, vraiment, ce qui semble juste et sage, la génération présente doit compter, à l'avenir, des débris du passé, véritablement personne, plus que cet homme-là, n'a été un conservateur. Grâce à ce génie habile à sauver, à conserver, à réparer toute chose, il s'était arrangé, à lui-même, une admirable et ingénieuse maison, parfaitement convenable à son génie, à sa fortune, et quiconque l'avait connu jeune homme, rien qu'à voir les divers chefs-d'œuvre de son salon, de sa chambre et de son cabinet de travail, eût pu facilement raconter sa vie entière. Il était fier de ces débris; il était heureux de ces poussières. Il avait ramassé, en tout lieu, ces fragments du monde ancien qu'il avait chanté... C'était sa vie et c'était sa jeunesse attachées à ces plafonds, à ces murailles; et qui nous eût dit que ces murailles attendaient, lui vivant, le commissaire-priseur ?

Quand donc le bruit se fit, dans Paris, que la maison de M. Victor Hugo, chassé de France, serait mise à l'encan, et que son lit même était offert « au plus offrant et dernier enchérisseur, » il y eut, parmi nous, une douleur incroyable. Il nous semblait que nous allions, nous-mêmes, assister à notre propre dégradation.

Pour peu que vous eussiez été admis dans cette maison hospitalière, où naguère encore la jeunesse et la beauté, la fête et la causerie allaient, souriantes, d'une chambre à l'autre, au milieu de ces débris ramassés avec tant de bonheur, il vous eût été facile de reconnaître, dans ce monceau que la main de l'appréciateur a préparé pour la vente, les belles choses réunies, sous ce vieux toit, dont elles étaient la parure et l'orgueil. De ces trésors, il en a parlé quelque part, sans songer, qu'en si beaux vers il abrégeait la tâche ingrate du commissaire-priseur :

> Et qu'avez-vous donc fait, bandits aux lèvres roses ?
> Quel crime ? quel exploit ? quel forfait insensé ?
> Quel vase du Japon en mille éclats brisé ?
> Quel vieux portrait crevé, quel beau missel gothique ?

De ces débris, les enfants joueurs avaient fait encore un débris.

« Cet âge est sans pitié! » Et le père : A quoi bon se fâcher? disait-il :

> A quoi bon ? — Émaux bleus ou blancs, céladons verts,
> Sphère qui fait tourner tout le ciel sur son axe,
> Les beaux insectes peints sur mes tasses de Saxe...

A quoi bon? Le plus beau vase ne vaut pas le sourire de l'enfant! Ainsi il parle, et qu'il avait bien raison de parler ainsi. A quoi bon ces richesses du poëte amoureux de la forme et de la couleur? Cela sert, quand l'heure arrive de l'exil éternel, à grossir la liste et la vente, cela sert de texte à l'aboyeur! Chers ornements, douces parures du toit domestique! Voilà que l'affiche est placardée aux murailles, que le catalogue est distribué aux *amateurs*, et que ce musée est livré à qui le veut prendre. — Ah! c'était bien la peine, ami, d'être à ce point curieux et amoureux des belles choses! Père industrieux, généreux hôte, ami sacré, esprit qui aviez accepté le joug et construit peu à peu, par mille économies, qui ne retombaient que sur vous deux, la femme et le mari, une humble fortune suffisante à l'établissement des enfants, à l'*otium cum dignitate* de la vieillesse, on vous pèse, on vous discute, on vous vend en détail, et vous voilà traité comme un prodigue, et vous voilà traité comme un mort qui n'a pas d'enfants!

> Oh! certes, les esprits, les sylphes et les fées
> Que le vent, dans ta chambre, apporte par bouffées,
> Les gnomes accroupis là-haut, près du plafond,
> Dans les angles obscurs que les vieux livres font,
> Les lutins familiers, nains à la longue échine,
> Qui parlent dans les coins à tes vases de Chine...

Ils se lamentent, ils pleurent, ils te cherchent, ils t'appellent, ils veulent savoir pourquoi les voilà sous le marteau du priseur, pourquoi livrés à la foule, et pourquoi séparés, ces lares familiers réunis par ton génie? Un autre poëte, à propos de tes misères, a dit que la chose inanimée a ses larmes : *Sunt lacrymæ rerum!*

Lui-même, votre heureux possesseur, il vous a pleurés, humbles trésors du toit domestique! Mais, il le faut, l'enchère appelle l'enchère, et maintenant ouvrez au premier venu cette porte hospitalière, et laissez entrer, céans, l'argent, la reconnaissance et le souvenir !

> Prenez tout, mes crayons, mon vieux compas sans pointes,
> Mes laques et mes grès qu'une vitre défend,
> Tous ces hochets de l'homme enviés par l'enfant ;
> Mes gros Chinois ventrus faits comme des concombres,
> Mon vieux tableau trouvé sous d'antiques décombres ;
> Je vous livrerai tout, vous toucherez à tout,
> Vous pourrez, sur ma table, être assis ou debout,
> Et toucher, et traîner, sans que je me récrie,
> Mon grand fauteuil de chêne et de tapisserie,
> Et sur mon banc sculpté jeter tout à la fois
> Vos genoux anguleux qui déchirent le bois.
> Je vous laisserai même, eh bien ! soyez sans crainte,
> O prodige ! en vos mains tenir ma Bible peinte,
> Que vous n'avez touchée encor qu'avec terreur,
> Où l'on voit Dieu le père en habit d'empereur !

Hélas ! nous avons assisté à la vente de ces belles choses poétiques. Nous avons vu disparaître, au bruit du marteau d'ivoire, les reliques de cette élégante fortune ; un jour a suffi pour disperser ces trésors de vingt années ; tout s'est vendu, à commencer par le réveille-matin du jeune homme quand il fallait chasser le sommeil..... Hélas ! le réveille-matin était devenu un meuble inutile ; il n'y a plus de sommeil pour le poëte au milieu des discordes et des tempêtes civiles... c'est un ouvrier imprimeur qui l'a emporté, dans son grenier, le réveille-matin de M. Victor Hugo ! C'est une des femmes, chantées par Balzac, la femme à son aurore de quarante ans, qui l'a emporté, ce riche miroir où se mirait la Esméralda charmante, où se reflétait, en mille losanges fleuris, *Notre-Dame de Paris* tout entière !

> O poëtes puissants ! têtes par Dieu touchées !

vous donnez un prix aux moindres choses ! Milton vend, pour dix écus son poëme ; on vient d'acheter mille louis d'or, la signature seule du reçu de ces dix écus ! *L'association des idées* (c'est un mot des philosophes) est la plus puissante des associations de ce monde. Un grand homme a traversé ces montagnes, il y a tantôt mille années ; vous saluez, au bout de tant de siècles, le sentier qu'il a parcouru !

Ce frêle éventail appartenait à madame de Sévigné, vous voulez posséder au moins un *fac-simile* de cet éventail. Aujourd'hui le poëte vaincu s'exile, et ses meubles sont vendus à la criée ; aussitôt, toute affaire cessante, il nous faut assister à cette vente afin de dire à nos amis, à nos enfants : Voilà pourtant son fauteuil et son verre à boire ; ce pressoir est à ses armes ; dans ce bahut il renfermait ses manuscrits et ses livres. Amis, feuilletez avec respect ce *Ronsard* dans sa première reliure en vélin [1]. Ce livre a été donné par un poëte, à son ami le poëte : « Offert à Victor Hugo par son ami Sainte-Beuve ! » Il fut leur maître, il est resté leur ami, ce *Ronsard*; il porte à sa marge honorée plus d'une ode, en style fleuri, à la louange des contemporains de la pléiade : Henri II, Charles IX, Henri III, François, duc d'Anjou, Henri de Lorraine, duc de Guise, et vous aussi, vous surtout, Marie Stuart !

Vive était la dispute, et violente était l'enchère autour de ce livre où les poëtes contemporains avaient inscrit leurs noms amis, comme on fait sur les murailles du Parthénon et du Capitole.

> Divin est votre lignage ;
> Et le brun que vous voyez
> Rougir en votre visage,
> Et rien ne vous endommage
> Que très-belle ne soyez !

Disait Ronsard à la Muse ! — On a vendu le *Ronsard* de M. Victor Hugo, beaucoup plus cher que ne s'est vendu le *Ronsard en grand papier* de M. le duc de La Vallière. On a vendu, au prix même d'un dessin de M. Ingres, des dessins, sortis de cette main ingénieuse à tant reproduire ; on a vendu sa plume... ou plutôt ce volcan d'où sont sortis tant de chefs-d'œuvre ; on a vendu son encrier... un abîme ! Ce meuble en chêne à deux vantaux, ce plateau où se déroule, en mille traits, le triomphe de Bacchus, et cette tenture où se joue une scène amoureuse du *Roman de la Rose*, et ce lustre emprunté à *la Femme hydropique*, ces paysages à la Vatteau, et ces Bohémiens de Nanteuil... tout s'est vendu !

Nous même, hélas ! nous assistions à cette vente, et pour la première fois peut-être, nous regrettions d'être, à ce point, un pauvre diable, et d'abandonner, à des plus riches que nous, ces fragments qui emportaient une joie de notre vie !... Il les avait

---

1. Paris, 1663, 2 volumes in-folio.

achetés, pour nous d'abord, pour lui ensuite; il n'était jamais content que si nous trouvions qu'on était bien assis dans ses fauteuils, et que son bon vin de dix feuilles gagnait quelque mérite à être bu dans ces grands verres aux armes de Charles le Téméraire.

Ne croyez pas cependant que son admiration fût exclusive, et qu'il se contentât uniquement des beautés du moyen âge et des grâces de la renaissance ! Il admirait Charlemagne... il ne faisait pas fi ! de madame de Pompadour. Il aimait d'une véritable passion, ces grâces contournées, ces moutons roses dans un pré bleu, ces *bergères* aux moelleux contours, ces bergers joueurs de flûte empanachée, et ces eaux grouillantes de néréides plus que nues ! Il avait la joie et le rire d'un enfant pour ce qui luit, ce qui reluit, ce qui brille, et ce qui rit dans l'or, dans l'argent, dans l'ivoire, dans l'étain, sur le grès de la Normandie, et sur la laque de Coromandel.

Il se plaisait au petillement des verrières, au frôlement des étoffes, aux clartés des flambeaux de bronze que porte, au pied levé, un esclave africain; il aimait le bois couronné, les tentures de Cordoue et le cuivre entortillé. La bouffissure avait pour lui des grâces particulières, l'enroulement ne lui déplaisait pas; le pêle-mêle était, pour ses yeux goulus, une fête : ainsi vous pouviez voir, dans ce *pandemonium* de tous les arts, la sainte Vierge à côté de Marguerite de Bourgogne, le Bambino dans le giron soyeux de madame de Dubarry; ici Lancret en pleine bergerie, et tout à côté, les bas-reliefs du Parthénon ! Et des dessins, et des miroirs, et des tapis, et des fleurs, et des grotesques, à enrager M. Delécluze !... Il avait ce droit-là, tant il savait s'arrêter à la juste limite où la contemplation de ces fantaisies devient, pour le génie un piége, et pour le talent un malheur.

Il aimait les magots tant qu'il n'était pas à l'œuvre, une fois au travail, il saluait la Muse et ses sœurs ! Cherchez donc à retrouver l'amateur de ces fanfreluches brillantes, et du rococo rageur dans cette langue claire et sonore, originale, éloquente, moitié Castille et moitié Aragon, Romaine un peu, Française toujours, et qui s'en va souriante et calme, de Ronsard à Malherbe, de Malherbe à Régnier, de Régnier à Corneille ! Grâce, coloris, saveur, image et passion ! En voilà un qui savait tendre, d'une main ferme, l'arc d'acier qu'il avait fabriqué de ses mains... Sa flèche partie (étrangre archer), il se trouvait que sa flèche avait frappé juste, et qu'elle était encore à lui !

Les voilà donc, mes souvenirs, tels que je les retrouve au fond de mon âme ! Hélas ! le jour même où s'acheva cette vente funeste, et quand plus rien ne resta de ce musée, il advint que sachant le maître absent, son toit désert, sa chambre vide :

> La cage sans oiseaux, la ruche sans abeilles,
> La maison sans enfants et le jardin sans fleurs...

je fus saisi d'une envie énorme d'accomplir un dernier pèlerinage sur ces hauteurs poétiques. Oui, je veux les revoir, une dernière fois, ces nobles murailles qui contenaient tant de génie et tant de jeunesse, tant de beauté et tant de gloire...

> .... Fuit Ilium et ingens
> Gloria !

L'heure était propice ; il était près de minuit ; les étoiles brillaient dans le ciel limpide et clair, *la Voix intérieure* chantait sa douce complainte :

> On entend cette voix et l'on rêve longtemps !

On eût dit tout à fait cette nuit calme et sereine où la comète errante en 1843, s'en allait frapper, de sa main ornée d'étoiles, à la porte d'Arago le Grand (à cette heure l'Observatoire est veuf de son génie, et la comète obéissante n'ira plus frapper à cette porte illustre, où elle ne trouverait personne à qui parler !). — Ouvrez, disait-elle, ouvrez maître, à votre vassale, et la bénissez avant qu'elle disparaisse, allant chercher, dans l'espace, un siècle plus heureux que celui-ci.

J'allais donc, rêvant à la poésie, à ses destinées, à la misère inévitable : Homère aveugle et Milton ! Ovide chez les Sarmates, Cervantes à l'hôpital, André Chénier sur l'échafaud ; comment sont-ils morts : Sénèque, Pétronne, arbitre élégant des élégances romaines, Lucain, Juvénal ? Ainsi rêvant à ces inspirés du ciel, à ces outragés de la terre, j'arrive enfin, par des sentiers connus, à cette maison que l'orage a frappée. La maison domine la colline, elle a la ville à ses pieds! Par une ruelle ouverte, on longe le jardin qui va en pente, et de là vous pouvez voir les fenêtres où tant de fois nous nous étions assis, en contemplant la fumée et le bruit de là-bas!

O miracle! ô bonheur! cette maison, que nous pensions déserte, était encore habitée!

Poëte, ta fenêtre était ouverte au vent!

A cette fenêtre ouverte, une jeune fille, en robe blanche, ses deux bras repliés sur la poitrine, ses cheveux noirs que contient à peine un filet à la façon de la Camille de Corneille, regardait en silence, la ville endormie à ses pieds! O chaste et naïve apparition d'une honnête et sincère douleur! A quoi donc pensait cette enfant, à quels rêves s'abandonnait ce jeune cœur, que disait cette âme attentive aux douleurs de son père exilé? A quoi répondait ce silence, et quelles prières s'exhalaient vers le ciel de la patrie absente, vers ce beau ciel que ces beaux yeux ne doivent plus revoir?

Ah! te voilà donc, seule en cette maison abandonnée et vide, attendant l'heure qui doit t'emporter, ô digne sœur de Léopoldine, ô beauté que les poëtes et les écrivains de ce temps-ci, les jeunes et les vieillards — de M. de Lacretelle au poëte des *Contes d'Espagne et d'Italie,* de Béranger à l'auteur de *Lucrèce,* de Chateaubriand à l'éloquente Delphine, de Lamartine à George Sand — ont saluée avec tant d'orgueil! Les uns et les autres, ils semblaient dire, en la voyant belle, charmante et résignée... et voilà le plus beau poëme de ce siècle! Enfant sérieuse, au milieu de tant de gloire, cherchant le silence au plus fort de tout ce bruit... un grand courage, un grand cœur, naguère la fée et le charme de cette maison, à cette heure l'ineffable consolation de tant de douleurs! Elle avait vu, stoïque et sans verser une larme, le désastre de cette journée, et maintenant que rien ne restait dans ces murailles dévastées, pas un lit, pas un fauteuil, pas un livre et pas un miroir, elle était semblable à ces femmes grecques que nous montre Sophocle après Troie en flammes, cherchant de quel côté la voile hostile va venir? Elle se tenait silencieuse, immobile et calme à la fenêtre ouverte, pendant que sa mère, assise à l'autre fenêtre, qui était fermée, et sans rideaux (les rideaux avaient été vendus comme tout le reste), attendait, elle aussi, que vînt le jour suprême...

Elles étaient seules dans ce désert! De temps à autre, la mère à la fille (et de cette voix charmante) disait une bonne parole, et la fille, tournant à demi cette tête que l'étoile éclaire de ses plus douces clartés, répondait, à demi, par un sourire! De ce luxe intérieur, de cet amas de belles choses, de ces tentures, faites pour des reines, faites pour elles, de ces tapis à leurs pieds, de ces voûtes dorées à leur tête, il leur restait... deux chaises de paille empruntées au portier de la maison.

Et moi, l'espion attendri et respectueux de ces misères presque royales, je ne pouvais détacher ma vue et mon cœur de cette mère et de cette enfant réservée à de si glorieux et tristes destins; songeant aux enchantements passés, au réveil de tant de choses, au signal donné, par cet homme, à tant de beaux-arts, je remplissais, de nouveau, ces salons dévastés, de l'admiration, des respects, des élégies, de la causerie intarissable! De nouveau j'appelais, à ce rendez-vous de chaque jour, les poëtes, les musiciens, les peintres renommés, les belles personnes; les grands noms de toute l'Europe, les persécutés de tous les rois, les proscrits de tous les peuples! J'entendais, de la place où j'étais, le murmure animé de tous ces beaux esprits, jeunes gens et vieillards, qui se réunissaient autour de cette gloire de notre siècle! Ah! misère! Ah! deuil immense! *Acre fumée de la gloire*, et comme il avait raison de s'écrier, le poëte, en ses contemplations :

> L'homme, fantôme errant, passe, sans laisser même...
> Son ombre sur la mer!

Du fond de mon âme et du fond de mon cœur, j'envoyai mes adieux à ces deux femmes, à ce grand poëte, à tant et tant de souvenirs de notre jeunesse envolée, et je revins enfin, les yeux pleins de larmes... De temps à autre je me retournais pour revoir une dernière fois, cette blanche apparition...

> Sa fenêtre est pourtant pleine de lune et d'ombre!

FIN DU TOME QUATRIÈME.

TABLE DES MATIÈRES

CONTENUES DANS LE TOME QUATRIÈME.

CHAPITRE PREMIER.

DIDEROT. — Le buste de Diderot au Théâtre-Français. — La révolution dramatique. — Les devoirs de la tragédie, les droits de la tragédie et les fonctions du nouveau drame. — *Le Père de Famille*. — Analyse du *Père de Famille*. — Parallèle entre Diderot et Mirabeau. — Joanny dans *le Père de Famille*. — Mort de Joanny. — La tribune et le théâtre. — *Est-il bon, est-il méchant?* comédie inédite de Diderot. Pages. . . . . . . 1 à 30

CHAPITRE II.

LE NEVEU DE RAMEAU. — Un vaudeville intitulé : *le Roi des Drôles*. — Les misères du parasite. — La petite Hus ou la comédienne à applaudir. — *Le Coquin*, de Théophraste. — Le parasite au XIXe siècle. — La grandeur et la décadence de Rameau. — *Le Pauvre Diable*, de Voltaire. — *Candide*. — Le conte et ses fêtes. — Le conte a des priviléges que n'a pas la comédie. — Le *Chapitre XXVI*, l'hôtellerie et l'oraison funèbre des rois. Pages. 31 à 49

CHAPITRE III.

SEDAINE. — *Rose et Colas*. — La généalogie de l'opéra-comique. — *Le Philosophe sans le savoir*. — Madame de Sartines. — *La Première Affaire*, par M. Merville. — Discours de Sédaine à l'Académie française. — M. de Grimm. — Comment a fini Diderot. — *Jacques le Fataliste*. — *La Fatalité*. — Comment a fini Sedaine. — Portrait de Sedaine. — *Le Diable à Quatre*. — Déclamation contre les arrangeurs. Pages. . . . . 50 à 67

CHAPITRE IV.

Goethe à Paris. — Première invasion du *germanisme*. — Invocation à la langue française. — Un mot de Gœthe à M. Victor Cousin. — « Que le poëte a charge d'âmes. » — Gœthe et Kœrner. — Vers peu connus du grand Corneille. — Le poëte et le laboureur. — Arétin et Machiavel. — *Le Premier Faust*. — *Le Comte d'Egmont*. — *Le Second Faust*. — Le satan allemand. — Cicéron : *De la nature des Dieux*. — La *Claire* de Gœthe et la *Charlotte* de Molière. — Sganarelle et Méphistophélès. — M. Ary Scheffer et M. Eugène Delacroix. — Pindare et le président Morisset. — *Werther*. — Homère. — Ossian. — Gœthe et Jean-Jacques Rousseau. — Werther et Saint-Preux. — Héloïse et Lolotte. *Pages*. . . . . 68 à 98

CHAPITRE V.

Les Petites Misères de la vie humaine. — Old-Nick et J.-J. Grandville. — Gœthe à Weymar. — La gloire et le cauchemar. — *Traité des Petits Bonheurs.* — « Que le poëte est un homme bien portant. » — Les poëtes du *Cabinet Satirique.* — Invocation aux poëtes d'autrefois. *Pages* 99 à 112

CHAPITRE VI.

Piron. — L'indépendance du poëte. — *La Métromanie.* — Piron et Martial. — Les poëtes réhabilités. — Le riche et le pauvre. — Le parasite et le cynique. — Voltaire et Piron. — Colletet et Damis. — Le poëte Desforges. — Les Mésalliances. — Le bourgeois. — Les poëtes d'aujourd'hui, les poëtes d'hier. — *Les Comédiens*. — M. Casimir Delavigne. — Louis XV. — Le Sage. — Les jésuites. — Une comédie de Calderon. — *Crispin rival de son maître.* — *Turcaret* et les fermiers généraux. — *Gil-Blas*. — Figaro et Gil-Blas. — *Le Diable boiteux*. — La retraite et la mort de René Le Sage. . .
Pages. . . 112 à 139

CHAPITRE VII.

L'abbé Prévost. — La véritable fin du xviiie siècle. — *Manon Lescaut* et *Marion Delorme*. — Chaillot. — Le commandeur. — *Les Drames du jeu.* — *Le Lansquenet.* — Histoire d'un homme qui triche au jeu. — Marion Delorme. — *La Courtisane amoureuse*, de La Fontaine. — La Fontaine, M. de Lamartine et M. Victor Hugo. — L'acte de naissance de Marion Delorme. — La courtisane de l'antiquité. — *L'Oreste* d'Euripide, et *l'OEdipe-roi.* — Louis XIII protégé par S. M. le roi Charles X. — L'homme et le fantôme. — Louanges de l'Académie au drame de M. Victor Hugo. — Les haines et les admirations littéraires. — Madame Dorval. *Pages*. . . . 140 à 168

CHAPITRE VIII.

Aristippe et Denis le Tyran. — *La Torpille*, de M. de Balzac. — Les courtisanes de saint Jérôme. — Les résistances de madame Jourdain. — *La Madeleine et la Femme adultère*. — Ninon de Lenclos et madame de Maintenon. — L'oraison dominicale de mademoiselle de Lenclos. — *Portrait de l'honnête femme*, par M. le général Lafayette. — La fange et les parfums, anecdote orientale. — La courtisane, par M. de Balzac. — Dialogue entre Socrate et Glycère. — Monographie de la fille de marbre en 1846.
Pages. . . 169 à 182

CHAPITRE IX.

Mademoiselle MARIE DUPLESSIS, *la Dame aux Camélias*.
Pages. . . 183 à 202

CHAPITRE X.

Les Filles de Marbre ou la revanche de *la Dame aux Camélias*. — Horace. — Tacite et saint Augustin. — Cicéron et Verrès. — Utilité de la comédie et de ses enchantements. — Le père, la mère et le jeune homme. — De la courtisane (non amoureuse) et de sa trace dans l'art dramatique. — La vie et la mort d'Henriette Wilson. — *Les Mémoires de Céleste Mogador.* . . . . 203 à 222

CHAPITRE XI.

MERCIER. — *Essai sur l'art dramatique.* — Définition de l'*Almanach Royal.* — Déclaration de guerre à Racine et au rossignol. — Définition du drame. — Où commence la guerre aux critiques. — *Le Tableau de Paris.* — Parallèle entre *le Tableau de Paris* et les *Mystères de Paris*. — M. Eugène Suë. — *L'an mille deux cent quarante* ou les rêves réalisés. — Frédéric Lemaître. — Le livre et le drame, l'action et le récit. — OEdipe au mont Cythéron! — La fin des fins. — Rétif de La Bretonne. — *La Paysanne pervertie* et le *Paysan perverti*. — L'influence de Rétif sur son siècle. — *L'Estampe.* — L'abîme a appelé l'abîme, et l'abîme a répondu. *Pages.* 223 à 249

CHAPITRE XII.

Robert Macaire et Chodruc-Duclos *ou l'homme à la longue barbe.* — Influence du haillon sur l'art dramatique. — M. de Peyronnet, M. de Martignac, M. Charles Nodier, M. Larose et Chodruc-Duclos. — *Les Mémoires,*

la vie et les œuvres de M. Vidocq. — M. Vidocq à Londres. — Le drame de
M. Vidocq . . . . 250 à 263

CHAPITRE XIII.

Un peuple d'honnêtes gens doit défendre et protéger la langue de ses grands écrivains. — Comment les mots les plus vils du plus beau langage passent des livres d'argot au théâtre, du théâtre dans la langue des honnêtes gens. — Le *Puff* et *la Blague*. — Robert Macaire et l'*Auberge des Adrets*. — Hogarth, *the Harlot's Progress*. — Les commencements et la fin de la poésie française. — Que la critique est l'œuvre et le plaisir des nations heureuses. — Traduction de la première épître du livre II. — Les Romains de Scipion l'Africain et les Français de la Convention. — Le théâtre en 1792. — L'art dramatique et la *Terreur*. — Deux honnêtes gens parmi tant de lâches, M. Laya et M. Legouvé. — *Le Misanthrope de Molière*, arrangé par le censeur de la *Terreur*. — (*En note*) la bibliothèque de M. Armand Bertin.
Pages. . . 264 à 282

CHAPITRE XIV.

M. Népomucène Lemercier ou le premier novateur. — *Agamemnon*. — *Pinto*. — Le roi Louis XIII et le cardinal de Richelieu de M. Lemercier, comparés au roi et au cardinal de M. Hugo dans *Marion Delorme*. — En littérature, comme en politique, il ne suffit pas d'être un révolutionnaire, encore faut-il porter sa révolution. Pages . . . . 283 à 299

CHAPITRE XV.

La déroute du *Cénacle*. — Horace, l'auteur de l'*Art poétique* était un poëte révolutionnaire. — La définition des classiques et des romantiques, les anciens et les modernes, dans une épître d'Horace. — Horace se moque de l'*accessoire* et de la décoration. — Note sur Auguste et Victorin Fabre, les premiers hérauts de l'école du bon sens. — Le poëte, la poésie et l'homme de lettres, sous la *terreur*. — Picard, sa comédie et ses préfaces.
Pages 300 à 319

CHAPITRE XVI.

Que la tyrannie et la peur sont deux muses abominables. — Du mélodrame niais et sentimental. — *La forêt d'Hermanstadt*, ou le drame avant M. Victor Hugo. — Victor Ducange. — Frédéric Lemaître et madame Dorval. — Talma et mademoiselle Mars. — *Léonide ou la vieille de Suresne*. — Charles du Fresne, seigneur Du Cange, et sa statue en la ville d'Amiens. — LA VIE

ET LA MORT DE M. GUILBERT DE PIXÉRÉCOURT. — *Le pèlerin blanc.* — *L'Homme à trois visages.* — *Les Ruines de Babylone.* — *Les Compagnons du chêne*, etc. — *Tékéli.* — *Bijou, Latude* et *l'incendie du théâtre de la Gaîté.*
Pages. 320 à 354

CHAPITRE XVII.

L'avénement de M. Victor Hugo. — L'avénement de M. de Lamartine. — A eux deux ils ont sauvé la France lettrée, en lui indiquant les nouveaux sentiers. — *Jocelyn* est un drame. — *Marion Delorme* est une élégie. — Le portrait de M. de Lamartine et le *Voyage en Orient.* — La défense des lettres par M. de Lamartine, répondant à M. Arago. — Éloge du latin et du grec méprisés, par M. Lenormant, membre de l'Institut. — Euler et le prédicateur. — Le mépris du bourgeois pour les études savantes. — En littérature, hors du grec et du latin, il n'y a pas de salut. — Le poëte au cabaret, et le poëte dans sa maison. Admirables conseils du poëte Ronsard aux poëtes de tous les temps. — Les poëtes sans nom. — L'homme de lettres au XIXe siècle. — La France, par M. de Lamartine. — La tristesse du poëte. — L'association du drame et du roman. — *Notre-Dame de Paris.* — La musique de Mlle Bertin. — Boileau architecte, M. Victor Hugo maçon. — *La mise en scène* à la chambre des députés. — De l'Espagne et des héros espagnols. — Les galanteries de la comédie. — *Hernani, et la première représentation d'Hernani.* — Les combats de mademoiselle Mars. — Obstination du poëte et ses corrections définitives. — L'analyse et la critique d'*Hernani.* — Parallèle (à propos de *Charlemagne*) entre M. Victor Hugo et le président de Montesquieu. — Le cinquième acte d'*Hernani.* — Don Diègue et Ruy-Gomez. — Belle parole de Cicéron, à son retour de l'exil. Pages. . . 355 à 371

CHAPITRE XVIII.

Le règne et le gouvernement de M. Victor Hugo. — Le portrait de M. Victor Hugo. — Du ménage de l'esprit. — Monseigneur le duc d'Orléans, et M. Bertin l'aîné, deux protecteurs de M. Victor Hugo. — La vallée de Bièvre et la maison des Roches. — Louanges de la poésie. — Que le poëte n'est fait que pour chanter. — La mort de Rouget de Lisle. — *Au clair de la lune mon ami Pierrot.* — La Catarina et la Thisbé. — La foule et la critique. — M. Scribe et son parterre. — Le beau et le laid. — Le grotesque. — Les belles lettres sous le règne du roi Louis-Philippe Ier. Pages. . 372 à 388

CHAPITRE XIX.

Ruy-Blas. — Du paradoxe dramatique. — Le *Don Carlos* de Schiller. — Le *chant du Saule* dans *Othello.* — « Et maintenant, poëte, expliquons-nous! » — *L'ombre et le rayon.* — Fragment d'une lettre de madame Victor

Hugo, datée de Jersey. — S. A. R. Monseigneur le Duc d'Orléans. — Une élégie de M. Belmontet. — La prose est plus fidèle et plus reconnaissante que la poésie. — Le Raincy. — Le siége d'Anvers. — Les bulletins du maréchal Gérard. — En *note*. — Le duc d'Orléans à l'Opéra. — Amitié des plus grands artistes pour M. le duc d'Orléans. — M. Ingres. — M. Scheffer. — Victor Hugo à M. le duc d'Orléans. — Un mot de M. Royer Collard en l'honneur de la reine. — La France en deuil. *Pages.* . . . . 389 à 400

CHAPITRE XX.

La mort de madame Léopoldine Vaquerie, la fille de M. Victor Hugo. — Le prince et la princesse de Joinville. — La reine d'Angleterre au château d'Eu. — Le berceau de la poésie et le berceau de l'enfant. — *C'est le destin!* — Trois deuils : le roi, Lamartine et Victor Hugo. — Visite à M. Victor Hugo, exilé à Bruxelles. — L'émeute et la *place Royale*. — L'influence de M. Hugo sur l'architecture et sur les beaux-arts de son temps. — Les ruines qu'il a sauvées. — Vente à l'encan chez M. Victor Hugo. — Le salon habité. — Le salon dévasté. — Les meubles, les bronzes, les livres, les verreries, les armes, les émaux. — Le Ronsard de M. Sainte-Beuve. — Dernier pèlerinage à la maison du poëte. — Adieux à sa femme et à ses enfants !

Pages 401 à 423

FIN.

PARIS. — IMPRIMERIE J. CLAYE, RUE SAINT-BENOIT, 7.

www.ingramcontent.com/pod-product-compliance
Lightning Source LLC
Chambersburg PA
CBHW071104230426
43666CB00009B/1820